T0172122

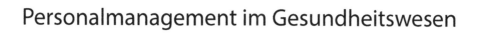

Personalmanagement im Gesundheitswesen

Andreas Frodl

Personalmanagement im Gesundheitswesen

Instrumente wertschätzender Personalführung

2. Auflage

 Springer Gabler

Andreas Frodl
Erding, Deutschland

ISBN 978-3-658-40562-5   ISBN 978-3-658-40563-2 (eBook)
https://doi.org/10.1007/978-3-658-40563-2

Die Deutsche Nationalbibliothek verzeichnet diese Publikation in der Deutschen Nationalbibliografie; detaillierte
bibliografische Daten sind im Internet über http://dnb.d-nb.de abrufbar.

Springer Gabler

Lektorat/planung: Margit SchlomsKi
Springer Gabler ist ein Imprint der eingetragenen Gesellschaft Springer Fachmedien Wiesbaden GmbH und ist
ein Teil von Springer Nature.
Die Anschrift der Gesellschaft ist: Abraham-Lincoln-Str. 46, 65189 Wiesbaden, Germany

Vorwort zur 2. Auflage

Oft und gerne werden Bedeutung und Wichtigkeit der Gesundheitsberufe für die Gesellschaft betont. Häufig bleibt jedoch die tatsächlich gezeigte Wertschätzung gegenüber den Erwartungen zurück. Dies trifft nicht nur auf die üblicherweise im Vordergrund stehende, tarifvertragliche Entlohnung zu, sondern vor allen Dingen auch auf den arbeitstäglichen Umgang mit den Beschäftigten in den mehr als 200.000 Großkliniken, Krankenhäusern, MVZ, Arzt-/Zahnarztpraxen oder Pflegeeinrichtungen.

Unabhängig von hierarchischen Positionen, aufbauorganisatorischen Zuordnungen oder Anstellungsverhältnissen ist der Tatsache Ausdruck zu verleihen, dass alle Angehörigen von Gesundheitsbetrieben zum Gelingen des Ganzen beitragen, Jeder und Jede an seinem bzw. ihrem Platz. Leistungen in der Hygieneorganisation oder in der Abrechnungsorganisation tragen ebenso wie ärztliche und pflegerische Leistungen zur Genesung und Zufriedenheit der Patienten einerseits und zum Fortbestehen der Gesundheitseinrichtung andererseits bei. Auch wenn das ärztliche Handeln dabei zwangsläufig im Vordergrund steht, so ist es letztendlich doch eine Teamleistung, die den Gesamterfolg ausmacht.

Zusätzlich neben der verstärkten Berücksichtigung dieser partizipativen Sichtweise wurden in der deutlich erweiterten Neuauflage zahlreiche Aktualisierungen und Ergänzungen eingearbeitet, wie beispielsweise im kollektiven und individuellen Arbeitsrecht oder in den Themenbereichen Aus-/Weiterbildung, Anwerbung und Einsatz. Hierzu sei insbesondere das Kap. 5 mit der Gestaltung der Arbeitsbedingungen und -umgebungen in Gesundheitsbetrieben sowie den Digitale Arbeitswelten erwähnt, das den aktuellen Entwicklungsstand berücksichtigt.

Erding, Deutschland
September 2022

Andreas Frodl

Vorwort zur 1. Auflage

Das Personalmanagement hat sich gerade in Gesundheitsbetrieben in seiner Entwicklung auffällig gewandelt: Der Wandel beruht auf sich immer schneller verändernden ökonomischen, technologischen, rechtlichen und sozialen Bedingungen der betrieblichen Umwelt und auf speziellen Einflüssen, die von der Struktur des öffentlichen Gesundheitssystems, höheren Erwartungen der Patienten und verstärkten Bedürfnissen der Mitarbeiter ausgehen. Die Einflüsse dieser Umweltfaktoren werden in Bezug auf den einzelnen Gesundheitsbetrieb in absehbarer Zeit eher zu- als abnehmen. Dies trifft insbesondere für das Tempo des technischen Fortschritts, den Trend zur vermehrten Qualifikation der Mitarbeiter sowie die immer umfangreichere Gesetzgebung in arbeits-, sozial- und tarifgesetzlicher Hinsicht zu. Während früher die Personalarbeit überwiegend aus verwaltungsmäßiger Tätigkeit bestand, erfordern heute die sich rasch verändernden Faktoren der Umwelt des Gesundheitsbetriebes eine immer raschere Anpassung des Personalmanagements an neue Anforderungen sowie ein vermehrtes Denken und Handeln von Mitarbeitern und Vorgesetzten in betriebswirtschaftlichen, organisatorischen, psychologischen und soziologischen Zusammenhängen. Es ist daher wichtig, neben der klassischen Personalarbeit auch bedeutende, grundsätzliche Erfolgsfaktoren des modernen Personalmanagements in einen Gesundheitsbetrieb einzubeziehen.

Wie in kaum einem anderen Dienstleistungsbereich machen die Mitarbeiter einen wesentlichen Teil der Leistungsfähigkeit eines Gesundheitsbetriebs aus. Sie stellen das entscheidende Potenzial für die Bewältigung der hohen Anforderungen in der heutigen und zukünftigen medizinischen und pflegedienstlichen Arbeitswelt dar. Die Zielsetzung jedes Gesundheitsbetriebs, den Erfolg langfristig zu sichern und auszubauen, kann deshalb nur dann erreicht werden, wenn alle Mitarbeiter besondere Anstrengungen unternehmen und in vertrauensvoller Zusammenarbeit gemeinsam die gestellten Aufgaben im Rahmen ihrer Kenntnisse und Fähigkeiten bestmöglich erfüllen.

Das moderne Personalmanagement innerhalb der Betriebswirtschaftslehre bietet hierzu ein breites Instrumentarium: Personalentwicklung, Mitarbeitermotivation, Personalführung, Konfliktbewältigung, Arbeitsstrukturierung, bis hin zu virtuellen Arbeitsformen. Anhand von zahlreichen Beispielen werden die verschiedenen Methoden und Verfahren erläutert. Da sie im vorliegenden Format nur überblickshaft dargestellt werden können, stehen für ihre weitere Vertiefung am Ende des Buches Literaturangaben zur Verfügung.

Die Quellenangaben und Literaturhinweise wurden am Ende des Buches zusammengefasst, sodass zugunsten eines vereinfachten Lesens dadurch auf zahlreiche Fußnoten verzichtet werden konnte.

Nicht immer lässt sich das im Buch Dargestellte vollständig auf eine bestimmte Situation in einer Arztpraxis oder Klinik übertragen, denn die mangelnde Vergleichbarkeit von Dienstleistungsunternehmen, Werkstattbetrieben oder Industriekonzernen selbst innerhalb einer Branche trifft im Grundsatz natürlich auch auf Gesundheitsbetriebe zu. Mit über 80 Beispielen, Abbildungen, Tabellen wurde dennoch versucht, die jeweilige Relevanz zu belegen.

Die Leserinnen mögen mir nachsehen, dass aufgrund der einfacheren Lesbarkeit durchgängig maskuline Berufsbezeichnungen verwendet wurden.

Erding, im April 2010   Andreas Frodl

Inhaltsverzeichnis

Abkürzungsverzeichnis

AAA	Arbeitsgemeinschaft zur Regelung der Arbeitsbedingungen der Arzthelferinnen/Medizinischen Fachangestellten
ABB	Arbeitsbeschreibungsbogen
ABDA	Bundesvereinigung Deutscher Apothekerverbände e. V. (ursprünglich Arbeitsgemeinschaft der Berufsvertretungen Deutscher Apotheker)
AdA	Ausbildung der Ausbilder
ÄApprO	Approbationsordnung für Ärzte
ÄLRD	Ärztliche Leiter Rettungsdienst
AET	Arbeitswissenschaftliche Erhebungsverfahren zur Tätigkeitsanalyse
AGG	Allgemeines Gleichbehandlungsgesetz
AKNZ	Akademie für Krisenmanagement, Notfallplanung und Zivilschutz
AMIce	Arzneimittel-Informationssystem
ArbSchG	Arbeitsschutzgesetz
ArbStättV	Arbeitsstättenverordnung
ArbZG	Arbeitszeitgesetz
AÜG	Arbeitnehmerüberlassungsgesetz
AusbEignV	Ausbilder-Eignungsverordnung
BÄK	Bundesärztekammer
BÄO	Bundesärzteordnung
baua	Bundesanstalt für Arbeitsschutz und Arbeitsmedizin
BAV	Betriebliche Altersversorgung
BayGlG	Bayerisches Gleichstellungsgesetz
BayRKG	Bayerisches Reisekostengesetz
BBDK	Berufsbildungswerk Deutscher Krankenhäuser e. V.
BBiG	Berufsbildungsgesetz
BBK	Bundesamt für Bevölkerungsschutz und Katastrophenhilfe
BdA	Berufsverband der Arzt-, Zahnarzt- und Tierarzthelferinnen e. V.
BDSG	Bundesdatenschutzgesetz
BEEG	Bundeselterngeld- und Elternzeitgesetz

BEM	Betriebliches Eingliederungsmanagement
BetrAVG	Betriebsrentengesetz (Gesetz zur Verbesserung der betrieblichen Altersversorgung)
BetrVG	Betriebsverfassungsgesetz
BfArM	Bundesinstitut für Arzneimittel und Medizinprodukte
BGB	Bürgerliches Gesetzbuch
BGF	Betriebliche Gesundheitsförderung
BGM	Betriebliches Gesundheitsmanagement
BGW	Berufsgenossenschaft für Gesundheitsdienst und Wohlfahrtspflege
BIBB	Bundesinstitut für Berufsbildung
BMBF	Bundesministerium für Bildung und Forschung
BMV-Ä	Bundesmantelvertrag-Ärzte
BOS	Behörden und Organisationen mit Sicherheitsaufgaben
BPersVG	Bundespersonalvertretungsgesetz
BUrlG	Bundesurlaubsgesetz
BZÄK	Bundeszahnärztekammer
CISM	Critical Incident Stress Management
CRT	Cardiale Resynchronisations-Therapie
CSR	Corporate Social Responsibility
CT	Computertomografie
DAHTA	Deutsche Agentur für Health Technology Assessment
DALE-UV	Datenaustausch mit Leistungserbringern in der gesetzlichen Unfallversicherung
DASA	Deutsche Arbeitsschutzausstellung
DGTelemed	Deutsche Gesellschaft für Telemedizin e. V.
DGUV	Deutsche Gesetzliche Unfallversicherung e. V.
DIN	Deutsche Industrienorm
DKG	Deutsche Krankenhausgesellschaft e. V.
DKI	Deutsches Krankenhausinstitut e. V.
DMP	Disease-Management-Programmen
DPR	Deutscher Pflegerat e. V.
DRG	Diagnosis-Related Groups
DRK	Deutsches Rotes Kreuz e. V.
DSGVO	Datenschutz-Grundverordnung
eAU	elektronische Arbeitsunfähigkeitsbescheinigung
EBV	Entgeltbescheinigungsverordnung
eGK	elektronische Gesundheitskarte
eHBA	elektronischer Heilberufsausweis
EKG	Elektrokardiografie
ELStAM	elektronische Lohnsteuerabzugsmerkmale
EntgFG	Entgeltfortzahlungsgesetz
ePA	Elektronische Patientenakte

EStG	Einkommenssteuergesetz
EthRG	Ethikratgesetz
eTIN	elektronische Transfer-Identifikations-Nummer
FPfZG	Familienpflegezeitgesetz
FTE	Full Time Eqivalents
FZ	Fehlzeiten
GB	Grad der Behinderung
gematik	Gesellschaft für Telematik
GewO	Gewerbeordnung
GG	Grundgesetz
HKS	Hautkrebsscreening
HRM	Human Resource Management
IBMT	Fraunhofer-Institut für Biomedizinische Technik
ICD	Implantierter Cardioverter-Defibrillator
ICD	International Statistical Classification of Diseases and Related Health Problems
IPA	International Pharmaceutical Abstracts
ISTA	Instrument zur Stressbezogenen Tätigkeitsanalyse
IWAK	Institut für Wirtschaft, Arbeit und Kultur
JArbSchG	Jugendarbeitsschutzgesetz
KapovAz	Kapazitätsorientierte variable Arbeitszeit
KaVoMa	Katastrophenvorsorge und Katastrophenmanagement
KBV	Kassenärztliche Bundesvereinigung
KEK	Krankenhaus-Ethikkomitee
KIM	Kommunikation im Medizinwesen
KIS	Krankenhausinformationssysteme
KRINKO	Kommission für Krankenhaushygiene und Infektionsprävention
KRITIS	Kritische Infrastrukturen
KSchG	Kündigungsschutzgesetz
KV	Kassenärztliche Vereinigung
KZBV	Kassenzahnärztliche Bundesvereinigung
LAGA	Bund/Länder-Arbeitsgemeinschaft Abfall
LastenhandhabV	Lastenhandhabungsverordnung
LDT	Labordatentransfer
LNA	Leitende Notärzte und -ärztinnen
LPersVG	Landespersonalvertretungsgesetz – Rheinland-Pfalz
LStDV	Lohnsteuer-Durchführungsverordnung
MedFAngAusbV	Verordnung über die Berufsausbildung zum Medizinischen Fachangestellten/zur Medizinischen Fachangestellten
MFA	Medizinische Fachangestellte
MuSchG	Mutterschutzgesetz
MTRA	Medizinisch-technische Radiologieassistentin

MVZ	Medizinisches Versorgungszentrum
NachwG	Nachweisgesetz
PDA	Personal Digital Assistant
PersVG	Personalvertretungsgesetz
PflBRefG	Pflegeberufereformgesetz
PflegeZG	Pflegezeitgesetz
PPBI	Pflegepersonalbemessungsinstrument
PPR	Pflegepersonal-Regelung
PpUGV	Pflegepersonaluntergrenzen-Verordnung
PSNV	Psychosoziale Notfallversorgung
PSNV-E	Psychosoziale Notfallversorgung für Einsatzkräfte
PT	Personentage
PTBS	Posttraumatische Belastungsstörung
PVS	Praxis-Verwaltungs-Systeme
QES	Qualifizierte elektronische Signatur
QMS	Qualitätsring Medizinische Software e. V.
QSPB	Qualitätssicherung und Programmbeurteilung
REFA	Verband für Arbeitsgestaltung, Betriebsorganisation und Unternehmensentwicklung e. V. (ehem. Reichsausschuss für Arbeitszeitermittlung)
RET	Rational-Emotive Therapy
RKI	Robert-Koch-Institut
SbE	Stressbearbeitung nach belastenden Ereignissen
SGB	Sozialgesetzbuch
STA	Subjektive Tätigkeitsanalyse
TBS	Tätigkeitsbewertungssystem
TdL	Tarifgemeinschaft deutscher Länder
TVG	Tarifvertragsgesetz
TV-L	Tarifvertrag für den öffentlichen Dienst der Länder
TzBfG	Teilzeit- und Befristungsgesetz
VBL	Versorgungsanstalt des Bundes und der Länder
VmF	Verband der medizinischen Fachberufe e. V.
VZK	Vollzeitkapazitäten
ZApprO	Approbationsordnung für Zahnärzte und Zahnärztinnen
ZMFA	Zahnmedizinische Fachangestellte
ZMF	Zahnmedizinische Fachhelferin
ZMV	Zahnmedizinischen Verwaltungsassistentin

Grundlagen

1.1 Einordnung des Personalmanagements in die Gesundheitsbetriebslehre

Die Gesundheitsbetriebslehre ist vergleichbar mit der Industriebetriebslehre, Handelsbetriebslehre oder Bankbetriebslehre: Sie befasst sich mit einer speziellen Betriebsart, den Gesundheitsbetrieben. Sie geht davon aus, dass die Ressourcen für einen Gesundheitsbetrieb begrenzt sind und daher einen ökonomischen Umgang mit den knappen Mitteln erfordern: Medizinisches Personal, Pflegepersonal, finanzielle Ressourcen oder Behandlungseinrichtungen stehen in jeder medizinischen Einrichtung nicht in beliebiger Menge zur Verfügung. Es gilt sie so einzusetzen, dass sie den größtmöglichen Nutzen stiften.

Der Gesundheitsbetrieb lässt sich dabei als in sich geschlossene Leistungseinheit zur Erstellung von Behandlungs- oder Pflegeleistungen an Patienten oder Pflegebedürftigen ansehen, die dazu eine Kombination von Behandlungseinrichtungen, medizinischen Produkten und Arbeitskräften einsetzt. Zum Einsatz können auch Betriebsmittel, Stoffe und sonstige Ressourcen gelangen, die nur mittelbar zur Erstellung der Behandlungs- oder Pflegeleistungen beitragen.

> **Beispiel**
>
> Arztpraxen, Zahnarztpraxen, Pflegeeinrichtungen, heilpraktische Einrichtungen, Krankenhäuser etc. lassen sich somit eindeutig als Gesundheitsbetriebe identifizieren. Sonstige Einrichtungen des Gesundheitswesens wie Krankenkassen, kassenärztliche Vereinigungen oder pharmazeutische Unternehmen zählen hingegen nicht dazu. Als Grenzfälle können beispielsweise Apotheken angesehen werden, da sie eher in der Arzneimitteldistribution anzusiedeln sind und selten Leistungen direkt am Patienten erbringen. Eine Krankenhausapotheke kann hingegen durch die Herstellung individu-

A. Frodl, *Personalmanagement im Gesundheitswesen*,
https://doi.org/10.1007/978-3-658-40563-2_1

eller medizinischer Produkte genauso wie eine orthopädische Werkstatt direkt in einen
Krankenhausbetrieb integriert sein. Das gilt beispielsweise auch für ein in einer Zahnarztpraxis befindliches Dentallabor.

Als Beispiel für eine Auflistung von Gesundheitsbetrieben kann der Geltungsbereich
der Vollzugshilfe zur Entsorgung von Abfällen aus Einrichtungen des Gesundheitsdienstes der Bund/Länder-Arbeitsgemeinschaft Abfall (LAGA) angesehen werden, in
der folgende Einrichtungen genannt sind:

- Krankenhäuser einschließlich entsprechender Einrichtungen in Justizvollzugs-
  anstalten und Sonderkrankenhäuser,
- medizinische Versorgungszentren,
- Dialysestationen und -zentren außerhalb von Krankenhäusern und Arztpraxen ein-
  schließlich der Dialyseplätze in Heimen und ähnlichen Einrichtungen,
- Vorsorge- und Rehabilitationseinrichtungen, Sanatorien und Kurheime,
- Pflege- und Krankenheime bzw. -stationen, einschließlich Gemeinde- und Kranken-
  pflegestationen,
- Einrichtungen für das ambulante Operieren und die ambulante Behandlung,
- Arzt- und Zahnarztpraxen,
- Praxen der Heilpraktiker und physikalischen Therapie, (vgl. Bund/Länder-Arbeits-
  gemeinschaft Abfall 2021, S. 4). ◄

Die Gesundheitsbetriebe lassen sich ferner nach unterschiedlichen Merkmalen in folgende
Arten einteilen (siehe Tab. 1.1):

Die einzelnen Betriebsarten oder – typologien sind nicht immer eindeutig voneinander
abgrenzbar: Häufig bieten beispielsweise Spezialkliniken ambulante und stationäre Be-
handlungsleistungen gleichzeitig an und ein städtisches Klinikum der Vollversorgung wird

Tab. 1.1 Typologie von Gesundheitsbetrieben

Merkmale	Betriebsarten	Beispiele
Größe	Kleinbetriebe, Großbetriebe	Arztpraxis, Polyklinik
Rechtsform	Betriebe in öffentlicher Rechtsform, als Personen- oder Kapitalgesellschaft	Landkreisklinik als Eigenbetrieb, Gemeinschaftspraxis, Klinikum AG
Leistungsumfang	Betriebe mit ambulanter Versorgung, Betriebe mit stationärer Versorgung	Tagesklinik, Tagespflege, Krankenhaus mit verschiedenen Abteilungen bzw. Stationen
Leistungsart	Betriebe für medizinische Grundversorgung, Vollversorgung	Hausarztpraxis, Pflegedienst, stationäre Pflegeeinrichtung
Spezialisierungsgrad	Betriebe für allgemeine Behandlungsleistungen; Betriebe für spezielle Behandlungsleistungen	Allgemeinarztpraxis, HNO-Praxis, Kieferorthopädische Praxis, Augenklinik
Einsatzfaktoren	Arbeitsintensive Betriebe, anlagenintensive Betriebe	Pflegeeinrichtung, Diagnosezentrum, Röntgenpraxis

Tab. 1.2 Beschäftigte in ausgewählten Gesundheitsbetrieben 2018. (Vgl. Bundesministerium für Gesundheit 2020, S. 95)

Betriebsform	Beschäftigte
Arztpraxen	700.000
Zahnarztpraxen	356.000
Praxen sonst. med. Berufe	521.000
Krankenhäuser	1.175.000
Vorsorge-/Rehabilitationseinrichtungen	122.000
stationäre/teilstationäre Pflege	716.000
Summe	3.590.000

in der Regel sowohl arbeits- als auch anlagenintensiv betrieben. Ein Blick auf die Anzahl der Beschäftigten in ausgewählten Gesundheitsbetrieben macht deutlich, welche Bedeutung diese für die betriebliche Landschaft Deutschlands haben: So waren beispielsweise 2018 ca. 3,6 Millionen Beschäftigte in Krankenhäusern, Arzt- und Zahnarztpraxen, Vorsorge-/Rehabilitationseinrichtungen, Pflegeeinrichtungen etc. insgesamt tätig (siehe Tab. 1.2).

Zahlenmäßig setzen sich die Gesundheitsbetriebe unter anderem zusammen aus 101.932 Arztpraxen (vgl. Kassenärztliche Bundesvereinigung 2022, S. 1), 50.022 Zahnarztpraxen (vgl. Bundeszahnärztekammer 2022, S. 1), 1914 Krankenhäusern (vgl. Statistisches Bundesamt 2022a, S. 1), 3864 MVZ (Bundesverband Medizinische Versorgungszentren 2022, S. 1) sowie 15.380 Pflegeeinrichtungen (vgl. Statistisches Bundesamt 2022b, S. 1). Zählt man beispielsweise noch Reha-Kliniken, psychotherapeutische, physiotherapeutische und weitere Praxen hinzu, so erhält man eine Gesamtzahl von weit über 200.000 Gesundheitsbetrieben.

Der Gesamtumsatz aller Gesundheitsbetriebe lässt sich am ehesten anhand der Gesundheitsausgaben aller Ausgabenträger (öffentliche Haushalte, private Haushalte, gesetzliche und private Kranken- und Pflegeversicherung usw.) ermessen, die 2018 390,6 Milliarden Euro betrugen (vgl. Bundesministerium für Gesundheit 2020, S. 154).

Die Gesundheitsbetriebslehre nimmt die Perspektive eines einzelnen Gesundheitsbetriebes ein. Ihre Ziele liegen dabei nicht nur die Beschreibung und Erklärung betriebswirtschaftlicher Sachverhalte und Phänomene, sondern auch in der konkreten Unterstützung der betrieblichen Entscheidungsprozesse

Sie versucht dabei betriebliche Sachverhalte zu erläutern, Zusammenhänge zu erklären und aufgrund des Aufzeigens von Handlungsalternativen und deren Bewertung Gestaltungsempfehlungen zu geben.

Berücksichtigt werden dabei verschiedenen Einsatzfaktoren, die unmittel oder mittelbar zum Erstellungsprozess von Gesundheitsleistungen beitragen, wie beispielsweise:

- die menschliche Arbeitsleistung am Patienten,
- der Einsatz von medizintechnischen und sonstigen Betriebsmitteln,
- die Verwendung von medikamentösen, medizinischen, pharmazeutischen Heilmitteln und sonstigen Stoffen.

Neben diesen Elementarfaktoren gibt es dispositive Faktoren (Arbeitsleistungen im Bereich von Leitung, Planung, Organisation Kontrolle usw.) oder weitere Faktoren, die beispielsweise als

- Leistungen von Dritten,
- immateriellen Leistungen (Rechte, Informationen usw.),
- Zusatzleistungen

in den Leistungserstellungsprozess eingehen.

Insofern muss die Gesundheitsbetriebslehre versuchen, auch in ihrer Bandbreite das betriebswirtschaftliche Geschehen möglichst vollständig zu erfassen. Sie erstreckt sich daher neben Teilgebieten wie beispielsweise Planung, Finanzen, Kostenmanagement, Absatz, Organisation, Information, Steuerung und Kontrolle auch auf das gesundheitsbetriebliche Personalmanagement. Dessen Aufgabe ist es, über Handlungen und Eigenschaften von Gesundheitsbetrieben als reale Objekte oder über deren reale betriebliche Sachverhalte zu informieren und dabei auch das menschliche Verhalten in Gesundheitsbetrieben zu analysieren, da es betriebliche Arbeitsprozesse durch Interessen und Verhaltensweisen der Mitarbeiter des Gesundheitsbetriebes stark beeinflusst.

1.2   Gegenstand des gesundheitsbetrieblichen Personalmanagements

Das gesundheitsbetriebliche **Personalmanagement** versucht einerseits deskriptiv, die personellen Phänomene eines Gesundheitsbetriebs zu systematisieren und zu erklären. Gleichzeitig entwirft es präskriptive Aussagensysteme, in dem es durch das Aufzeigen von Problemlösungen untersuchter Betriebsbereiche an einer aktiven Verbesserung und Gestaltung der Arbeits- und Personalsituation in den Gesundheitsbetrieben mitwirkt. Es setzt sich zudem mit der vorfindbaren betrieblichen Personalpraxis von Gesundheitsbetrieben auseinander, befasst sich aber auch mit den gewünschten bzw. realisierbaren Zuständen. Insofern orientiert es sich an den tatsächlichen Problemen der Gesundheitsbetriebe und liefert für sie Gestaltungsvorschläge für die Lösung ihrer Personalprobleme, die auch grundsätzlich verwendet werden können.

Da die menschliche Arbeitskraft wertvoll und teuer ist, muss sie insbesondere in einem Gesundheitsbetrieb effizient und wirtschaftlich eingesetzt werden. Dies ist eine wesentliche Aufgabe seines Personalmanagements. Die Mitarbeitenden des Gesundheitsbetriebs sind hierzu zu führen, zu leiten und zu steuern.

Auf der einen Seite gilt es dabei die betrieblichen Bedürfnisse zu berücksichtigen: Der Gesundheitsbetrieb muss bestmöglich mit geeigneten Mitarbeitern und Mitarbeiterinnen ausgestattet werden. Auf der anderen Seite ist gleichzeitig den Mitarbeitendenbedürfnissen Sorge zu tragen: Sie müssen betreut, entwickelt, geführt und entlohnt werden.

Beispiel

Häufig wird bemängelt, dass das Personalmanagement weit entfernt vom Zentrum des betrieblichen Geschehens ist, sich als Verwaltende positioniert und daher nicht als gleichwertiger strategischer Partner angesehen wird. Wenn der Mehrwert von Personalprozessen für Mitarbeitende und Führungskräfte nicht erlebbar ist, sind auch keine konstruktiven und zielführenden Ergebnisse organisations- und mitarbeiterbezogenen Fragestellungen zu erwarten. Auch kann sich dadurch verstärkt Widerwille gegen Personalinstrumente äußern (Karlshaus und Wolf 2021, S. 9). ◀

Im Mittelpunkt des Personalmanagements im Gesundheitsbetrieb stehen die Mitarbeiterinnen und Mitarbeiter. Sie stellen als Gesamtheit der Arbeitnehmer/-innen eines Gesundheitsbetriebs dessen Personal bzw. Belegschaft dar (siehe Tab. 1.3).

Anders als die im Gesundheitsbetrieb eingesetzten Sachmittel, wie Behandlungs- und Pflegeeinrichtungen, medizinisches Verbrauchsmaterial, medizintechnische Geräte usw., sind die Mitarbeitenden durch eine Reihe von Eigenschaften gekennzeichnet, die für die erfolgreiche Führung eines Gesundheitsbetriebs von wesentlicher Bedeutung sind:

- Die Mitarbeitenden sind aktiv: Sie sind keine passiven Erfolgsfaktoren, über die man beliebig verfügen kann. Sie haben ihren eigenen Willen, verfolgen eigenständig vorgegebene oder selbst gesteckte Ziele und entwickeln Initiative, die es gezielt zu nutzen gilt.
- Sie sind individuell: Jeder Mitarbeiter und jeder Mitarbeiterin unterscheidet sich von anderen in einer Vielzahl von Merkmalen, Eigenschaften und Fähigkeiten. Diese Eigenschaften und Fähigkeiten müssen erkannt und richtig zur Geltung gebracht werden.
- Alle Mitarbeitenden sind grundsätzlich motiviert: Sie streben alle eigenständige Ziele an. Diese können mit den Zielen des Gesundheitsbetriebs übereinstimmen, es kann aber auch auf dieser Ebene zu Zielkonflikten kommen. Die Mitarbeitendenmotivation hängt somit wesentlich von der Übereinstimmung der persönlichen Ziele mit den Zie-

Tab. 1.3 Beispiele für Gesundheitsberufe und ihre Anzahl 2018. (Vgl. Bundesministerium für Gesundheit 2020, S. 96)

Berufe	Anzahl
Medien-, Dokumentations- und Informationsdienste	7000
Arzt- und Praxishilfe (einschließl. Medizinische Fachangestellte ohne Spezialisierung)	679.000
Medizinisches Laboratorium	103.000
Gesundheits- und Krankenpflege, Rettungsdienste und Geburtshilfe	1.103.000
Human- und Zahnmedizin	465.000
Psychologie und nichtärztliche Psychotherapie	47.000
Nichtärztliche Therapie und Heilkunde	406.000
Altenpflege	645.000
Ernährungs- und Gesundheitsberatung, Wellness	18.000

len des Gesundheitsbetriebs ab. Aufgabe des Personalmanagements muss es somit auch sein, diese Ziele in Einklang zu bringen.

- Die Mitarbeitenden sind beeinflussbar: Sie sind sowohl von psychologischen als auch von physischen Einflüssen abhängig. Das Personalmanagement muss negative Einflüsse stoppen und positive Einflussmöglichkeiten fördern.

- Schließlich zeichnen sich die Mitarbeitenden durch Zugehörigkeiten aus: Sie sind auch Mitglieder anderer sozialer Gruppierungen, beispielsweise von Familien, Vereinen, Parteien, Gewerkschaften und sonstigen Gruppen. Nicht selten bilden sich auch innerhalb von Teams in Gesundheitsbetrieben kleinere Gruppierungen, die durch Sympathie/Antipathie geprägt sind, und die das Personalmanagement im Gesundheitsbetrieb in besonderem Maße zur Sicherung des langfristigen Erfolgs berücksichtigen muss.

1.3   Definition und Bedeutung personalwirtschaftlicher Anforderungen im Gesundheitsbetrieb

Das Personalmanagement ist gleichzusetzen mit dem englischen Begriff Human Resource Management (HRM) und befasst sich mit dem Faktor Arbeit bzw. Personal im Gesundheitsbetrieb. Ebenfalls häufig anzutreffende Bezeichnungen sind Personalwirtschaft oder Personalwesen. Es umfasst alle personalen Gestaltungsfelder und Einzelmaßnahmen zur Unterstützung der aktuellen und zukünftigen Entwicklung des Gesundheitsbetriebs und der damit einhergehenden Veränderungsprozesse (vgl. Bartscher und Nissen 2022, S. 1).

Die grundlegenden Annahmen zum arbeitenden Menschen in Gesundheitsbetrieben basieren zum großen Teil auf der Entwicklung personalwirtschaftlicher Theorien (siehe Abb. 1.1). Sie können Antwort auf die grundlegenden Fragen geben, wie und warum Menschen in Gesundheitsbetrieben arbeiten, was sie bewegt, antreibt oder motiviert.

Nach F. W. Taylor (1856–1915) und seinem mechanistischen Grundmodell lassen sich für den Gesundheitsbetrieb Arbeitsmethoden ableiten, die aufgrund von Zeit- und Bewegungsstudien ein maximales Arbeitsergebnis erwarten lassen, Gehaltssysteme mit Leistungsnormen und Entlohnungsregeln, die Notwendigkeit zur optimale Gestaltung des Arbeitsplatzes im Hinblick auf physiologische Merkmale der Mitarbeiter des Gesundheitsbetriebes sowie kausale Zusammenhänge zwischen Entlohnung, Arbeitsgestaltung und Arbeitsleistung.

Diese mechanistische Sichtweise lässt sich ergänzen durch das sozialwissenschaftliche Grundmodell nach der Human-Relations-Bewegung (1928), wonach die Menschen in Gesundheitsbetrieben nicht als isolierte Individuen handeln, sondern ihr Verhalten stark von sozialen Beziehungen beeinflusst wird. Es bilden sich daher neben der geplanten Arbeitsgruppenstruktur informelle Gruppengefüge. Sie stellen eigene Regeln, Erwartungen, Verhaltensnormen auf, die von den betrieblichen abweichen können: Die Steigerung der Leistung wird ermöglicht durch Förderung sozialer Interaktionen und Zufriedenheit der Mitarbeitenden, und es besteht ein kausaler Zusammenhang zwischen Arbeitszufriedenheit und Arbeitsleistung.

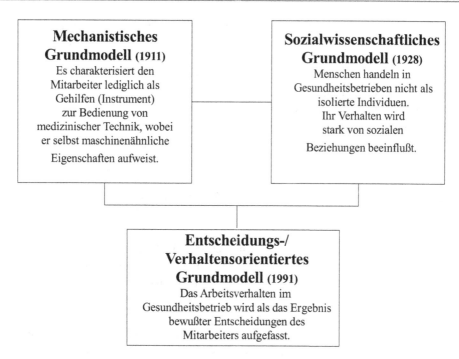

Abb. 1.1 Theorien zum arbeitenden Menschen im Gesundheitsbetrieb

Heute kann zusätzlich davon ausgegangen werden, dass nach R. Marr (1991) und dessen Entscheidungs- und Verhaltensorientiertem Grundmodell das Arbeitsverhalten als das Ergebnis bewusster Entscheidungen der Mitarbeitenden aufgefasst werden kann. Ihre Verhaltensweisen erklären sich aus den sozialen Beziehungen innerhalb des Gesundheitsbetriebes und sind das Ergebnis von Verhandlungs-, Anpassungs-, Beeinflussungs-, Motivierungs- und Problemlösungsprozessen (vgl. Kupsch und Marr 1991, S. 733 ff.).

Ebenso, wie sich das Bild des arbeitenden Menschen im Gesundheitsbetrieb im Laufe der wissenschaftlichen Auseinandersetzung mit dem Thema gewandelt hat, ist auch der Begriff des Personalmanagements häufigen Veränderungen unterzogen: Während das Aufgabengebiet des Personalmanagements im Gesundheitsbetrieb lange Jahre alle mitarbeiterbezogenen Institutionen und Maßnahmen mit dem Ziel umfasste, dem Gesundheitsbetrieb zur Erfüllung seiner Aufgaben Arbeitskräfte in der erforderlichen Quantität und Qualität zum richtigen Zeitpunkt und für die benötigte Dauer am jeweiligen Einsatzort bereitzustellen, sowie das Leistungsverhalten der Mitarbeiter und dessen Bestimmungsgründe im Gesundheitsbetrieb zu analysieren, versuchen neuere Ansätze neben dem Leistungsziel des Gesundheitsbetriebes auch die Humanziele der Mitarbeitenden einzubeziehen und dadurch auftretende Konflikte zu lösen. Daher wird heutzutage für die Beschreibung des Aufgabengebietes auch der weit verbreitete Anglizismus Human Resources Management (HRM) verwendet, wobei HRM den Ressourcencharakter des Personals betont und sich generell mit der menschlichen Arbeit und ihren Rahmenbedingungen befasst. Entsprechend vielfältig gestalten sich die Aufgabenbereiche des Personalmanagements im Gesundheitsbetrieb:

- Rechtliche Rahmenbedingungen des Personalmanagements,
- Führung des Behandlungs- und Pflegepersonals,
- Ermittlung des Personalbedarfs,
- Beschaffung geeigneten Behandlungs- und Pflegepersonals (Personalrecruiting),
- Einsatz von medizinischen Kräften und Pflegekräften,
- Personalentwicklung,
- Administration der Mitarbeitenden von Gesundheitsbetrieben,
- Personalaustritt.

Das Personalmanagement im Gesundheitsbetrieb sorgt im Idealfall dafür, dass sich Interessenten auf vakante Positionen bewerben, sich arbeitsvertraglich an den Gesundheitsbetrieb binden, ihren Arbeitgebenden angeforderte Leistungen zur Verfügung stellen und sich beim Gesundheitsbetrieb so wertgeschätzt fühlen, dass sie langfristig verbleiben (vgl. Huf 2020, S. 2).

Die fundamentale Veränderung des Menschenbildes hat dazu geführt, dass Mitarbeitende nicht länger als Produktionsfaktoren aufgefasst werden, sondern als vollwertige Mitglieder der gesundheitsbetrieblichen Organisation, deren Bedürfnisse und Qualifikationen bei Entscheidungen im Hinblick auf die Erzielung einer möglichst hohen Arbeitszufriedenheit einzubeziehen sind. Das Personalmanagement in Gesundheitsbetrieben reduziert sich somit nicht auf die operative Anwendung von Personaltechniken durch ein hierarchisch untergeordnetes Personalwesen, sondern ist neben Planung und Controlling eine gleichwertige strategische Führungsaufgabe. Die Führungskräfte in Gesundheitsbetrieben werden dabei immer mehr zu eigenständigen personalpolitischen Akteuren, die Gestaltungsaufgaben des Personalmanagements wahrnehmen (vgl. Holtbrügge 2018, S. 2 f.).

Das Personalmanagement erhält seine Bedeutung aus seinem Einfluss auf den Erfolg des Gesundheitsbetriebs, denn nur mit den richtigen, gut ausgebildeten, motivierten und bindungsbereiten Mitarbeitenden kann er erfolgreich agieren. Es ist demnach ein zentraler Erfolgsfaktor, da es Effekte freisetzt, die für den Erfolg des Gesundheitsbetriebs wichtig sind (vgl. Scholz und Scholz 2019, S. 6).

Oft und gerne werden Bedeutung und Wichtigkeit der Gesundheitsberufe für die Gesellschaft betont. Häufig bleibt jedoch die tatsächlich gezeigte Wertschätzung gegenüber den Erwartungen zurück. Dies trifft nicht nur auf die üblicherweise im Vordergrund stehende, tarifvertragliche Entlohnung zu, sondern vor allen Dingen auch auf den arbeitstäglichen Umgang mit den Beschäftigten in den mehr als 200.000 Großkliniken, Krankenhäusern, MVZ, Arzt-/Zahnarztpraxen oder Pflegeeinrichtungen. Auch wenn die Beschäftigten von Gesundheitsbetrieben nicht mehr nur im Sinne der ökonomischen Lehre beispielsweise neben Roh- Hilfs- und Betriebsstoffen als weitere Einsatzfaktoren angesehen werden: Der Begriff der Human Resources ändert zwar vordergründig die Diktion, aber nicht die Intention, die menschliche Arbeitskräfte, je nach Übersetzung, als Betriebsmittel, Rohstoff oder Quelle einordnen.

Ob diese funktionsorientierte Sichtweise einer angemessenen Wertschätzung der Menschen, die in und für Gesundheitseinrichtungen arbeiten, gerecht wird, erscheint zumindest fraglich. Unabhängig von Anstellungsverhältnissen und aufbauorganisatorischen Zuordnungen ist der Tatsache angemessen Ausdruck zu verleihen, dass die Angehörigen von Gesundheitsbetrieben zum Gelingen des Ganzen beitragen, und zwar alle, jeder und jede an seinem/ihrem Platz. Ärztliche und pflegerische Leistungen gleichermaßen haben ebenso wie Leistungen in der Hygieneorganisation oder in der Abrechnungsorganisation ihren Anteil an der Genesung und Zufriedenheit der Patienten einerseits und am Fortbestehen des Gesundheitsbetriebs andererseits. Auch wenn das ärztliche Handeln dabei zwangsläufig im Vordergrund steht, so ist es letztendlich doch eine Teamleistung aller Mitarbeiterinnen und Mitarbeiter, die den Gesamterfolg ausmacht.

Zusammenfassung Kap. 1

Im Mittelpunkt des Personalmanagements im Gesundheitsbetrieb stehen die Mitarbeiterinnen und Mitarbeiter. Da die menschliche Arbeitskraft wertvoll und teuer ist, muss sie insbesondere in einem Gesundheitsbetrieb effizient und wirtschaftlich eingesetzt werden. Dies ist eine wesentliche Aufgabe seines Personalmanagements. Oft und gerne werden Bedeutung und Wichtigkeit der Gesundheitsberufe für die Gesellschaft betont. Häufig bleibt jedoch die tatsächlich gezeigte Wertschätzung gegenüber den Erwartungen zurück. Unabhängig von Anstellungsverhältnissen und aufbauorganisatorischen Zuordnungen ist der Tatsache angemessen Ausdruck zu verleihen, dass die Angehörigen von Gesundheitsbetrieben zum Gelingen des Ganzen beitragen, und zwar alle, jeder und jede an seinem/ihrem Platz. Auch wenn das ärztliche Handeln dabei zwangsläufig im Vordergrund steht, so ist es letztendlich doch eine Teamleistung aller Mitarbeiterinnen und Mitarbeiter, die den Gesamterfolg ausmacht.

Literatur

Bartscher, T.; Nissen, R. (2022) Personalmanagement. In: Gabler Wirtschaftslexikon. https://wirtschaftslexikon.gabler.de/definition/personalmanagement-44033/version-331806. Wiesbaden. Zugegriffen: 22.01.2022.

Bundesministerium für Gesundheit (Hrsg.) (2020) Daten des Gesundheitswesens 2020. Informationsbroschüre. Stand: 11/2020. Berlin.

Bund/Länder-Arbeitsgemeinschaft Abfall – LAGA (Hrsg.) (2021) Vollzugshilfe zur Entsorgung von Abfällen aus Einrichtungen des Gesundheitsdienstes. In: Mitteilung der Bund/Länder-Arbeitsgemeinschaft Abfall (LAGA). Nr. 18. Stand 6/2021. Potsdam.

Bundesverband Medizinische Versorgungszentren – Gesundheitszentren – Integrierte Versorgung e.V. – BMVZ (Hrsg.) (2022) Die wichtigsten Zahlen zu MVZ. https://www.bmvz.de/wissenswertes/statistik/kbv/. Berlin. Zugegriffen: 22.01.2022.

Bundeszahnärztekammer – BZÄK (Hrsg.) (2022) Nachgezählt. https://www.bzaek.de/ueber-uns/daten-und-zahlen/nachgezaehlt.html. Berlin. Zugegriffen: 22.01.2022.

Holtbrügge, D. (2018) Personalmanagement. 7. Auflg. Wiesbaden: Springer Gabler/Springer Verlag.

Huf, S. (2020) Personalmanagement. Wiesbaden: Springer Gabler/Springer Fachmedien.

Karlshaus, A.; Wolf, A. (2021) Agiles HR – mit Kundenorientierung Mehrwert schaffen. In: Karlshaus, A.; Wolf, A. (Hrsg.) Agiles Human Resources – Kundenzentriertes Denken und Handeln im Personalbereich. Wiesbaden: Springer Gabler. S. 3–26

Kassenärztliche Bundesvereinigung – KBV (Hrsg.) (2022) Kennzahlen der ambulanten Versorgung auf einen Blick. https://www.kbv.de/html/zahlen.php. Berlin. Zugegriffen: 22.01.2022.

Kupsch, P. U.; Marr, R. (1991) Personalwirtschaft. In: Heinen, E. (Hrsg.) (1991) Industriebetriebslehre – Entscheidungen im Industriebetrieb. 9. Auflg. Wiesbaden: Gabler-Verlag. S. 731–894.

Scholz, C.; Scholz, T. (2019) Grundzüge des Personalmanagements. 3. Auflg. München: Vahlen-Verlag.

Statistisches Bundesamt (Hrsg.) (2022a) Destatis – Gesundheit/Krankenhäuser. https://www.destatis.de/DE/Themen/Gesellschaft-Umwelt/Gesundheit/Krankenhaeuser/_inhalt.html. Wiesbaden. Zugegriffen: 22.01.2022.

Statistisches Bundesamt (Hrsg.) (2022b) Destatis – Gesundheit/Pflegeheime und ambulante Pflegedienste. https://www.destatis.de/DE/Themen/Gesellschaft-Umwelt/Gesundheit/Pflege/Tabellen/pflegeeinrichtungen-deutschland.html. Wiesbaden. Zugegriffen: 22.01.2022.

Rechtliche Rahmenbedingungen des Personalmanagements

2.1 Individuelles Arbeitsrecht

Das individuelle Arbeitsrecht regelt das Arbeitsverhältnis zwischen dem Gesundheitsbetrieb als Arbeitgebenden und den einzelnen Mitarbeitenden.

Im Mittelpunkt des individuellen Arbeitsrechtes steht der **Arbeitsvertrag**. Er ist als schuldrechtlicher Vertrag ein besonderer Fall des Dienstvertrages nach dem Bürgerlichen Gesetzbuch (BGB), durch den sich Mitarbeitende verpflichten, im Dienste des Gesundheitsbetriebs nach dessen Weisungen Arbeit zu leisten, wofür der Gesundheitsbetrieb ein Entgelt zu zahlen hat.

> **Beispiel**
>
> Durch den Arbeitsvertrag wird der Arbeitnehmer im Dienste eines anderen zur Leistung weisungsgebundener, fremdbestimmter Arbeit in persönlicher Abhängigkeit verpflichtet. Das Weisungsrecht kann Inhalt, Durchführung, Zeit und Ort der Tätigkeit betreffen. Weisungsgebunden ist, wer nicht im Wesentlichen frei seine Tätigkeit gestalten und seine Arbeitszeit bestimmen kann. Der Grad der persönlichen Abhängigkeit hängt dabei auch von der Eigenart der jeweiligen Tätigkeit ab. Für die Feststellung, ob ein Arbeitsvertrag vorliegt, ist eine Gesamtbetrachtung aller Umstände vorzunehmen. Zeigt die tatsächliche Durchführung des Vertragsverhältnisses, dass es sich um ein Arbeitsverhältnis handelt, kommt es auf die Bezeichnung im Vertrag nicht an. Der Arbeitgeber ist zur Zahlung der vereinbarten Vergütung verpflichtet (§ 611a BGB). ◄

Üblicherweise kommen Gesundheitsbetrieb und Mitarbeitende durch entsprechende Inserate (Stellenangebote, Stellengesuche) oder durch Vermittlung von Arbeitsagenturen zusammen. Wenn sich ein Mitarbeiter oder eine Mitarbeiterin in die Dienste eines

© Springer Fachmedien Wiesbaden GmbH, ein Teil von Springer Nature 2023
A. Frodl, *Personalmanagement im Gesundheitswesen*,
https://doi.org/10.1007/978-3-658-40563-2_2

Gesundheitsbetriebs begeben, kommt ein Arbeitsvertrag zustande. Im ihm werden die Rechte und Pflichten von Gesundheitsbetrieb und Mitarbeitenden geregelt, insbesondere

- Beginn und Ende der täglichen Arbeitszeit,
- Verteilung der Arbeit auf die Wochentage,
- eventuelle Probezeit,
- Gehalt,
- Urlaub,
- Sonderzuwendungen,
- Kündigungsmöglichkeiten.

Das im Arbeitsvertrag begründete Arbeitsverhältnis endet durch

- vertragliche Vereinbarungen (Aufhebungsvertrag, Befristung usw.),
- Kündigung,
- Invalidität oder
- Tod.

Die Fähigkeit zum Abschluss von Arbeitsverträgen besitzt jeder voll Geschäftsfähige. Voraussetzung für ausländische Arbeitnehmende für den Abschluss eines Arbeitsvertrages sind eine Aufenthaltsgenehmigung und für Arbeitnehmende außerhalb der Europäischen Union eine Arbeitserlaubnis.

Der Arbeitsvertrag ist grundsätzlich formlos. Er kann durch die formlose Willenserklärung von Gesundheitsbetrieb und Mitarbeitenden durch das Vertragsangebot und dessen Annahme auch mündlich zustande kommen. Allerdings haben nach dem Nachweisgesetz (NachwG) Arbeitgebende spätestens einen Monat nach dem vereinbarten Beginn des Arbeitsverhältnisses die wesentlichen Vertragsbedingungen schriftlich niederzulegen, die Niederschrift zu unterzeichnen und den Arbeitnehmenden auszuhändigen. In die Niederschrift sind mindestens aufzunehmen:

- der Name und die Anschrift der Vertragsparteien;
- der Zeitpunkt des Beginns des Arbeitsverhältnisses;
- bei befristeten Arbeitsverhältnissen: die vorhersehbare Dauer des Arbeitsverhältnisses;
- der Arbeitsort oder, falls die Arbeitnehmenden nicht nur an einem bestimmten Arbeitsort tätig sein sollen, ein Hinweis darauf, dass sie an verschiedenen Orten beschäftigt werden können;
- eine kurze Charakterisierung oder Beschreibung der von den Arbeitnehmenden zu leistenden Tätigkeiten;
- die Zusammensetzung und die Höhe des Arbeitsentgelts einschließlich der Zuschläge; der Zulagen, Prämien und Sonderzahlungen sowie anderer Bestandteile des Arbeitsentgelts und deren Fälligkeit;
- die vereinbarte Arbeitszeit;

- die Dauer des jährlichen Erholungsurlaubs;
- die Fristen für die Kündigung des Arbeitsverhältnisses;
- ein in allgemeiner Form gehaltener Hinweis auf die Tarifverträge, Betriebs- oder Dienstvereinbarungen, die auf das Arbeitsverhältnis anzuwenden sind (vgl. § 2 NachwG).

Nach dem Berufsbildungsgesetz (BBiG) haben Ausbildende, die andere Personen zur Berufsausbildung einstellen, mit den Auszubildenden einen Berufsausbildungsvertrag zu schließen. Auf den Berufsausbildungsvertrag sind, soweit sich aus seinem Wesen und Zweck und aus diesem Gesetz nichts anderes ergibt, die für den Arbeitsvertrag geltenden Rechtsvorschriften und Rechtsgrundsätze anzuwenden (vgl. § 10 BBiG). Ausbildende haben unverzüglich nach Abschluss des Berufsausbildungsvertrages, spätestens vor Beginn der Berufsausbildung, den wesentlichen Inhalt des Vertrages schriftlich niederzulegen (vgl. § 11 BBiG).

Das jeweilige **Arbeitsverhältnis** kann in unterschiedlichen Ausprägungen vorliegen und richtet sich nach der arbeitsvertraglichen Regelung. Der befristete Arbeitsvertrag kann für einen kalendermäßig festgelegten Zeitraum abgeschlossen werden, wenn hierfür ein sachlicher Grund im Gesundheitsbetrieb vorliegt (längere Krankheitsvertretung, Mutterschaftsvertretung usw.). Er endet sodann automatisch (ohne Ausspruch einer Kündigung) mit dem Ablauf der Zeit, für die er eingegangen wurde.

Durch den Abschluss eines Arbeitsverhältnisses auf Probe wird dem Gesundheitsbetrieb die Möglichkeit gegeben, Bewerbende hinsichtlich Leistung und Eignung für den vorgesehenen Arbeitsplatz zu beurteilen; Bewerbende können während dieser Zeit ebenfalls den Entschluss, das Arbeitsverhältnis auf Dauer einzugehen, überprüfen. Bei der Einstellung auf Probe handelt es sich bereits um ein echtes Arbeitsverhältnis mit allen sich daraus ergebenden Rechten und Pflichten, das allerdings mit einer kürzeren Frist kündbar ist. Probearbeitsverhältnisse müssen vor Arbeitsbeginn eindeutig als solche vereinbart werden. Ist der Vertrag auf unbestimmte Zeit abgeschlossen, so geht das Probearbeitsverhältnis nach Ablauf der Probezeit in ein Dauerarbeitsverhältnis über, wenn nicht der Gesundheitsbetrieb oder die Mitarbeitenden vor Ablauf fristgerecht gekündigt haben.

Ein Dauerarbeitsverhältnis in einem Gesundheitsbetrieb wird durch einen Arbeitsvertrag begründet, der nicht auf Probe oder befristet, sondern auf unbestimmte Zeit abgeschlossen ist und damit den gesetzlichen Kündigungsfristen unterliegt.

Arbeitsverhältnisse mit einer kürzeren als der regelmäßigen betriebsüblichen Arbeitszeit sind Teilzeitarbeitsverhältnisse. Teilzeitkräfte dürfen gegenüber Vollzeitkräften nicht benachteiligt werden. Sie haben gleichen Urlaubsanspruch wie Vollzeitbeschäftigte. Das Urlaubsentgelt wird jedoch nur im Verhältnis ihrer Arbeitszeit zur betriebsüblichen Arbeitszeit gezahlt.

Der Inhalt des Arbeitsverhältnisses regelt Rechte und Pflichten von Gesundheitsbetrieb und Mitarbeitenden.

Im Rahmen der **Pflichten für Arbeitnehmende** ist die Arbeitsleistung als Hauptpflicht der Mitarbeitenden anzusehen. Sie muss erbracht werden, wie sie im Arbeitsvertrag vorgesehen ist. Fehlen derartige Vereinbarungen, müssen die Mitarbeitenden den entsprechenden Weisungen des Gesundheitsbetriebs folgen. Jedoch sind nur ihm gegenüber Leistungen zu erbringen.

Die Leistungsart ergibt sich aus dem Arbeitsvertrag. Die Mitarbeitenden sind nur zu der dort vereinbarten Arbeitsleistung verpflichtet. Ist der Arbeitsbereich dagegen weiter gefasst, sind alle Arbeiten zu erbringen, die innerhalb dieses erweiterten Aufgabengebietes anfallen.

Treue- und Verschwiegenheit zählen ebenfalls zu den Pflichten der Mitarbeitenden eines Gesundheitsbetriebs. Diese erstrecken sich auf die Interessen des Gesundheitsbetriebs als Arbeitgeber, die zu berücksichtigen sind, sowie auf dessen Betriebs- und Geschäftsgeheimnisse (Ärztliche Schweigepflicht, Schutz von Patientendaten usw.), die nicht an Außenstehende weitergegeben werden dürfen. Auch sind die Mitarbeitenden dazu verpflichtet alles zu unterlassen, was dem Ruf des Gesundheitsbetriebs schaden könnte.

Alle Mitarbeitenden sind verpflichtet, drohende Schäden (beispielsweise durch Materialfehler, Verschleiß an medizintechnischen Geräten, fehlerhafte Medikamentengabe usw.) dem Gesundheitsbetrieb mitzuteilen. Für Schäden, die aus einer unerlaubten Handlung entstehen, haften sie nach den Grundsätzen des BGB. Die Haftung ergibt sich auch bei Vorsatz und Fahrlässigkeit.

Der Leistungsort ist im Allgemeinen der Gesundheitsbetrieb. Jedoch können sich aus der Eigenart des Gesundheitsbetriebes auch andere Einsatzorte ergeben (beispielsweise Hausbesuche bei Patienten, Notfalleinsätze am Unglücksort usw.).

Im Rahmen der **Pflichten für Arbeitgebende** ist die Bezahlung für die von den Mitarbeitenden erhaltene Leistung als Hauptpflicht anzusehen. Die Höhe des Arbeitsentgeltes wird in erster Linie in Tarifverträgen geregelt.

Eine Gratifikation wird als besondere Vergütung neben dem üblichen Arbeitsentgelt aus besonderen Anlässen (Jubiläen, Honorierung besonderer Leistungen usw.) gezahlt. Sie wird als Anerkennung für geleistete bzw. noch zu leistende Dienste und Treue zu den Arbeitgebenden gewährt. Die Zahlung von Gratifikationen ist nicht gesetzlich geregelt, sondern beruht in Gesundheitsbetrieben in der Regel auf arbeitsvertraglicher Abmachung. Sie kann auch freiwillig ohne Anerkennung einer Rechtspflicht und ohne Übernahme einer Verpflichtung für die Zukunft gezahlt werden. Bei freiwillig gewährten Gratifikationen steht es grundsätzlich im Ermessen des Gesundheitsbetriebs, wem er diese Leistung zukommen lassen möchte. Vermögenswirksame Leistungen können durch einzelvertragliche Abmachung im Arbeitsvertrag, in Betriebsvereinbarungen für den gesamten Gesundheitsbetrieb oder in Tarifverträgen vereinbart werden. Sie müssen dann allen Mitarbeitenden gewährt werden.

Ein Überstundenzuschlag ist gesetzlich nicht vorgeschrieben und Bedarf einer gesonderten Regelung unter Berücksichtigung des Grundsatzes der Gleichberechtigung, beispielsweise in einem Tarifvertrag. Überstunden sind die über die regelmäßige betriebliche Arbeitszeit des Gesundheitsbetriebs hinaus geleisteten Stunden.

Eine Leistungszulage wird in Anerkennung besonderer Leistungen einzelner Mitarbeiter über das tarifliche bzw. vertraglich vereinbarte Entgelt hinaus gezahlt.

Der Zahlungszeitpunkt des Gehalts wird in erster Linie durch Tarif- oder arbeitsvertragliche Vereinbarung geregelt.

Die Entgeltfortzahlungspflicht besagt, dass die in der Regel als Angestellte des Gesundheitsbetriebs beschäftigten Mitarbeitenden den Anspruch auf das Arbeitsentgelt nicht verlieren, wenn sie nur für eine kurze Zeit durch einen in ihrer Person liegenden Grund ohne ihr Verschulden an der Arbeitsleistung verhindert sind. Dazu zählt beispielsweise die Entgeltfortzahlung im Krankheitsfall. Auf das Arbeitsentgelt wird jedoch der Betrag angerechnet, welcher den Mitarbeitenden für die Zeit der Verhinderung aus einer auf Grund gesetzlicher Verpflichtung bestehenden Kranken- oder Unfallversicherung zukommt.

> **Beispiel**
>
> Nach dem Entgeltfortzahlungsgesetz (EntgFG) haben Arbeitgebende für Arbeitszeit, die infolge eines gesetzlichen Feiertages ausfällt, den Arbeitnehmenden das Arbeitsentgelt zu zahlen, das sie ohne den Arbeitsausfall erhalten hätten (vgl. § 2 EntgFG). Werden Arbeitnehmende durch Arbeitsunfähigkeit infolge Krankheit an ihrer Arbeitsleistung verhindert, ohne dass sie ein Verschulden trifft, so haben sie Anspruch auf Entgeltfortzahlung im Krankheitsfall durch die Arbeitgebenden für die Zeit der Arbeitsunfähigkeit bis zur Dauer von sechs Wochen (vgl. § 2 EntgFG). ◄

Die Fürsorgepflicht des Gesundheitsbetriebs gegenüber seinen Mitarbeitenden umfasst unter anderem die Ausstattung der Arbeitsplätze nach den Vorgaben der Arbeitsstättenverordnung (ArbStättV), die korrekte Behandlung seiner Mitarbeitenden sowie die Geheimhaltung ihm anvertrauter und bekannt gewordener persönlicher Daten. Ferner hat der Gesundheitsbetrieb nach dem Bundesurlaubsgesetz (BUrlG) jedem Mitarbeitenden einen gesetzlich bezahlten Mindesturlaub zu gewähren. Jeder Arbeitnehmer und jede Arbeitnehmerin haben in jedem Kalenderjahr Anspruch auf bezahlten Erholungsurlaub (vgl. § 1 BUrlG). Der Urlaub beträgt jährlich mindestens 24 Werktage, wobei als Werktage alle Kalendertage gelten, die nicht Sonn- oder gesetzliche Feiertage sind (vgl. § 3 BUrlG). Das Urlaubsentgelt bemisst sich nach dem durchschnittlichen Arbeitsverdienst, das die Arbeitnehmenden in den letzten dreizehn Wochen vor dem Beginn des Urlaubs erhalten haben, mit Ausnahme des zusätzlich für Überstunden gezahlten Arbeitsverdienstes (vgl. § 11 BUrlG). Zur Fürsorge zählt auch, dass Mitarbeitende im Gesundheitsbetrieb vor ausufernden Arbeitszeiten bewahrt werden. Hierzu enthält das Arbeitszeitgesetz (ArbZG) beispielsweise Regelungen über die

- werktägliche Arbeitszeit,
- Verlängerungsmöglichkeiten,
- Ruhepausen,
- Ruhezeiten,
- Nacht- und Schichtarbeit,
- Sonn- und Feiertagsbeschäftigung,

- erforderlichen Zeitausgleich
- Ausnahmeregelungen, etwa bei ärztlichen Notdiensten an Wochenenden.

Tab. 2.1 fasst wichtige individualarbeitsrechtlichen Grundlagen des Personalmanagements zusammen.

Tab. 2.1 Beispiele für individualarbeitsrechtliche Grundlagen des Personalmanagements

Gegenstand	Regelung	Quelle
Arbeitsvertrag	Als schuldrechtlicher Vertrag ein besonderer Fall des Dienstvertrages, durch den sich Arbeitnehmende verpflichten, im Dienste von Gesundheitsbetrieben als Arbeitgebende nach deren Weisungen Arbeit zu leisten, wofür die Arbeitgebenden ein Entgelt zu zahlen haben; im Arbeitsvertrag werden die Rechte und Pflichten von Arbeitgebenden und -nehmenden geregelt, insbesondere Beginn und Ende der täglichen Arbeitszeit, die Verteilung der Arbeit auf die Wochentage, eine eventuelle Probezeit, Gehalt, Urlaub, Sonderzuwendungen und Kündigungsmöglichkeiten; der Arbeitsvertrag ist grundsätzlich formlos; jedoch sind die wesentlichen Inhalte schriftlich niederzulegen	BGB, BBiG, NachwG
Arbeitsverhältnis	- befristet: kann für einen kalendermäßig festgelegten Zeitraum abgeschlossen werden, wenn hierfür ein sachlicher Grund im Gesundheitsbetrieb vorliegt; - auf Probe: Möglichkeit, Bewerbende hinsichtlich Leistung und Eignung für den vorgesehenen Arbeitsplatz zu beurteilen; bei der Einstellung auf Probe handelt es sich bereits um ein echtes Arbeitsverhältnis mit allen sich daraus ergebenden Rechten und Pflichten, das allerdings mit einer kürzeren Frist kündbar ist; - Dauerarbeitsverhältnis: wird durch einen Arbeitsvertrag begründet, der nicht auf Probe oder befristet, sondern auf unbestimmte Zeit abgeschlossen ist und damit den gesetzlichen Kündigungsfristen unterliegt; - Teilzeitarbeitsverhältnis: Arbeitsverhältnis mit einer kürzeren als der regelmäßigen üblichen Arbeitszeit im Gesundheitsbetrieb; Teilzeitkräfte dürfen gegenüber Vollzeitkräften nicht benachteiligt werden;	BGB
Pflichten der Arbeitnehmenden	- Arbeitsleistung als Hauptpflicht: muss erbracht werden, wie im Arbeitsvertrag vorgesehen bzw. auf Weisung der Arbeitgebenden; - Art der zu leistenden Arbeit: Mitarbeitende sind zu der im Arbeitsvertrag vereinbarten Arbeitsleistung verpflichtet; - Treue- und Verschwiegenheitspflichten: Ärztliche Schweigepflicht, Schutz von Patientendaten usw.; - Pflicht zur Mitteilung drohender Schäden: bspw. durch Materialfehler usw.; - Haftung: Für Schäden aus einer unerlaubten Handlung	BGB

(Fortsetzung)

Tab. 2.1 (Fortsetzung)

Gegenstand	Regelung	Quelle
Pflichten der Arbeitgebenden	- Bezahlung: für die vom Arbeitnehmer erhaltene Leistung als Hauptpflicht; - Gratifikation: ist nicht gesetzlich geregelt, sondern beruht in der Regel auf arbeitsvertraglicher Abmachung; - Vermögenswirksame Leistungen: können durch einzelvertragliche Abmachung im Arbeitsvertrag, in Betriebsvereinbarungen für den Gesundheitsbetrieb oder in Tarifverträgen vereinbart werden; - Überstunden: Zuschlag für Überstunden ist gesetzlich nicht vorgeschrieben und Bedarf einer gesonderten Regelung; - Entgeltfortzahlungspflicht: wenn die Arbeitnehmenden nur für eine kurze Zeit durch einen in ihrer Person liegenden Grund ohne ihr Verschulden an der Arbeitsleistung verhindert sind; - Fürsorgepflichten: geeignete Arbeitsstätten, korrekte Behandlung der Mitarbeitenden, Geheimhaltung persönlicher Mitarbeitendendaten etc.; - Urlaub: gesetzlich bezahlter Mindesturlaub	BGB, ArbStättV, BurlG, ArbZG

Eine für den Gesundheitsbetrieb wichtige Sonderform eines Arbeitsverhältnisses stellt das **Ausbildungsverhältnis** dar. Das Ausbildungsverhältnis wird durch den Ausbildungsvertrag zwischen den Ausbildenden und den Auszubildenden begründet. Die Vertragsniederschrift muss unter anderem folgende Angaben enthalten:

- Art, sachliche und zeitliche Gliederung sowie Ziel der Berufsausbildung, insbesondere die Berufstätigkeit, für die ausgebildet werden soll,
- Beginn und Dauer der Berufsausbildung,
- Ausbildungsmaßnahmen außerhalb der Ausbildungsstätte,
- Dauer der regelmäßigen täglichen Ausbildungszeit,
- Dauer der Probezeit,
- Zahlung und Höhe der Vergütung,
- Dauer des Urlaubs,
- Voraussetzungen, unter denen der Berufsausbildungsvertrag gekündigt werden kann,
- ein in allgemeiner Form gehaltener Hinweis auf die Tarifverträge, Betriebs- oder Dienstvereinbarungen, die auf das Berufsausbildungsverhältnis anzuwenden sind,
- die Form des Ausbildungsnachweises (vgl. § 11 BBiG).

Die Ausbildenden sind ferner verpflichtet, den Ausbildungsvertrag unverzüglich in das zu führende Verzeichnis der Berufsausbildungsverhältnisse (beispielsweise bei der jeweiligen Ärztekammer) eintragen zu lassen. Der Ausbildungsvertrag wird, wenn die Auszubildenden noch minderjährig sind, von einem gesetzlichen Vertreter geschlossen (Eltern oder Vormund).

Als Pflichten der Ausbildenden haben Ausbildende

- dafür zu sorgen, dass den Auszubildenden die berufliche Handlungsfähigkeit vermittelt wird, die zum Erreichen des Ausbildungsziels erforderlich ist, und die Berufsausbildung in einer durch ihren Zweck gebotenen Form planmäßig, zeitlich und sachlich gegliedert so durchzuführen, dass das Ausbildungsziel in der vorgesehenen Ausbildungszeit erreicht werden kann,
- selbst auszubilden oder einen Ausbilder oder eine Ausbilderin ausdrücklich damit zu beauftragen,
- Auszubildenden kostenlos die Ausbildungsmittel, insbesondere Werkzeuge, Werkstoffe und Fachliteratur zur Verfügung zu stellen, die zur Berufsausbildung und zum Ablegen von Zwischen- und Abschlussprüfungen, auch soweit solche nach Beendigung des Berufsausbildungsverhältnisses stattfinden, erforderlich sind,
- Auszubildende zum Besuch der Berufsschule anzuhalten,
- dafür zu sorgen, dass Auszubildende charakterlich gefördert sowie sittlich und körperlich nicht gefährdet werden,
- Auszubildende zum Führen der Ausbildungsnachweise anzuhalten und diese regelmäßig durchzusehen. Den Auszubildenden ist Gelegenheit zu geben, den Ausbildungsnachweis am Arbeitsplatz zu führen.
- Auszubildenden nur Aufgaben zu übertragen, die dem Ausbildungszweck dienen und ihren körperlichen Kräften angemessen sind (vgl. § 14 BBiG).

Als Pflichten der Auszubildenden haben diese

- sich zu bemühen, die berufliche Handlungsfähigkeit zu erwerben, die zum Erreichen des Ausbildungsziels erforderlich ist,
- die ihnen im Rahmen ihrer Berufsausbildung aufgetragenen Aufgaben sorgfältig auszuführen,
- an Ausbildungsmaßnahmen teilzunehmen, für die sie freigestellt werden,
- den Weisungen zu folgen, die ihnen im Rahmen der Berufsausbildung von Ausbildenden, von Ausbildern oder Ausbilderinnen oder von anderen weisungsberechtigten Personen erteilt werden,
- die für die Ausbildungsstätte geltende Ordnung zu beachten,
- die Praxiseinrichtungen pfleglich zu behandeln,
- über Betriebs- und Geschäftsgeheimnisse der Praxis, insbesondere Patientendaten Stillschweigen zu wahren,
- einen schriftlichen oder elektronischen Ausbildungsnachweis zu führen (vgl. § 13 BBiG).

Die Auszubildenden haben Anspruch auf eine Ausbildungsvergütung. Im Allgemeinen endet das Ausbildungsverhältnis mit der im Ausbildungsvertrag vereinbarten Ausbildungszeit. Ein Anspruch auf Weiterbeschäftigung nach bestandener Abschlussprüfung besteht grundsätzlich nicht.

2.2 Kollektives Arbeitsrecht

Das kollektive Arbeitsrecht umfasst das Arbeitsrecht zwischen allen Mitarbeitenden und dem Gesundheitsbetrieb als Arbeitgebenden und erstreckt sich, bezogen auf den einzelnen Gesundheitsbetrieb, insbesondere auf das Tarifvertrags- und Mitbestimmungsrecht, auf arbeitsschutzrechtliche Bestimmungen, regelt aber auch etwa die Themen Streik und Aussperrung bei Arbeitskämpfen.

Im **Tarifvertragsrecht** regelt das Tarifvertragsgesetz (TVG) die Rechte und Pflichten der Tarifvertragsparteien und enthält Rechtsnormen, die den Inhalt, den Abschluss und die Beendigung von Arbeitsverhältnissen sowie betriebliche und betriebsverfassungsrechtliche Fragen ordnen können (vgl. § 1 TVG). Tarifvertragsparteien können im Gesundheitswesen Gewerkschaften, einzelne Arbeitgebende sowie Vereinigungen von Arbeitgebenden sein (vgl. § 2 TVG). Tarifgebunden sind die Mitglieder der Tarifvertragsparteien und der Arbeitgebenden, die selbst Partei des Tarifvertrags sind (vgl. § 3 TVG).

Für das Personalmanagement des Gesundheitsbetriebs von Bedeutung sind die Tarifverträge für das Personal des Gesundheitsbetriebes, welche in der Regel eine Mischung aus Rahmentarifvertrag und Verbandtarifvertrag darstellen: Sie enthalten einerseits als Rahmentarifvertrag die Bedingungen für die Ermittlung des Entgeltes für angestellte Ärzte und Ärztinnen, Pflegekräfte, Medizinische und Zahnmedizinische Fachangestellte (MFA, ZMFA), Auszubildende usw. und werden andererseits als Verbandstarifvertrag zwischen Arbeitgeberverbänden (bspw. die Arbeitsgemeinschaft zur Regelung der Arbeitsbedingungen der Arzthelferinnen/Medizinischen Fachangestellten AAA, Tarifgemeinschaft der Länder TdL usw.) und der Vertretungen des Personals von Gesundheitsbetrieben (Verband der medizinischen Fachberufe e. V. – VmF, Berufsverband der Arzt-, Zahnarzt- und Tierarzthelferinnen e. V. – BdA usw.) abgeschlossen.

Ein Arbeitsverhältnis ist dann den Bestimmungen des Tarifvertrags unterworfen, wenn die folgenden zwei Voraussetzungen erfüllt sind: Zunächst müssen sowohl die Mitarbeitenden als Arbeitnehmer als auch der Gesundheitsbetrieb als Arbeitgeber Mitglied der Verbände sein, die den Tarifvertrag abgeschlossen haben. Als weitere Voraussetzung muss das Arbeitsverhältnis vom Geltungsbereich des Tarifvertrags erfasst sein. Der Geltungsbereich ist im Tarifvertrag festgelegt. Man unterscheidet dabei:

- den räumlichen Geltungsbereich: Gebiet, in dem der Tarifvertrag gilt (bspw. gesamtes Bundesgebiet, einzelne Bundesländer);
- den fachlichen/betrieblichen Geltungsbereich: Gesundheitsbetriebe, Tätigkeiten, Gesundheitsbereiche für die/den der Tarifvertrag gilt;
- den persönlichen Geltungsbereich: er bestimmt, auf welches gesundheitsbetriebliches Personal der Tarifvertrag Anwendung findet.

Sind nicht beide Partner des Arbeitsvertrages Mitglied der Tarifsvertragspartner, so gelten die tariflichen Bestimmungen in der Regel auch dann, wenn im Arbeitsvertrag auf den entsprechenden Gehaltstarifvertrag in der jeweils gültigen Fassung ausdrücklich oder auch stillschweigend Bezug genommen wird.

Beispiel

Nach den Bestimmungen des Sozialgesetzbuchs (SGB) XI dürfen die Pflegekassen ambulante und stationäre Pflege nur durch Pflegeeinrichtungen gewähren, mit denen ein Versorgungsvertrag besteht. Versorgungsverträge dürfen nur mit Pflegeeinrichtungen abgeschlossen werden, die ihren Arbeitnehmerinnen und Arbeitnehmern, die Leistungen der Pflege oder Betreuung von Pflegebedürftigen erbringen, eine Entlohnung zahlen, die in Tarifverträgen oder kirchlichen Arbeitsrechtsregelungen vereinbart ist, an die die jeweiligen Pflegeeinrichtungen gebunden sind. Mit Pflegeeinrichtungen, die nicht an Tarifverträge oder kirchliche Arbeitsrechtsregelungen für ihre Arbeitnehmerinnen und Arbeitnehmer, die Leistungen der Pflege oder Betreuung von Pflegebedürftigen erbringen, gebunden sind, dürfen Versorgungsverträge nur abgeschlossen werden,

- wenn sie ihren Arbeitnehmerinnen und Arbeitnehmern, die Leistungen der Pflege oder Betreuung von Pflegebedürftigen erbringen, eine Entlohnung zahlen, die die Höhe der Entlohnung eines Tarifvertrags nicht unterschreitet, dessen räumlicher, zeitlicher, fachlicher und persönlicher Geltungsbereich eröffnet ist,
- die Höhe der Entlohnung eines Tarifvertrags nicht unterschreitet, dessen fachlicher Geltungsbereich mindestens eine andere Pflegeeinrichtung in der Region erfasst, in der die Pflegeeinrichtung betrieben wird, und dessen zeitlicher und persönlicher Geltungsbereich eröffnet ist, oder
- die Höhe der Entlohnung einer entsprechenden kirchlichen Arbeitsrechtsregelung nicht unterschreitet (vgl. § 72 SGB XI). ◄

Die betriebliche **Mitbestimmung** für Gesundheitsbetriebe ist im Betriebsverfassungsgesetz (BetrVG) geregelt. So kann in Betrieben mit in der Regel mindestens fünf ständigen wahlberechtigten Arbeitnehmenden, von denen drei wählbar sind, ein Betriebsrat alle vier Jahre in geheimer und unmittelbarer Verhältnis- oder Mehrheitswahl von der Belegschaft gewählt werden (vgl. § 1 BetrVG). Durch Tarifvertrag können abweichende Regelungen bestimmt werden (vgl. § 3 BetrVG). Die mitbestimmungspflichtigen Regelungen werden in Betriebsvereinbarungen festgehalten, die Vereinbarungen zwischen Gesundheitsbetrieb und Betriebsrat über eine betriebliche Angelegenheit, die betriebsverfassungsrechtlich zu regeln ist, darstellen (vgl. § 77 BetrVG). Sie gelten für alle Mitarbeitenden unmittelbar und enden durch Zeitablauf oder durch Kündigung. Mitbestimmungspflichtig sind folgende Angelegenheiten, soweit keine gesetzliche oder tarifliche Regelung besteht:

- Fragen der Ordnung im Gesundheitsbetrieb und des Verhaltens der Arbeitnehmenden im Gesundheitsbetrieb;
- Beginn und Ende der täglichen Arbeitszeit einschließlich der Pausen sowie Verteilung der Arbeitszeit auf die einzelnen Wochentage;

- vorübergehende Verkürzung oder Verlängerung der betriebsüblichen Arbeitszeit;
- Zeit, Ort und Art der Auszahlung der Arbeitsentgelte;
- Aufstellung allgemeiner Urlaubsgrundsätze und des Urlaubsplans sowie die Festsetzung der zeitlichen Lage des Urlaubs für einzelne Arbeitnehmende, wenn zwischen den Arbeitgebenden und den beteiligten Arbeitnehmenden kein Einverständnis erzielt wird;
- Einführung und Anwendung von technischen Einrichtungen, die dazu bestimmt sind, das Verhalten oder die Leistung der Arbeitnehmenden zu überwachen;
- Regelungen über die Verhütung von Arbeitsunfällen und Berufskrankheiten sowie über den Gesundheitsschutz im Rahmen der gesetzlichen Vorschriften oder der Unfallverhütungsvorschriften;
- Form, Ausgestaltung und Verwaltung von Sozialeinrichtungen, deren Wirkungsbereich auf den Gesundheitsbetrieb beschränkt ist;
- Zuweisung und Kündigung von Wohnräumen, die den Arbeitnehmenden mit Rücksicht auf das Bestehen eines Arbeitsverhältnisses vermietet werden, sowie die allgemeine Festlegung der Nutzungsbedingungen;
- Fragen der betrieblichen Lohngestaltung, insbesondere die Aufstellung von Entlohnungsgrundsätzen und die Einführung und Anwendung von neuen Entlohnungsmethoden sowie deren Änderung;
- Festsetzung der Prämiensätze und vergleichbarer leistungsbezogener Entgelte, einschließlich der Geldfaktoren;
- Grundsätze über das Vorschlagswesen im Gesundheitsbetrieb;
- Grundsätze über die Durchführung von Gruppenarbeit; Gruppenarbeit im Sinne dieser Vorschrift liegt vor, wenn im Rahmen des praxisbetrieblichen Arbeitsablaufs eine Gruppe von Arbeitnehmern eine ihr übertragene Gesamtaufgabe im Wesentlichen eigenverantwortlich erledigt;
- Ausgestaltung von mobiler Arbeit, die mittels Informations- und Kommunikationstechnik erbracht wird (vgl. § 87 BetrVG).

Der Betriebsrat ist über die Planung

- von Neu-, Um- und Erweiterungsbauten von Fabrikations-, Verwaltungs- und sonstigen betrieblichen Räumen,
- von technischen Anlagen,
- von Arbeitsverfahren und Arbeitsabläufen einschließlich des Einsatzes von Künstlicher Intelligenz oder
- der Arbeitsplätze

rechtzeitig unter Vorlage der erforderlichen Unterlagen zu unterrichten. Mit dem Betriebsrat sind die vorgesehenen Maßnahmen und ihre Auswirkungen auf die Arbeitnehmenden, insbesondere auf die Art ihrer Arbeit sowie die sich daraus ergebenden Anforderungen an die Arbeitnehmenden so rechtzeitig zu beraten, dass Vorschläge und

Bedenken des Betriebsrats bei der Planung berücksichtigt werden können. Arbeitgebende und Betriebsrat sollen dabei auch die gesicherten arbeitswissenschaftlichen
Erkenntnisse über die menschengerechte Gestaltung der Arbeit berücksichtigen (vgl.
§ 90 BetrVG).

Werden die Arbeitnehmenden durch Änderungen der Arbeitsplätze, des Arbeitsablaufs oder der Arbeitsumgebung, die den gesicherten arbeitswissenschaftlichen Erkenntnissen über die menschengerechte Gestaltung der Arbeit offensichtlich widersprechen, in besonderer Weise belastet, so kann der Betriebsrat angemessene Maßnahmen
zur Abwendung, Milderung oder zum Ausgleich der Belastung verlangen (vgl. § 91
BetrVG).

Während die betriebliche Mitbestimmung im Gesundheitsbetrieb für die Betriebe in
privater Rechtsform im BetrVG geregelt ist, treten an seine Stelle für Betriebe in öffentlicher Rechtsform landesspezifische Personalvertretungsgesetze (PersVG). In Gesundheitsbetrieben mit öffentlich-rechtlicher Trägerschaft (Anstalten, Eigenbetriebe etc.) tritt an die
Stelle des Betriebsrats der Personalrat und an die Stelle der Betriebsvereinbarung die
Dienstvereinbarung.

2.3   Mitarbeitendenschutz

Ein weitläufiges Teilgebiet des kollektiven Arbeitsrechts im Gesundheitsbetrieb ist der
Mitarbeitendenschutz. Er erstreckt sich auf allgemeine Vorschriften, die für alle Mitarbeitenden des Gesundheitsbetriebs gelten, wie beispielsweise das Arbeitsschutzrecht,
sowie auf Sonderregelungen für einzelne Mitarbeitergruppen: Jugendarbeitsschutzrecht,
Mutterschutzrecht, Schwerbehindertenschutzrecht usw.

Das **Arbeitsschutzgesetz** (ArbSchG) dient dazu, Sicherheit und Gesundheitsschutz
der Beschäftigten bei der Arbeit durch Maßnahmen des Arbeitsschutzes zu sichern und
zu verbessern (vgl. § 1 ArbSchG). Als Maßnahmen des Arbeitsschutzes im Gesundheitsbetrieb anzusehen sind Maßnahmen zur Verhütung von Unfällen bei der Arbeit
und arbeitsbedingten Gesundheitsgefahren einschließlich Maßnahmen der menschengerechten Gestaltung der Arbeit (vgl. § 2 ArbSchG). Gesundheitsbetriebe sind verpflichtet, die erforderlichen Maßnahmen des Arbeitsschutzes unter Berücksichtigung
der Umstände zu treffen, die Sicherheit und Gesundheit der Beschäftigten bei der
Arbeit beeinflussen. Sie haben die Maßnahmen auf ihre Wirksamkeit zu überprüfen
und erforderlichenfalls sich ändernden Gegebenheiten anzupassen. Dabei haben sie
eine Verbesserung von Sicherheit und Gesundheitsschutz der Beschäftigten anzustreben. Zur Planung und Durchführung der Arbeitsschutzmaßnahmen haben die
Gesundheitsbetriebe unter Berücksichtigung der Art der Tätigkeiten und der Zahl der
Beschäftigten für eine geeignete Organisation zu sorgen und die erforderlichen Mittel
bereitzustellen sowie Vorkehrungen zu treffen, dass die Maßnahmen erforderlichenfalls bei allen Tätigkeiten und eingebunden in die betrieblichen Führungsstrukturen
beachtet werden und die Beschäftigten ihren Mitwirkungspflichten nachkommen kön-

nen (vgl. § 3 ArbSchG). Bei den Arbeitsschutzmaßnahmen in Gesundheitsbetrieben ist von folgenden allgemeinen Grundsätzen auszugehen:

- Die Arbeit ist so zu gestalten, dass eine Gefährdung für das Leben sowie die physische und die psychische Gesundheit möglichst vermieden und die verbleibende Gefährdung möglichst geringgehalten wird;
- Gefahren sind an ihrer Quelle zu bekämpfen;
- bei den Maßnahmen sind der Stand von Technik, Arbeitsmedizin und Hygiene sowie sonstige gesicherte arbeitswissenschaftliche Erkenntnisse zu berücksichtigen;
- Maßnahmen sind mit dem Ziel zu planen, Technik, Arbeitsorganisation, sonstige Arbeitsbedingungen, soziale Beziehungen und Einfluss der Umwelt auf den Arbeitsplatz sachgerecht zu verknüpfen;
- individuelle Schutzmaßnahmen sind nachrangig zu anderen Maßnahmen;
- spezielle Gefahren für besonders schutzbedürftige Beschäftigtengruppen sind zu berücksichtigen;
- den Beschäftigten sind geeignete Anweisungen zu erteilen;
- mittelbar oder unmittelbar geschlechtsspezifisch wirkende Regelungen sind nur zulässig, wenn dies aus biologischen Gründen zwingend geboten ist (vgl. § 4 ArbSchG).

Im Gesundheitsbetrieb ist durch eine Beurteilung der für die Beschäftigten mit ihrer Arbeit verbundenen Gefährdung zu ermitteln, welche Maßnahmen des Arbeitsschutzes erforderlich sind. Die Gefährdungsbeurteilung ist je nach Art der Tätigkeiten vorzunehmen. Bei gleichartigen Arbeitsbedingungen ist die Beurteilung eines Arbeitsplatzes oder einer Tätigkeit ausreichend. Eine Gefährdung kann sich insbesondere ergeben durch

- die Gestaltung und die Einrichtung der Arbeitsstätte und des Arbeitsplatzes,
- physikalische, chemische und biologische Einwirkungen,
- die Gestaltung, die Auswahl und den Einsatz von Arbeitsmitteln, insbesondere von Arbeitsstoffen, Maschinen, Geräten und Anlagen sowie den Umgang damit,
- die Gestaltung von Arbeitsverfahren, Arbeitsabläufen und Arbeitszeit und deren Zusammenwirken,
- unzureichende Qualifikation und Unterweisung der Beschäftigten,
- psychische Belastungen bei der Arbeit (vgl. § 5 ArbSchG).

Der Gesundheitsbetrieb muss über die je nach Art der Tätigkeiten und der Zahl der Beschäftigten erforderlichen Unterlagen verfügen, aus denen das Ergebnis der Gefährdungsbeurteilung, die von ihr festgelegten Maßnahmen des Arbeitsschutzes und das Ergebnis ihrer Überprüfung ersichtlich sind. Für den Krisenfall sind entsprechend der Art der Arbeitsstätte und der Tätigkeiten sowie der Zahl der Beschäftigten die Maßnahmen zu treffen, die zur Ersten Hilfe, Brandbekämpfung und Evakuierung der Beschäftigten erforderlich sind. Dabei hat ist der Anwesenheit anderer Personen (beispielsweise Patienten, deren Angehörige, Besucher etc.) Rechnung zu tragen. Es ist auch dafür zu sorgen, dass im Notfall die erforderlichen Verbindungen zu außerbetrieblichen Stellen, insbesondere in den Bereichen der Ersten Hilfe, der medizinischen Notversorgung, der Bergung und der Brandbekämpfung eingerichtet sind. Ferner sind diejenigen Beschäftigten zu benennen, die Aufgaben der Ersten Hilfe, Brandbekämpfung und Evakuierung der Beschäftigten übernehmen. Anzahl, Ausbildung und Ausrüstung der benannten Beschäftigten müssen in einem angemessenen Verhältnis zur Zahl der Beschäftigten und zu den bestehenden besonderen Gefahren stehen (vgl. § 10 ArbSchG). Die Beschäftigten im Gesundheitsbetrieb sind über Sicherheit und Gesundheitsschutz bei der Arbeit während ihrer Arbeitszeit ausreichend und angemessen zu unterweisen. Die Unterweisung hat Anweisungen und Erläuterungen zu umfassen, die eigens auf den Arbeitsplatz oder den Aufgabenbereich der Beschäftigten ausgerichtet sind, muss bei der Einstellung, bei Veränderungen im Aufgabenbereich, der Einführung neuer Arbeitsmittel oder einer neuen Technologie vor Aufnahme der Tätigkeit der Beschäftigten erfolgen und muss an die Gefährdungsentwicklung angepasst sein und erforderlichenfalls regelmäßig wiederholt werden (vgl. § 12 ArbSchG).

Beispiel

Die Beurteilung der Gesundheitsgefährdungen und Belastungen am Arbeitsplatz sind gesetzliche Pflicht, weswegen Sicherheitsmängel beseitigt werden müssen, andernfalls drohen Sanktionen. Die Gefährdungsbeurteilung und der Schutz vor Arbeitsunfällen, Berufskrankheiten und arbeitsbedingten Gesundheitsgefahren sind ein Führungsinstrument, praktizierte Qualitätssicherung am Menschen und eine wichtige Planungsgrundlage für die Sicherheit und Gesundheit der Mitarbeiterinnen und Mitarbeiter (vgl. Clade 2017, S. A 1544).

Eine systematische Anleitung zur Erstellung von Gefährdungsbeurteilungen für Gesundheitsbetriebe gibt beispielsweise die Berufsgenossenschaft für Gesundheitsdienst und Wohlfahrtspflege (BGW). In Broschüren (Gefährdungsbeurteilung für Kliniken, in der Pflege, für Arzt- und Zahnarztpraxen, für therapeutische Praxen etc.) wird erläutert, wie die auftretenden Gefährdungen und Belastungen systematisch ermittelt, beurteilt und die erforderlichen Maßnahmen für die Sicherheit und den Schutz der Gesundheit der Mitarbeiter und Mitarbeiterinnen umgesetzt werden können (vgl. Berufsgenossenschaft für Gesundheitsdienst und Wohlfahrtspflege 2022, S. 1).

Einen Überblick über die wichtigsten Gefährdungen und wie man geeignete Schutzmaßnahmen ermitteln kann, gibt auch die Broschüre Gesundheitsdienst der Deutschen Gesetzlichen Unfallversicherung e. V. (DGUV). Nicht nur die Aufgaben der Unternehmungsleitung und der Führungskräfte insbesondere bei der Gefährdungsbeurteilung werden darin angesprochen, sondern auch die Mitwirkung der Mitarbeitenden als Versicherten, die ihren Sachverstand mit einbringen sollen, um die Sicherheit und den Gesundheitsschutz bei der Arbeit zu gewährleisten. Dabei werden Tätigkeiten in Arbeitsbereichen betrachtet, in denen Patienten und Patientinnen medizinisch oder zahnmedizinisch untersucht, behandelt, gepflegt oder versorgt werden. Ebenso gilt sie für alle Tätigkeiten, die im direkten Zusammenhang mit diesen Tätigkeiten stehen, z. B. Reinigung, Desinfektion, Wäschebehandlung oder Instrumentenaufbereitung (Deutsche Gesetzliche Unfallversicherung 2018, S. 9 ff.). ◄

Neben der bereits im ArbSchG erwähnten Gefährdungsbeurteilung beinhaltet die **Arbeitsstättenverordnung** (ArbStättV) insbesondere die Forderung Gesundheitsbetriebe als Arbeitsstätten so einzurichten und zu betreiben, dass Gefährdungen für die Sicherheit und die Gesundheit der Beschäftigten möglichst vermieden und verbleibende Gefährdungen möglichst geringgehalten werden (vgl. § 3a ArbStättV). Der Gesundheitsbetrieb ist instand zu halten und es ist dafür zu sorgen, dass festgestellte Mängel unverzüglich beseitigt werden. Können Mängel, mit denen eine unmittelbare erhebliche Gefahr verbunden ist, nicht sofort beseitigt werden, ist dafür zu sorgen, dass die gefährdeten Beschäftigten ihre Tätigkeit unverzüglich einstellen. Es ist dafür zu sorgen, dass der Gesundheitsbetrieb den hygienischen Erfordernissen entsprechend gereinigt wird. Verunreinigungen und Ablagerungen, die zu Gefährdungen führen können, sind unverzüglich zu beseitigen. Die Sicherheitseinrichtungen, insbesondere Sicherheitsbeleuchtung, Brandmelde- und Feuerlöscheinrichtungen, Signalanlagen, Notaggregate und Notschalter sowie raumlufttechnische Anlagen sind instand zu halten und in regelmäßigen Abständen auf ihre Funktionsfähigkeit prüfen zu lassen. Es ist ferner dafür zu sorgen, dass Verkehrswege, Fluchtwege und Notausgänge ständig freigehalten werden, damit sie jederzeit benutzbar sind. Es sind Vorkehrungen so zu treffen, dass die Beschäftigten bei Gefahr sich unverzüglich in Sicherheit bringen und schnell gerettet werden können. Ein Flucht- und Rettungsplan ist aufzustellen, wenn Lage, Ausdehnung und Art der Benutzung des Gesundheitsbetriebs dies erfordern. Der Plan ist an geeigneten Stellen in der Arbeitsstätte auszulegen oder auszuhängen. In angemessenen Zeitabständen ist entsprechend diesem Plan zu üben. Beim Einrichten und Betreiben von Gesundheitsbetrieben sind Mittel und Einrichtungen zur Ersten Hilfe zur Verfügung zu stellen und regelmäßig auf ihre Vollständigkeit und Verwendungsfähigkeit prüfen zu lassen (vgl. § 4 ArbStättV).

Die sich auf Maßnahmen im Gefahrenfall erstreckende Unterweisung muss insbesondere umfassen:

- die Bedienung von Sicherheits- und Warneinrichtungen,
- die Erste Hilfe und die dazu vorgehaltenen Mittel und Einrichtungen und
- den innerbetrieblichen Verkehr.

Sie muss sich auf Maßnahmen der Brandverhütung und Verhaltensmaßnahmen im Brandfall erstrecken, insbesondere auf die Nutzung der Fluchtwege und Notausgänge. Diejenigen Beschäftigten, die Aufgaben der Brandbekämpfung übernehmen, sind in der Bedienung der Feuerlöscheinrichtungen zu unterweisen. Die Unterweisungen müssen vor Aufnahme der Tätigkeit stattfinden. Danach sind sie mindestens jährlich zu wiederholen. Sie haben in einer für die Beschäftigten verständlichen Form und Sprache zu erfolgen. Unterweisungen sind unverzüglich zu wiederholen, wenn sich die Tätigkeiten der Beschäftigten, die Arbeitsorganisation, die Arbeits- und Fertigungsverfahren oder die Einrichtungen und Betriebsweisen in der Arbeitsstätte wesentlich verändern und die Veränderung mit zusätzlichen Gefährdungen verbunden ist (vgl. § 6 ArbStättV).

Rechtsgrundlage des **Jugendarbeitsschutzrechts** ist das Jugendarbeitsschutzgesetz (JArbSchG). Es betrifft in erster Linie die in der Regel noch jugendlichen Auszubildenden in Gesundheitsbetrieben und regelt das Mindestalter für ein Beschäftigungsverhältnis im Gesundheitsbetrieb, sowie die höchstzulässigen täglichen und wöchentlichen Arbeitszeiten. Ferner umfasst es beispielsweise Regelungen über die Teilnahme am Berufsschulunterricht, der Freistellung für die Teilnahme an Prüfungen und der Einhaltung von Ruhepausen (vgl. § 8 ff. JArbSchG). So sind beispielsweise jugendliche Auszubildende im Gesundheitsbetrieb nicht nur für die Teilnahme am Berufsschulunterricht freizustellen. Sie dürfen auch nicht beschäftigt werden

- vor einem vor 9 Uhr beginnenden Unterricht (dies gilt auch für Personen, die über 18 Jahre alt und noch berufsschulpflichtig sind),
- an einem Berufsschultag mit mehr als fünf Unterrichtsstunden von mindestens je 45 Minuten, einmal in der Woche,
- in Berufsschulwochen mit einem planmäßigen Blockunterricht von mindestens 25 Stunden an mindestens fünf Tagen, wobei zusätzliche betriebliche Ausbildungsveranstaltungen bis zu zwei Stunden wöchentlich zulässig sind (vgl. § 9 JArbSchG).

Das **Mutterschutzrecht** basiert im Wesentlichen auf dem Mutterschutzgesetz (MuSchG). Zur Inanspruchnahme des Schutzes hat die werdende Mutter die Arztpraxis über die Schwangerschaft zu unterrichten. Es enthält Beschäftigungsverbote in der Zeit vor und nach der Niederkunft sowie im Falle der Gefährdung von Leben oder Gesundheit von Mutter oder Kind. Werdende Mütter dürfen nur dann stehend beschäftigt werden, wenn Sitzgelegenheiten zum Ausruhen zur Verfügung stehen. Stillende Mütter haben Anspruch auf Stillzeiten, die auch nicht auf Ruhepausen angerechnet werden dürfen oder vor- oder nachzuarbeiten sind (vgl. § 3 ff. MuSchG).

Rechtsgrundlage für das **Behindertenschutzrecht** sind im Wesentlichen die Inhalte des Sozialgesetzbuchs (SGB) IX über die Rehabilitation und Teilhabe behinderter Menschen. Da in Einzelbereichen von Gesundheitsbetrieben durchaus auch Behinderte beschäftigt werden können bzw. zur Vermeidung von Ausgleichsabgaben beschäftigt werden müssen, gilt es, ihre Tätigkeit so zu gestalten, dass sie ihre Fähigkeiten und Fertigkeiten möglichst voll verwerten und weiterentwickeln können. Die Räume des Gesundheitsbetriebs, Arbeitsplätze und Gerätschaften sind im jeweiligen Fall so einzurichten, dass

Behinderte dort beschäftigt werden können. Ferner sind nötige Arbeitshilfen anzubringen (vgl. § 151 ff. SGB IX).

Der allgemeine **Kündigungsschutz** gilt nach dem Kündigungsschutzgesetz (KSchG) erst in Gesundheitsbetrieben mit einer größeren Mitarbeitendenzahl, wozu bei der Feststellung der maßgeblichen Zahl der beschäftigten Arbeitnehmenden insbesondere in Gesundheitsbetrieben häufig anzutreffende teilzeitbeschäftigte Arbeitnehmende mit ihren regelmäßigen wöchentlichen Arbeitszeiten anteilig zu berücksichtigen sind (vgl. § 23 KSchG). Im Rahmen des allgemeinen Kündigungsschutzes sind ordentliche, fristgemäße Kündigungen dann rechtsunwirksam, wenn sie sozial ungerechtfertigt sind. Dies ist der Fall, wenn sie nicht in der Person oder dem Verhalten der Mitarbeitenden begründet sind bzw. nicht dringende betriebliche Erfordernisse des Gesundheitsbetriebs einer Weiterbeschäftigung entgegenstehen. Eine Kündigung aufgrund dringender betrieblicher Erfordernisse kann nur erfolgen, wenn bei Weiterbeschäftigung der Fortbestand des Gesundheitsbetriebs beispielsweise aus wirtschaftlichen Gründen gefährdet würde.

Einige Personengruppen genießen in Gesundheitsbetrieben Kündigungsschutz durch besondere Kündigungsvorschriften. So ist nach dem Mutterschutzgesetz (MuSchG) die Kündigung während der Schwangerschaft und nach der Entbindung unzulässig, wenn dem Gesundheitsbetrieb zum Zeitpunkt der Kündigung die Schwangerschaft oder Entbindung bekannt war oder unmittelbar nach Zugang der Kündigung mitgeteilt wurde. Die Kündigung von im Gesundheitsbetrieb beschäftigten Schwerbehinderten bedarf der Zustimmung der jeweiligen Hauptfürsorgestelle.

Der **Personaldatenschutz** ist der Schutz des Rechts auf informationelle Selbstbestimmung der Mitarbeitenden. Da der Gesundheitsbetrieb den Mitarbeitenden in der Regel wirtschaftlich und strukturell überlegen ist, die konkrete Ausgestaltung des Arbeitsvertrags bestimmt und die Arbeitsbedingungen festlegt, versucht der Personaldatenschutz einen Ausgleich zwischen den unterschiedlichen Interessen der Fremdbestimmung durch den Gesundheitsbetrieb und der Selbstbestimmung der Mitarbeitenden zu finden, durch Regelungen, welche Eingriffe des Gesundheitsbetriebs in das Persönlichkeitsrecht der Mitarbeitenden zulässig sind. Auf der Grundlage von Gesetzen (bspw. Datenschutzgrundverordnung -DSGVO, Bundesdatenschutzgesetz – BDSG) und Grundsatzurteilen des Bundesarbeitsgerichts werden in der Regel aufgrund von Betriebsvereinbarungen beispielsweise die Nutzung von E-Mail- und Internetdiensten im Gesundheitsbetrieb, der Einsatz von Anzeigen auf Telefonanlagen oder die Themen Videoüberwachung am Arbeitsplatz, Mithören von dienstlichen Telefongesprächen oder der Datenschutz bei Leistungs- und Verhaltenskontrollen geregelt.

Tab. 2.2 fasst wichtige kollektivarbeitsrechtliche Grundlagen des Personalmanagements zusammen.

Tab. 2.2 Beispiele für kollektivarbeitsrechtliche Grundlagen des Personalmanagements

Gegenstand	Regelung	Quelle
Tarifvertragsrecht	Recht der Tarifverträge, die in der Regel eine Mischung aus Rahmentarifvertrag (bspw. Bedingungen für die Ermittlung des Entgeltes) und Verbandtarifvertrag (zwischen Arbeitgeberverbänden und den Vertretungen des Personals von Gesundheitsbetrieben) darstellen	TVG
Mitwirkungsrecht	Regelt die Mitwirkungsmöglichkeiten der Betriebsangehörigen ab einer bestimmten Betriebsgröße: - Mitbestimmungsrechte: Beginn und Ende der täglichen Arbeitszeit, Pausenregelung, Verteilung der Arbeitszeit auf die einzelnen Wochentage, Einführung von Schichtplänen, Alkohol- und Rauchverbot, Benutzung von Telefon, Parkplatzvergabe usw. - Unterrichtungs- und Beratungsrechte: geplante Neu-, Um- und Erweiterungsbauten, neue technische Anlagen und Behandlungseinrichtungen, die eingeführt werden sollen, Planung neuer Arbeitsabläufe und -verfahren, Kündigungsanhörung usw.	BetrVG
Arbeitsschutzrecht	Dient dazu, Sicherheit und Gesundheitsschutz der Beschäftigten bei der Arbeit durch Maßnahmen des Arbeitsschutzes zu sichern und zu verbessern (Maßnahmen zur Verhütung von Unfällen bei der Arbeit und arbeitsbedingten Gesundheitsgefahren einschließlich Maßnahmen der menschengerechten Gestaltung der Arbeit); durch eine Beurteilung der für die Beschäftigten mit ihrer Arbeit verbundenen Gefährdung (Gefährdungsbeurteilung) ist zu ermitteln, welche Maßnahmen des Arbeitsschutzes erforderlich sind; Gesundheitsbetriebe sind so einzurichten und zu betreiben, dass Gefährdungen für die Sicherheit und die Gesundheit der Beschäftigten möglichst vermieden und verbleibende Gefährdungen möglichst geringgehalten werden; die Beschäftigten im Gesundheitsbetrieb sind über Sicherheit und Gesundheitsschutz bei der Arbeit während ihrer Arbeitszeit ausreichend und angemessen zu unterweisen	ArbSchG, ArbStättV
Jugendarbeitsschutzrecht	Betrifft in erster Linie die in der Regel noch jugendlichen Auszubildenden in Gesundheitsbetrieben und regelt das Mindestalter für ein Beschäftigungsverhältnis im Gesundheitsbetrieb, sowie die höchstzulässigen täglichen und wöchentlichen Arbeitszeiten; ferner umfasst es beispielsweise Regelungen über die Teilnahme am Berufsschulunterricht, der Freistellung für die Teilnahme an Prüfungen und der Einhaltung von Ruhepausen	JArbSchG

(Fortsetzung)

Tab. 2.2 (Fortsetzung)

Gegenstand	Regelung	Quelle
Mutterschutzrecht	Regelt Beschäftigungsverbote, Sitzgelegenheiten zum Ausruhen, Stillzeiten, Verbot von Mehrarbeit (Überstunden) sowie Sonntagsarbeit	MuSchG
Behindertenschutzrecht	Erfasst werden Mitarbeiter mit einem Grad der Behinderung (GB) von wenigstens 50 %: Beschäftigungspflicht bzw. Ausgleichsabgabe, zusätzliche bezahlte Urlaubstage, Anbringung von Arbeitshilfen	SGB IX
Kündigungsschutzrecht	Kündigung kann mündlich oder schriftlich erfolgen. - ordentliche Kündigung: unter Einhaltung von Kündigungsfristen, ohne Angabe des Grundes; - außerordentlichen Kündigung: vorzeitige Lösung des Arbeitsverhältnisses ohne Einhaltung der sonst geltenden Kündigungsfrist, wenn besondere Umstände dies rechtfertigen; Kündigungsgrund muss unverzüglich schriftlich mitgeteilt werden; - fristlose Kündigung: wenn Tatsachen vorliegen, die eine Fortsetzung des Arbeitsverhältnisses dem Kündigenden nicht zumutbar erscheinen; - Änderungskündigung: Teile des Arbeitsvertrages sollen verändert werden; - allgemeiner Kündigungsschutz: ordentliche, fristgemäße Kündigungen sind rechtsunwirksam, wenn sie sozial ungerechtfertigt sind; - Kündigung aufgrund dringender betrieblicher Erfordernisse: Kann nur erfolgen, wenn bei Weiterbeschäftigung der Fortbestand des Gesundheitsbetriebes beispielsweise aus wirtschaftlichen Gründen gefährdet würde; - befristetes Arbeitsverhältnis: endet mit Ablauf dieses Zeitraums, ohne dass es einer Kündigung bedarf; - Aufhebungsvertrag: in dem Aufhebungsvertrag kann ein beliebiger Zeitpunkt für die Beendigung des Arbeitsverhältnisses festgelegt werden	BGB, KSchG
Personaldatenschutzrecht	Auf der Grundlage von Gesetzen und Grundsatzurteilen des Bundesarbeitsgerichts werden in der Regel aufgrund von Betriebsvereinbarungen beispielsweise die Nutzung von E-Mail- und Internetdiensten im Gesundheitsbetrieb, der Einsatz von Anzeigen auf Telefonanlagen oder die Themen Thema Videoüberwachung am Arbeitsplatz, Mithören von dienstlichen Telefongesprächen oder der Datenschutz bei Leistungs- und Verhaltenskontrollen geregelt	BDSG, DSGVO

Zusammenfassung Kap. 2

Das individuelle Arbeitsrecht regelt das Arbeitsverhältnis zwischen dem Gesundheits-betrieb als Arbeitgebenden und den einzelnen Mitarbeitenden. Im Mittelpunkt des individuellen Arbeitsrechtes steht der Arbeitsvertrag. Das kollektive Arbeitsrecht umfasst das Arbeitsrecht zwischen allen Mitarbeitenden und dem Gesundheitsbetrieb als Arbeitgebenden und erstreckt sich, bezogen auf den einzelnen Gesundheitsbetrieb, insbesondere auf das Tarifvertrags- und Mitbestimmungsrecht, auf arbeitsschutzrechtliche Bestimmungen, regelt aber auch etwa die Themen Streik und Aussperrung bei Arbeitskämpfen. Ein weitläufiges Teilgebiet des kollektiven Arbeitsrechts im Gesundheitsbetrieb ist der Mitarbeitendenschutz. Er erstreckt sich auf allgemeine Vorschriften, die für alle Mitarbeiter des Gesundheitsbetriebs gelten, wie beispielsweise das Arbeitsschutzrecht, sowie auf Sonderregelungen für einzelne Mitarbeitergruppen: Jugendarbeitsschutz, Mutterschutz, Behindertenschutz, Personaldatenschutz etc.

Literatur

Arbeitsschutzgesetz (ArbSchG) vom 7. August 1996 (BGBl. I S. 1246), zuletzt durch Artikel 12 des Gesetzes vom 22. November 2021 (BGBl. I S. 4906) geändert.

Arbeitsstättenverordnung (ArbStättV) vom 12. August 2004 (BGBl. I S. 2179), zuletzt durch Artikel 4 des Gesetzes vom 22. Dezember 2020 (BGBl. I S. 3334) geändert.

Berufsbildungsgesetz (BBiG) in der Fassung der Bekanntmachung vom 4. Mai 2020 (BGBl. I S. 920), durch Artikel 16 des Gesetzes vom 28. März 2021 (BGBl. I S. 591) geändert.

Berufsgenossenschaft für Gesundheitsdienst und Wohlfahrtspflege – BGW (Hrsg.) (2022) BGW check – Gefährdungsbeurteilung im Betrieb. https://www.bgw-online.de/bgw-online-de/service/medien-arbeitshilfen/medien-center/bgw-check-informationen-zur-gefaehrdungsbeurteilung-14150. Hamburg. Zugriff: 29.01.2022.

Betriebsverfassungsgesetz (BetrVG) in der Fassung der Bekanntmachung vom 25. September 2001 (BGBl. I S. 2518), zuletzt durch Artikel 5 des Gesetzes vom 10. Dezember 2021 (BGBl. I S. 5162) geändert.

Bürgerliches Gesetzbuch (BGB) in der Fassung der Bekanntmachung vom 2. Januar 2002 (BGBl. I S. 42, 2909; 2003 I S. 738), zuletzt durch Artikel 2 des Gesetzes vom 21. Dezember 2021 (BGBl. I S. 5252) geändert.

Bundesurlaubsgesetz (BurlG) in der im Bundesgesetzblatt Teil III, Gliederungsnummer 800-4, veröffentlichten bereinigten Fassung, zuletzt durch Artikel 3 Absatz 3 des Gesetzes vom 20. April 2013 (BGBl. I S. 868) geändert.

Clade, H. (2017) Gesundheitsgefahren bannen. In: Deutsches Ärzteblatt. Jg. 114. Heft 33–34. Köln. Deutscher Ärzte Verlag. S. A 1544–A 1545.

Deutsche Gesetzliche Unfallversicherung – DGUV e. V. (Hrsg.) (2018) DGUV Information 207-019 Gesundheitsdienst. Informationsbroschüre. Stand: April 2018. Berlin.

Entgeltfortzahlungsgesetz (EntgFG) vom 26. Mai 1994 (BGBl. I S. 1014, 1065), zuletzt durch Artikel 9 des Gesetzes vom 22. November 2019 (BGBl. I S. 1746) geändert.

Jugendarbeitsschutzgesetz (JArbSchG) vom 12. April 1976 (BGBl. I S. 965), zuletzt durch Artikel 2 des Gesetzes vom 16. Juli 2021 (BGBl. I S. 2970) geändert.

Kündigungsschutzgesetz (KSchG) in der Fassung der Bekanntmachung vom 25. August 1969 (BGBl. I S. 1317), zuletzt durch Artikel 2 des Gesetzes vom 14. Juni 2021 (BGBl. I S. 1762) geändert.

Mutterschutzgesetz (MuSchG) vom 23. Mai 2017 (BGBl. I S. 1228), durch Artikel 57 Absatz 8 des Gesetzes vom 12. Dezember 2019 (BGBl. I S. 2652) geändert.

Nachweisgesetz (NachwG) vom 20. Juli 1995 (BGBl. I S. 946), zuletzt durch Artikel 3a des Gesetzes vom 11. August 2014 (BGBl. I S. 1348) geändert.

Sozialgesetzbuch (SGB) IX – Neuntes Buch: Rehabilitation und Teilhabe von Menschen mit Behinderungen vom 23. Dezember 2016 (BGBl. I S. 3234), zuletzt durch Artikel 7c des Gesetzes vom 27. September 2021 (BGBl. I S. 4530) geändert.

Sozialgesetzbuch (SGB) XI – Elftes Buch: Soziale Pflegeversicherung (Artikel 1 des Gesetzes vom 26. Mai 1994, BGBl. I S. 1014, 1015), zuletzt durch Artikel 15 des Gesetzes vom 10. Dezember 2021 (BGBl. I S. 5162) geändert.

Tarifvertragsgesetz (TVG) in der Fassung der Bekanntmachung vom 25. August 1969 (BGBl. I S. 1323), zuletzt durch Artikel 8 des Gesetzes vom 20. Mai 2020 (BGBl. I S. 1055) geändert.

Personalführung

3

3.1 Wertschätzung als Führungsleitlinie

Während man lange Zeit davon ausging, dass Arbeitskräfte eine starke Hand brauchen, die ihnen klare Ziele und den Weg dorthin vorgibt, so berücksichtigen zeitgemäße Ansätze der Personalführung, dass auch gewisse Freiheiten und selbstständiges Handeln durchaus effizienter zu den gesteckten Zielen führen können. Die Anerkennung derartiger Leistungserfolge ermöglicht eine breitere Perspektive auf die Führung, indem sie Wertschätzung und damit den Interaktionsprozess zwischen Führenden und Mitarbeitenden sowie ihre Bedeutung für den gesundheitsbetrieblichen Erfolg stärker in den Vordergrund rückt.

Insofern beinhaltet die **Personalführung** im Gesundheitsbetrieb einen Prozess der steuernden Einflussnahme auf das Verhalten der Mitarbeiter und Mitarbeiterinnen zum Zweck der Erreichung bestimmter Ziele. Dazu zählen alle Aktivitäten, die im Umgang mit ihnen verwirklicht werden, um sie im Sinne der Aufgabenerfüllung zu beeinflussen: Die positive Beeinflussung des Leistungsverhaltens der Mitarbeitenden zur Erfüllung der wirtschaftlichen Ziele, sowie die Förderung ihrer persönlichen, sozialen Ziele zur Herbeiführung von Arbeitszufriedenheit. Der optimale Einsatz der Führungsinstrumente ist dann gewährleistet, wenn eine Identifikation der Zielsetzung eines Gesundheitsbetriebes mit den persönlichen Wünschen der Mitarbeitenden herbeigeführt werden kann (vgl. Lippold 2021, S. 1 f.).

Mit dem häufig in Zusammenhang mit der Personalführung genannten Begriff **Leadership** wird der Versuch einer Unterscheidung zwischen Führungskräften und „Leadern" in Verbindung gebracht, die zusätzlich zum Planen, Organisieren und Kontrollieren von Abläufen in der Lage sind, mit Wandel, Kreativität und Innovation, zu motivieren und zu inspirieren. Leadership steht somit für eine auf Charisma und Visionen beruhende, mitreißende Führerschaft, die Sinnerfüllung und Nutzenstiftung vermittelt. Im Gesundheitswesen werden jedoch beide Führungstypen benötigt, die einerseits ordnende, bisweilen

© Springer Fachmedien Wiesbaden GmbH, ein Teil von Springer Nature 2023
A. Frodl, *Personalmanagement im Gesundheitswesen*,
https://doi.org/10.1007/978-3-658-40563-2_3

auch verwaltende Funktionen übernehmen und andererseits ihre Mitarbeitenden auf neue Richtungen einschwören können.

Wirft man zum Zweck der Zielbestimmung der Personalführung zunächst einen allgemeinen Blick auf die **Ziele**, die sich ein Gesundheitsbetrieb setzt, so sind diese als erwünschte Zustände, Zustandsfolgen oder auch Leitwerte für zu koordinierende Aktivitäten anzusehen, von denen ungewiss ist, ob sie erreicht werden. Die konkrete Zielbildung für Gesundheitsbetriebe ist ein komplexes Problem, da es eindimensionale Zielsetzungen (monovariable Zielbildung) oft nicht gibt. Werden hingegen mehrere Ziele (multivariable Zielbildung) verfolgt, so sind ihre Zielverträglichkeiten zu untersuchen. Die Gesamtzielsetzung eines Gesundheitsbetriebes besteht daher immer aus einer Kombination von quantitativen und qualitativen Zielen, die miteinander abgestimmt werden müssen. Die einzelnen Ziele definieren sich in der Regel über Zielinhalt, Zielausmaß und Zeitpunkt.

Zum einen haben die Ziele des Gesundheitsbetriebes unterschiedliche Ausprägungen und unterscheiden sich hinsichtlich der **Zielart** beispielsweise in

- strategische und operative Ziele,
- Erfolgs- und Sachziele oder auch in
- langfristige und kurzfristige Ziele.

Die einzelnen Ziele des Gesundheitsbetriebes stehen zueinander in unterschiedlichen **Zielbeziehungen**. Sie können beispielsweise verschiedene Ränge aufweisen (Oberziele mit höherem Rang, Unterziele mit niedrigerem Rang) oder unterschiedlich aufeinander einwirken:

- komplementäre, sich ergänzende Ziele,
- konkurrierende, sich beeinträchtigende Ziele,
- indifferente, sich nicht beeinflussende Ziele.

Die **Zielinhalte** sind unterschiedlicher Natur, wobei in einem Gesundheitsbetrieb, in dem oft eine Vielzahl von Menschen miteinander arbeitet, neben wirtschaftlichen auch soziale und persönliche Ziele existieren. Da jeder Mensch, wenn oft auch unbewusst, auf die Verwirklichung seiner persönlichen Ziele hinarbeitet, ist es wichtig, sie in einer Organisation wie dem Gesundheitsbetrieb möglichst miteinander in Einklang zu bringen, denn dies wirkt förderlich und sichert den langfristigen betrieblichen Erfolg. Konkurrierende Ziele einzelner Mitarbeiter und Mitarbeiterinnen können durch ihre Gegenläufigkeit einer erfolgreichen Zusammenarbeit schaden.

Beispiel

Die Realisierung sozialer Ziele, wie die Existenzsicherung und Sicherung eines angemessenen Lebensstandards für alle Mitarbeitenden durch eine angemessene und gerechte Entlohnung oder die Realisierung und Entwicklung individueller Fähigkeiten und Fertigkeiten durch eine entsprechende Tätigkeit und Aufgabenzuteilung trägt in hohem Maß zur Arbeitszufriedenheit bei, was sich positiv auf die Persönlichkeitsentwicklung, Arbeitseinsatz und die Arbeitsbereitschaft der Mitarbeitenden des Gesundheitsbetriebes auswirkt. ◄

Die Berücksichtigung der Ziele aller Mitarbeitenden sollte am Beginn aller Überlegungen und Handlungen im Rahmen eines wertschätzenden Personalmanagements des Gesundheitsbetriebs stehen. Sie sind deshalb von großer Bedeutung, weil in ihnen alle Wünsche und Absichten der Mitarbeitenden festgemacht sind, die sie persönlich und mit ihrer Arbeit in ihrem Gesundheitsbetrieb langfristig verwirklichen wollen. Jeder Mitarbeiter und jede Mitarbeiterin wird immer, wenn auch unbewusst, auf die Verwirklichung der persönlichen Ziele hinarbeiten. Sind die Ziele einzelner Beschäftigter konkurrierend, schaden sie zweifelsohne einer erfolgreichen Zusammenarbeit. Wirken sie aufeinander komplementär oder sind sie zumindest indifferent hinsichtlich gegenseitiger Wechselwirkungen, wirkt dies eher förderlich und sichert somit den langfristigen betrieblichen Erfolg.
Neben den ethischen und wirtschaftlichen Zielen der Leitung des Gesundheitsbetriebs, sind für eine zum Ausdruck gebrachte Wertschätzung die sozialen Ziele der Mitarbeitenden für das Personalmanagement von besonderer Bedeutung. Diese können von den Zielen der Leitung des Gesundheitsbetriebs abweichen. Die bestmögliche Gestaltung der Arbeitsumstände für die Mitarbeitenden ist beispielsweise ein wesentliches soziales Ziel des Gesundheitsbetriebs. Eine Reihe von sozialen Zielen wird in Abhängigkeit von diesem Ziel angestrebt. Sie alle stellen Interessen bzw. Bedürfnisse der Mitarbeitenden dar, die diese anstreben und zu verwirklichen suchen.

Beispiel

Zu typischen sozialen Zielen der Mitarbeitenden eines Gesundheitsbetriebs zählen:

- Entscheidungsspielräume und Selbstbestimmungsmöglichkeiten,
- Existenzsicherung durch festen Arbeitsplatz,
- Angenehmes Arbeitsklima,
- Verwirklichung/Entwicklung individueller Fähigkeiten,
- Anerkennung und Erfolg,
- Angemessene Entlohnung usw. ◄

Die jedoch in der Regel im Vordergrund stehenden ethischen und wirtschaftlichen Ziele des Gesundheitsbetriebs ermöglichen es nicht, dass alle Bedürfnisse und Interessen der Mitarbeitenden, die in Zusammenhang mit ihrer Arbeit stehen, befriedigt werden. Für die erlebte Wertschätzung ist es jedoch wichtig, dass die Leitung des Gesundheitsbetriebs bemüht ist, Ziele, die Nachteile und Beeinträchtigungen für die Mitarbeitenden darstellen, zu vermeiden und Ziele, die Vorteile im Sinne der Befriedigung ihrer Interessen und Bedürfnisse widerspiegeln, zu realisieren (siehe Tab. 3.1).

Tab. 3.1 Beispiele für negative und positive Zielprojektionen im Gesundheitsbetrieb

Negative Zielprojektionen (soziale Nachteile, Beeinträchtigungen)	Positive Zielprojektionen (soziale Vorteile, Wertschätzung)
ungünstige Arbeitsbedingungen im Gesundheitsbetrieb	Existenzsicherung und Sicherung eines angemessenen Lebensstandards für alle Mitarbeitenden
Stresssituationen durch einen vollgestopften Terminkalender oder falschen Personaleinsatz	Realisierung und Entwicklung individueller Fähigkeiten und Fertigkeiten durch eine entsprechende Tätigkeit und Aufgabenzuteilung
psychische und physische Über- bzw. Unterforderung von Mitarbeitenden	Möglichkeit zum Erwerb neuer Kenntnisse und Fähigkeiten durch Fortbildungs- und Weiterbildungsmaßnahmen usw.
ungünstige Arbeitszeitregelungen	Gewährung von Entscheidungsspielräumen und Selbstbestimmungsmöglichkeiten über Aufgabenbereiche, Arbeitsmethodik und Arbeitsintensität
schlechte Führungsstile (autoritär, „diktatorisch")	optimale Gestaltung von Umfeldbedingungen der Arbeit im Gesundheitsbetrieb (Arbeitszeit, Arbeitsbedingungen usw.)
Verkümmerung von Fähigkeiten	Anerkennung für Arbeitserfolge
arbeitsbedingte physische/psychosomatische Krankheiten (bei häufig auftretenden Stresssituationen, Unverträglichkeiten von Desinfektionsmitteln usw.)	angenehmes Arbeitsklima durch das Pflegen sozialer Kontakte, die Möglichkeit zu Interaktion und Kommunikation sowie Konfliktfreiheit und -austragungsmöglichkeit
Suchtentwicklung von Mitarbeitenden (Alkoholismus, Medikamente usw.).	Transparenz von Entscheidungen, die für alle Mitarbeitenden von Bedeutung sind

Sicherlich sind die in Tab. 3.1 wiedergegebenen negativen Zielprojektionen keine durch die Leitung eines Gesundheitsbetriebs angestrebten Zustände. Sie können sich allerdings als Auswirkungen und erlebte Erfahrungen indirekt aus anderweitigen Oberzielen ergeben und dienen somit spiegelbildlich für negative und ihnen gegenüber positiven Darstellungen desselben Sachverhaltes, wie beispielsweise die Schädigung der Persönlichkeit durch Verkümmerung individueller Fähigkeiten einerseits und die Forderung nach der Realisierung und Entwicklung individueller Fähigkeiten und Fertigkeiten andererseits. Durch diese Gegenüberstellung wird deutlich, dass bei fehlenden Maßnahmen zur Erreichung sozialer Ziele der Mitarbeitenden erhebliche Schädigungen der Arbeit im Gesundheitsbetrieb eintreten können und dass andererseits zur Realisierung sozialer Ziele konkrete Maßnahmen unumgänglich sind. Es reicht somit nicht aus, soziale Nachteile und Beeinträchtigungen für die Mitarbeitenden zu vermeiden. Vielmehr muss an der Realisierung der als soziale Vorteile empfundenen Ziele nachhaltig gearbeitet werden.

Auch werden oft nicht alle genannten Zielprojektionen von allen Mitarbeitenden gleichermaßen als Beeinträchtigungen oder erstrebenswerten Zustand empfunden. Wichtige Faktoren, die bei den einzelnen Mitarbeitenden spezifische Bedürfnisse wecken, sind insbesondere auf die soziale Herkunft, Familie, Bildung und Freundeskreis zurückzuführen. Andere Faktoren haben jedoch weitgehend unabhängig von der individuellen Bedürfnislage einzelner Beschäftigter große Bedeutung. So sind gesundheitliche und physische Schädigungen aus der Sicht aller Mitarbeitenden des Gesundheitsbetriebs schwerwiegende Nachteile. Dagegen sind die Existenzsicherung, die Realisierung von Fähigkeiten sowie teilweise auch die Möglichkeit zu sozialem Kontakt nahezu für alle Mitarbeitenden erstrebenswerte Zustände und können weitgehend auch nur durch die berufliche Tätigkeit befriedigt werden.

Zudem sind nicht alle individuellen sozialen Ziele der Mitarbeitenden unabhängig voneinander, sondern stehen häufig auch in konkurrierenden Beziehungen. Sie können nicht immer für alle Mitarbeitenden oder zumindest nicht gleichzeitig befriedigend erfüllt werden. Dennoch gilt es, ein größtmögliches Maß an **Arbeitszufriedenheit** für alle Mitarbeitenden des Gesundheitsbetriebs anzustreben. Sie stellt die emotionale Reaktion der Mitarbeitenden auf ihre Arbeitssituation dar, drückt den Grad des Empfindens von Wertschätzung aus und gibt ihre Einstellung gegenüber ihrer Arbeit im Gesundheitsbetrieb wieder. Die Vermittlung von Erfolgserlebnissen, die angemessene Entlohnung, sowie das Fördern von Selbstinitiative und Eigenverantwortlichkeit dienen der Persönlichkeitsentwicklung der Mitarbeitenden und beeinflussen ihren Arbeitseinsatz und ihre Arbeitsbereitschaft im Sinne des Gesundheitsbetriebs positiv.

Beispiel

Eine gute Möglichkeit, die Beschäftigten stärker in die Gestaltung des betrieblichen Geschehens miteinzubeziehen, Optimierungspotenziale zu identifizieren und ihre Verbundenheit mit dem Gesundheitsbetrieb zu erhöhen, ist das Vorschlagswesen. Damit Erfahrung und Wissen der Beschäftigten systematisch genutzt werden können, sind im Sinne eines Ideenmanagements (vgl. Reiche 2021, S. 4 ff.) wichtige Fragen zu klären, wie beispielsweise

- welcher Personenkreis Verbesserungsvorschläge einreichen darf,
- was ein Verbesserungsvorschlag beinhalten muss (Lösungsorientierung),
- wie die Beschäftigten bei der Erarbeitung von Verbesserungsvorschlägen unterstützt werden,
- wie die Ideen eingereicht werden können,
- wer die eingereichten Vorschläge prüft,
- wie die eingereichten Vorschläge begutachtet werden (Durchführbarkeit, Aufwand, Nutzen etc.),
- wie die Vorschläge bewertet und prämiert werden,
- wie mit abgelehnten Ideen umgegangen wird (Information an die Einreichenden, Begründung der Ablehnung etc.). ◄

Zur stärkeren Einbeziehung der Mitarbeitenden sind zudem **Beschäftigtenumfragen** ein wichtiges Personal- und Organisationsentwicklungsinstrument, denn die Bedeutung ihrer Verbundenheit mit dem Gesundheitsbetrieb ist immens (vgl. Bruder und Gehring 2015, S. 12). Ihr grundsätzlicher Ablauf sollte geregelt sein, damit wiederholte Umfragen möglichst gleichartig ablaufen und so in einem längeren Beobachtungszeitraum für vergleichbare Ergebnisse sorgen. So ist unter anderem festzulegen:

- Anonymität,
- Art und Umfang der Fragen,
- Auswertung,
- Befragungsform (Online, Fragebogen etc.),
- Befragungsintervalle (Zeitabstände, Häufigkeit der Umfragen etc.),
- Datenschutz,
- Ergebnisberichte (Art der Zusammenfassungen, Adressaten etc.),
- Information der Beschäftigten,
- Umgang mit den Ergebnissen,
- Zeitdauer der Befragungen.

3.2   Führungsrolle im Gesundheitsbetrieb

In der Führungstheorie wird häufig zwischen der Leitungsfunktion und der Führungs-funktion unterschieden: Die **Leitungsfunktion** in einem Gesundheitsbetrieb ergibt sich aus der hierarchischen Position der Führungskraft in der Aufbauorganisation und damit aus dem Vorgesetztenverhältnis, dessen Rechte und Pflichten mit dieser aufbau-organisatorischen Stelle verknüpft sind. Typische Leitungsfunktionen sind somit die Stelle eines Chefarztes in einem Krankenhaus oder einer den Auszubildenden vorgesetzten MFA in einer Arztpraxis. Die eigentliche **Führungsfunktion** ergibt sich erst, wenn die gezielte Beeinflussung auf die Geführten mit dem Zweck einer Zielerreichung erfolgt und wenn diese auch durch beabsichtigte Verhaltensänderungen die Führungsrolle anerkennen und akzeptieren.

Das bedeutet für die Führungskraft im Gesundheitswesen, dass sie echte Führungs-erfolge nur dann erzielt, wenn ihre Führungsrolle auch Anerkennung und Akzeptanz bei den ihr unterstellten Mitarbeitenden findet. Es reicht somit nicht aus, die Führungsrolle übertragen zu bekommen, sondern sie muss auch mit Führungskompetenz, der An-wendung geeigneter Führungsstile und Vorbildfunktionen ausgefüllt werden. Die Leitung von Organisationsbereichen im Gesundheitswesen ausschließlich mit Sanktionsmitteln und Disziplinarbefugnissen reicht dazu nicht aus.

Hinzukommt, dass sich die Führungsfunktion mit zunehmender Führungsverant-wortung ändert: Während beispielsweise in der stationären und ambulanten Pflege die Leitende Pflegefachkraft für den organisatorischen Rahmen für eine bewohnerorientierte Pflege und Betreuung, für Evaluationsinstrumente zur Ermittlung und Verbesserung der Qualität der Dienstleistung Pflege und Betreuung und für die Führung der Mitarbeitenden auf Teamebene und darüber hinaus sorgen muss, hat die Heimleitung den gesundheitspolitischen Entwicklungen Rechnung zu tragen und die Wirtschaftlichkeit der zu er-bringenden Dienstleistung für die gesamte Einrichtung im Blick zu behalten. Je höher die Führungsebene im Gesundheitswesen ist, desto mehr wird die jeweilige Führungsrolle von Managementaufgaben, wie strategischer Betriebsplanung, Grundsatzentscheidungen, Rahmenkonzeptionen und der Schaffung von Systemstrukturen dominiert. So unter-scheidet sich die Führungsrolle der ärztlichen Direktion eines Krankenhauses von der eines in einer dortigen Station beschäftigten Oberarztes zumindest im Hinblick auf die Art der Führungsaufgaben, wobei sich hinsichtlich der Führungsfunktion in der direkten Personalführung allerdings keine Unterschiede ergeben. Eine Zahnärztin als Praxis-inhaberin und -leiterin hat somit eine umfassende Führungsrolle, da sie im Hinblick auf ihren Praxisbetrieb in der Regel alle betriebswichtigen Entscheidungen selbst treffen muss und auf alle Beschäftigten ihrer Praxis direkt einwirkt.

Im Gesundheitswesen gibt es ferner eine Besonderheit, die die Rolle ihrer Führungs-kräfte von anderen Branchen oft unterscheidet: Neben ihrer Führungsfunktion haben sie alle eine Funktion beispielsweise als Pflegefachkraft, ärztliches Personal, Zahn-medizinische Verwaltungsassistenz, Therapeut bzw. Therapeutin, Fachkraft für Medizin-produkteaufbereitung oder Zahnarzt bzw. Zahnärztin für ihre Patienten inne. Weder das eine noch das andere darf vernachlässigt werden, sodass die besondere Herausforderung darin besteht, sowohl die Rolle als Führungskraft, als auch die patientenorientierte medi-zinisch, pflegerische Rolle möglichst vollständig und gleichzeitig auszufüllen.

Zu diesen „dualen" Rollen als Führungskräfte einerseits und medizinische bzw. pflege-rische Fachkräfte andererseits, kommen nicht selten weitere Nebenfunktionen hinzu, bei-spielsweise als Beauftragte für Hygiene, Qualitätsmanagement, Datenschutz, Gleich-stellung, Umweltschutz, Informationssicherheit etc., durch die die Rollenerwartungen zusätzlich erweitert werden.

Beispiel

In ihrem Curriculum Ärztliche Führung weist die Bundesärztekammer zur Führungs-rolle von Ärzten und Ärztinnen daraufhin, dass den Erwartungen an eine hochwertige Gesundheitsversorgung, Wirtschaftlichkeit und Unternehmenserfolg begrenzte finan-zielle und personelle Ressourcen, stetig steigende Anforderungen an die Leistungser-bringer, eine zunehmende Arbeitsbelastung und Stresssymptomatik bei den Mit-arbeitenden, erschwerte Arbeitsorganisation und -bedingungen und Konflikte mit der kaufmännischen Geschäftsführung oder Vertragspartnern gegenüberstehen. Leitende Ärztinnen und Ärzte sowie Praxisinhaber und -inhaberinnen sehen sich zunehmend mit Führungs- und Managementaufgaben in einem sich ständig wandelnden Umfeld bzw. mit der als widersprüchlich empfundenen Frage „Arzt bzw. Ärztin oder Manager bzw. Managerin?" konfrontiert. Nicht selten scheinen professionelles ärztliches Selbstver-ständnis und die anderweitigen Anforderungen in unversöhnlichem Gegensatz zu-einander zu stehen. Im Mittelpunkt der ärztlichen Tätigkeit steht die Behandlung der Patientinnen und Patienten, was den Arbeitsschwerpunkt darstellt, auf den sich die Ärz-

tinnen und Ärzte heute wie früher konzentrieren wollen. Dabei sind die strikte Patientenorientierung und die professionelle Kompetenz zur Durchführung der klinischen Kern-
prozesse des Heilens und Linderns von Krankheiten für die ärztliche Führungsrolle
konstitutiv. Zwar sollen Arzt und Ärztin der ärztlichen Führungsverantwortung auch
weiterhin gerecht werden, müssen und sollen dazu jedoch nicht zu Manager und Mana-
gerinnen oder Kaufleuten werden. Jedoch ist es erforderlich, ein Grundverständnis von
ökonomisch-unternehmerischen Prozessen und von Organisationswandel zu erwerben
sowie Aufgeschlossenheit gegenüber Managementmethoden mitzubringen. Somit geht
es um die Herstellung einer Balance, wie ökonomische und organisatorische Bedingungen selbstbestimmt und zum Nutzen der Patienten eingesetzt werden können,
was für Ärzte und Ärztinnen in Leitungspositionen in besonderem Maße gilt. So stellt
es unter schwieriger werdenden Rahmenbedingungen prinzipiell die Aufgabe der
Führungskräfte eines Gesundheitsbetriebs dar, das Arbeitsklima durch Schaffung von
Vertrauen und Beteiligung der Mitarbeitenden so zu gestalten, dass die Leistungsbereitschaft und Motivation auf einem hohen Niveau bleiben und sich die Mitarbeitenden für
ihren Gesundheitsbetrieb engagieren. Darüber hinaus sollte es spezieller Gegenstand
der ärztlichen Führungskultur bzw. des Selbstverständnisses ärztlicher Führungskräfte
sein, persönliche Verantwortung für die ärztliche Weiterbildung zu übernehmen (vgl.
Bundesärztekammer 2007, S. 9). ◄

Auf die Führung von Mitarbeitenden sind medizinische und pflegerische Fachkräfte
häufig nur unzureichend vorbereitet. Oft wird ihnen die Führungsaufgabe übertragen,
ohne dass sie sich vorher in der Führungsrolle hätten üben und in dieser Erfahrung sammeln können. Da die Personalführung komplexe Vorgänge umfasst, ist eine Vorbereitung
darauf durch Seminare, Schulungs- und Trainingsmaßnahmen ebenfalls nur bedingt
möglich.

Bereits 1960 hat K. Lukascyk darauf hingewiesen, dass im übertragenen Sinne die
Persönlichkeitsstruktur der Führungskraft im Gesundheitswesen mit ihren Begabungen
Fähigkeiten und Erfahrungen, die Persönlichkeiten der geführten Mitarbeiter und Patienten, ihre Einstellungen, Erwartungen und Bedürfnisse, die zu führenden Mitarbeiter- und
Patientengruppen mit ihrem Beziehungsgeflecht und ihren Gruppennormen, sowie die
Situation, in der sich Führungskraft und Gruppe befinden, ihr Ziel und die sonstige Um-
welt im Gesundheitswesen, als wesentliche Variablen führungsbezogener Interaktionen
anzusehen sind (vgl. Lukascyk 1960, S. 179 ff.). Somit wird die Rolle der Führungskraft
im Gesundheitsbetrieb von zahlreichen situativen Bedingungen determiniert (siehe
Abb. 3.1).

Für die Führungskraft im Gesundheitswesen ist es somit wichtig zu wissen, dass für die
zielgerichtete Einwirkung auf das Arbeitsverhalten ihrer Mitarbeitenden nicht nur deren
Arbeitsproduktivität im Vordergrund steht, sondern dass einerseits die eigenen sozialen
Einstellungen dabei eine bedeutende Rolle spielen und andererseits auch die menschlichen Beziehungen, in deren Rahmen sich das Arbeitsverhalten vollzieht. Je über-
zeugender, glaubhafter, authentischer und vorbildlicher das Führungsverhalten der

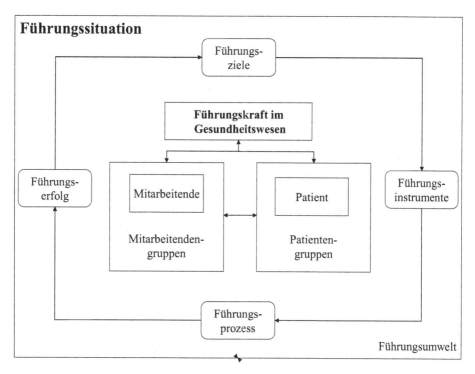

Abb. 3.1 Führungssituation im Gesundheitsbetrieb

Führungskraft auf die Geführten wirkt, desto eher werden die Mitarbeitenden bereit sein, in deren Führungsfähigkeit, Steuerungsmaßnahmen und Zielsetzungen zu vertrauen.

Geführte Mitarbeitende orientieren sich jedoch nicht nur an der medizinischen, pflegerischen Führungskraft, sondern auch an den sie umgebenden Arbeits- oder Patientengruppen und nicht selten an deren Meinungsmehrheit, was den Führungsprozess für die Führungskraft erschweren kann.

Insofern muss die Führungskraft die organisatorischen Rahmenbedingungen in einem Gesundheitsbetrieb berücksichtigen, insbesondere die Organisationskultur, die Strukturen, Kommunikationswege und Rituale. Zu ihren Aufgaben gehört es, diese zu kennen, zu berücksichtigen und für die eigenen Führungszwecke zu nutzen, aber sie auch im Sinne der Betriebsführung immer wieder kritisch zu hinterfragen, um auf diese Weise einen Beitrag für die Weiterentwicklung der gesundheitsbetrieblichen Organisation zu leisten.

3.3 Theorien der Personalführung

Um eine wertschätzende Personalführung entwickeln und anwenden zu können, ist es wichtig, einen Blick auf hierfür bedeutsame, prägende Grundlagentheorien zu werfen.

Insbesondere gesellschaftliche Veränderungen und der oft zitierte Wertewandel sind als ursächlich für das Bemühen anzusehen, alternative theoretische Modelle und Konzepte, Führung und Führungsprozesse unter veränderten Bedingungen besser zu verstehen und zu erklären. Digitale und technologische Änderungen des organisatorischen Kontextes haben die Entwicklung und Suche gegenwartsadäquater Führungstheorien ebenfalls angeregt (vgl. Rybnikova und Lang 2021, S. 3).

So gehen beispielsweise intrinsische **Führungstheorien** davon aus, dass der Führungserfolg von Führungskräften im Gesundheitswesen auf ihrer Persönlichkeit, ihrer Qualifikation, ihrem Engagement und ihren Eigenschaften beruhen. Demnach sind im übertragenen Sinne beispielsweise Motivationsfähigkeit, Fachkompetenz und Auftreten persönliche Eigenschaften, die häufig genannt werden, wenn es darum geht, erfolgreiche Führungskräfte von weniger erfolgreichen zu unterscheiden oder überhaupt zu identifizieren, wer sich als Führungskraft im besonderen Maße eignet (vgl. Schanz 2000, S. 661 ff.).

In diesem Zusammenhang ist das allseits bekannte Bild vom „Gott in Weiß", dass die „Vergötterung" eines Arztes durch seine Patienten und damit deren maximale Anerkennung beschreibt, auch führungstheoretisch zu hinterfragen. In der Regel bezieht sich diese Anerkennung auf die medizinischen Leistungen und die Patientenführung. Gerade von manchen Koryphäen der Medizin ist jedoch bekannt, dass ihre Personalführung mitunter nicht gleichermaßen erfolgreich und eher durch autokratische Führungsstile, herrschaftliches Auftreten und Machtdemonstrationen geprägt war. Gerade im Gesundheitswesen muss im Rahmen intrinsischer Führungstheorien somit zwischen dem Charisma und damit einem auf überzeugenden, motivationssteigernden Persönlichkeitseigenschaften basierenden Führungsverhalten in Bezug auf die Patientenführung einerseits und die Personalführung andererseits unterschieden werden: Charismatische Mediziner und Medizinerinnen sind nicht zwangsläufig auch als Vorgesetzte in Leitungsfunktionen erfolgreich, was gleichermaßen auch umgekehrt gilt.

Das bedeutet für das Gesundheitswesen, dass ihre Führungskräfte möglichst über Persönlichkeitseigenschaften verfügen müssen, die sowohl bei Patienten, Heimbewohnern und Pflegebedürftigen, als auch bei den Mitarbeitenden zu einem Führungserfolg führen. Wie stark die medizinische Fachkompetenz einerseits und die Vorgesetzteneignung andererseits ausgeprägt sein müssen, hängt von der jeweiligen Leitungsfunktion, der Führungssituation und der aufbauorganisatorischen Position im jeweiligen Gesundheitsbetrieb ab. Letztendlich wird sich nicht eindeutig bestimmen lassen, in welchem prozentualen Verhältnis sie zueinanderstehen oder wann sie etwa genau gleichgewichtig austariert sein müssen. In der Regel nehmen jedoch die unmittelbare Patientennähe und die Häufigkeit des Patientenkontakts mit dem Aufstieg in den Hierarchieebenen eines Gesundheitsbetriebs ab, was allerdings auch für die Nähe und die Kontakthäufigkeit zu den Mitarbeitenden auf den unteren Arbeitsebenen gilt. Dies kann auch im Gesundheitswesen zu der Problematik führen, dass sich die Personalführung der Führungskräfte auf den oberen Hierarchieebenen im Grund genommen nur noch auf die ihnen unmittelbar unterstellen Führungskräfte und damit auf nur wenige Mitarbeitende bezieht.

Jedoch strahlen starke, charismatische Persönlichkeitsmerkmale einer Führungskraft häufig bis auf die unteren Hierarchieebenen eines Gesundheitsbetriebs ab und erreichen letztendlich dadurch auch direkt oder indirekt die Patienten.

Der intrinsische Ansatz kann jedoch nicht nur für die Führungskraft als Grundlage ihres Verhaltens herangezogen werden, sondern auch für die Mitarbeitenden, wenn man davon ausgeht, dass sie auch geführt werden wollen. Ihre Bereitschaft, sich führen zu lassen, ist gerade im Gesundheitswesen von grundlegender Bedeutung, denn medizinische Behandlungen am Patienten erfordern in der Regel gemeinsame, aufeinander abgestimmte Handlungen von mehreren Beteiligten, die es zu koordinieren gilt. Diese Koordinationsfunktion kann als wichtige Führungsaufgabe im Gesundheitswesen angesehen werden, die in Bezug auf einen konkreten Heilungsprozess oder notwendigen medizinischen Eingriff dem Streben der einzelnen Mitarbeitenden nach individueller Selbstbestimmung nur wenig Raum lässt, ja mitunter auch keinen Spielraum lassen darf, wenn es beispielsweise um kurzfristig zu treffenden Entscheidungen über Leben und Tod geht.

Das eigentliche Führungsverhalten steht an der Grenze zu den extrinsischen Führungstheorien, die weniger die Persönlichkeit der Führungskraft als vielmehr die Art und Weise des Umgangs mit den Geführten, die sich daraus ergebenden Interaktionen sowie die Einflussfaktoren der Führung in den Mittelpunkt stellen. Während sich das Führungsverhalten an den Aufgaben, den Patienten, den Mitarbeitenden und deren Einbeziehung ausrichten kann und insbesondere bei Letzteren in der Regel durch den sich daraus ergebenden Führungsstil manifestiert wird, bezieht sich der Austausch im Rahmen der Führung sowohl auf einzelne Mitarbeiter und Patienten, als auch auf ganze Patienten- und Mitarbeitendengruppen. Die Interaktionen zwischen Ihnen und der Führungskraft beeinflussen sich gegenseitig, wobei auch noch die jeweilige Führungssituation zu berücksichtigen ist, sodass im Rahmen des extrinsischen Ansatzes in erster Linie von den Wechselwirkungen zwischen diesen zahlreichen „Führungsfaktoren" ausgegangen wird (siehe Abb. 3.2).

Zum extrinsischen Führungsansatz zählen auch die situativen Führungstheorien, die weniger die Persönlichkeit der Führungskraft, als vielmehr die Führungssituation und deren Einflussfaktoren auf die Führung in den Mittelpunkt stellen. Man kann dabei zwischen grundlegenden Einflussfaktoren unterscheiden, die die Führungssituation dauerhaft und nachhaltig kennzeichnen, sowie Einflussfaktoren, die sich in der jeweiligen, konkreten Situation speziell ergeben können (siehe Tab. 3.2).

Situative Führungstheorien verstehen Führung somit mehrdimensional und versuchen weniger die Führungskraft, als vielmehr den Geführten und das zu sehen, was alles auf ihn einwirkt, um letztendlich daraus Rückschlüsse für ein erfolgreiches Führungsverhalten ziehen zu können. Patienten, deren Angehörige, Schichtdienste, Konflikte mit Kolleginnen und Kollegen, persönliche Lebensumstände und vieles mehr wirken auf die Mitarbeitenden im Gesundheitswesen ein, und die sie führenden Vorgesetzten sind aus dieser Sichtweise ebenfalls nur weitere Einflussfaktoren. Nach diesem Ansatz stellt sich der Führungserfolg insbesondere dann ein, wenn möglichst situativ geführt, das heißt mit einem auf die jewei-

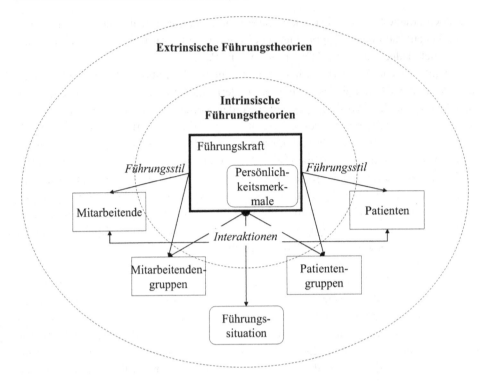

Abb. 3.2 Intrinsische und extrinsische Führungstheorien im Gesundheitsbetrieb

Tab. 3.2 Einflussfaktoren der Führungssituation

Faktorenart	Beispiele
Grundlegende Einflussfaktoren	Hierarchieposition im Gesundheitsbetrieb, Arbeitsklima, Aufgabenverteilung, personalwirtschaftliche Rahmenbedingungen, Führungskultur
Individuelle Einflussfaktoren	verborgene oder offen ausgetragene Konflikte, Gesprächssituation in einem Mitarbeitergespräch, vorliegende Patientenbeschwerden, persönliche Situation des Geführten

lige Führungssituation angemessenen Führungsverhalten reagiert wird. Das erfordert von der Führungskraft nicht nur eine große Flexibilität, sondern auch die Beherrschung unterschiedlicher Führungsstile, die es je nach Führungssituation anzuwenden gilt.

Eine der bekanntesten Theorien ist in diesem Zusammenhang das Konstrukt von P. Hersey und K. Blanchard, das zwischen einem aufgabenorientierten und einem beziehungsorientierten Führungsstil unterscheidet, wobei der aufgabenbezogene Führungsstil durch klare Anweisungen und Ergebniserwartungen gekennzeichnet ist und der beziehungsorientierte durch Lob, enge Kontakte und bestmögliche Unterstützung. Der jeweils anzuwendende situative Führungsstil bewegt sich zwischen diesen beiden extremen Ausprägungen und orientiert sich zudem an der unterschiedlichen sachlichen und

Tab. 3.3 Situatives Führungsverhalten nach Hersey/Blanchard. (Vgl. Hersey und Blanchard 1982, S. 11 ff.)

Reifegrad der Mitarbeitenden	Aufgaben-orientierung	Beziehungs-orientierung	Führungsver-halten	Beispiel
niedrig	hoch	niedrig	„telling"	Klare Anweisung an eine Auszubildende bei der Geräte-sterilisation, ggf. durch Vor-machen
gering bis mäßig	hoch	hoch	„selling"	Überzeugung von Pflegepersonal über die Notwendigkeit der Händedesinfektion
mäßig bis hoch	niedrig	hoch	„participating"	Beteiligung an der Neu-strukturierung eines Pflege-prozesses
hoch	niedrig	niedrig	„delegating"	Übertragung der Hygienever-antwortung

psychologischen Reife der Mitarbeitenden, die bei einem hohe Reifegrad Verantwortung anstreben und darauf bedacht sind ihr medizinisches und pflegerisches Fachwissen weiter-zuentwickeln, sowie Engagement und Motivation zu zeigen. Der Führungserfolg ist dann gegeben, wenn die Mitarbeitenden die Führungskraft anerkennen, sich kooperationsbereit zeigen und ihre Aufgaben erledigen, wobei sie bei unterschiedlichen Aufgaben auch unter-schiedliche Reifegrade an den Tag legen können (siehe Tab. 3.3).

Systemische Führungstheorien gehen davon aus, dass die Führungskraft nur ein Ein-flussfaktor ist, der auf die Geführten einwirkt, dass ihre direkten Einwirkungsmöglich-keiten daher eher begrenzt erscheinen und dass die Orientierung an einer Vielzahl ver-netzter Subsysteme vielmehr einen wesentlich größeren Einfluss auf die Geführten hat. Führung ist somit ganzheitlich zu sehen, verursacht zahlreiche Wechselwirkungen und steht im Kontext mit der aus Gesundheitsbetrieb, Gesundheitsmarkt, Patienten, Kollegen, Gesellschaft und vielen weiteren Elementen bestehenden Umwelt der Mitarbeitenden. Die Führungskraft ist dabei nicht mehr „Macher", sondern eher „Förderer" von Selbstorgani-sations-, Kommunikations- und Kooperationsprozessen. Der Gesundheitsbetrieb ist dabei als soziales System anzusehen, in dem täglich eine Vielzahl von Handlungen, Wirkungen und Folgewirkungen vielfältige Rückkopplungen und sich selbst verstärkende Mechanis-men erzeugen. Personalführung ist in diesem Zusammenhang durch Unwägbarkeiten und Unsicherheiten gekennzeichnet, auf die Führungskräfte reagieren müssen, und steht in einem Kontext organisationaler Systeme mit folgenden Dimensionalitäten, die zumindest auch zum Teil für das Gesundheitswesen gelten:

- Aufgabendimension: veränderte Leistungen, Wissenszunahme und -fluten, abnehmende Halbwertszeiten des Wissens, Mehrdeutigkeit und Flüchtigkeiten, unscharfe Heraus-forderungen; Bedrohung durch Wissensverlust und Inhaltsleere;

- Organisationsdimension: neue flexible Organisationsformen, systemische Rationalisierungsstrategien, fraktale und virtuelle Organisationen, Organisation durch Selbstorganisation, Zunahme von Paradoxien; mögliche Effekte: Erstarrung im Veränderungshype, Kontrollwahn;
- Kulturdimension: interkulturelle Vielfalt, Gendersensibilität, Unterschiedlichkeiten als Ressource, neue Formen kulturellen Austauschs und alternative Modelle; mögliche Effekte: neue Ab- und Ausgrenzungen;
- Beziehungsdimension: wechselnde, flexible und nur noch zeitlich begrenzte Sozialkontakte, flüchtige Beziehungen, soziale Netzwerke statt fester Beziehungen; mögliche Effekte: Gemeinschaftsverluste und Einschränkungen der Arbeitsfähigkeit von sozialen Subsystemen;
- Personendimension: Individualisierung, Selbstverwirklichungsansprüche, Verschmelzung von Arbeiten und Leben, Bastelbiografien, Unsicherheitszunahme; mögliche Effekte: großer Zwang zur kleinen Freiheit, Selbstausbeutung.

Personalführung bezieht sich in diesem Kontext unter den Veränderungsbedingungen flüchtiger werdender Inhalte, sich entgrenzender Organisation in Verbindung mit neuen kulturellen Konstellationen, mit veränderten Sozial- und Interaktionsstrukturen und zunehmenden Individualisierungsansprüchen zunehmend auf die Gestaltung des Unerwarteten (vgl. Orthey 2013, S. 16).

Eine interessante Weiterentwicklung erfuhr der systemorientierten Führungsansatz auf der Basis der Kybernetik, indem wichtigen Elementen eines Führungssystems kybernetische Funktionen zugeordnet wurden (siehe Tab. 3.4).

Im Gesundheitswesen ist der systemische Führungsansatz sicherlich als nicht unproblematisch anzusehen, da sich die Umsetzung im Alltag als schwierig gestalten dürfte und sich die Sichtweise und Denkinstrumente der Systemtheorie aufgrund des kausalen Denkens und gelernter Wahrnehmungsmuster in der Schulmedizin und Pflege auch erst seit jüngerer Zeit vermehrt durchsetzen. Doch genauso wie beispielsweise vielfältige Wechselwirkungen beim Medikamenteneinsatz zu beachten sind, ist auch die Mitarbeiterführung in vernetzten Zusammenhängen zu sehen, deren Berücksichtigung aufgrund ihrer Komplexität für die jeweilige Führungskraft im Gesundheitsbetrieb keine leichte Herausforderung darstellt.

Tab. 3.4 Kybernetisches Führungssystem. (Vgl. Rahn 2008, S. 23 ff.)

Systembestandteil	Zuordnung	Funktion
Regler	Führungskraft	beeinflusst Geführte
Stellgrößen	Führungsstile und -modelle	eingesetzte Führungsinstrumente
Einflussgröße	Führungssituation	ist durch Führungskraft zu beachten
Führungsgröße	Führungsziele	sind durch Führungskraft zu erreichen
Regelstrecke	Geführte	werden durch Führungskraft beeinflusst
Regelgröße	Führungserfolg	ist durch Führungskraft anzustreben

Führung wird in der betrieblichen Praxis des Gesundheitswesens oft gleichgesetzt mit Motivation und somit wird das Motivieren der Mitarbeitenden in der Regel als wesentliche Führungsaufgabe angesehen.

Der große Teil der **Motivationstheorien** geht allerdings davon aus, dass das menschliche Verhalten zunächst von eigenen Antrieben geprägt ist. Motivation ist danach ganz allgemein der Oberbegriff für jene Vorgänge, die in der Umgangssprache mit Streben, Wollen, Begehren, Drang usw. umschrieben und somit auch als Ursache für das Verhalten der Mitarbeitenden im Gesundheitswesen angesehen werden können. Als Antwort auf die grundlegenden Fragen, wie und was die Mitarbeitenden in Gesundheitsbetrieben zur Arbeitsleistung antreibt oder „motiviert", können die hinreichend bekannten Theorien dienen (siehe Abb. 3.3):

- Bedürfnishierarchie von A. Maslow (1908–1979): Nach dieser Theorie sucht der Mensch zunächst seine Primärbedürfnisse (physiologische Bedürfnisse wie Essen, Trinken, Schlafen etc.) zu befriedigen und wendet sich danach den Sekundärbedürfnissen zu, wobei er in folgender Reihenfolge zunächst Sicherheitsbedürfnisse, auf der nächsten Stufe soziale Bedürfnisse, danach Wertschätzung und schließlich auf der höchsten Stufe seine Selbstverwirklichung zu erreichen versucht.

Bedürfnishierarchie
nach *Abraham Maslow*
(1908–1979)
Primärbedürfnisse:
physiologische Bedürfnisse
wie Essen, Trinken, Schlafen etc.
Sekundärbedürfnisse:
Sicherheitsbedürfnisse, soziale Bedürfnisse,
Wertschätzung, Selbstverwirklichung

Zweifaktorentheorie der Arbeitszufriedenheit
nach *Frederick Herzberg*
(1923–2000)
Motivatoren im Gesundheitswesen erzeugen
Arbeitszufriedenheit:
Leistung, Anerkennung, Verantwortung etc.;
Hygienefaktoren vermeiden
Unzufriedenheit:
Entlohnung, Führungsstil,
Arbeitsbedingungen etc.

X-Y-Theorie
nach *Douglas McGregor*
(1906–1964)
Mitarbeitende sind entweder antriebslos, träge
und erwarten Anweisungen, Belohnung,
Bestrafung (X-Theorie) oder sie sind fleißig,
interessiert und haben Freude an ihrer Tätigkeit
im Gesundheitsbetrieb (Y-Theorie)

Anreiz-Beitrags-Theorie
nach *James March* (1928–2018) und
Herbert Simon (1916–2001)
Mitarbeitende empfangen im Gesundheitsbetrieb
Anreize, die nicht nur monetärer Natur sein
müssen, und erbringen dafür gewisse Beiträge
(beispielsweise Arbeitsleistung)

Abb. 3.3 Beispiele für Motivationstheorien

- Zweifaktorentheorie der Arbeitszufriedenheit von F. Herzberg (1923–2000): Sie geht davon aus, dass es einerseits so genannte Motivatoren gibt, wie beispielsweise Leistung, Anerkennung, Verantwortung etc., die sich auf den Arbeitsinhalt beziehen und die Arbeitszufriedenheit erzeugen und andererseits so genannte Hygienefaktoren (Rand- und Folgebedingungen der Arbeit, beispielsweise Entlohnung, Führungsstil, Arbeitsbedingungen etc.), die Unzufriedenheit vermeiden.
- XY-Theorie nach D. McGregor (1906–1964): Nach ihr gibt es zwei Arten von Mitarbeitern, die entweder antriebslos, träge sind und Anweisungen, Belohnung, Bestrafung und einen eher autoritären Führungsstil erwarten (X-Theorie) oder sie sind fleißig, interessiert, übernehmen aktiv Verantwortung, haben Freude an ihrer Tätigkeit im Gesundheitswesen und erwarten ein eher kooperatives Führungsverhalten (Y-Theorie).
- Anreiz-Beitrags-Theorie von J. March (1928–2018) und H. Simon (1916–2001): Sie geht davon aus, dass die Mitarbeiter vom Gesundheitsbetrieb Anreize empfangen, die nicht nur monetärer Natur sein müssen, und dass sie dafür gewisse Beiträge (beispielsweise Arbeitsleistung) erbringen.

Auf der Grundlage dieser Theorien unterscheidet die neuere Motivationsforschung nach J. Barbuto und R. Scholl zwischen intrinsischer Motivation, die durch die Freude an einer Aufgabe, an der damit verbunden Herausforderung oder durch Selbstverwirklichung gekennzeichnet ist, und extrinsischer Motivation, bei der die Erwartung von Vorteilen und die Vermeidung von Nachteilen im Vordergrund steht (siehe Tab. 3.5).

Tab. 3.5 Motivationsquellen nach. (Vgl. Barbuto und Scholl 1998, S. 1012 ff.)

Motivationsquelle	Motivationsart	Originalbezeichnung	Beschreibung
Intrinsische Motivation	Interne Prozessmotivation	intrinsic process	Mitarbeitende bewältigen eine Aufgabe um ihrer selbst Willen
	Internes Selbstverständnis	internal self concept	Verhalten und Werte der Mitarbeitenden orientieren sich an eigenen Standards und Maßstäben
Extrinsische Motivation	Instrumentelle Motivation	instrumental motivation	Verhalten ist im Wesentlichen geleitet von der Aussicht auf konkrete Vorteile oder Belohnungen durch die Führungskraft
	Externes Selbstverständnis	external self concept	Quelle des Selbstverständnisses und die Idealvorstellung kommen überwiegend aus der Rolle und den Erwartungen des Umfeldes im Gesundheitsbetrieb
	Internalisierung von Zielen	goal internalization	Mitarbeitende machen sich die Ziele des Gesundheitsbetriebs zu eigen

Somit ist das Heilen und anderen Menschen damit zu helfen sicherlich als eine der wesentlichen intrinsischen Motivationsquellen im Gesundheitswesen anzusehen, während die Führungskräfte im Gesundheitswesen nach dieser Theorie hauptsächlich die extrinsischen Motivationsquellen durch Belohnungen, Erwartungsgestaltungen und gesundheitsbetrieblichen Zielsetzungen verstärken können.

Aufbauend auf den motivationstheoretischen Erkenntnissen versucht man üblicherweise durch ein System von Anreizen das Leistungspotenzial der Mitarbeitenden zu aktivieren. Man unterscheidet dabei in der Regel zwischen materiellen und immateriellen Anreizen, deren Anwendung auch als Ausdruck von Wertschätzung angesehen werden kann.

Beispiel

Die Gelegenheit zur Motivation durch Sachleistungen und zum Ausdruck von Wertschätzung ergibt sich häufig und muss nicht kostspielig sein. Wichtig dabei ist die Geste und nicht der Sachwert. Dazu zählen auch der Blumenstrauß, der Betriebsausflug oder die Weihnachtsfeier. Der Bereich der monetären Anreize ist unter den Anreizmöglichkeiten als wohl bedeutsamster Bereich anzusehen. Dazu zählt zunächst das Gehalt, welches sich im Gesundheitswesen in der Regel nach den geltenden Tarifverträgen richtet. Die Überstundenvergütung ist tariflich ebenfalls geregelt, bietet aber die Gelegenheit zu großzügigeren Vergütungsregelungen. Darüber hinaus gibt es die Möglichkeit neben den gesetzlich und tarifvertraglich vorgeschriebenen Sozialleistungen freiwillige Sozialleistungen zu gewähren. Dazu zählen Urlaubsgelder, Geburts- und Heiratsbeihilfen etc.

Ein erfolgsorientiertes Prämiensystem, welches sich beispielsweise nach Ergebnisvorgaben, Patientenzahlen oder dem Arbeitsaufkommen richtet, bietet ebenfalls materielle Motivationsanreize. Diese vorher in der Höhe festgelegten Prämienzahlungen werden dann geleistet, wenn eine bestimmte, ebenfalls vorher festgelegte Zielgröße erreicht oder übertroffen wird. Das Prämiensystem sollte dabei je nach Übertreffungsweite der vorher festgelegten Werte gestaffelt und so ausgestaltet sein, dass der durch das Prämiensystem erzielte Ergebniszuwachs nicht durch überhöhte Zahlungen an die Mitarbeiter kompensiert wird. Auch sollte auf die Nachhaltigkeit des Erfolgs geachtet werden, wobei qualitative Aspekte der Patientenversorgung in jedem Fall ebenfalls einbezogen werden müssen, um eine Fehlleitung zu verhindern.

Immaterielle Anreize bieten ebenfalls ein breites Einsatzspektrum für motivationsfördernde Einzelmaßnahmen. Dazu zählen beispielsweise Ansätze für Mitwirkungsmöglichkeiten, Arbeitsumfeldgestaltungen, Möglichkeiten zu einer langfristigen Urlaubsplanung, Vermeidung von Überstunden, ansprechende Sozialräume und vieles andere mehr. Aus dem Bereich motivationsfördernder Ausbildungs- bzw. Aufstiegsanreize sind die Möglichkeiten zu Beförderungen einzelner Mitarbeiter auf höherwertige Stellen zu nennen oder die Teilnahmemöglichkeit an Fort- und Weiterbildungsmaßnahmen, deren Kosten der Gesundheitsbetrieb übernimmt. Sie bieten somit ebenfalls eine gute Möglichkeit zur Wertschätzung durch Anerkennung von Leistungsbereitschaft. ◄

Die Theorien der **Machtausübung** gehen von der Annahme aus, dass Führung auf Macht beruht und damit auf der Möglichkeit zur Einwirkung auf Andere. Macht spielt in allen Führungssituationen eine wesentliche Rolle und kommt in unterschiedlichen Ausprägungsformen vor, die sich letztendlich alle in der Beeinflussung des Verhaltens, Denkens und Handelns der Mitarbeitenden niederschlagen.

Bereits in den 1960er-Jahren haben bekanntermaßen J. French und B. Raven verschiedene Kriterien zusammengetragen, auf denen Machtausübung beruht:

- Zwang: Erzeugung von Gehorsam durch Androhung oder tatsächliche Ausübung von Sanktionen;
- Legitimation: Berechtigung zur Machtausübung durch allerseits akzeptierte Position und Aufgabenstellung der Führungskraft in der Organisationsstruktur;
- Belohnung: Möglichkeit, Aufmerksamkeit, Lob, aber auch materielle oder finanzielle Zuwendungen gewähren zu können;
- Identifikation: Beruht häufig auf dem Charisma der Führungskraft und dem Erzeugen von Emotionen und Verbundenheitsgefühlen;
- Wissen: Qualifikations- und Informationsvorsprung aufgrund von Kenntnissen und Erfahrungen, über die die Mitarbeitenden nicht in gleichem Umfang verfügen.

Darüber hinaus kann Macht im organisationstheoretischen Sinne auch auf der Verfügung über begrenzt vorhandene Ressourcen, Netzwerke, bestimmte Technologien, die Steuerung von Entscheidungsprozessen oder auch den Umgang mit Unsicherheiten beruhen (vgl. French und Raven 1960, S. 607 ff.).

Im täglichen Umgang mit Macht liegt auch die Gefahr des Missbrauchs nahe, wobei nicht von ihr an sich die Gefahr ausgeht, sondern von der Führungskraft, die sie ausübt. Die Erniedrigung von Anderen, Besserwisserei, Überlegenheitsbeweise oder Meinungsunterdrückung sind letztendlich oft Ausdruck von Unsicherheiten, die sich durch Machtdemonstrationen überspielen lassen. Bekannte Phänomene sind in diesem Zusammenhang

- das gutsherrenartige Auftreten von Führungskräften,
- die fehlende Einbindung oder das Übergehen von unterstellten Mitarbeitenden und Führungskräften bei deren Verantwortungsbereich betreffenden Entscheidungen,
- die offensichtliche Bevorzugung von genehmen Mitarbeitenden („Lieblinge"),
- die Herabwürdigung und Relativierung des Wissens und der Leistungen Anderer,
- die demonstrative Nutzung mit der Position verbundener Annehmlichkeiten (Machtinsignien),
- das Verlieren der Bodenhaftung und des Verständnisses für die Probleme unterstellter Bereiche und anderes mehr.

In Organisationen, Unternehmen und damit auch in Gesundheitsbetrieben gibt es durch Aufgabenbeschreibungen von Führungskräften, Zuständigkeitsregelungen und Beschwerdemöglichkeiten zumindest grundsätzlich die Möglichkeit, Machtausübung zu kontrollieren. Die Betriebsführung wird letztendlich nur von Aufsichtsorganen und Eigentümern kontrolliert, die in der Regel auch anderweitige Interessen verfolgen. Insofern liegt es überwiegend an den Mitarbeitenden und den Führungskräften in den mittleren Führungsebenen, Machtmissbrauch festzustellen und aufzuzeigen. Als drastische Maßnahme und in letzter Konsequenz können sie sich oft nur dagegen wehren, indem sie die betreffende Organisationseinheit oder gar den Gesundheitsbetrieb selbst verlassen.

Die konstruktive Ausübung von Macht wird im gesundheitsbetrieblichen Alltag hingegen kaum wahrgenommen, was daran liegt, dass es beim konsensorientierten, vorantreibenden, gemeinschaftsfördernden Einsatz für den Gesundheitsbetrieb im Idealfall keine Besiegte, Opfer oder offene Demütigungen gibt. Stattdessen findet Machtausübung als Überzeugungsarbeit nahezu unbemerkt in Form von Gesprächen, Zielvereinbarungen, Diskussionen und dem Eingehen von Kompromissen statt.

Machtbewusstsein bedeutet in diesem Zusammenhang somit nicht die Eindruck schindende, „brutalstmögliche" Durchsetzung von Interessen, sondern sich in erster Linie Klarheit über die Möglichkeiten zu verschaffen, die man als Führungskraft zur Gestaltung unter gleichzeitiger Vermeidung von Konflikten hat.

Insofern ist nicht nur den Führungskräften im Gesundheitsbetrieb zu empfehlen, ihre in der Regel durch ihre Position und Aufgabenstellung in der Organisationsstruktur legitimierte Macht dahingehend zu nutzen, durch vertrauens- und respektvollen Umgang miteinander die richtigen Grundlagen zu schaffen, die Weichen bestmöglich zu stellen und das Engagement ihrer Mitarbeitenden durch Einbindung, Fordern und Fördern in die geeignete Richtung zu steuern.

Der Einfluss von **Betriebsklima** und **Teamgeist** auf die Arbeitszufriedenheit in Gesundheitsbetrieben ist ebenfalls nicht zu unterschätzen, denn Respekt und Wertschätzung erfahren die Mitarbeitenden nicht nur von Führungskräften, sondern auch von Kolleginnen und Kollegen. Zahlreiche Forschungsergebnisse der Organisationspsychologie weisen darauf hin, dass Lohn, Arbeitszeit, Arbeitsplatzgestaltung usw. nicht allein ausschlaggebend für die Arbeitsattraktivität in Gesundheitsbetrieben sind. Grundlegende Einflüsse ergeben sich vielmehr aus den zwischenmenschlichen Beziehungen

* der jeweiligen Führungskraft zu einzelnen Mitarbeitenden bzw. Mitarbeitendengruppen,
* der Mitarbeitenden untereinander,
* sowie der Mitarbeitenden zu Patienten.

Beispiel

Im Zuge der Förderinitiative „Versorgungsforschung" der Bundesärztekammer wurde beispielsweise vom Institut für Gesundheits- und Sozialforschung (IGES) der Einfluss untersucht, den die Veränderung von Arbeitsbedingungen und professionellem Selbstverständnis von Ärzten auf die gesundheitliche Versorgung der Patienten und die Attraktivität des Arztberufes ausübt. Unter dem Begriff „Physician Factor" wurden dabei diejenigen Faktoren zusammengefasst, die von zentraler Bedeutung für die Arbeits- und Berufszufriedenheit von Ärzten sind. Dabei wurden 9 Einflussfaktoren identifiziert, unter anderem soziodemokratische und psychosoziale Aspekte, sowie die Arzt-Patient-Beziehung (vgl. Gothe et al. 2007, S. S. A 1395). ◄

Trägt die Führungskraft dazu bei, diese Beziehungen durch Hilfsbereitschaft, Verständnis und Toleranz zu prägen, so kann sich daraus ein positives Betriebsklima entwickeln. Es handelt sich dabei um die von den Mitarbeitenden individuell empfundene Qualität der Zusammenarbeit, die für deren Motivation von wesentlicher Bedeutung ist. Die Mitarbeitenden richten bewusst oder unbewusst ihr Arbeits- und Sozialverhalten an der Art und Weise des Zusammenwirkens aus, passen sich an oder widersetzen sich. Ebenso wie ein negatives Betriebsklima Phänomene wie Unlust, erhöhte Krankenstände oder gar Mobbing hervorbringen kann, trägt ein positives Betriebsklima zu Arbeitsfreude, erhöhter Motivation und damit zu besseren Arbeitsergebnisse im Behandlungs- und Pflegebereich eines Gesundheitsbetriebs bei. Herrschen zwischen den Mitarbeitenden des Gesundheitsbetriebs Neid, Missgunst und Misstrauen, anstatt Kameradschaft, Verständnis, Vertrauen und Hilfsbereitschaft, so wirkt sich ein solchermaßen gestörtes Arbeitsklima auch hemmend auf den Arbeitsprozess aus.

Das Problem der Schaffung optimaler Arbeitsbedingungen durch die Führungskräfte im Gesundheitsbetrieb lässt sich somit nicht allein dadurch lösen, indem sie sich um eine optimale Gestaltung der äußeren Arbeitsbedingungen, also um die Gestaltung des Arbeitsablaufes, des Arbeitsplatzes und um die Regelung der Arbeitszeit und der Arbeitspausen bemühen. Dies trägt zwar in erster Linie zu einer Verbesserung des Arbeitsklimas bei, das die spezielle Situation am jeweiligen Arbeitsplatz bezeichnet und unmittelbar auf die einzelnen Mitarbeitenden wirkt. Es ist für die Einzelnen dadurch auch leichter veränder- und beeinflussbar. Wichtiger sind jedoch Anerkennung und Sinnvermittlung durch die Führungskräfte im Gesundheitsbetrieb.

Teamgeist bedeutet in diesem Zusammenhang, dass sich alle Mitarbeitenden des Gesundheitsbetriebs einer Gruppe angehörig fühlen, in der sie eine bestimmte Rolle wahrnehmen, die von allen anderen Gruppenmitgliedern akzeptiert wird. Diese Gruppe stellt das Team dar, sei es auf Dauer als Pflege-, Praxis-, Behandlungsteam oder auf Zeit als OP-Team oder Arbeitsgruppe. Die Führungskraft ist Teil dieses Gruppengefüges. Idealerweise identifizieren sich die Gruppenmitglieder mit ihrer Arbeit, mit den Aufgaben ihres Teams und darüber letztendlich mit ihrer Führungskraft.

Für den Leistungswillen der Mitarbeitenden, für ihre Bereitschaft, die volle Leistungsfähigkeit für den Gesundheitsbetrieb einzusetzen, ist ein gutes Verhältnis untereinander und zu den Führungskräften mindestens ebenso wichtig, wie die äußeren Bedingungen. Dabei ist nicht nur die Vermeidung von Konflikten von wesentlicher Bedeutung, sondern vielmehr der richtige Umgang mit ihnen, sodass sie nicht mehr zu Eskalation und Wertschöpfungsverlusten im Gesundheitsbetrieb führen. Diese Betriebskultur (Coporate Identity) spiegelt den Umgang, das Auftreten und Benehmen der Mitarbeitenden und Führungskräfte eines Gesundheitsbetriebs untereinander sowie gegenüber den Patienten wider und wirkt stark auf das Betriebsklima. Dieses positive Gesamtbild wirkt auch nach außen auf den Patientenkreis. Der Patient sieht in den Führungskräften und Mitarbeitenden eines Gesundheitsbetriebs nicht nur Ansprechpartner, sondern vielmehr Bezugspersonen, auf deren gute und zuverlässige Arbeit er mehr als in irgendeinem anderen Dienstleistungsbereich angewiesen ist. Nicht zuletzt aufgrund seiner Erfahrungen mit ihnen gewinnt er seinen Gesamteindruck von dem Gesundheitsbetrieb und gibt diesen in Multiplikatorfunktion an Andere weiter.

Die Betriebskultur ist sicherlich zum Teil auch ein zufälliges Ergebnis der Interaktion der Mitarbeitenden und entzieht sich insofern gezielten Veränderungen durch die Führungskräfte. Auch kann eine kritische Situation, in der sich ein Gesundheitsbetrieb befindet, dazu beitragen, seine bisherigen Werte und Normen in Frage zu stellen, überkommene Regeln durch neue zu ersetzen und dadurch einen reibungslosen Arbeitsalltag mit produktivem Betriebsklima herzustellen. Prinzipiell erscheint die Betriebskultur jedoch durch die Führungskräfte durchaus beeinflussbar zu sein, mit den gewünschten Resultaten innerhalb eines gewissen Rahmens veränderbar und durch gezielte Interventionen nach den Vorstellungen der Leitung verbesserungsfähig, wobei immer auch unerwünschte Nebenfolgen der Einflussnahme nicht gänzlich auszuschließen sind.

Die Führungskraft muss somit berücksichtigen, dass die Mitarbeitenden im Gesundheitsbetrieb eine Vielzahl individueller und situationsspezifischer Ziele verfolgen, die sich zu einem komplexen Zielsystem zusammensetzen, sodass es auf das Zusammenspiel zahlreicher Faktoren bei der angestrebten Erreichung eines positiven Betriebsklimas und einer vertrauensvollen Betriebskultur ankommt:

- Vermeidung von starren hierarchischen Strukturen,
- Sicherstellung der Klarheit von Aufgaben,
- Vermeidung von autoritärem Führungsverhalten,
- Beachtung der sozialen Beziehungen am Arbeitsplatz,
- Vermeidung eins Klimas des Misstrauens,
- Stärkung der Eigenverantwortung der Mitarbeitenden,
- Vermeidung von schlecht kommunizierten Top-Down-Entscheidungen,
- Beachtung der Bedürfnisse der einzelnen Mitarbeitenden,
- Vermeidung der ausschließlichen Ausübung von Organisations-, Planungs- und Kontrollfunktionen durch Führungskräfte,
- Sorgen für Akzeptanz, Wohlbefinden und Identität,
- Individualisierung der Arbeitsgestaltung zur Leistungssteigerung,
- Ausübung sozialer Moderatorenfunktion von Führungskräften.

Somit liegt es auch in der Verantwortung der Führungskraft im Gesundheitswesen, zu einem positiven Betriebs- und Arbeitsklima, zu Teamgeist und einer positiven Betriebskultur beizutragen. Steigende Fehlzeiten, erhöhte Fluktuationszahlen etc. wären ansonsten die Folge von Defiziten in diesem Bereich.

Die Initiative Great Place to Work® Award „Beste Arbeitgeber Gesundheit & Soziales"
wurde 2006 ins Leben gerufen mit den Zielen, die Einrichtungen des Gesundheits- und
Sozialwesens bei der Entwicklung einer attraktiven und zukunftsorientierten Arbeits-
platzkultur zu fördern und die gesamte Branche durch ein eigenes Qualitätssiegel für
hohe Arbeitsplatzqualität und Arbeitgeberattraktivität zu stärken. Für das Benchmarking
beteiligen sich Einrichtungen aus dem Gesundheits- und Sozialwesen freiwillig, um ihre
Qualität als Arbeitgeber auf den Prüfstand zu stellen. Dabei werden die Beschäftigten
zur erlebten Arbeitsplatzqualität ihrer eigenen Einrichtung befragt. Die Mitarbeiterbefragung umfasste über 60 Einzelfragen zu wichtigen Arbeitsplatzthemen wie: Vertrauen
und Fairness in der Zusammenarbeit, Qualität der Führung, persönliche Anerkennung
und Wertschätzung, berufliche Unterstützung und Entwicklung, Partizipationsmöglich-
keiten, betriebliche Gesundheitsförderung, Work-Life-Balance, Identifikation mit der
Arbeit sowie die Bindung der Mitarbeitenden an den Arbeitgeber. Unternehmensver-
antwortliche geben zudem Auskunft zur Qualität, Vielfalt und Nachhaltigkeit der
Personalarbeit in der Einrichtung (Kultur Audit). Partner der Initiative sind der ZEIT-Ver-
lag, die Stiftung „Humor hilft Heilen", das Demografie Netzwerk (ddn) und die Initiative Ludwig-Erhard-Preis (ILEP) (vgl. Great Place to Work Deutschland 2020, S. 1). ◄

3.4   Führungsmodelle und -instrumente

Ausdruck und Intensität von Wertschätzung werden wesentlich durch das konkrete
Führungsverhalten beeinflusst. So prägen Führungskräfte im Gesundheitswesen ebenso
wie das Führungspersonal in anderen Branchen durch ihr Verhalten bewusst oder unbewusst ihren eigenen **Führungsstil**. Er stellt die Art und Weise des Umgangs mit den
Mitarbeitenden dar und bringt durch wiederkehrende Verhaltensmuster in gewisser Weise
auch die innere Haltung und Einstellung der Führungskraft, ihren Charakter, ihre Denk-
weise, aber auch ihren Anstand und ihr Benehmen zum Ausdruck. Der wahrgenommene
Führungsstil ist zudem abhängig von der Sichtweise der jeweiligen Mitarbeitenden und
ihren persönlichen Empfindungen. Er wird ferner durch sich ändernde Aufgaben, Ressourcen und Strukturen geprägt, sowie durch Erfolgskriterien, die ebenfalls Anpassungen
unterliegen.

Je nachdem, ob die Führungskraft mehr mit den Mitteln der Autorität, des Drucks und
Zwangs oder mehr mit den Mitteln der Überzeugung, der Kooperation und Partizipation
am Führungsprozess vorgeht, wendet sie einen unterschiedlichen Führungsstil an. Zur
Einordnung und Beschreibung unterschiedlicher Führungsstile gibt es zahlreiche Analysen und Vorschläge. Wesentliche Klassifikationen und Beschreibungen sind beispielsweise auf die bekannten Arbeiten von M. Weber (1864–1920), K. Lewin (1890–1947)
oder C. Lattmann (1912–1995) zurückzuführen und beschreiben jeweils eine über-
wiegende und durchgängige Ausprägungsart (siehe Tab. 3.6)

Tab. 3.6 Eindimensionale Führungsstile

Führungsstil	Autor	Beschreibung
autokratisch, patriarchalisch, traditionell	Weber	beruht auf geltenden Traditionen und Anerkennung von Machtlegitimationen; unumschränkte Alleinherrschaft; Mitarbeitende werden an Entscheidungen nicht beteiligt; es herrschen klare Verhältnisse der Über- und Unterordnung; unbedingter Gehorsam und Disziplin
autoritär, hierarchisch, despotisch	Lewin, Lattmann	Führungskraft entscheidet und kontrolliert, die Mitarbeitenden führen aus; der/die Vorgesetzte trifft sämtliche Entscheidungen und gibt sie in Form von unwiderruflichen Anweisungen oder Befehlen weiter; er/sie erteilt die Weisungen aufgrund der mit seiner/ihrer Stellung verbundenen Macht und erzwingt deren Befolgung durch die Anordnung von Sanktionen; die Führungskraft ist in ihrer Beziehung zu den Mitarbeitenden eher distanziert und kühl, erklärt alles bis ins Detail, hat für Probleme häufig passende Lösungen, tadelt einzelne Mitarbeitende, duldet selbst aber keine Kritik und besitzt häufig ein ausgeprägtes Überlegenheitsgefühl; es herrscht eine starre hierarchische Ordnung; der persönliche Freiheitsbereich der Mitarbeitenden ist gering; Ausführungsanweisungen, enge Kontrolle sowie soziale Distanz zwischen Vorgesetzten und Mitarbeitenden
charismatisch	Weber	beruht auf Ausstrahlung einer Person und der durch sie geschaffenen Ordnung; Persönlichkeit der Führungskraft steht an erster Stelle; allein Ausstrahlung und Charisma zählen und sind Grundlage für Entscheidungen; ruft meist absolute Loyalität der Mitarbeitenden hervor, Diskussionen und Befehle sind nebensächlich
bürokratisch	Weber	beruht auf der Legalität von Gesetzen, Regeln, Zuständigkeiten; Funktion ist nicht an eine Person gebunden, sondern auf Zeit verliehen und übertragbar; Führungsanspruch leitet sich aus Richtlinien, Stellenbeschreibungen, Dienstanweisungen ab
kooperativ, partnerschaftlich, partizipativ, demokratisch	Lewin, Lattmann	Gespräche und Abstimmung zwischen Führungskraft und Mitarbeitenden stehen im Vordergrund; geht von einer Mitwirkung der Mitarbeitenden an den Entscheidungen der Vorgesetzten aus, die so weit gehen kann, dass die Führungskraft nur den Entscheidungsrahmen absteckt; die Führungskraft fördert die Mitarbeitenden und ihre Leistungsbereitschaft, lässt Kreativität zu und gibt wichtige Informationen weiter; persönlicher Freiheitsbereich der Mitarbeitenden wächst und die Übernahme von Verantwortung wird auf sie verlagert; kennzeichnend für den kooperativen Führungsstil sind Kollegialität, Delegation, Partizipation sowie ein Verhältnis gegenseitiger Achtung und Anerkennung zwischen Vorgesetzten und Mitarbeitenden

(Fortsetzung)

Tab. 3.6 (Fortsetzung)

Führungsstil	Autor	Beschreibung
Laisser-faire, Selbstverwaltung	Lewin, Lattmann	Mitarbeitende werden weitestgehend sich selbst überlassen und haben größtmögliche Freiheit; die Führungskraft zeigt geringe Anteilnahme an den Erwartungen, Bedürfnissen und Problemen der Mitarbeitenden, die möglichst angepasst sein und keine unbequemen Fragen stellen sollen; Entscheidungen und Kontrollen liegen bei ihnen selbst oder einer Gruppe von Mitarbeitenden

Bei der Frage nach dem optimalen Führungsstil im Gesundheitsbetrieb, wird die Antwort tendenziell zu einem eher kooperativen Führungsverhalten neigen. Dennoch ist sie auch von dem vielfältigen Beziehungsgefüge abhängig und von der großen Anzahl von Anforderungen und Erwartungen, mit denen die Führungskraft konfrontiert ist. Einerseits werden von ihr Ergebnisse erwartet, andererseits gibt es häufig auch bei den Mitarbeitenden keine einheitlichen Vorstellungen, wie viel Konsensfähigkeit, Kooperationsbereitschaft oder Integrationsfähigkeit sie von ihrem Vorgesetzten erwarten, zumal auch die Führungsstile selbst Entwicklungsströmungen und Trends unterliegen.

Der autoritäre, der kooperative und der Laisser-faire-Führungsstil als wesentliche, eindimensionale Grundtypen von Führungsstilen, weisen bei näherer Betrachtung einige Vor- und Nachteile im Hinblick auf ihre Anwendungsmöglichkeit im Gesundheitswesen auf (siehe Tab. 3.7)

Der Grundtypus eines möglicherweise als zeitgemäß angesehenen Laissez-faire-Führungsstils führt im Gesundheitsbetrieb somit nicht zwangsläufig zu einer hohen Arbeitszufriedenheit oder hervorragenden Arbeitsresultaten. Als antiquiert geltende autoritäre Stilelemente bedeuten auch nicht unbedingt, dass sich die Mitarbeitenden dadurch demotiviert fühlen müssen. Auch muss die Führungskraft ihren eigenen Stil finden, der ihrer Persönlichkeit entspricht, um für ein gutes Arbeitsklima zu sorgen, die Mitarbeitenden zu aktivieren, gemeinsam mit ihnen die gesetzten Ziele zu erreichen und dabei ihre Wünsche, Bedürfnisse, und Kompetenzen zu berücksichtigen.

Da der kooperative Führungsstil im Vergleich zum autoritären Führungsstil eine Reihe von überwiegenden Vorteilen aufweist, sollte daher im Gesundheitswesen vorzugsweise auf der Praktizierung eines kooperativen Führungsverhaltens aufgebaut werden. Es ist aber auch durchaus denkbar, dass bei einzelnen Mitarbeitenden vorhandene Bedürfnisse nach Orientierungsmöglichkeiten und Leitung am besten durch eher autoritäre Elemente Rechnung getragen wird. In der Praxis hat sich daher häufig ein mehrdimensionaler Führungsstil mit einer situationsbezogenen Führung bewährt, in der die jeweils notwendigen Stilelemente angewendet werden.

Mehrdimensionale Führungsstile stellen nicht nur ein hauptsächliches Orientierungsmerkmal in den Vordergrund, sondern beziehen zwei oder mehrere Ausprägungsrichtungen

Tab. 3.7 Vor- und Nachteile einiger Grundtypen von Führungsstilen

Führungsstil-Grundtyp	Vorteile	Nachteile
autoritär	Verantwortung ist klar geregelt, schnelle Handlungsfähigkeit bei medizinischen Krisenfällen gegeben; in kritischen, lebensbedrohlichen Situationen können schnelle Entscheidungen getroffen werden; straffe Führung bei unübersichtlichen Lagen möglich; Übersichtlichkeit der Kompetenzen und gute Kontrollmöglichkeiten; unklare Zuständigkeiten werden vermieden; klare Anweisungen vermeiden Unsicherheiten und Verzögerungen	angespanntes Arbeitsklima, dass sich auch auf den Umgang mit den Patienten überträgt; Mitarbeitende verhalten sich eher passiv, angepasst und unselbstständig; Lösungen werden oft kritiklos übernommen; eigene Kreativität und Lösungsvorschläge werden unterdrückt; Gefahr von Auflehnung und Trotzreaktionen; Mitarbeitende werden demotiviert und sehen keine Notwendigkeit, sich eigene Gedanken zu machen und selbst initiativ zu werden; Fähigkeiten der Mitarbeitenden werden nicht erkannt; da die Führungskraft alles selbst entscheidet, steigt bspw. die Gefahr von Überforderung und Behandlungsfehlern
kooperativ	Zusammengehörigkeitsgefühl der Mitarbeitenden wird gestärkt; Gefahr möglicher Konflikte wird verringert; Reduzierung des Risikos von einsamen Fehlentscheidungen; Arbeitsklima verbessert sich; persönliche Entfaltung, Kreativität und aktive Mitarbeit werden gefördert; Motivation wird gefördert, weil Ideen und Vorschläge ernst genommen werden	Gefahr, unklarer Entscheidungen; wenn schnelle Handlungsfähigkeit bei medizinischen Krisenfällen erforderlich ist, kann Konsensfindung zu lange dauern; Durchsetzungsfähigkeit leidet; mangelnde Disziplin; notwendige Entscheidungen werden aufgeschoben
Laissez-faire	kreative medizinische Lösungen und Behandlungsalternativen werden nicht abgeschmettert; selbstbestimmtes Handeln mit großen Spielräumen kann motivierend wirken; Mitarbeitende können ihre persönlichen Stärken einbringen	Gefahr von Desorientierung und Richtungslosigkeit; einheitliche Behandlungsstrategien und Patientenkonzepte sind schwierig umsetzbar; Rivalitäten und Streitereien zwischen den Mitarbeitenden führen zur Bildung informeller Gruppen; Mitarbeitende verlieren Interesse an gemeinsamen Arbeiten und Erfolgen; keine Rückmeldung durch die Führungskraft; Außenseiter werden möglicherweise benachteiligt

in das Führungsverhalten mit ein. Eines der bekanntesten Modelle ist in diesem Zusammenhang das bereits in den 1950er-Jahren entwickelte Führungskontinuum (vgl. Tannenbaum und Schmidt 1958, S. 95ff.), das anhand des Merkmals der Entscheidungsbeteiligung den autoritären und den kooperativen, demokratischen Führungsstil gegenüberstellt und dazwischen Abstufungen einführt, die als Führungsstile in Abhängigkeit von der Führungskraft, den Mitarbeitenden und der jeweiligen Führungssituation ausgewählt werden (siehe Abb. 3.4).

Bei diesen Abstufungen entscheidet die Führungskraft allein und ordnet an (autoritär), ordnet an und begründet ihre Entscheidung (patriarchalisch), schlägt Ideen vor, gestattet Fragen und entscheidet (beratend), entscheidet vorläufig, holt Meinungen ein und entscheidet dann endgültig (konsultativ), zeigt das Problem auf, lässt Lösungen vorschlagen und entscheidet (partizipativ), zeigt das Problem auf, legt den Entscheidungsspielraum fest und lässt die Mitarbeiter entscheiden (delegativ) oder lässt entscheiden und koordiniert nur (demokratisch) (vgl. Steyrer 2015, S. 30 ff.).

Ein weiterer mehrdimensionaler Ansatz ist das 1964 von R. Blake und J. Mouton entwickelte Verhaltensgitter, welches sich anhand der Merkmale Aufgabenorientierung bzw. Sachrationalität einerseits und Mitarbeiterorientierung bzw. Sozioemotionalität andererseits in einer Art neunstufigen Matrix darstellen lässt, aus der sich verschiedene Muster des Führungsverhaltens ableiten lassen (siehe Abb. 3.4):

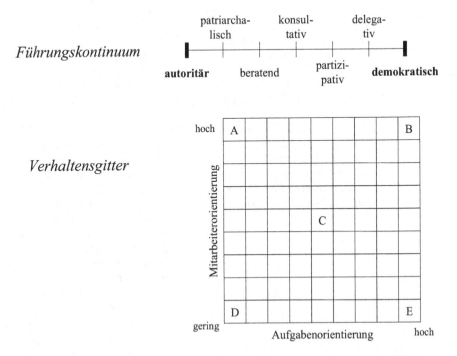

Abb. 3.4 Führungskontinuum und Verhaltensgitter als Beispiele mehrdimensionaler Führungsstile

- A: Zwischenmenschlichen Beziehungen und positive Arbeitsatmosphäre in der Gesundheitseinrichtung stehen absolut im Vordergrund, was sich negativ auf die Aufgabenerfüllung auswirken kann;
- B: Erfolgversprechendes Führungsverhalten, da sowohl die konsequente Zielerreichung als auch die kooperative Einbeziehung der Mitarbeiter maximierend verfolgt werden;
- C: Ziele werden halbwegs erreicht, unter Einbeziehung der Mitarbeiterwünsche, wobei es in beiderlei Hinsicht Verbesserungspotenziale gibt;
- D: Mit dem Laisser-Faire-Führungsstil vergleichbar, da weder auf die Mitarbeiterinteressen eingegangen, noch die Aufgabenerfüllung von der Führungskraft verfolgt wird;
- E: Die Aufgabenerfüllung steht absolut im Vordergrund, was sich negativ auf die Arbeitsatmosphäre in der Gesundheitseinrichtung und die Mitarbeitermotivation auswirken kann (vgl. Schreyögg und Koch 2020, S. 527 ff.).

Auf der Grundlage situativer Führungstheorien erscheint unter den mehrdimensionalen Führungsstilen der Situative Führungsstil als besonders Erfolg versprechend. Nach diesem Ansatz stellt sich der Führungserfolg insbesondere dann ein, wenn möglichst situativ geführt, das heißt mit einem auf die jeweilige Führungssituation angemessenen Führungsverhalten reagiert wird. Das erfordert von der Führungskraft im Gesundheitsbetrieb nicht nur eine große Flexibilität, sondern auch die Beherrschung unterschiedlicher Führungsstile, die es je nach Führungssituation anzuwenden gilt (siehe Abb. 3.5).

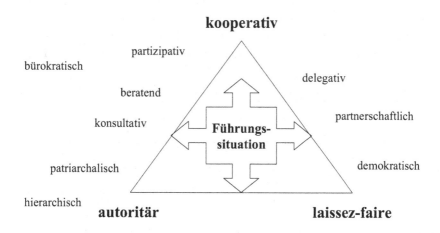

Abb. 3.5 Situativer Führungsstil

Auch der gruppenbezogene Führungsstil von H.-J. Rahn ist im weitesten Sinne situativ bedingt und richtet sich nach der zu führenden Gruppe bzw. ihren einzelnen Mitgliedern. Je nach dem gezeigten Verhalten sind unterschiedliche Führungsstile einsetzbar (siehe Tab. 3.8).

Zusammenfassend bleibt festzuhalten, dass es auch für den Gesundheitsbetrieb nicht den „idealen" Führungsstil mit Erfolgsgarantie gibt, zumal Führungserfolge sich nicht eindeutig messbar einem bestimmten Stil zuordnen lassen. Dazu sind sie von zu vielen Einflussfaktoren auf die jeweilige Führungssituation und von zahlreichen Verhaltensweisen der Führungskräfte, Patienten und Mitarbeitenden im Gesundheitsbetrieb abhängig.

Auf der Grundlage der klassischen Führungsstile haben sich zudem pragmatische Konzepte, wie das transaktionale und transformationale Führen entwickelt, welche stärker auf dem Austauschverhältnis zwischen Führungskraft und Mitarbeitern beruhen, und gleichzeitig versuchen, den Sinn und die Bedeutung der gemeinsamen Ziele und Ideale zu vermitteln. Besonders wichtig ist dabei die Vermittlung von Vertrauen und Wertschätzung, die die Basis für Motivation, Sinnhaftigkeit, positive Einstellung und Identifikation der Mitarbeitenden mit ihrer Tätigkeit und ihrem Gesundheitsbetrieb darstellen.

Auch unter Führungskräften in Gesundheitsbetrieben ist leider die durch Selbstüberschätzung gekennzeichnete Annahme anzutreffen, dass Der- oder Diejenige, die über die Führungsfunktionen verfügen, als Einzige auch den wahren Überblick haben und die richtigen Lösungen kennen. Ebenso werden oft die Vorbildfunktion und der Respekt gerade gegenüber geringer qualifizierten Mitarbeitenden mit ihrer individuellen Berufs- und Lebenserfahrung unterschätzt. In diesen Fällen wird vergessen, dass der Führungserfolg nicht in erster Linie der eigenen Karriere dienen, sondern bestmöglich zum Erfolg des jeweiligen Gesundheitsbetriebs beitragen soll.

Ein Führungsstil, bei dem Durchsetzungsfähigkeit im Vordergrund steht, wird häufig von Eigentümern, Aufsichtsräten etc. als positiv erachtet. Allerdings wird mit den damit verbundenen Ansagen durch die Führungskräfte oft nur das Gehör der Mitarbeitenden erreicht, nicht das Herz und auch nicht der Verstand, was bestenfalls zu vordergründigen, kurzlebigen Erfolgen führt. Konsensfähigkeit und vor allen Dingen auch die Größe, Fehler

Tab. 3.8 Gruppenbezogener Führungsstil. (Vgl. Rahn 2010, S. 61 ff.)

Gruppen- und Einzelverhalten bzw. -situation	Führungsstil	Beschreibung
Leistungsstarke	Fördern	Übertragung von Kompetenzen und Verantwortung
Leistungsschwache, Drückeberger	Ansporn	Gezieltes Aktivieren der Leistungsreserven und Setzen klar definierte Ziele
Neue Mitarbeiter, Außenseiter	Integration	Heranführen und Einbeziehung in die Gruppe durch Anbieten von Hilfe
Schüchterne	Ermutigung	Verständnis, Ermunterung, Anteilnahme und positive Haltung
Intriganten, Querulanten, Ehrgeizlinge	Bremsen	Autorität und Hinsteuern auf die Leistungsziele

einzugestehen, gilt hingegen häufig als schwach und wird nicht selten mit Führungslosigkeit gleichgesetzt. Gerade im Hinblick auf die Patientenzufriedenheit und einen bestmöglichen Heilungs- oder Pflegeerfolg ist die Fähigkeit zur Kooperation jedoch von elementarer Bedeutung, und zwar nicht nur das kooperative Verhältnis zwischen den Führungskräften und ihren Mitarbeitenden, sondern auch das der Mitarbeitenden und der Führungskräfte jeweils untereinander.

Beispiel

Carl von Clausewitz (1780–1831), dessen reformerische Führungstheorien zu Recht noch heute an vielen Führungsakademien gelehrt werden, wird die Aussage zugeschrieben, das schwierigste Manöver einer Führungskraft sei nicht das „Vornewegstürmen mit Hurra!", sondern der geordnete Rückzug aus einer unhaltbaren Position. Nicht nur in Gesundheitsbetrieben ist in der Führungspraxis jedoch wesentlich häufiger anzutreffen, dass an einmal getroffenen Entscheidungen unter allen Umständen festgehalten wird, um vermeintliche Führungsstärke und Durchsetzungsfähigkeit zu beweisen.

Entscheidungen rückgängig zu machen, erfordert zunächst Einsicht und das schmerzhafte Eingeständnis, Fehler gemacht zu haben. Nur wenige Führungskräfte haben die Größe, die Kraft und den Mut dies zu zeigen oder sich sogar bei den Mitarbeitenden dafür zu entschuldigen. ◄

Zu den **Führungstechniken** werden verschiedene Verfahrensweisen, Maßnahmen und Instrumente gezählt, die in Gesundheitsbetrieben zur Bewältigung der Führungsaufgaben und zur Verwirklichung der vorgegebenen Ziele eingesetzt werden. Häufig werden sie auch als Führungs- oder Managementprinzipien bezeichnet.

Sie bauen in der Regel alle auf dem kooperativen Führungsstil auf und schließen sich gegenseitig nicht aus. Inhalt dieser Techniken sind in erster Linie organisatorische Probleme und ihre Lösung im Rahmen der Führungsaufgabe. Im Laufe der Jahre ist eine Vielzahl von Instrumenten entwickelt worden, die meist unter der Bezeichnung „Management by …" zum Teil bekannte Prinzipien mit neuen Namen belegen.

Eine erste Alternative stellt die Veränderung der Arbeitsstrukturierung und damit der Arbeitsorganisation dar. Sie kann bezogen auf einen einzelnen Arbeitsplatz erfolgen oder auch nach dem Gruppenprinzip und damit mehrere Arbeitsplätze betreffen (siehe Tab. 3.9).

Tab. 3.9 Führen durch Veränderung der Arbeitsstrukturierung

Maßnahme	Bezeichnung	Beschreibung
Arbeitsplatzwechsel	job rotation	Systematischer Austausch von Aufgaben und Tätigkeiten durch regelmäßige und organisierte Stellenwechsel
Aufgabenerweiterung	job enlargement	Veränderung der Arbeitsorganisation auf dem gleichen Anforderungsniveau durch Übernahme zusätzlicher Tätigkeiten
Arbeitsbereicherung	job enrichement	Erweiterung der Tätigkeiten um anspruchsvollere Aufgaben auf einem höheren Anforderungsniveau

Bei dem Arbeitsplatzwechsel (job rotation) geht es um den systematischen Austausch von Aufgaben und Tätigkeiten in Gesundheitsbetrieben zwischen mehreren Arbeitnehmenden. Es finden dazu regelmäßige und organisierte Stellenwechsel statt, um die Fachkenntnisse und Erfahrungen zu erweitern, auszutauschen und zu vertiefen. Gleichzeitig wird dadurch Eintönigkeit vermieden, die Arbeit wird abwechslungsreicher gestaltet und die Mitarbeitenden lernen beispielsweise auch einen anderen Patientenkreis und andere Abteilungen, Stationen etc. kennen. Auch kann ein regelmäßiger, kurzzeitiger Aufgabenwechsel dazu beitragen, körperliche und auch psychische Belastungen besser zu verteilen und auszugleichen, etwa bei der Pflege Schwerstkranker. Der Wechsel kann allerdings auch wesentlich länger, mehrere Wochen oder Monate, andauern und auch über mehrere Abteilungen hinweg gehen, wobei man planmäßig auf den eigenen Arbeitsplatz wieder zurückkehrt, dieser aber zunächst durch einen anderen Mitarbeiter oder eine andere Mitarbeiterin eingenommen wird. Insgesamt werden dadurch die Flexibilität, die fachlichen und sozialen Fähigkeiten sowie das Verständnis abteilungsübergreifender Zusammenhänge bei den Mitarbeitenden gefördert. Gleichzeitig besteht aber auch die Gefahr von Entfremdung bei den Patienten, sowie von Überforderung und Unruhe bei den Mitarbeitenden, zumal das Prinzip auch mit einem größeren Aufwand für die notwendige Einarbeitung und Integration am jeweils neuen Arbeitsplatz verbunden ist.

Die Aufgabenerweiterung (job enlargement) stellt eine Veränderung der Arbeitsorganisation auf dem gleichen Anforderungsniveau dergestalt dar, dass zusätzliche Tätigkeiten durch die Mitarbeitenden übernommen werden, die dem bisherigen Anforderungsniveau entsprechen. Dabei soll es nicht in erster Linie zu einer Mengenausweitung kommen, sondern zu einem Tätigkeitenwechsel, der dazu beiträgt, einseitige Belastungen und Monotonie zu vermeiden. Gleichzeitig wird durch die Übertragung zusätzlicher Aufgaben auch Anerkennung für die bisher geleisteten Tätigkeiten zum Ausdruck gebracht. Ferner werden dadurch die Flexibilität gefördert und Fachkenntnisse erweitert.

Im Unterschied zur Aufgabenerweiterung werden bei der Arbeitsbereicherung (job enrichement) die Tätigkeiten der Mitarbeitenden um anspruchsvollere Aufgaben auf einem höheren Anforderungsniveau erweitert. Ihnen werden in diesem Zusammenhang in der Regel mehr Verantwortung und größere Entscheidungsbefugnisse übertragen. Dies stellt zum einen eine Anerkennung für die bisher geleisteten Tätigkeiten dar, birgt aber auch die Gefahr einer Überforderung. Deshalb ist darauf zu achten, dass die Mitarbeitenden den anspruchsvolleren Aufgaben und dem höheren Anforderungsniveau auch gewachsen sind, was durch entsprechende und vorausgehende Weiterbildungsmaßnahmen sichergestellt werden kann.

Beispiel

Werden Auszubildende in einem MVZ beispielsweise neben Reinigungs- und Materialpflegeaufgaben nach wenigen Wochen bereits mit kleineren Aufgaben im Rahmen der Abrechnungsorganisation betraut (job enlargement), so steigt mit dieser Aufgabenerweiterung ihr Verantwortungs- und Selbstwertgefühl, was wiederum eine Motivationsförderung darstellt.

Ein Beispiel für eine erhöhte Verantwortung aufgrund vermehrter Entscheidungs- und Kontrollbefugnisse, was zu einer qualitativen Aufwertung der Stelle führt (job enrichement), ist die Ernennung einer bewährten Pflegerin zur Ersten Pflegekraft. Wird beispielsweise ein/eine ZMA zeitweise zur Unterstützungsleistung dem/der ZMV zugeteilt und diese Position nach einer gewissen Zeit durch eine andere Assistenzkraft besetzt, nehmen mehrere Mitarbeitende in einer Zahnarztpraxis zeitweise Verwaltungstätigkeiten wahr (job rotation). ◄

Die Aufgabendelegation (Management by delegation) ist eine Schlüsseltätigkeit jeder Führungskraft in Gesundheitsbetrieben und eine Möglichkeit, knappe Arbeitszeit einzusparen. Dabei werden für Routineaufgaben, aber auch anspruchsvolle Tätigkeiten Entscheidungsfreiheit und Verantwortung konsequent auf die Mitarbeitenden übertragen, unter Berücksichtigung klarer Abgrenzung von Kompetenz und Verantwortung der übertragenen Aufgabenbereiche, um mögliche Konflikte zu vermeiden. Unter Anwendung dieses Prinzips überträgt die Führungskraft eine Aufgabe, die sie vorher selbst durchgeführt hat, wobei sie dabei nicht jeden einzelnen Arbeitsvorgang kontrolliert, sondern sich nur stichprobenartige Kontrollen vorbehält.

Die Vorteile der Aufgabendelegation liegen in der Entlastung, dem Gewinn zusätzlicher Zeit für wichtige Aufgaben, der verstärkten Nutzung der Fachkenntnisse und Erfahrungen der Mitarbeitenden, auf die delegiert wird, ihrem Beitrag zur Förderung und Entwicklung von Initiative, Selbstständigkeit und Kompetenz sowie in der positiven Auswirkung auf Leistungsmotivation und Arbeitszufriedenheit der Mitarbeitenden.

Für eine erfolgreiche Aufgabendelegation ist beispielsweise zu definieren:

- Inhalt: Welche Aufgabe soll durchgeführt werden?
- Person: Wer soll sie durchführen?
- Motivation, Ziel: Warum sollen bestimmte Mitarbeitende sie durchführen?
- Umfang, Details: Wie soll sie durchgeführt werden?
- Termine: Bis wann soll die Aufgabe erledigt sein?

„Management by delegation" bedeutet in der Praxis, im Grunde genommen bei jeder Aufgabe zu entscheiden, ob sie nicht ebenso gut oder besser von anderen erledigt werden kann. Auch mittel- und langfristige Aufgaben, die die Mitarbeitenden motivieren und fachlich fördern, lassen sich delegieren. Gerade wenn jedoch täglich so oft und so viel wie möglich delegiert wird, soweit es die Mitarbeitendenkapazität zulässt, ist jedoch eine zumindest stichprobenartige Überwachung der Ergebnisse, Aufgaben und Termine erforderlich.

Zur Klärung der Frage, welche Aufgaben sich im Gesundheitswesen delegieren lassen, kann das bekannte Eisenhower-Prinzip nach D. Eisenhower (1890–1969) beitragen. Es beinhaltet eine Prioritätensetzung nach Dringlichkeit und Wichtigkeit der Aufgabe (siehe Abb. 3.6):

Wichtigkeit

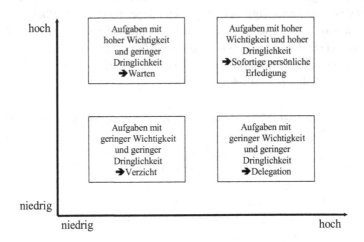

Abb. 3.6 Aufgabendelegation nach dem Eisenhower-Prinzip

- Aufgaben von hoher Wichtigkeit, die noch nicht dringlich sind, können warten;
- Aufgaben ohne hohe Wichtigkeit, die dringend sind, können delegiert werden;
- Aufgaben, die sowohl dringend als auch wichtig sind, müssen persönlich sofort erledigt werden;
- auf Aufgaben mit geringer Wichtigkeit und geringer Dringlichkeit kann verzichtet werden.

Daneben gibt es gerade in Gesundheitsbetrieben zahlreiche Aufgaben im medizinischen Bereich, die an die Person der Führungskraft gebunden sind. Insbesondere dann, wenn sie gleichzeitig als Behandler tätig ist, sind Aufgaben nur bedingt und in Abhängigkeit der Qualifikationen des jeweiligen Mitarbeitenden delegierbar. Gerade aber im Verwaltungsbereich oder in Bereichen mit nicht unmittelbarem Patientenkontakt eignet sich Management by delegation als wirkungsvolles Führungsinstrument.

Beispiel

Werden Mitarbeitenden im Rahmen der Materialwirtschaft Entscheidungsfreiheit und Verantwortung für den Einkauf medizinischen Verbrauchmaterials übertragen, ohne dass die Führungskraft nicht mehr jede einzelne Materialbeschaffung auf Preis, Menge, Art und Lieferant kontrolliert, sondern sich nur stichprobenartige Kontrollen vorbehält, handelt es sich um Management by delegation. ◄

Das Ausnahmeprinzip (Management by exception) ist dadurch geprägt, dass die Führungskraft nur bei unvorhergesehenen Ausnahmesituationen und in ungewöhnlichen Fällen eingreift, sodass sich im Normalfall die Verantwortung allein bei den mit der Aufgabe betrauten Mitarbeitenden befindet. Dies setzt zum einen das Vertrauen in die Aufgabenlösung durch die Mitarbeitenden voraus, bedeutet zugleich aber auch ein Kontrollieren der Aufgabenwahrnehmung durch die Führungskraft. Ihr Eingreifen bedeutet dabei ein deutliches Signal für die Mitarbeitenden, Fehler begangen zu haben, denn im Idealfall ist kein Eingriff notwendig.

Beispiel

Bei der Führung nach dem Ausnahmeprinzip (Management by exception) wird die terminliche OP-Planung beispielsweise einer Fachkraft übertragen und nur in Ausnahmesituationen und ungewöhnlichen Fällen in die Planung eingegriffen. ◄

Um ein allzu häufiges Eingreifen zu vermeiden, lassen sich Toleranzgrenzen vereinbaren, deren Überschreitung ein Eingreifen der Führungskraft auslöst. Regelmäßige Berichterstattungen über Ergebnisse und Zielerreichungen an die Führungskraft tragen ebenfalls zu einem sicheren Umgang mit diesem Führungsinstrument bei.

Ähnlich wie bei der Aufgabendelegation werden die Führungskräfte beim Ausnahmeprinzip entlastet, weil die Mitarbeitenden innerhalb ihrer Kompetenzbereiche die Aufgaben selbstständig wahrnehmen und den Weg der Zielerreichung flexibel festlegen können (siehe Abb. 3.7).

Allerdings erfolgen Reaktionen der Führungskraft in der Regel nur bei negativen Abweichungen, sodass ein positives Feedback häufig ausbleibt und die Mitarbeitenden daher versucht sind, negative Meldungen, die zu einem Eingreifen des Vorgesetzten führen würden, möglichst zu vermeiden. Insofern ist es bei dieser dezentralisierten Führungs-

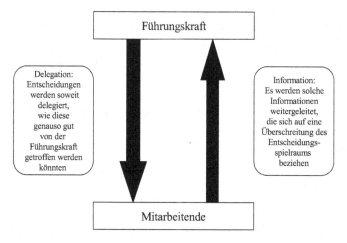

Abb. 3.7 Management by exception

konzeption wichtig, die Toleranzbereiche für die Ermessensspielräume möglichst genau zu definieren und in die damit erteilten Entscheidungsbefugnisse auch nicht unnötig einzugreifen. Das Herausfiltern von Themen, die nach dem Ausnahmeprinzip zwar delegiert sind, bei denen die Führungskraft aber im Einzelfall doch gerne entscheiden möchte, führt zu Unsicherheit und Frustration bei den Mitarbeitenden, da diese sich in einer derartigen Situation zurückgesetzt fühlen können. Umgekehrt gibt es Fälle, bei denen die Mitarbeitenden unsicher sind, eine Entscheidung der Führungskraft erwarten und, nachdem diese ausbleibt, schließlich doch selbst die Verantwortung übernehmen. Dabei gehen sie nicht selten das persönliche Risiko ein, auch noch im Nachhinein dafür belangt zu werden.

Deshalb ist es wichtig, dass es bei der Führung nach dem Ausnahmeprinzip möglichst genaue Richtlinien für die Entscheidungsfindung gibt und sich nicht nur die Mitarbeitenden, sondern auch die Führungskräfte daran halten.

In öffentlich-rechtlichen Gesundheitsbetrieben ist Management by exception aus einem weiteren Grund nicht ganz unproblematisch, da beispielsweise die Zuweisung von Haushaltsmitteln und festen Budgets üblicherweise an die Budgetverantwortung geknüpft ist, was zugleich bedeutet, die Budgets in jedem Falle auszuschöpfen („Dezemberpanik"), um im Folgejahr mindestens die gleiche Summe zu erhalten. Die Betriebsführung hat damit nur eingeschränkte Möglichkeiten, Sparpotenziale zu erkennen und zu realisieren, solange die Budgetverantwortlichen dies nicht von sich aus melden.

Führungskräfte und Mitarbeitenden legen beim Führen durch Zielvereinbarung (Management by objectives) gemeinsam bestimmte Ziele fest, die der Mitarbeitende in seinem Arbeitsbereich realisieren soll. Auf welchem Weg die vorgegebenen Ziele erreicht werden, kann der Mitarbeitende dabei im Rahmen seines Aufgabenbereichs selbst entscheiden. Die Führungskraft beschränkt sich auf die Kontrolle der Zielerreichung.

Beispiel

Legen Führungskrafte und die Mitarbeitende gemeinsam bestimmte Kostenziele fest (bspw. Einsparung bei den Kosten für medizinische Verbrauchsmaterialien in Höhe von 5 %) und können diese dabei im Rahmen ihres Aufgabenbereichs selbst entscheiden, ob sie durch Preisverhandlungen, Änderung von Bezugsquellen, Lieferbedingungen, Bezugsfrequenzen etc. erreicht werden, handelt es sich um Management by objectives. ◄

Management by objectives geht im Wesentlichen auf P. F. Drucker (1909–2005) zurück, welcher den Ansatz bereits 1954 entwickelte. Da bei der Führung durch Zielvereinbarung der Weg der Zielerreichung durch die Mitarbeitenden bestimmt werden kann, ist es besonders wichtig die Ziele möglichst klar, exakt und realisierbar zu definieren (siehe Tab. 3.10).

Die zielorientierte Führung in Gesundheitsbetrieben ist als Grundlage für ein erfolgreiches Management by objectives anzusehen. Nur wenn die Betriebsführung Ziele setzt und diese auf die einzelnen Organisationseinheiten eines Gesundheitsbetriebs heruntergebrochen werden, ist eine durchgängige Zielorientierung möglich. Wenn nur einzelne Führungskräfte dies versuchen und sich selbst für ihren Verantwortungsbereich individuelle Ziele setzen, kann nur bedingt ein konsistentes Zielsystem für die gesamte Gesundheitseinrichtung zustande kommen.

Tab. 3.10 Zieldefinition im Managemnet by objectives. (Vgl. Doran et al. 1981, S. 35 ff.)

Merkmale	Abkürzung	Beschreibung
Specific	S	Eindeutige Spezifizierung und Definition der Ziele
Measurable	M	Messbarkeit der Ziele anhand zuvor definierter Kriterien
Attainable	A	Angemessenheit und Akzeptanz der Ziele
Realistic	R	Erreichbarkeit und Realisierbarkeit der Ziele
Timed	T	Eindeutige Terminvorgaben für die Zielerreichung

Dazu sind regelmäßige Zielvereinbarungsgespräche notwendig, in denen mit den Mitarbeitenden realistische Ziele gesetzt und entsprechende Entscheidungs- und Handlungsmöglichkeiten eingeräumt werden. Allerdings besteht häufig auch die Gefahr, dass aus diesem leicht verständlichen und weitgehend unbestrittenem Führungsinstrument in der Praxis eine bürokratische Verwaltungsmaschinerie gemacht wird, in dem nach vorgegebenen Zeitplänen zu viele und zu anspruchsvolle Ziele meist noch in der hektischen Phase des Jahresabschlusses für das Folgejahr gemacht werden müssen. Oft werden die dafür zur Verfügung stehenden Ressourcen falsch eingeschätzt und die Absichten, die mit der Zielerreichung verbunden sind, nicht hinreichend kommuniziert.

Abgesehen von diesen Problemen des organisatorischen Überbaus beim Führen durch Zielvereinbarung ist es ein flexibles, im Führungsalltag wirksames Instrument, das durch die eigenverantwortliche Zielerfüllung und Einbeziehung ihrer Interessen die Zufriedenheit der Mitarbeitenden erhöht, was sich in der Regel positiv auf die Leistungsbereitschaft auswirkt und gleichzeitig die Führungskräfte entlastet.

Das Prinzip Führung durch Ergebnisorientierung (Management by results) stellt die stärker autoritäre Ausrichtung der Führung durch Zielvereinbarung dar, indem die Führungskraft die Ziele vorgibt und die Ergebnisse der Aufgabenwahrnehmung durch die Mitarbeitenden kontrolliert. Dadurch, dass die Ziele nicht gemeinsam vereinbart werden, bringt ausschließlich die Führungskraft ihre Ergebnisvorstellung ein und kann entsprechend auf Ergebnisabweichungen reagieren.

> **Beispiel**
>
> Verlangt die Pflegeleitung von Auszubildenden, dass Patientenzimmer in Ordnung gebracht werden, gibt sie den gewünschten Zustand genau an und beschränkt sie sich hierbei auf die Ergebniskontrolle, liegt Management by results vor. ◄

Im Vordergrund der Führung durch Ergebnisorientierung steht häufig die Zahlenkontrolle von quantifizierbaren Ergebnisgrößen. Diese Art der Anwendung des Führungsinstruments ist in Gesundheitsbetrieben sicherlich gerade im medizinischen und pflegerischen Bereich nur bedingt einsetzbar. Es setzt voraus, dass zwar ähnlich wie bei der Führung durch Zielvereinbarung im Rahmen von Mitarbeitendengesprächen konkrete zu erzielende Ergebnisse vereinbart werden, die für die Mitarbeitenden sogar mit Erfolgsprämien verknüpft sein können, kann aber bei rein quantitativen Soll-Ist-Vergleichen zu qualitativen Problemen führen, beispielsweise im Bereich der Pflegequalität.

Das bedeutet, dass gerade in Gesundheitsbetrieben nicht nur quantitative, sondern auch qualitative Ergebnisvereinbarungen getroffen werden müssen, um Management by results zum Erfolg zu führen. Aufgrund der geringeren Mitbestimmungsmöglichkeiten durch die Mitarbeitenden im Falle der Ergebnisvorgabe und der im Vordergrund stehenden Ergebnisüberwachung durch die Führungskraft, kann der Eindruck einer Führung durch Kontrolle statt Vertrauen entstehen, mit der Folge von Demotivation, Leistungsdruck und Egoismen, was die Zahlenerreichung betrifft.

Tab. 3.11 fasst die dargestellten Management by – Konzepte nochmals zusammen und ergänzt sie um einige weniger bekannte und genutzte Instrumente.

Tab. 3.11 Management-by-Konzepte

Führungsmerkmal	Bezeichnung	Beschreibung
Aufgabendelegation	Management by delegation	Schlüsseltätigkeit jeder Führungskraft im Gesundheitswesen und eine Möglichkeit, knappe Arbeitszeit einzusparen, wobei Entscheidungsfreiheit und Verantwortung konsequent auf die Mitarbeitenden übertragen werden, unter Berücksichtigung klarer Abgrenzung von Kompetenz und Verantwortung der übertragenen Aufgabenbereiche, um mögliche Konflikte zu vermeiden
Ausnahmeprinzip	Management by exception	Ist dadurch geprägt, dass die Führungskraft nur bei unvorhergesehenen Ausnahmesituationen und in ungewöhnlichen Fällen eingreift, sodass sich im Normalfall die Verantwortung allein bei den mit der Aufgabe betrauten Mitarbeitenden befindet
Ergebnisorientierung	Management by results	Stellt die stärker autoritäre Ausrichtung der Führung durch Zielvereinbarung dar, indem die Führungskraft die Ziele vorgibt und die Ergebnisse der Aufgabenwahrnehmung durch die Mitarbeitenden kontrolliert
Zielvereinbarung	Management by objectives	Führungskräfte und Mitarbeitende legen gemeinsam bestimmte Ziele fest, die die Mitarbeitenden in ihren Arbeitsbereichen realisieren sollen, wobei die Mitarbeitenden im Rahmen ihres Aufgabenbereichs selbst entscheiden können, auf welchem Weg die vorgegebenen Ziele erreicht werden, und die Führungskraft sich auf die Kontrolle der Zielerreichung beschränkt
Entscheidungsregeln	Management by decision rules	Vorgabe von Entscheidungsanweisungen und Verhaltensregeln, innerhalb derer die vorgegebenen Ziele erfüllt werden sollen, was zu bürokratischen Entwicklungen, Dokumentationszwängen und der Reduzierung von Freiräumen führen kann
Systemsteuerung	Management by systems	Basiert auf kybernetischen Theorien, wobei die Führungskraft als Regler fungiert, die nur in Ausnahmefällen in den Regelkreis der sich selbststeuernden Organisationseinheiten eingreift; das Prinzip enthält somit auch Elemente der Aufgabendelegation, des Ausnahmeprinzips und der Ergebnisorientierung

3.5 Führungsqualifikationen

Die Fähigkeit, Wertschätzung gegenüber Mitarbeitenden ausdrücken zu können, beruht im Wesentlichen auf hinreichender Führungskompetenz. Die Frage, welche Qualifikationen eine erfolgreiche Führungskraft dazu aufweisen sollte, bezieht sich häufig zunächst auf das Thema **Führungserfahrung**, die üblicherweise in mehr oder weniger großem Umfang erwartet wird. Darunter wird in der Regel zunächst der Zeitraum verstanden, den eine Führungskraft in Führungsfunktionen verbracht hat.

Beispiel

Die Forderung nach Führungserfahrung im Gesundheitswesen wird in einschlägigen Stellenausschreibungen oftmals folgendermaßen formuliert:

- „Leitungserfahrung mit kollegialer Beteiligung aller Berufsgruppen";
- „Sie haben bereits Führungserfahrung gesammelt oder möchten sich dahingehend entwickeln";
- „Fähigkeit zur kooperativen, zeitgemäßen und zielorientierten Mitarbeiterführung";
- „Sie führen teamorientiert und vorbildlich, kennen die Fähigkeiten Ihrer Mitarbeiter:innen und bilden diese weiter aus";
- „Sie haben Erfahrung in Leitung und Führung multiprofessioneller Teams";
- „Sie bringen mehrere Jahre Führungs- und Organisationserfahrung in einem Krankenhaus der Schwerpunktversorgung mit". ◄

An den Beispielen wird deutlich, dass der Begriff der Führungserfahrung recht ungenau ist, da die Erfahrungsinhalte unzureichend definiert sind. So wird man beispielsweise einem ehemaligen Vorstandsassistenten einer Krankenhausleitung, der anschließend die Führung einer Tochter-GmbH übertragen bekommt und diese dann drei Jahre lang leitet, weniger Erfahrung in der direkten Mitarbeitendenführung attestieren können, als einer Pflegeverantwortlichen, die ein Team von zehn Pflegekräften über viele Jahre leitet.

Der Begriff der Führungserfahrung ist somit unmittelbar mit der Art und Weise der konkreten Führungstätigkeiten im Rahmen der Betriebs-, Patienten- und Mitarbeitendenführung im Gesundheitswesen verknüpft (siehe Tab. 3.12).

So kann beispielsweise die zeitliche Dauer von Führungsfunktionen als Summenzahl eine beeindruckende Führungserfahrung von insgesamt vielen Jahren dokumentieren, jedoch die Häufigkeit der Wechsel auf Schwierigkeiten in den einzelnen Leitungstätigkeiten hinweisen. Auch die Unterschiedlichkeit von Führungsfunktionen, die Führungsspanne oder der Umfang der jeweiligen Führungsverantwortung beschreiben die Führungserfahrung genauer. So nimmt beispielsweise die Führungsverantwortung üblicherweise im Laufe der Berufsjahre zu und das Gegenteil könnte ebenfalls auf problematische Erfahrungen hindeuten.

Tab. 3.12 Beispiele für Determinanten von Führungserfahrung

Determinanten	Mögliche Ausprägungen
Anzahl von Führungsfunktionen	wenige, mehrere
Zeitliche Dauer von Führungs-funktionen insgesamt	wenige, mehrere, viele Jahre
Zeitliche Dauer einzelner Führungsfunktionen	jeweils nur kurze Zeit, jeweils mehrere Jahre
Unterschiedlichkeit der Auf-gabengebiete	alle Führungsfunktionen in einem Aufgabengebiet, Führungs-funktionen in unterschiedlichen Aufgabengebieten
Umfang der Führungsver-antwortung	Budgetverantwortung, Behandlungs-/Pflegeentscheidungen, Kompetenz für strategische Grundsatzentscheidungen, Investitionsentscheidungen
Unterschiedlichkeit der Führungsfunktionen	fachlicher Vorgesetzter, Disziplinarvorgesetzter, Sprecher
Anzahl direkt unterstellte Mitarbeitende	geringe, große Führungsspanne
Homogenität der Mitarbeitenden	gleichartige, unterschiedliche Qualifikationen, gleiche, unterschiedliche Herkunft, Nationalitäten
Anzahl direkt betreuter Patienten	tägliche Patientenführung, gelegentlicher Patientenkontakt
Anzahl regelmäßig geführter Mitarbeitendengespräche	jährliche Gesprächsführung mit allen Mitarbeitenden, gelegentliche Gesprächsführung, viele, wenige Mitarbeiter-gespräche (weniger als 50, 100–200, mehr als 200)

Der Erwerb von Führungserfahrung bevor eine Führungskraft erstmalig eine Leitungsfunktion übernimmt, gestaltet sich im Gesundheitswesen üblicherweise schwierig. Die zeitliche Übertragung von Führungsfunktionen auf Probe ist allerdings nicht nur wichtig, um zu sehen, ob die potenzielle Führungskraft auch ihren zukünftigen Aufgaben gewachsen ist, sondern auch für die Betreffenden selbst, ob ihnen diese Funktion überhaupt liegt. Nicht selten stellen „Neulinge" nach kurzer Zeit fest, dass ihnen der Umgang mit Widerständen, Konflikten und personellen Querelen gar nicht behagt. Der Weg zurück zu einem Berufsleben als Mitarbeitende ohne Führungsverantwortung bleibt ihnen in solch einem Fall in der Regel allerdings versperrt, weil sie sich einerseits nicht selbst eingestehen wollen, im Grunde genommen für diese Funktion nicht geeignet zu sein und andererseits müssten sich ihre Vorgesetzten, die sie zu Führungskräften ernannt haben, ebenfalls eingestehen, mit dieser Personalentscheidung einen Fehler begangen zu haben. Beides führt dazu, dass eigentlich nicht geeignete Führungskräfte über lange Zeit in dieser Funktion bleiben und letztendlich die Mitarbeitenden diesen Zustand, der selbst wiederum als Führungsfehler der dafür Verantwortlichen angesehen werden kann, aushalten müssen.

Umso wichtiger ist es, jungen Nachwuchsführungskräften die Möglichkeit zu geben, praktische Führungserfahrung zu sammeln, bevor sie sich für diese Tätigkeit entscheiden. Da das Gesundheitswesen im Gegensatz zu Bundeswehr, Polizei etc. nicht über vergleichbare Führungsakademien verfügt, in deren Lehrgänge üblicherweise auch Führungspraxis integriert ist, müssen anderweitige Alternativen genutzt werden. Die ausschließlich theoretische Vermittlung von Führungswissen, auch wenn sie durch Rollenspiele etc. ergänzt wird, kann keine praktische Führungserfahrung vollständig ersetzten.

Im Gesundheitsbetrieben stehen hierfür in erster Linie die Möglichkeiten von Urlaubs- und Abwesenheitsvertretungen zur Verfügung, sowie stellvertretende Leitungsfunktionen. Auch ist die beiderseitige Vereinbarung von „Führung auf Probe" zum Sammeln von Führungserfahrung und eine spätere endgültige Entscheidung möglich.

Der Einsatz von Führungskräften in Gesundheitsbetrieben ohne jegliche Führungserfahrung birgt somit ein nicht zu unterschätzendes Risiko, da sich in diesem Fall „Learning by doing" an „lebenden" Objekten, den Mitarbeitenden und Patienten vollzieht. Es daher ist zu vermuten, dass nicht wenige Führungsprobleme in Gesundheitsbetrieben auch auf fehlende Führungserfahrung zurückzuführen sind.

Beispiel

Eher selten erfährt die Öffentlichkeit von Führungsproblemen in Gesundheitsbetrieben, wie in dem folgenden anonymisiert und auszugsweise wiedergegebenen Zeitungsartikel: „Führungsprobleme und Streit im Pflegepersonal: Eine Konfliktberatung soll im Alters- und Pflegeheim … Managementprobleme und Unstimmigkeiten beim Pflegepersonal beheben helfen." … „Unter der Leitung von … soll die Konfliktberatung die vorhandenen Strukturen in der Pflege untersuchen und Verbesserungen vorschlagen, teilte der Stadtrat am Freitag mit. Um die Erneuerungsprozesse in Bezug auf Organisation und Management zielstrebig voranzutreiben, wechselt zudem die Leitung. Der bisherige Leiter hatte die Kündigung eingereicht." ◄

Neben der Führungserfahrung zählen die Führungsqualifikationen zu den wichtigsten Grundlagen, die eine erfolgreiche Führungsarbeit im Gesundheitswesen ausmachen. Sie stellen die Gesamtheit von Fähigkeiten, Fertigkeiten, Kenntnissen und Eigenschaften dar, die eine Führungskraft aufweisen sollte, um positive Ergebnisse im Rahmen ihrer Führungsaufgaben zu erzielen. Der Begriff der **Führungskompetenz** beschreibt darüberhinausgehend eher persönlichen Eigenschaften, die Fähigkeit zu Transfer- und Adaptionsleistungen, um diese Qualifikationen richtig anzuwenden.

Führungsqualifikationen werden häufig beispielsweise durch Weiterbildungseinrichtungen des Gesundheitswesens und je nach Führungsaufgabe mit zum Teil rechtlich vorgegeben Schwerpunktsetzungen vermittelt. So gibt für Bayern die Verordnung zur Ausführung des Pflege- und Wohnqualitätsgesetzes (AVPfleWoqG) Inhalte der Weiterbildung zur Einrichtungsleitung vor (siehe Tab. 3.13).

Tab. 3.13 Inhalte der Weiterbildung zur Einrichtungsleitung. (Vgl. Anlage 1 AVPfleWoqG)

Qualifikationsbereiche	Qualifikationsschwerpunkte
Soziale Führungsqualifikationen	- Führungsethik
	- Kommunikation als Führungsaufgabe
	- Veränderungs-Management
	- Personalführung
	- Konfliktmanagement
	- Moderation, Präsentation und Rhetorik
	- Kollegiale Beratung und Coaching
	- Teamentwicklung
	- Rollenkompetenz
	- Führen u. Leiten in sozialen Dienstleistungsunternehmen
	- Strategisches Management
Ökonomische Qualifikationen	- Allgemeine Betriebswirtschaftslehre
	- Spezielle Betriebswirtschaftslehre
	- Controlling
	- Sozial- und Gesundheitsökonomie
	- Marketing und Öffentlichkeitsarbeit
	- Finanzierung und Investition
Organisatorische Qualifikationen	- Organisation und Netzwerkarbeit
	- Qualitätsmanagement
	- Einbeziehung von Angehörigen und Ehrenamtlichen
	- Personalmanagement
	- Beschwerdemanagement
	- Schnittstellenmanagement
Strukturelle Qualifikationen	- Angewandte Pflegewissenschaft
	- Allgemeines Recht
	- Sozialrecht
	- Betriebsbezogenes Recht
	- Arbeitsrecht
	- Sozialpolitik
	- Gerontologie

Beispiel

Das Institut für berufliche Aus- und Fortbildung (IBAF) gGmbH als Bildungsinstitut im Sozial- und Gesundheitswesen der Diakonie in Norddeutschland bietet beispielsweise folgende Fortbildungen im Bereich Führungsqualifikationen an:

- Führungsqualitäten;
- Konfliktmanagement;
- Kommunikation und Gesprächsführung;
- Persönliche Arbeitsstrategie und Effektivitätsmanagement;
- Gut gekontert – Schlagfertigkeit ist lernbar;

- Mit Ausstrahlung und persönlicher Wirkung zum Erfolg;
- Selbst- und Mitarbeiterführung mit System;
- Jahresgespräch mit Zielvereinbarung;
- Führen in digitalen Zeiten;
- Teamentwicklung als Führungsaufgabe;
- Effiziente Besprechungen dynamisch und zielorientiert leiten;
- Souverän durch Krisen führen (Institut für berufliche Aus- und Fortbildung – IBAF gGmbH 2022, S. 3). ◀

Für ärztliche Führungstätigkeiten ergeben sich entsprechende Qualifikationsanforderungen, wie sie beispielsweise die Bundesärztekammer (BÄK) in ihrem Curriculum Ärztliche Führung definiert hat (siehe Tab. 3.14):

- Fachkompetenz: organisations-, prozess-, aufgaben- und arbeitsplatzspezifische professionelle Fertigkeiten und Kenntnisse sowie die Fähigkeit, organisatorisches Wissen sinnorientiert einzuordnen und zu bewerten, Probleme zu identifizieren und Lösungen zu generieren;
- Methodenkompetenz: situationsübergreifend und flexibel einzusetzende kognitive Fähigkeiten, z. B. zur Problemstrukturierung oder zur Entscheidungsfindung;
- Konzeptionelle Kompetenz: Wissensbestände aus unterschiedlichen Kontexten miteinander in Bezug setzen, analysieren und bewerten und daraus (neue) Erkenntnisse, Vorgehensweisen und Lösungsstrategien entwickeln und Entscheidungen fällen;
- Sozialkompetenz: kommunikativ, kooperativ und selbstorganisiert in sozialen Interaktionen handeln und erfolgreich Ziele und Pläne realisieren oder entwickeln;
- Selbstkompetenz: sich selbst einschätzen und Bedingungen schaffen, um sich im Rahmen der Arbeit zu entwickeln, die Offenheit für Veränderungen, das Interesse aktiv zu gestalten und mitzuwirken und die Eigeninitiative, sich Situationen und Möglichkeiten dafür zu schaffen. (vgl. Bundesärztekammer 2007, S. 21).

Wenn es um die Beschreibung geht, was „gute" Führung ausmacht, wird häufig die **Vorbildfunktion** erwähnt, die weitesten Sinne der Führungskompetenz zugeschrieben werden kann. Jede Führungskraft und somit auch das leitende Personal im Gesundheitswesen, steht im Arbeitsalltag unter „Beobachtung". Ob sie wollen oder nicht, wird ihr Verhalten und damit das, was sie tun oder lassen, von ihrem Arbeitsumfeld, den Mitarbeitenden und Patienten registriert. Insofern muss eine Führungskraft in ihrer Vorbildfunktion damit rechnen, dass ihr Verhalten bewusst oder unbewusst nachgeahmt wird und sich Andere damit oder sogar mit ihrer Person identifizieren, zumal wenn sie gerade, wie Umfragen häufig belegen, im medizinischen Bereich ein hohes gesellschaftliches Ansehen genießt.

Tab. 3.14 Qualifikationsschwerpunkte des Curriculums Ärztliche Führung der Bundesärzte-kammer. (Vgl. Bundesärztekammer 2007, S. 27 ff.)

Schwerpunkte	Inhalte	Kompetenzziele
Führen im Gesund-heitswesen	Entwicklungen in der Medizin	Entwicklungen in der Medizin erkennen und in ihrer Bedeutung für das ärztliche Handeln verstehen
	Gesundheitspolitische Entwicklungen	Gesundheitspolitische Entwicklungen analysieren und hinsichtlich ihrer strukturel-len und prozessualen Auswirkungen beurteilen
	Gesundheitsökonomische Faktoren	Gesundheitsökonomische Faktoren identifizieren und ihren Einfluss auf die Arzt-Patienten-Beziehung reflektieren
	Soziokulturelle und gesellschaftliche Aspekte	Soziokulturelle und gesellschaftliche Aspekte benennen und in ihren Aus-wirkungen auf das Arztbild einordnen
	Rechtliche Rahmenbedingungen	Rechtliche Rahmenbedingungen kennen und ihren Einfluss auf ärztliches Handeln und institutionelle Rahmenbedingungen verstehen
Führen in Ein-richtungen der medizinischen Versorgung	Führungstheorien/-stile/-konzepte	Führungstheorien und -konzepte kennen und verstehen und auf das ärztliche Handeln übertragen
	Organisationstheoretische Grundlagen	Organisationstheoretische Grundlagen kennen und verstehen und auf das Gesund-heitswesen transferieren
	Führungsqualität	Führungsqualität beschreiben und als wesentlichen Faktor für Steuerungsprozesse verstehen
	Strategische Planung	Strategische Planung in seiner Bedeutung und Notwendigkeit für Organisationsent-wicklung erkennen
	Betriebswirtschaftliche Unternehmensführung	Betriebswirtschaftliche Grundlagen kennen und verstehen und bezogen auf die eigene Einrichtung anwenden können
	Operative Planung und Kontrolle	Operative Planung und Kontrolle als zentrale Gestaltungsdimension verstehen, ver-schiedene Ansätze zur Realisierung beschreiben und bewerten und mit Blick auf die Positionierung einer Gesundheitsein-richtung in ihrem betrieblichen Umfeld anwenden
	Führungsinstrumente	Führungsinstrumente in ihrer Bedeutung für Organisationsentwicklung und Qualitäts-management verstehen und anwenden
	Fallbeispiele	Konkrete Führungssituationen aus der täglichen Praxis

(Fortsetzung)

Tab. 3.14 (Fortsetzung)

Schwerpunkte	Inhalte	Kompetenzziele
Führen von Mitarbeitern und im Team	Ärztliche Führungsmodelle	Ärztliche Führungsmodelle mit Blick auf ihre Funktionsweisen und Implikationen kritisch reflektieren
	Der Arzt als Führungskraft	Die spezifischen Aspekte der Führungsrolle reflektieren und vor dem eigenen Selbstverständnis bewerten
	Interaktion, Kommunikation und Moderation	Grundlagen der Gesprächsführung kennen und einsetzen
	Motivationstheorie	Die Grundlagen und Triebfedern menschlichen Handelns kennen und verstehen
	Personalmanagement	Grundsätze und Ziele betriebswirtschaftlich orientierter Mitarbeiterauswahl und -förderung kennen und anwenden
	Beziehungsmanagement	Beziehungsmanagement als ziel- und mitarbeiterorientiertes Mittel zum motivationsfördernden Umgang kennen und bei der Lösung von Problemsituationen anwenden
	Führungsinstrumente	Führungsinstrumente kennen und anwenden, um Mitarbeiter und Gruppen zieladäquat, motivations- und kooperationsfördernd und eignungs-, kompetenz- und interessengerecht zu führen
	Fallbeispiele	Konkrete Führungssituationen aus der täglichen Praxis
Selbstmanagement	Selbstreflexion	Analyse und Bewertung der persönlichen Ziele, Werte, Stärken und Schwächen mit dem Ziel einer selbstkritischen Einschätzung/Beurteilung der eigenen Führungsfähigkeiten
	Führungsinstrumente	Führungsinstrumente in Form geeigneter Mittel zur Selbstführung kennen und mit dem Ziel der Kompetenzverbesserung oder Krisenbewältigung einsetzen
	Führungserfahrungen	Kritische Reflexion eigener und Fremderfahrungen zur Stärkung der Urteilsbildung über „gute" Führung
	Persönliche Karriereplanung	Anwendung und Transfer von Führungskonzepten auf die eigene Person zur Stärkung der persönlichen Einstellung

Beispiel

In Gesundheitsbetrieben haben Führungskräfte in Bezug auf den Umgang mit hohen Belastungen eine wichtige Vorbildfunktion und können die Stressbewältigungsstrategien ihrer Mitarbeitenden entscheidend beeinflussen. Drücken sie implizit oder explizit Erwartungen aus, dass die Mitarbeitenden ihre Arbeitszeit in die Freizeit ausdehnen, dann wird dies mit großer Wahrscheinlichkeit zu einer Erhöhung der Überstunden führen, was auch für die Erhöhung des Arbeitstempos gilt. Auch können die Reaktion einer Führungskraft auf die Reduktion der Arbeitsqualität und auch die eigene vorgelebte Qualitätsreduktion derartiges Verhalten zusätzlich legitimieren und dessen Auftreten verstärken (vgl. Vincent-Höper et al. 2020, S. A 1147). ◄

Grundlagen für dieses Phänomen sind zum einen die allseits bekannten Theorien von S. Freud (1856–1939), der darin einen psychodynamischen Prozess sah, mit dem Ziel, einer Angleichung des eigenen Ich zu dem zum Vorbild genommenen Ich, um letztendlich Idealen oder dem Erfolg des Vorbildes durch Nacheifern möglichst nahe zu kommen, oder die ebenso bekannten Rollenmodelle von R. Merton (1910–2003), die als Muster für spezifische Rollen beispielsweise im Gesundheitsbetrieb oder für die generelle Lebensweise nachgeahmt werden (vgl. Merton 1995, S. 357). Nicht minder bekannte Theorien, wie beispielsweise die von A. Bandura (1925–2021), gehen davon aus, dass die Orientierung an einem Vorbild oder Rollenmodell zum Auslösen, Hemmen oder auch Enthemmen bereits vorhandener Verhaltensmuster sowie zum Erwerb neuer Verhaltensweisen führen kann (vgl. Bandura und Walters 1963. S. 89 ff.). Nach A. und R. Tausch (1998) gelten insbesondere die Vorbilder als attraktiv, die hohes Ansehen genießen, erfolgreich sind und zu denen eine gute Beziehung besteht (vgl. Tausch und Tausch 1998, S. 214 ff.).

Für die Führungskraft im Gesundheitsbetrieb bedeutet dies zum einen, sich der Verantwortung als Vorbild und dem möglichen Nacheifern des eigenen Verhaltens durch Andere bewusst zu sein und andererseits, die Vorbildfunktion aber auch gezielt für positive Verhaltensbeeinflussungen bei Mitarbeitenden und Patienten nutzen zu können.

Beispiel

Der Vorbild-Begriff ist immer an einen Menschen gebunden, der Impulse zur Nachahmung liefert. Eine Vorbildfunktion kann nur vorgelebt werden und lässt sich nicht theoretisch vermitteln. So ist beispielsweise Albert Schweitzer (1875–1965) als Mensch und als Mediziner für viele Ärzte und Ärztinnen ein großes Vorbild. Er hat für den Bereich des ärztlichen Handelns zeitlos gültige Sätze formuliert, die vor dem Hintergrund seines Lebensweges eine besondere Prägnanz gewinnen: allem Leben, dem beigestanden werden kann, sei zu helfen, und es sei sich zu scheuen, irgendetwas Lebendigem Schaden zu tun. Dabei gelte es gilt nicht zu fragen, inwiefern dieses oder jenes Leben als wertvoll Anteilnahme verdiene, und auch nicht, ob und inwieweit es noch empfindungsfähig sei. Das Leben als solches gelte es zu schützen (vgl. Nagel und Manzeschke 2006, S. A 168). ◄

Von großer Bedeutung ist die Vorbildfunktion insbesondere bei der Mitarbeitendenführung im Gesundheitsbetrieb, da sich positives Verhalten verstärken kann, wenn die Führungskräfte als Vorbild vorangehen. Sie sind in der Regel auf ihre Unterstützung, Kooperation und das Mitwirken Aller angewiesen, denn ein gewünschtes Verhalten lässt sich nicht immer erzwingen. Somit ist die Vorbildfunktion ein wichtiger Erfolgsfaktor, der bestimmt, ob die Mitarbeitenden langfristig ihr Verhalten in einem Gesundheitsbetrieb ändern.

Allerdings stellt sich auch die Frage, wie das konkrete Vorbild einer Führungskraft im Gesundheitsbetrieb ausgestaltet sein muss, damit die gewünschten übergeordneten Ziele mit der Belegschaft erreicht werden und sich durch ein funktionierendes Vorbildverhalten auch eine höhere Motivation, bessere Arbeitsmoral sowie ein besseres Arbeitsklima ergeben. Lässt sich der Erfolg einer Vorbildfunktion gegebenenfalls sogar wirtschaftlich messen, und zwar durch höhere Qualität und Produktivität, sowie vor allem auch durch geringere krankheitsbedingten Ausfälle?

Insbesondere die letzte Frage ist in der gesundheitsbetrieblichen Praxis sicherlich schwierig zu beantworten, da die Anteile einer Vorbildfunktion am gesamten Führungserfolg nur schwer exakt quantifizierbar sein dürften. Generell lässt sich jedoch sagen, dass es beispielsweise durchweg positiv bewertet wird, wenn Vorgesetzte etwa an Maßnahmen, Angeboten und Veranstaltungen teilnehmen, die auch allen anderen Mitarbeitenden angeboten werden. Einzuhaltende Führungsgrundsätze können die Vorbildfunktion vorgeben.

Beispiel

Die Medizinische Fakultät und das Universitätsklinikum Leipzig AöR verfolgen als Universitätsmedizin Leipzig (UML) gemeinsame Führungsgrundsätze für ihre Aufgabenerfüllung in Forschung, Lehre und Patientenversorgung. Danach basiert Führung in der Universitätsmedizin Leipzig auf Kompetenz, Vorbildverhalten und positivem Vorleben der Werte der UML. Um dies zu erreichen sollen Führungskräfte in ihrem Verhalten ein Vorbild für die Mitarbeiterinnen und Mitarbeiter sein, sich authentisch, glaubwürdig, fair und situationsgerecht verhalten, zu dem stehen, was sie sagen und konsequent handeln, bei Entscheidungen die nachfolgende Führungsebene mit einbinden sofern diese von den Vorgängen/Entscheidungen berührt wird, die Werte der Universitätsmedizin Leipzig – Verantwortung, soziale Kompetenz, Exzellenz für den Menschen, nachhaltige Spitzenleistung, individuelle Kompetenz, Vertrauen und Integrität – repräsentieren und danach denken und handeln (vgl. Universität Leipzig und Universitätsklinikum Leipzig 2011, S. 1). ◄

Orientierung über Werte und Prinzipien im Gesundheitsbetrieb geben auch Leitbilder, mit Hilfe derer sich der einzelne Mitarbeiter oder die einzelne Mitarbeiterin, aber auch die Führungskraft selbst in ihrer Vorbildfunktion zurechtfinden können. Das Leitbild gibt als dokumentierter Handlungsrahmen Selbstverständnis, Grundprinzipen und gemeinsame Ziele eines Gesundheitsbetriebs wieder. Insofern hat es nicht nur eine Außenwirkung, die zeigt, für was der betreffende Gesundheitsbetrieb steht und wie er sich und seine Aufgaben in der Gesellschaft sieht, sondern es wirkt vor allen Dingen auch nach innen und bildet die

Basis für die Organisationskultur, sowie den Handlungsrahmen für alle medizinischen und pflegenden Aufgaben.

Gerade die Führungskräfte tragen wesentlich dazu bei, dass Leitbilder ihre Funktion erfüllen. Wenn sie selbst Elemente des Leitbildes offen ablehnen, sich nicht daranhalten oder das Leitbild als unrealistisches Idealbild kritisieren, besteht die Gefahr, dass ihr in dieser Hinsicht negatives Vorbild wünschenswerte Veränderungen in einem Gesundheitsbetrieb behindert oder gar zunichtemacht.

In Zusammenhang mit Führungskompetenzen wird häufig auch die Fähigkeit zur Moderation genannt, womit die steuernde, lenkende Gesprächsführung in Besprechungen gemeint ist, aber auch das Eingreifen und Mäßigen beispielsweise in Konfliktgesprächen. Die Führungskraft muss dazu in der Lage sein, die unterschiedlichen Wahrnehmungen und Vorstellungen zu strukturieren. Ihre Aufgabe ist es in erster Linie somit nicht, inhaltliche Empfehlungen auszusprechen, weil nur sie vermeintlich die beste Lösung weiß, sondern vielmehr dafür zu sorgen, dass der Weg zu einer Problemlösung und die dabei erforderliche Kommunikation zustande kommen. Wichtige Eigenschaften sind dabei:

- Äußerungen der Beteiligten als Signale auffassen: Teilnehmenden ihr eigenes Verhalten bewusstmachen, sodass Störungen und Konflikte bearbeitet werden können; auf moralische Appelle verzichten;
- eigene Meinungen, Ziel und Werte zurückstellen: weder Meinungsäußerungen noch Verhaltensweisen bewerten; es gibt kein „richtig" oder „falsch" während einer Moderation;
- fragende Haltung einnehmen: keine behauptende Haltung; durch Fragen werden die Beteiligten füreinander und für das Thema geöffnet und aktiviert;
- Rechtfertigungen für Handlungen und Aussagen vermeiden: vielmehr die Schwierigkeiten klären, die hinter Angriffen und Provokationen stecken;
- sich seiner eigenen Stärken und Schwächen bewusst sein: über die eigene Einstellung zu Menschen und Themen sich klar zu sein und die Verantwortung dafür zu übernehmen; dadurch den anderen Teilnehmenden helfen, möglichst selbstverantwortlich zu reagieren.

Da es angeblich doch recht einfach ist, mit den Mitarbeitern zu reden, mag es merkwürdig erscheinen, die Fähigkeit zur **Kommunikation** in Zusammenhang mit der Führungskompetenz zu erwähnen. Doch die Kommunikation von Führungskräften umfasst mehr als nur den Austausch von Worten, denn beispielsweise auch die „Nichtkommunikation", die Tatsache, dass ein Vorgesetzter oder eine Vorgesetzte höchst selten ihre Mitarbeitenden aufsuchen, sich nicht blicken lassen und sich keine Zeit für sie nehmen, wird als Zeichen verstanden. Auch ist rhetorische Begabung oder die Selbsteinschätzung, sich für einen guten Redner oder eine gute Rednerin zu halten, nicht unbedingt mit guter Führungskommunikation gleichzusetzen.

Hinzu kommt, dass gerade im Gesundheitswesen unterschiedliche „Kommunikationsgruppierungen" aufeinandertreffen, etwa der medizinische und der pflegerische Bereich, oder etwa überwiegend von Frauen oder Männern dominierte Gruppierungen, was sich auf die Art und Weise der Kommunikation auswirkt. So überwiegt zum Beispiel in den Betriebsführungen von Gesundheitseinrichtungen und in der Ärzteschaft eher der männliche Anteil, während in den pflegenden und assistierenden Berufen in der Regel der weibliche Anteil höher ausfällt.

Beispiel

Nach Angaben des Bundesministeriums für Gesundheit betrug beispielsweise im Jahre 2019 der weibliche Anteil an der berufstätigen Ärzteschaft 47,6 % (insgesamt 402.119 Ärztinnen und Ärzte) (vgl. Bundesministerium für Gesundheit 2020, S. 74). Unter dem Oberbegriff Gesundheitspersonal zusammengefasst werden Beschäftigte in

- Verkauf Drogerie, Apotheken. Waren, Medizinbedarf;
- Verwaltung;
- Medien-, Dokumentations- und Informationsdienste;
- Arzt- und Praxishilfe, darunter Medizinische Fachangestellte (ohne Spezialisierung);
- Medizinisches Laboratorium;
- Gesundheits- und Krankenpflege, Rettungsdienste und Geburtshilfe;
- Human- und Zahnmedizin;
- Psychologie und nichtärztliche Psychotherapie;
- Nichtärztliche Therapie und Heilkunde;
- Pharmazie;
- Altenpflege;
- Ernährungs- und Gesundheitsberatung, Wellness;
- Medizin-, Orthopädie- und Rehatechnik;
- Erziehung, Sozialarbeit, Heilerziehungspflege;
- Andere Berufe.

Hier betrug 2018 die Gesamtzahl 5.679.000, davon 4.294.000 weiblich, was einem Anteil von 75,6 % entspricht (vgl. Bundesministerium für Gesundheit 2020, S. 94). ◄

Ohne beispielsweise auf die Unterschiede in der weiblichen und männlichen Kommunikation und die damit verbundene Flut an Untersuchungen und Veröffentlichungen an dieser Stelle eingehen zu können, bleibt festzuhalten, dass es zur Kompetenz von Führungskräften zählt, sich auf derartige unterschiedliche „Kommunikationswelten" einzustellen.

Grundlage für die Kommunikation zwischen Führungskraft und Mitarbeitenden ist das bekannte Kommunikationsmodell, bei dem beide Seiten als Sendende bzw. Empfangende die jeweiligen Botschaften „ver-" und „entschlüsseln" (Kodieren/Dekodieren), wozu auch gerade bei der Face-to-Face-Kommunikation nonverbale Zeichen und Inhalte beitragen.

Beispiel

Lümmelt eine Führungskraft während eines Gesprächs mit einem Mitarbeiter lässig im
Sessel herum, so kann dies durchaus als Zeichen fehlender Wertschätzung und man-
gelndem Respekt missverstanden werden. Vor der Brust verschränkte Arme, ab-
schweifender Blick und gelangweilte Mimik eines Mitarbeiters deuten hingegen
daraufhin, dass die beabsichtigte Botschaft diesen nicht in der gewünschten Form erreicht. ◄

Zu den kommunikativen Fähigkeiten von Führungskräften in Gesundheitsbetrieben ge-
hören jedoch nicht nur die verbale und nonverbale Vermittlung und Entschlüsselung von
Botschaften, sondern auch das Zuhören und das Stellen der jeweils richtigen Fragen.
Dazu zählen:

- Bekräftigungen: Vertrauen und Mut zur Offenheit erzeugen durch Verständnis, Nicken
  und Bestätigung;
- Einsicht: Auswirkungen, Konsequenzen und Folgen des Verhaltens aufzeigen und Vor-
  schläge zur Verbesserung entwickeln;
- Fragen: Informationen erhalten durch offene Fragen und Redefluss der Mitarbeitenden;
- Konkretisierung: konkrete Situationen und Verhaltensweisen ansprechen, denn Gene-
  ralisierungen sind meist nicht zutreffend und angreifbar;
- Problembewusstsein: Zulassen von Emotionen und Akzeptanz von Gefühlen, um den
  Mitarbeitenden zu zeigen, dass sie ernst genommen werden;
- Rückmeldung: unmittelbares verbales und nonverbales Feedback geben, sofern es die
  Stimmung und die Aufnahmefähigkeit der Mitarbeitenden zulassen;
- Zusammenfassungen: durch richtiges Wiedergeben zeigen, dass die Botschaft ver-
  standen wurde;
- Zuwendung: Interesse zeigen durch zugewandte Körperhaltung und Blickkontakt.

Insbesondere bei Unsicherheiten neigen Führungskräfte in der Kommunikation dazu, ihre
Machtposition zu demonstrieren. So werden beispielsweise nicht selten ungelegene Diskussionen über Themen unterbunden, bei denen sie sich nicht besonders gut auskennen,
oder sie nehmen das Thema nicht ernst, machen sich darüber lustig und geben vielleicht
sogar die Mitarbeitenden der Lächerlichkeit preis. Dabei handelt es sich allerdings um
keine Demonstration von Durchsetzungsfähigkeit, sondern letztendlich um leichtfertig
vergebene, nicht genutzte Chancen und, im Grunde genommen, um einen daraus resultie-
renden Vermögensschaden für den Gesundheitsbetrieb, den die jeweilige Führungskraft zu
verantworten hat.

Führungskräfte sollten sich – auch wenn es schwerfällt – mit derartig „unbequemen"
Mitarbeitenden und ihren in den meisten Fällen berechtigten Anliegen auseinandersetzen,
denn Mitläufer, Konformisten, Karrieristen verändern auch im Gesundheitswesen eher
selten etwas, sondern diejenigen, die sich trauen, Dinge kritisch zu hinterfragen.

Häufig sind sich Führungskräfte dieser Fehler durchaus bewusst, und gerade bei Verabschiedungen ist häufig zu beobachten, dass sie in ihren Abschiedsreden von ihren Mitarbeitenden eine Art „Generalabsolution" erbitten, was aber ihr zurückliegendes Verhalten im Nachhinein auch nicht gerade besser macht.

3.6 Umgang mit Ethik-Fragen und Konflikten

Fragen der **Ethik** im Gesundheitsbetrieb betreffen alle in ihm tätigen Menschen. Sie befasst sich mit den sittlichen Normen und Werte, die sich Ärzte und Ärztinnen, Patienten, Pflegekräfte, weitere Institutionen und Organisationen des Gesundheitswesens, letztendlich die gesamte Gesellschaft in Gesundheitsfragen setzen. Im Zentrum stehen dabei die Unantastbarkeit der Menschenwürde und der Lebensschutz, die Patientenautonomie, das allgemeine Wohlergehen des Menschen, sowie das Verbot, ihm zu schaden.

Die Ethik im Gesundheitsbetrieb befasst sich somit nicht nur mit dem Schutz vor kriminellen Missbrauch ärztlichen Wissens und Ehrgeizes, sondern muss sich insbesondere den Herausforderungen durch die neuen Entwicklungen in der Medizin stellen und den Fragen nach dem Umgang mit knappen Ressourcen im Gesundheitswesen.

Sie wird beeinflusst durch eine Pluralität von unterschiedlichen Weltanschauungen und Herangehensweisen, die auf individuellen Sozialisationen, verschiedenen Werten, Grundwerten und Motiven beruhen. Sie findet daher mitunter unterschiedliche Antworten auf Fragen wie beispielsweise, wann das menschliche Leben beginnt, auf die moralischen Probleme der Stammzellenforschung, der Schwangerschaftsunterbrechung, der Organtransplantation, der Menschen- und Tierversuche oder etwa auch, ob erst der Herz- oder bereits der Hirntod das Ende des Lebens bedeuten.

Orientierung für Führungskräfte in Gesundheitsbetrieben geben **Ethikkommissionen**, die überwiegend in beratender Funktion tätig sind und sich mit den ethischen Fragen im Gesundheitswesen befassen.

So hat beispielsweise die Zentrale Kommission zur Wahrung ethischer Grundsätze in der Medizin und ihren Grenzgebieten (Zentrale Ethikkommission) bei der Bundesärztekammer zur Aufgabe, Stellungnahmen zu ethischen Fragen abzugeben, die durch den Fortschritt und die technologische Entwicklung in der Medizin und ihren Grenzgebieten aufgeworfen werden oder die unter ethischen Gesichtspunkten im Hinblick auf die Pflichten bei der ärztlichen Berufsausübung von grundsätzlicher Bedeutung sind (vgl. Bundesärztekammer 2012, S. 1). Der Deutsche Ethikrat verfolgt nach dem Ethikratgesetz (EthRG) die ethischen, gesellschaftlichen, naturwissenschaftlichen, medizinischen und rechtlichen Fragen sowie die voraussichtlichen Folgen für Individuum und Gesellschaft, die sich im Zusammenhang mit der Forschung und den Entwicklungen insbesondere auf dem Gebiet der Lebenswissenschaften und ihrer Anwendung auf den Menschen ergeben (vgl. § 1 EthRG).

Die durch die Führungskraft im Gesundheitsbetrieb zu behandelnden ethischen Fragen beziehen sich zum einen auf die betriebliche Ethik im Sinne einer Unternehmens- und

Wirtschaftsethik und zum anderen auf die konkreten Problemstellungen, die sich in Zusammenhang mit der Aufgabenwahrnehmung im Gesundheitswesen ergeben.

Die Ethik der allgemeinen Betriebsführung fragt nach den moralischen Wertvorstellungen, nach Gewinnstreben und moralischen Idealen. Aus Sicht der Betriebsführung sind diese Überlegungen nicht unwichtig, da ein Gesundheitsbetrieb Gefahr läuft, seine Anerkennung durch die Gesellschaft, zu verlieren, wenn er keine allgemeinen moralischen Wertvorstellungen im Bereich von Solidarität, Humanität und Verantwortung berücksichtigt. Die Auswirkungen seines Handelns auf Menschen und Umwelt wird hierbei nicht nur anhand seines Beitrags für das Gesundheitswesen, sondern auch an Maßstäben sozialer Gerechtigkeit und Nachhaltigkeit gemessen. Sie werden zum einen durch das verantwortliche Handeln des gesamten Gesundheitsbetriebs beeinflusst und zum anderen durch die Individualethik seiner Führungskräfte und Mitarbeitenden.

Die Konzentration rationellen Handelns der Führungskräfte im Gesundheitsbetrieb auf ökonomische Ausprägungen, mit vorhandenen Mitteln einen maximalen Nutzen oder ein bestimmtes Ziel mit minimalem Aufwand zu erreichen, birgt die Gefahr, bestimmte Wertebereiche wie Humanität, Solidarität, Gerechtigkeit etc. zu vernachlässigen. Auch die alleinige Ausrichtung auf den Markt als Vorgabe für das Handeln der Führungskräfte bietet nicht immer die Möglichkeit, einer ausreichenden Berücksichtigung gesellschaftlicher Werte und sozialer Normen. Negative Auswirkungen derart bestimmter Handlungen auf andere Lebensbereiche wie die Umwelt oder gesellschaftliche Strukturen würden bei einer Vorrangigkeit ökonomischer Ziele vor ethischen Zielen durch Führungskräfte im Gesundheitsbetrieb nahezu unberücksichtigt bleiben.

Die konkreten ethischen Problemstellungen, die sich in Zusammenhang mit der Personalführung und der allgemeinen Aufgabenwahrnehmung von Führungskräften ergeben, sind häufig Gegenstand betrieblicher Ethikkomitees, sofern sie in den jeweiligen Gesundheitsbetrieben eingerichtet sind. So beraten **Krankenhaus-Ethikkomitees** (KEK) ethische Probleme aus dem klinischen Alltag, bei der medizinischen Behandlung, Pflege und Versorgung von Patienten. Sie werden von der Leitung des Krankenhauses berufen und setzen sich üblicherweise aus den dort arbeitenden Berufsgruppen zusammen. Ihre Aufgabe ist es, Beratung zur Unterstützung bei moralischen Konflikten auf Anforderung der Beteiligten Mitglieder des Behandlungsteams, Patienten und ihre Angehörigen, wobei die uneingeschränkte Verantwortung und Entscheidungskompetenz bei dem Behandlungsteam und damit auch der jeweiligen Führungskraft verbleibt. Für ethische Fragestellungen, die in der Praxis häufig auftreten, wie der ethische Umgang mit Schwerstkranken und Sterbenden, der Umgang mit Patientenverfügungen, die Regelung des Verzichts auf Herz-Kreislauf-Wiederbelebung, werden häufig durch das KEK spezielle Leitlinien entwickelt.

Gerade Führungskräfte in Gesundheitsbetrieben müssen oft schwierige Entscheidungen mit weitreichenden Konsequenzen treffen. Ethisches Führungsverhalten bedeutet in diesem Zusammenhang immer eine reflektierte Betrachtung, ausführliche Erörterung und Abwägung. Zu diesem Prozess gehören Vertrauen, Transparenz und

Offenheit, sowie Partizipation durch Einbeziehung der Mitarbeitenden, um ihre Meinung zu hinterfragen und sie zu einer Stellungnahme zu animieren. Letztendlich stellt ethische Reflektion im Führungsverhalten jedoch die Übernahme von Verantwortung auch für schwerwiegende Entscheidungen dar und nicht das Erzielen verwässerter Konsensentscheidungen.

In Zusammenhang mit der Personalführung stellt **Corporate Social Responsibility** (CSR) im umfassenden Sinne soziale Verantwortlichkeit dar und ist ein Beispiel für die Einhaltung moralischer Kriterien, die über die eigentliche medizinische oder pflegerische Versorgung hinaus eine verantwortungsethische Sichtweise wiedergibt. Sie beschreibt die Gesellschaftsverantwortung im Gesundheitsbetrieb in Form freiwilliger Beiträge zu einer nachhaltigen Entwicklung, die umfassender sind, als die gesetzlichen Mindestanforderungen. Im ethischen Sinne ist fair über das gesetzlich geforderte Mindestmaß und über die gesellschaftlichen Erwartungen hinaus zu handeln und gesellschaftliches, ökologisches Engagement aufzuzeigen. Mögliche Beispiele im Personalbereich sind die Einhaltung von Arbeitsstandards, der Verzicht auf Leiharbeitskräfte aus dem Niedriglohnsektor ohne Mindestlöhne oder das Freistellen von Mitarbeitern für soziale oder ökologische Tätigkeiten. Die Führungsaufgabe besteht in erster Linie darin, CSR als gemeinnützige Aktivitäten, die über die ohnehin gesellschaftlich angesehenen Aufgaben im Gesundheitswesen hinausgehen, in einen Gesundheitsbetrieb zu integrieren und die Mitarbeitenden zu ihrem Engagement in diesem Bereich zu animieren.

Nicht nur im Gesundheitswesen stellt die Vermeidung von Korruption, Untreue, Geldwäsche und betrügerischer Handlungen eine Herausforderung für Führungskräfte dar. Häufig wird versucht, durch einen **Verhaltenskodex** und entsprechende Kontrolleinrichtungen strafbare Handlungen zu vermeiden. Im Gegensatz zu Regelungen ist ein Verhaltenskodex als freiwillige Selbstverpflichtung anzusehen, bestimmte Handlungen zu unterlassen oder gewünschten Verhaltensweisen zu folgen, um Veruntreuung, Betrug oder andere strafbare Handlungen im Gesundheitswesen zu vermeiden.

Es obliegt der Betriebsführung eines Gesundheitsbetriebs, welche Maßnahmen zu ergreifen sind, um bereits im Ansatz Korruption und Betrug zu verhindern. Ein Verhaltenskodex hierzu für alle Mitarbeitenden kann beispielsweise folgende Punkte umfassen:

- Ablehnung jeglicher Form von Betrug, Korruption und strafbarem Verhalten,
- Aufgabenwahrnehmung mit größtmöglicher Sorgfalt und Integrität,
- Einhaltung von Funktionstrennung und Vier-Augen-Prinzip,
- Einhaltung von Gesetzen und Vorschriften,
- Mithilfe bei Präventionsmaßnahmen zur Vermeidung strafbarer Handlungen,
- Nichtbeteiligung an rechtlich zweifelhaften Vorhaben,
- Offenlegung unvermeidbarer Interessenskonflikte,
- Respektierung der Rechte Anderer,
- Transparente und für andere nachvollziehbare Arbeitsweise, die Verschleierung von strafbaren Handlungen verhindert,

- Unparteiische und gerechte Aufgabenerfüllung,
- Unterlassung von Handlungen, die Anderen Schaden zufügen könnten,
- Unterstützung bei der Aufklärung verdächtiger Vorgänge,
- Vermeidung von Interessenskonflikten.

Die Betriebsführung eines Gesundheitsbetriebs kann darüber hinaus aktive Sicherungs-maßnahmen ergreifen, um strafbare Handlungen möglichst zu verhindern. Die Einhaltung gesetzlicher und freiwilliger Regulatorien, Richtlinien und Standards im Gesundheits-betrieb und deren Überwachung wird auch als **Compliance** bzw. Health-Care-Compli-ance bezeichnet. Dabei geht es beispielsweise um eine korruptionsfreie Zusammenarbeit und die Fragen, was bei wichtigen Themen wie Medizinprodukte, Honorarvereinbarungen, Beraterverträge, Weiterbildungen oder Arbeitsessen erlaubt ist.

Zur Abhilfe können beispielsweise Dienstanweisungen für Beschaffungsbereiche erlassen werden, Regelungen zur Videoüberwachung, Grundsätze für gestaffelte Zu-ständigkeiten, das Vieraugenprinzip sowie das Prinzip der Funktionstrennung bei Pri-vat- und Kassenliquidationen, Beschaffungen und vergleichbaren Vorgängen. Es lassen sich risikoorientierte Kontrollpläne erstellen, auf deren Grundlage systematische und regelmäßige Untersuchungen von Geschäftsvorfällen vorgenommen werden können. Auch kann die Zuverlässigkeit neu einzustellender Mitarbeitender durch Führungs-zeugnisse und Einsichtnahme in die Originale der für die Einstellung maßgeblichen Dokumente sichergestellt werden. Die Mitarbeitenden sind regelmäßig über die be-stehenden Pflichten zu unterrichten. Hierzu gehört auch die Information über strafbare Handlungen, die zu einer Gefährdung des Vermögens eines Gesundheitsbetriebs führen können. Die Überwachung der Annahme von Belohnungen, Geschenke, Provisionen oder sonstige Vergünstigungen mit Bezug auf die Tätigkeit der Mitarbeitenden im Gesundheitsbetrieb, die Genehmigung von Ausnahmen sowie das Setzen von Wert-grenzen hierzu sind ebenfalls Aufgaben der Führungskräfte. Auch kann die Einrichtung eines Hinweisgebersystems in anonymer Form (schriftlich oder mündlich) beim Ver-dacht strafbarer Handlungen zu deren Vermeidung beitragen. Die Führungskräfte haben dabei darauf zu achten, dass die Identität von Mitteilenden, die sich offenbart haben, nicht weitergegeben wird.

Verhaltenskodizes in Gesundheitsbetrieben dienen jedoch nicht nur zur Vermeidung strafbarer Handlungen, sondern tragen auch zu einem positiven Führungsverhalten, einem verbesserten Umgang miteinander und zu einem serviceorientierten Verhalten gegenüber den Patienten bei. Auch Umweltschutz- und Qualitätsbewusstsein lassen sich dadurch unterstützen. Ein derartiger Verhaltenskodex lässt sich beispielsweise durch eine Dienst- oder Betriebsvereinbarung als Regelwerk für alle Berufsgruppen eines Gesundheits-betriebs zugrunde legen, wobei sich die Betriebsführung explizit zu dessen Einhaltung verpflichten kann. Im Sinne einer positiven Vorbildfunktion sollten die Führungskräfte die Kodexinhalte auch aktiv vorleben, wenn sie dieses Verhalten auch von ihren Mitarbeitenden erwarten.

Beispiel

Der Verhaltenskodex für Mitarbeiterinnen und Mitarbeiter des Klinikums Nürnberg beinhaltet beispielsweise folgende Anforderungen an Führungskräfte, die in Bezug auf den Umgang mit Mitarbeiterinnen und Mitarbeitern besondere Verantwortung und in ihrem Verhalten insbesondere zu beachten haben, dass

- sie Vorbildfunktionen erfüllen,
- ihre Vorgaben klar, fair, gerecht und Ressourcen schonend sind,
- sie die Qualifikation und die Motivation ihrer Nachgeordneten fördern,
- die Würde von Mitarbeitenden geachtet und nicht verletzt wird,
- sie sachlich führen und nicht einschüchtern oder drohen,
- sie Kritik an Mitarbeiterinnen und Mitarbeitern im Sinne eines produktiven Elements der Personalentwicklung konstruktiv und sachlich vorbringen und dabei niemanden in Gegenwart anderer Personen diskreditieren,
- sie ihre Mitarbeiterinnen und Mitarbeiter nicht daran hindern, wichtige Hinweise und auch Kritik an den jeweiligen Vorgesetzten zu äußern,
- sie Kritik an der eigenen Person zulassen (vgl. Klinikum Nürnberg 2022, S. 2 f.). ◄

Ethische Fragen, Fragen des Verhaltens oder Fragen der Verantwortung bieten nicht selten Konfliktpotenziale im Gesundheitsbetrieb. Eine der wesentlichen Herausforderungen einer Führungskraft ist daher der Umgang mit Meinungsverschiedenheiten und Differenzen, Auseinandersetzungen und Streitereien. Sie alle stellen als **Konflikte** gegensätzliches Verhalten dar, das auf mangelnder gegenseitiger Sympathie, unterschiedlichen Interessen, Widerstreit von Motiven oder Konkurrenzdenken beruht. Es gibt beispielsweise Konflikte zwischen Ärzteschaft und Pflegepersonal, Ärzten bzw. Ärztinnen und Patienten, Betriebsleitung und externen Vertragspartnern, Mitarbeitenden untereinander, oder innerhalb von Praxisgemeinschaften, Privatpraxen und ambulanten Versorgungseinrichtungen. Sie verursachen verborgene Kosten, die die Wettbewerbsfähigkeit von Gesundheitsbetrieben beeinträchtigen, und letztlich von Versicherungsträgern und deren Beitragszahlern zu tragen sind, obwohl diese zumindest an den innerbetrieblichen Konflikten gar nicht beteiligt sind. Aufgabe der Betriebsführung und der Führungskräfte ist es daher, Konflikte in Verhandlungs- und Schlichtungsprozessen einer zumindest vorläufigen Lösung zuzuführen, damit das Arbeitsergebnis nicht darunter leidet. Eine wesentliche Führungsaufgabe ist es dabei, positive Wirkungen durch eine richtige Konflikthandhabung zu nutzen, um letztlich gestärkt aus einer derartigen Auseinandersetzung hervorzugehen.

Weit verbreitet ist die Meinung, dass Konflikte stets negative Auswirkungen auf die Zusammenarbeit und die Arbeitsergebnisse des Gesundheitsbetriebs aufweisen. Dies ist nicht uneingeschränkt richtig. Sicherlich können sie zu Frustration, Verschlechterung der sozialen Beziehungen, physischen und/oder psychischen Belastungen mit Auswirkungen auf den Leistungsprozess oder zu einer Verschlechterung von Behandlungs- oder Pflegeleistungen führen. Daneben führt die Behandlung von Konflikten aber auch nicht selten zu positiven Effekten, wie

- Verbesserung des Arbeitsklimas durch Beseitigung aufgestauter Spannungen, durch Aneignung von Diskussions- und Kooperationsfähigkeit sowie Toleranz, durch Klärung der Kompetenz-, Verantwortungs- und Aufgabenbereiche,
- bessere Berücksichtigung von Mitarbeitendenbedürfnissen,
- Leistungssteigerung und Loyalität,
- Auffinden innovativer Problemlösungen.

Die Ursachen für Konflikte sind in der Tatsache begründet, dass die einzelnen Mitarbeitenden nicht gleichzeitig alle ihre Vorstellungen und Erwartungen verwirklichen können (siehe Tab. 3.15).

Persönlichkeitsmerkmale, wie etwa Aggressionsneigung, Harmoniebedürfnis, Hemmungen, Angst, Stimmungen, Sympathie- und Antipathiegefühle sind meist nicht die alleinige Ursache von personellen Konflikten, sie können aber deren Auslöser bzw. Verstärker sein, oder aber auch, trotz objektiv vorhandenem Anlass, die Entstehung von Konflikten verhindern bzw. den Verlauf und die Auswirkungen von Konflikten glätten.

Beispiel

Harmoniebedürftige Mitarbeitende werden versuchen, im Streit zwischen Kollegen und Kolleginnen zu schlichten. Aggressivere, streitlustigere Mitarbeitende neigen eher dazu, eine Auseinandersetzung zu entfachen. ◄

Tab. 3.15 Ursachenbeispiele für Konflikte im Gesundheitsbetrieb

Ursache	Beispiele
Als unangemessen empfundene Kritik	ungezielte, vorschnelle, unsachliche und zu allgemein gehaltene Kritik; kritisiert wird die Persönlichkeit und nicht das Fehlverhalten
Beziehungsprobleme zwischen den Mitarbeitenden	Vorgesetztenverhältnisse, Bildung von informellen Gruppen, Klüngeleien, unzulässige Machtausübung
Koordinations- und Abstimmungsprobleme zwischen den Mitarbeitenden	mangelhafte Absprachen, Verheimlichungen, unzureichende Weitergabe von Informationen
Probleme bei der Abgeltung erbrachter Leistungen	niedriges Gehalt, tatsächlich erbrachte Überstunden, fehlende Anerkennung von Arbeitseinsatz und Mehrarbeit
Probleme bei der Arbeitsstrukturierung	Aufgabenhäufung, schlechte Arbeitsbedingungen, häufige Stresssituationen, häufige Überstunden
Probleme bei der Aufgabenwahrnehmung	fehlende Qualifikation, fehlende Leistungsbereitschaft, mangelnde Sorgfalt, Unzuverlässigkeit, mangelhafte Leistungen

Je nachdem, wie viele Mitarbeitende an einem Konflikt im Gesundheitsbetrieb beteiligt sind, unterscheidet man folgende Typen von Konflikten:

- Intrapersoneller Konflikt: Konflikte, die in einer einzelnen Person begründet sind;
- Interpersonelle Konflikte: Konflikte treten überwiegend zwischen zwei oder mehreren Mitarbeitenden auf;
- Gruppenkonflikte: zwischen einer Gruppe und einzelnen Mitarbeitenden (beispielsweise zwischen allen Angehörigen einer heilpraktischen Einrichtung und dem Heilpraktiker als Chef) sowie zwischen einzelnen Gruppen von Angehörigen der heilpraktischen Einrichtung (beispielsweise zwischen den Auszubildenden und den ausgelernten Kräften).

Beispiel

Intrapersonelle Konflikte treten häufig in Zusammenhang mit ethischen Fragestellungen auf, wenn Abwägungen und schwierige Entscheidungen getroffen werden müssen. Ein intrapersoneller Konflikt kann aber auch auftreten, wenn eine vorgesetzte Ärztin gleichzeitig Betriebsratsmitglied ist und so die Interessen der Betriebsleitung, als auch die der Mitarbeitenden gleichzeitig vertreten muss. Interpersonelle Konflikte können beispielsweise bei der Urlaubsplanung zwischen zwei Krankenpflegehelferinnen oder einem Helfer und der Pflegeleiterin auftreten. Gruppenkonflikte liegen beispielsweise bei Auseinandersetzungen zwischen der Gruppe der Altenpfleger und der Pflegeleiterin oder der Gruppe der Rettungsassistenten bzw. -assistentinnen und der Gruppe der Krankenpflegenden vor. ◄

Verborgene Konflikte lassen kein Konfliktgeschehen, wie etwa eine lautstarke Auseinandersetzung zwischen zwei Mitarbeitenden, erkennen, obwohl ein Konfliktpotenzial und auch ein Konfliktanlass häufig vorhanden sind. Diese Verborgenheit kann verschiedene Ursachen haben:

- die beiden gegenüberstehenden Seiten nehmen das Konfliktpotenzial bzw. den -anlass noch nicht wahr;
- die beiden gegenüberstehenden Seiten sehen den Anlass als nicht so wichtig an, offen darüber zu streiten;
- die beeinträchtigte Seite fürchtet, ein offenes Austragen eines Streits würde ihre Situation verschlechtern;
- beide Seiten sehen sich außerstande, einen offenen Konflikt auszutragen.

Auch derartige unterschwellige, nicht sichtbare Konflikte können zum offenen Ausbruch kommen. Das aufgestaute Konfliktpotenzial kann dann zu besonders heftigen Konflikten führen. Anzeichen für solche Konflikte sind oft untypische Verhaltensweisen von Mit-

Tab. 3.16 Verlaufsformen von Konflikten

Form	Beschreibung
Offene Austragung	beide Konfliktseiten versuchen ihre gegensätzlichen Interessen ganz oder teilweise zu verwirklichen
Umleitung	ein Konflikt wird mit einer anderen als der Anlass gebenden Seite ausgetragen
Unterdrückung	die Führungskraft lässt einen offenen Konflikt nicht zu oder setzt ihre Interessen unmittelbar und beendet den Konflikt dadurch
Vermeidung	trotz eines vorhandenen „Spannungspotenzials" werden keine Konfliktaktivitäten ergriffen

arbeitenden, kleine Sticheleien, Randbemerkungen oder aber auch psychosomatisch bedingte Krankheitssymptome, die nicht selten zum Fernbleiben von der Arbeit führen.

Im Allgemeinen weisen Konflikte im Gesundheitsbetrieb somit unterschiedliche Verlaufsformen auf (siehe Tab. 3.16).

Beispiel

Offene Konfliktaustragungen führen oft zu regelrechten „Machtkämpfen" im Gesundheitsbetrieb. Lassen sich keine Kompromisse erzielen, kann der erlangte Vorteil der einen Seite völlig zu Lasten der anderen Seite gehen. Folgen einer Konfliktvermeidung durch Vorwegnahme eines negativen Ergebnisses bzw. Einnahme der Verliererposition sind in der Regel ein Rückzugsverhalten, dass im Extremfall bis zur Kündigung führen kann. Bei der Konfliktumleitung kann die aufgestaute Frustration anderen Mitarbeitenden gegenüber oder auch im familiären Kreis ein aggressives Verhalten hervorrufen. ◄

Eine offene Konfliktaustragung ist daher häufig einer Konfliktunterdrückung, -vermeidung oder -umleitung vorzuziehen. Sie kann als „reinigendes Gewitter" durchaus auch positive Folgen für die zukünftige Zusammenarbeit aller Mitarbeitenden im Gesundheitsbetrieb haben. Jedoch können Konflikte oft nicht endgültig gelöst werden, daher erscheint der Begriff Handhabung für den Umgang mit Konflikten im Gesundheitsbetrieb besser geeignet. Ziel ist es dabei, Konflikte durch Schlichtung zwischen den konträren Seiten zumindest zeitweise beizulegen, ihre Ursachen zu ermitteln und diese soweit möglich zum Zwecke einer langfristigen Beruhigung der Situation und eines möglichst konfliktfreien Arbeitens zu beseitigen. Hierzu steht eine Reihe von Maßnahmen zur Verfügung (siehe Tab. 3.17).

Bei Strafandrohungen (Zurechtweisungen, Verweigerung von Gehaltserhöhungen, Drohung mit Kündigung etc.) werden vorhandene Konfliktursachen nicht beseitigt, sondern in ihrer Wirkung eher verstärkt. Auch Zufallsurteile (Münzwurf, Los etc.) stellen eine unzuverlässige Konfliktlösung dar, weil die unterlegene Seite oftmals weiterhin an der von ihr vertretenen Position festhält, sodass eine erneute Auseinandersetzung droht.

Tab. 3.17 Maßnahmen zur Konflikthandhabung

Maßnahme	Beschreibung
Gemeinsame Problemlösung	beide Seiten werden dazu bewegt, gemeinsam das Problem zu definieren und Lösungsmöglichkeiten zu entwickeln, wobei der Prozess erst endet, wenn für beide Seiten eine akzeptable Problemlösung gefunden wurde
Schlichtung	beide Seiten werden gezwungen, die vom Schlichter genannte Problemlösung zu akzeptieren
Steuerung des Verlaufs	Aufzeigen bisher in der Auseinandersetzung nicht berücksichtigter Lösungsalternativen
Vorgabe von Verlaufsregeln	Steuerung dahingehend, dass durch Auseinandersetzungen nicht die Leistungen der Gesundheitseinrichtung beeinträchtigt werden
Vorgezogene Schlichtung	Versuch, erkannte Konfliktpotenziale und deren Ursachen zu beseitigen

3.7 Führung in kritischen Situationen

Gerade in Krisensituationen ist es besonders wichtig, auf entsprechende Führungserfahrung zurückgreifen und wirksamen Führungsmechanismen vertrauen zu können.

Gesundheitsbetriebe sind vielfältigen Bedrohungen und Gefährdungen ausgesetzt: Kriminelle Handlungen, Pandemien, Fahrlässigkeiten, ärztliche Kunstfehler, technisches Versagen, Naturkatastrophen, Fachpersonalmangel oder wirtschaftliche Probleme können sie in große Schwierigkeiten stürzen oder gar in Existenznöte bringen (vgl. Frodl 2022, S. 1 ff.). Obwohl die Eintrittswahrscheinlichkeiten von Schadensereignissen oft geradezu verschwindend gering sind, bleibt ein Restrisiko, das nie völlig auszuschließen ist. Auch völlig unrealistisch erscheinende Bedrohungsszenarien können Wirklichkeit werden und nie für möglich gehaltene Krisensituationen tatsächlich eintreten.

Somit erstreckt sich die Führungsfunktion nicht nur auf den Normalbetrieb, sondern auch auf unterschiedliche mögliche Krisensituationen, wie beispielsweise

- Pandemien,
- Cyber-Attacken,
- drohende Insolvenzen,
- Behandlungsfehler,
- Brandkatastrophen

und vieles andere mehr. Dabei kann der Gesundheitsbetrieb selbst von einer Krise betroffen oder als Teil der Infrastruktur für die Bewältigung übergeordneter Krisen zuständig sein. In jedem Fall stellt die Krisenbewältigung die Personalführung vor besondere Herausforderungen.

Neben der Regelung von organisatorischen Rahmenbedingungen wie Einsatzzeiten, Ruhezeiten und Ruhepausen für die am Krisenmanagement beteiligten Einsatzkräfte, ist vor allem deren **Psychosoziale Notfallversorgung** (PSNV-E) bei besonders belastenden Einsätzen und Katastrophen zu koordinieren. Sie sind in vielen Einsätzen besonderen Stressbelastungen ausgesetzt, denn von ihnen als herbeieilende Helfer wird erwartet, dass sie diese Situationen in den Griff bekommen und mühelos bewältigen. Da sie dabei mit sehr viel menschlichem Leid und in besonderen Einsatzlagen, wie beispielsweise bei Katastropheneinsätzen, mit extrem belastenden Ereignissen konfrontiert werden, sollte die Stressbewältigung unterstützt werden.

▶ Die Psychosoziale Notfallversorgung für Einsatzkräfte (PSNV-E) umfasst alle Aktionen und Vorkehrungen, die getroffen werden, um Einsatzkräften im Bereich der psychosozialen Be- und Verarbeitung von belastenden Notfällen bzw. Einsatzsituationen zu helfen und gliedert sich in einsatzvorbereitende, einsatzbegleitende und einsatznachsorgende Maßnahmen (vgl. Deutsche Gesetzliche Unfallversicherung 2020, S. 13).

Das Erleben außergewöhnlicher psychischer Belastungen kann zu Anzeichen akuter Belastungsreaktionen und zu Belastungsstörungen führen. Bleiben diese längere Zeit bestehen und gehen sie mit starken Beeinträchtigungen einher, liegt nicht selten eine Posttraumatische Belastungsstörung (PTBS) als behandlungsbedürftige psychische Störung vor. Sie äußert sich beispielsweise durch das Wiedererleben (Intrusionen) der Situation, die Vermeidung an das belastende Ereignis erinnernde Dinge, die Entfremdung von zuvor als wichtig empfundenen Aktivitäten oder die Übererregung (Hyperarousal) in Form von Konzentrationsschwierigkeiten bzw. Schlafstörungen.

Daher sollte in einer Einsatzorganisation die psychische Belastung im Rahmen von Ausbildung und Übung thematisiert werden. Hierzu zählt beispielsweise neben der Organisation der psychologischen Erstbetreuung, auch die vollständige Dokumentation einer außergewöhnlichen psychischen Belastung durch die Einsatzorganisation. Ferner müssen in Vorbereitung auf belastende Ereignisse Maßnahmen der Primärprävention ergriffen werden, wozu beispielsweise gehören:

- gesundheitsgerechte Gestaltung der Tätigkeit in einer Einsatzorganisation;
- entsprechende körperliche Fitness, sowie psychische Fitness bzw. mentale Stärke;
- Gefährdungsbeurteilung, die die Möglichkeit des Auftretens von außergewöhnlichen psychischen Belastungsfaktoren berücksichtigt;
- entsprechende Unterweisungen und die Einbindung der Thematik in die Standortausbildung;
- Vorhaltung und Durchführung einer entsprechenden Betreuung in Form der PSNV nach belastenden Ereignissen;
- Einbindung von Präventionsmaßnahmen in die Organisationsstruktur und den Diensttag.

Mit dem Einsatz bei einem belastenden Ereignis sind Maßnahmen der Sekundärprävention anzubieten, die das Ziel haben, durch psychosoziale Unterstützung die Psyche zu stabilisieren und Schäden zu verhindern bzw. schwerere Folgeschäden zu vermeiden. So sollte beispielsweise bei potenziell belastenden Einsätzen, insbesondere z. B. Menschenrettung, Totenbergung, persönliche Betroffenheit, verletzten oder gar getöteten Einsatzkräften, Kindern oder bekannten Personen, ein ausführlicher Einsatzbericht verfasst werden und die namentliche Erfassung der am Einsatz beteiligten Einsatzkräfte mit der Funktion und Tätigkeit, die diese im Einsatz innehatten. Sie müssen in der Lage sein, zu erkennen, wenn Ereignisse für sie belastend sind bzw. waren und sich dieses auch eingestehen. Die Führungskräfte müssen erkennen, wann Einsätze eine außergewöhnliche Belastung mit sich bringen und ihre Mitarbeiter und Mitarbeiterinnen Probleme mit der Verarbeitung des Erlebten haben, damit bereits während des Einsatzverlaufes der Bedarf von Maßnahmen der PSNV-E geprüft und Unterstützung über die Leitstelle angefordert werden kann. Bei komplexeren Einsatzlagen mit katastrophalen Ausmaßen sollte eine Beratung der Einsatzleitung durch dafür geschulte Kräfte der PSNV-E erfolgen.

Das Konzept des international anerkannten Critical Incident Stress Management (CISM), häufig mit der Stressbearbeitung nach belastenden Ereignissen (SbE) gleichgesetzt, wurde unter anderem durch das Bundesamt für Bevölkerungsschutz und Katastrophenhilfe (BBK) angepasst und basiert auf Peers als Angehörige der Einsatzorganisation mit spezieller Ausbildung im Bereich Psychosoziale Notfallversorgung, die den Einsatzkräften als unmittelbare Ansprechpersonen zur Verfügung stehen und durch Psychosozialen Fachkräfte unterstützt und geführt werden. Sie sind in der Regel Einsatzkräfte, die ihre eigene Einsatzerfahrung einbringen und ihre persönliche Sozialkompetenz durch verschiedene Schulungen im psychosozialen Bereich erweitert haben.

Darüber hinaus kann es zu Situationen kommen, die die Anforderung zusätzlicher PSNV-E-Kräfte erforderlich machen, deren Interventionsmöglichkeiten auf strukturierter Gesprächsführung basieren:

- Wiedereingliederung (Demobilization): Dient der Entlastung aus dem Einsatz, informiert die Einsatzkräfte über das Ereignis, auftretende Symptome, die sich aus der Belastung ergeben können und weist auf weiterführende Hilfsangebote hin.
- Entschärfung (Defusing): Findet direkt im Anschluss (spätestens innerhalb 24 Std.) an das belastende Ereignis statt, wird als Gruppengespräch durchgeführt und dient vor allem der Verringerung der akuten Stresssymptome sowie der Wiederherstellung der Einsatzbereitschaft.
- Einsatznachbesprechung (Debriefing): Einsatznachbesprechung nach einem kritischen Ereignis als gegebenenfalls mehrstündiges spezielles Gruppengespräch, wird erst einige Tage nach dem Ereignis unter Leitung einer psychosozialen Fachkraft durchgeführt und dient der Gruppe der Einsatzkräfte als gemeinsamer Abschluss des erlebten belastenden Ereignisses.

- Einzelgespräch (One-on-One): Findet im geschützten Raum zwischen einer betroffenen Einsatzkraft und einer Ansprechpartnerin bzw. einem Ansprechpartner (Peer oder psychosoziale Fachkraft) der Psychosozialen Notfallversorgung statt (vgl. Deutsche Gesetzliche Unfallversicherung 2020, S. 8 ff.)

Für die Bewältigung von Krisen spielen **Emotionen** eine wichtige Rolle. Während negative Emotionen in der Belegschaft oder im Krisenteam einer Gesundheitseinrichtung zu einer negativen internen Dynamik und zu einer Verstärkung existenzbedrohender Entwicklungen führen können, ermöglichen positive Emotionen einen erfolgreichen Umgang mit einer Krise und stärken gleichzeitig die individuelle Resilienz der einzelnen Beschäftigten. Sie tragen dazu bei, mit Schicksalsschlägen und Krisen konstruktiv umzugehen und bilden die Basis für persönliche Ressourcen, die dazu verwendet werden können, Bedrohungen zu begegnen. Ebenso wie sich arbeitsbedingte Stressoren auch auf andere Beschäftigte einer Gesundheitseinrichtung übertragen, ist auch eine bewusste oder unbewusste Übertragung von Emotionen möglich: Manche begegnen einer Krise mit Gelassenheit, andere fühlen sich in ihrer Existenz bedroht und geraten in Zukunftsängste. Daher ist es in Krise wichtig, positive Emotionen, den Zusammenhalt und das Wir-Gefühl zu stärken (vgl. Vakilzadeh und Eberl 2020, S. 354 ff.). Daraus lassen sich Empfehlungen für das Krisenmanagement ableiten (siehe Tab. 3.18).

Neben der Psychosozialen Notfallversorgung (PSNV-E), die insbesondere während und nach besonders belastenden Einsätzen und Katastrophen wichtig und notwendig ist, ist eine präventive Vorsorge erforderlich, die mögliche Belastungen vorbeugt und dazu beiträgt, die Leistungsfähigkeit auch in extremen Situationen zu erhalten bzw. zu fördern. Ansätze hierzu bieten die Betriebliche Gesundheitsförderung (BGF) und das **Betriebliche Gesundheitsmanagement** (BGM). Während die prospektive BGF allgemein über präventive Maßnahmen hinaus auf die Entwicklung und Stärkung von Gesundheitspotenzialen

Tab. 3.18 Stärkung organisationaler Resilienz in einem Gesundheitsbetrieb durch positive Emotionen. (Vgl. Vakilzadeh und Eberl 2020, S. 356)

Maßnahme	Erläuterung
Emotionen zeigen	Bestärkung der Beschäftigten, positive Emotionen zu zeigen, um deren Übertragung untereinander zu erleichtern
Ernstfall trainieren	Durchführung von Trainings zur Emotionsregulation; Aufmerksamkeit auf den Wert von positiven Emotionen lenken; Herausholen der Beschäftigten aus der Komfortzone und aufzeigen, dass Krisen jederzeit auftreten können
Transparent kommunizieren	Sicherstellung einer offenen und kontinuierlichen Kommunikation; Beschäftigten die Befürchtungen nehmen, dass sie mit ihren Ängsten und Sorgen allein gelassen werden
Vorbildfunktion ausüben	Sensibilisierung der Führungskräfte, ihre Emotionen zu kultivieren, da ihr Verhalten in einer Krise essenziell für die Entstehung positiver Emotionen bei den Beschäftigten ist
Wir-Gefühl stärken	Förderung hochwertiger Beziehungen, um zu gewährleisten, dass sich die Beschäftigten wohlfühlen

aller Mitarbeiterinnen und Mitarbeiter abzielt, hat das BGM die Aufgabe, verschiedene gesundheitsbezogene Maßnahmen zu planen, zu organisieren und in den Handlungsfeldern Arbeits- und Gesundheitsschutz, Betriebliches Eingliederungsmanagement (BEM) sowie verhaltens- und verhältnisorientierte Gesundheitsförderung zu koordinieren (vgl. Struhs-Wehr 2017, S. 6). Das BGM in Gesundheitseinrichtungen befasst sich hierzu allgemein mit Angeboten und Maßnahmen für die Beschäftigten, ihre Gesundheit, ihr Wohlbefinden und damit ihre Leistungsfähigkeit zu erhalten bzw. zu fördern.

▶ Das betriebliche Management für Sicherheit und Gesundheit, das das BGM einschließt, ist als Führungsaufgabe anzusehen und umfasst alle Aspekte, die die Sicherheit und Gesundheit beeinflussen: die systematische Entwicklung und Steuerung betrieblicher Rahmenbedingungen, Strukturen und Prozesse, die die sicherheits- und gesundheitsgerechte Gestaltung der Arbeit und Organisation sowie die Befähigung zum sicheren und gesunden Verhalten zum Ziel haben. Es trägt somit dazu bei, Gefährdungen im Arbeitsalltag von Gesundheitseinrichtungen zu begegnen und gleichzeitig auch für die im Management einer Krise Tätigen unter anderem die Arbeit so zu gestalten, dass sie sicher und gesund tätig sein können sowie leistungsfähig und leistungsbereit bleiben, ihre gesunderhaltenden Ressourcen zu stärken und ihre gesundheitlichen Handlungskompetenzen zu erweitern, Sicherheit und Gesundheit in die betrieblichen Abläufe zu integrieren sowie als Gestaltungsprozess systematisch zu betreiben und kontinuierlich zu verbessern. Zur Wahrnehmung dieser Aufgaben sind die Führungskräfte entsprechend zu qualifizieren (vgl. Deutsche Gesetzliche Unfallversicherung 2019, S. 6).

Für das Krisenmanagement muss der Gesundheitsbetrieb Vorkehrungen treffen, die nicht nur dazu dienen, die Gesundheit zu fördern, und gleichzeitig die Beschäftigten dazu bewegt, sich hilfreiche Kompetenzen anzueignen und Verhaltenspathogene zu vermeiden. Vielmehr ist Leistungsfähigkeit in Verbindung mit einer stabilen psychischen Konstitution notwendig, was häufig mit dem Begriff **Resilienz**umschrieben wird. Insgesamt geht es darum, die Widerstandskraft und die Flexibilität gegenüber Belastungen zu steigern. Das Spektrum des BGM umfasst hierzu beispielsweise

- einstellungsbezogene Indikatoren (z. B. positives Selbstwertgefühl),
- physische Indikatoren (z. B. Erscheinungsbild, Fitness),
- Leistungsindikatoren (z. B. Flexibilität, Produktivität),
- psychische Indikatoren (z. B. Motivation, Stimmung),
- soziale und verhaltensbezogene Indikatoren (z. B. Engagement, Teamverhalten) (vgl. Uhle und Treier 2019, S. 2 ff.).

Unter Resilienz lässt sich in Zusammenhang mit dem Krisenmanagement die Fähigkeit verstehen, erfolgreich mit belastenden Situationen und negativen Stressfolgen umgehen zu können und sich trotz gravierender Belastungen oder widriger Umstände psychisch gesund zu entwickeln. Resilientes Verhalten zeigt sich insbesondere dann, wenn sich eine

Person widerstandsfähig gegenüber psychologischen, psychosozialen und biologischen Entwicklungsrisiken erweist, wobei Resilienz somit keine Persönlichkeitseigenschaft, sondern stattdessen immer an zwei Bedingungen geknüpft ist: Eine bestehende Risikosituation und die Bewältigung dieser Situation aufgrund vorhandener Fähigkeiten (vgl. Fröhlich-Gildhoff und Rönnau-Böse 2019, S. 9). Die Fähigkeit, in dramatischen Situationen an Widerständen nicht zu zerbrechen, sich nicht unterkriegen zu lassen, Krisen auszuhalten, Schocks zu verkraften und sich als widerstandsfähig zu erweisen, gelingt insbesondere, wenn sich auf persönliche und soziale Kraftquellen zurückgreifen lässt.

Eine Möglichkeit hierzu bietet die bekannte Rational-Emotive Therapy (RET) und das dazugehörige ABC-Modell nach Albert Ellis (1913–2007), die davon ausgehen, dass nicht die äußeren Ereignisse per se die psychische Belastung verursachen, sondern absolutistische und perfektionistische Forderungen, die Menschen sich selbst auferlegen bzw. an andere oder die Allgemeinheit richten. Das Modell setzt sich demnach zusammen aus

- A = activating events: auslösende Ereignisse;
- B = beliefs: Meinungen, Überzeugungshaltungen, Einstellungen;
- C = consequences: emotionale Folgeerscheinungen und Reaktionen.

Die „beliefs" werden von Ellis als unangemessen, unangebracht, unrealistisch, nicht zielführend und damit irrational angesehen, da sie im Wege stehen und sich hinderlich im Hinblick auf die Erreichung persönlicher Ziele erweisen. Im Hinblick auf die Arbeit im Krisenmanagement erweisen sie sich als dysfunktional bzw. selbstschädigend, da das Müssen und Sollen allesbeherrschend wird, wobei die Gefahr besteht, dass es gleichsam die Tiefenstruktur eines Menschen bildet und so zur wichtigen Determinante psychischer Dispositionen werden kann. Die Folge können in Anbetracht von realen Gegebenheiten Übergeneralisierungen, selektive Wahrnehmungen und willkürliche Schlussfolgerungen sein. Es ist sogar davon auszugehen, dass selbst diejenigen, die intensiv und mühevoll an der Überwindung von Selbstzweifeln, irrationaler Gedanken und Verhaltensweisen arbeiten, dafür anfällig bleiben. Die menschliche Tendenz, Frustrationen und Entsagungen nicht ertragen und aushalten zu wollen, schafft immer wieder aufs Neue Probleme, sodass zwar die negativen und schädigenden Effekte dieser Tendenz angegangen, ihr Vorhandensein selbst aber nicht beseitigt werden kann.

Um die persönlichen Widerstandsfähigkeiten auch in Krisensituationen zu verbessern ist es daher wichtig, sich einige Überzeugungen und Einstellungen gemäß der RET zu eigen zu machen. Dazu zählen beispielsweise:

- Erkennen der Begrenztheit der menschlichen Existenz;
- Erkenntnis, dass Fehler in der Natur des Menschen liegen;
- Bereitschaft zur Selbstakzeptanz;
- Bereitschaft zu antidogmatischen, flexiblen Denken;
- Notwendigkeit von Risikobereitschaft und hoher Frustrationstoleranz;

- Bereitschaft, Anspannung und Unruhe auszuhalten;
- Erkenntnis, dass eigene Fehler und Schwächen anderer integrale Bestandteile der Spezies Mensch sind (vgl. Höllen und Böhmer 2018, S. 14 ff.).

Üblicherweise erhalten Führungskräfte in Gesundheitsbetrieben erst in der spezialisierten **Weiterbildung** im Rahmen der Vermittlung von Kognitiver Kompetenz, Methoden und Handlungskompetenz erforderliche Kenntnisse, Erfahrungen und Fähigkeiten im Umgang mit Krisen, besonderen Gefahrenlagen, Risikomanagement, Pandemieplanung und Katastrophenschutz.

Für die Aus- und Weiterbildung im Risiko- und Krisenmanagement für Beschäftigte von Gesundheitseinrichtungen stehen zahlreiche Möglichkeiten zur Verfügung.

So ist beispielsweise auf Bundesebene die Akademie für Krisenmanagement, Notfallplanung und Zivilschutz (AKNZ) des Bundesamts für Bevölkerungsschutz und Katastrophenhilfe (BBK) die zentrale Aus- und Fortbildungseinrichtung des Bundes im Bevölkerungsschutz. Sie steht als Plattform für den Wissensaustausch und die Kooperation zwischen den strategischen Ebenen der von Ressortzuständigkeiten und Föderalismus geprägten Struktur sowie der starken Rolle der Wirtschaft im Bereich der kritischen Infrastrukturen zu Verfügung, ist im Rahmen des nationalen Krisenmanagements sowie der Notfallvorsorge und -bekämpfung etabliert als Integrationsstelle für alle einschlägigen Stellen in Bund, Ländern sowie der Wirtschaft und richtet sich mit ihrem Bildungsangebot primär an die mit Fragen der zivilen Sicherheitsvorsorge befassten Entscheidungsträger und Multiplikatoren aller Verwaltungsebenen. Die Aufgaben der AKNZ umfassen beispielsweise die Aus- und Fortbildung für Führungskräfte und Lehrkräfte des Katastrophenschutzes und des mit Fragen der zivilen Verteidigung befassten Personals, die Auswertung von Großschadenslagen im In- und Ausland, die Vorbereitung, Leitung und Auswertung von Übungen sowie die Durchführung von Seminaren, Übungen und sonstigen Veranstaltungen zur zivil-militärischen Zusammenarbeit.

Während als Ärzte im Rettungsdienst beispielsweise Notärzte und -ärztinnen ihr Notfallteam medizinisch leiten und die präklinischen Versorgung in Notfällen und eine flächendeckende, hilfsorientierte und qualifizierte notärztliche Hilfe rund um die Uhr an jedem Ort sicherstellen, nehmen Ärztliche Leiter Rettungsdienst (ÄLRD) die Kontrolle über den Rettungsdienst sowie die Verantwortung für Effektivität und Effizienz der präklinischen Notfallversorgung, Einsatzplanung und Einsatzbewältigung wahr und sind Leitende Notärzte und -ärztinnen (LNA) als medizinische Einsatzleiter auch in Personalführungsfunktionen bei Großeinsätzen und Katastrophen im Einsatz (vgl. Bundesvereinigung der Arbeitsgemeinschaften der Notärzte Deutschlands 2022, S. 1).

Über die Ausbildungsinhalte im Gesundheitswesen hinaus qualifizieren spezielle Ausbildungen Fach- und Führungskräfte in Gesundheitseinrichtungen im Bereich Krisenmanagement. So bieten beispielsweise das BBK bzw. das AKNZ in Kooperation mit der Rheinischen Friedrich-Wilhelms-Universität in Bonn seit 2006 den Masterstudiengang Katastrophenvorsorge und Katastrophenmanagement (KaVoMa) an. Er ist berufsbegleitend und richtet sich allgemein an Fach- und Führungskräfte aus dem Bevölkerungs-

und Katastrophenschutz, wobei die Studierenden überwiegend in Behörden und Organisation mit Sicherheitsaufgaben (BOS), KRITIS-Unternehmen (z. B. Krankenhäuser, Energieversorger) und anderen Bereichen der Zivilgesellschaft arbeiten. Der Studiengang umfasst eine Regelstudienzeit 5–6 Semester und führt zum Abschluss als „Master of Disaster Management and Risk Governance" (vgl. Bundesamt für Bevölkerungsschutz und Katastrophenhilfe 2022, S. 1).

Um die notwendigen Leistungen der Mitarbeitenden auch in Stresssituationen und unter extremen Bedingungen sicherzustellen, sind neben einer gezielten Aus- und Weiterbildung im Risiko- und Krisenmanagement regelmäßige **Notfallübungen**, in denen das richtige Verhalten unter möglichst realistischen Krisenszenarien trainiert wird, eine weitere wichtige Grundlage für die Personalführung in kritischen Situationen.

Zusammenfassung Kap. 3

Neuere Ansätze der Personalführung gehen davon aus, dass gewisse Freiheiten und selbstständiges Handeln durchaus effizient zu den gesteckten Zielen führen können. Die Anerkennung derartiger Leistungserfolge ermöglicht eine breitere Perspektive auf die Führung, indem sie Wertschätzung und damit den Interaktionsprozess zwischen Führenden und Mitarbeitenden sowie ihre Bedeutung für den gesundheitsbetrieblichen Erfolg stärker in den Vordergrund rückt. Auf die Führung von Mitarbeitenden sind medizinische und pflegerische Fachkräfte häufig nur unzureichend vorbereitet. Ausdruck und Intensität von Wertschätzung werden wesentlich durch das konkrete Führungsverhalten beeinflusst. Besonders wichtig ist dabei die Vermittlung von Vertrauen und Wertschätzung, die die Basis für Motivation, Sinnhaftigkeit, positive Einstellung und Identifikation der Mitarbeitenden mit ihrer Tätigkeit und ihrem Gesundheitsbetrieb darstellen.

Literatur

Bandura, A.; Walters, R. H. (1963) Social Learning and personality development. New York: Verlag Holt, Rinehart and Winston.

Barbuto, J.; Scholl, R. (1998) Motivation sources inventory: development and validation of new scales to measure an integrative taxonomy of motivation. In: Psychological Reports. Vol. 82. Jahrg. 1998. Missoula (USA): Ammons Scientific-Verlag. S. 1011–1022.

Bruder, M.; Gehring, F. (2015) Warum Mitarbeiterbefragungen? In: Gehring, F.; Schroer, J.; Rexroth, H.; Bischof, A. (Hrsg.) Die Mitarbeiterbefragung – Wie Sie das Feedback ihrer Mitarbeiter für den Unternehmenserfolg nutzen. Stuttgart: Schäffer-Poeschel-Verlag. S. 10–20.

Bundesärztekammer (Hrsg.) (2012) Statut der Zentralen Kommission zur Wahrung ethischer Grundsätze in der Medizin und ihren Grenzgebieten (Zentrale Ethikkommission) bei der Bundesärztekammer in der vom Vorstand der Bundesärztekammer am 20. April 2012 verabschiedeten Fassung.

Bundesärztekammer (Hrsg.) (2007) Curriculum Ärztliche Führung. Texte und Materialien der Bundesärztekammer zur Fortbildung und Weiterbildung. Bd. 26. Berlin.

Bundesamt für Bevölkerungsschutz und Katastrophenhilfe – BBK (Hrsg.) (2022). Masterstudiengang Katastrophenvorsorge und Katastrophenmanagement – Kooperation mit der Universität Bonn. https://www.bbk.bund.de/DE/AufgabenundAusstattung/AKNZ/AKNZ_Neu/Teilnehmer/StudiengangKaVoMa/Studium_KaVoMa_einstieg.html. Bad Neuenahr – Ahrweiler. Zugegriffen: 19.02.2022.

Bundesministerium für Gesundheit (Hrsg.) (2020) Daten des Gesundheitswesens 2020. Informationsbroschüre. Stand: November 2020. Berlin.

Bundesvereinigung der Arbeitsgemeinschaften der Notärzte Deutschlands – BAND e. V. (Hrsg.) (2022) Ärzte im Rettungsdienst. https://band-online.de/archiv/notarztinnen-und-notarzte/aerzte-im-rettungsdienst/. Berlin. Zugegriffen: 19.02.2022.

Deutsche Gesetzliche Unfallversicherung – DGUV (Hrsg.) (2020). Leitfaden Psychosoziale Notfallversorgung für Einsatzkräfte – Psychosoziale Notfallversorgung in Einsatzorganisationen. DGUV Information 205-038. Stand: November 2020. Berlin.

Deutsche Gesetzliche Unfallversicherung – DGUV (Hrsg.) (2019). Verfahren und Methoden im Präventionsfeld Gesundheit im Betrieb – Empfehlungen für Präventionsfachleute. DGUV Information 206-022. Stand: Mai 2019. Berlin.

Doran, G.; Miller, A.; Cunningham, J. (1981) There's a S.M.A.R.T. way to write management's goals and objectives. In: Management Review. Volume 70. Issue 11. New York.

Ethikratgesetz (EthRG) vom 16. Juli 2007 (BGBl. I S. 1385).

French, J.; B. Raven (1960) The bases of social power. In: Cartwright, D.; Zander, A. (Hrsg.): Group dynamics. New York: Verlag Harper and Row. S. 607–623.

Fröhlich-Gildhoff, K.; Rönnau-Böse, M. (2019) Resilienz. 5. Auflg. München: Ernst Reinhardt Verlag.

Frodl, A. (2022) Krisenmanagement für Gesundheitseinrichtungen – Vorbeugung und Stabilität im Umgang mit Risiken und Krisen. Wiesbaden: Springer Gabler/Springer Fachmedien.

Gothe, H.; Köster, A.-D.; Storz, P.; Nolting, H.-D.; Häussler, B. (2007): Arbeits- und Berufszufriedenheit von Ärzten. In: Deutsches Ärzteblatt. Jahrg. 104. Heft 20. Köln: Deutscher Ärzteverlag. S. A 1394 – A 1399.

Great Place to Work Deutschland GmbH (Hrsg.) (2020) Deutschlands beste Arbeitgeber im Gesundheits- und Sozialwesen gekürt. Pressemitteilung v. 05.03.2020. Köln.

Hersey, P.; Blanchard, K. H. (1982). Management of Organizational Behavior. 4. Aufl. New York: Prentice-Hall-Verlag.

Höllen, B.; Böhmer, M. (2018) Selbstakzeptanz – Die Rational-Emotive Verhaltenstherapie nach Albert Ellis. Stuttgart: Verlag Klett-Cotta.

Institut für berufliche Aus- und Fortbildung IBAF gGmbH (2022) Führungsqualifikationen im Sozial- und Gesundheitswesen – Programm 2022. Kiel.

Klinikum Nürnberg (Hrsg.) (2022) Verhaltenskodex für Mitarbeiterinnen und Mitarbeiter des Klinikums Nürnberg. https://www.klinikum-nuernberg.de/DE/ueber_uns/Fachabteilungen_KN/dienste/Ethik/050_Ethikcode_und_Empfehlungen_Container/verhaltenscodex.pdf. Nürnberg. Zugegriffen: 19.02.2022.

Lippold, D. (2021) Personalführung im digitalen Wandel – Von den klassischen Führungsansätzen zu den New-York-Konzepten. Berlin/Boston: Verlag Walter de Gruyter.

Lukaszyk, K. (1960) Zur Theorie der Führer-Rolle. In: Psychologische Rundschau, Heft 2/1960, 11. Jahrg. Göttingen: Hogrefe-Verlag. S. 179–188.

Merton, R. (1995) Soziologische Theorie und soziale Struktur. Meja, V; Stehr, N. (Hrsg.). Aus dem Amerikanischen v. H. Beister. Berlin: Walter de Gruyter – Verlag.

Nagel, E.; Manzeschke, A. (2006) Leitbilder und Vorbilder – Wunsch nach Orientierung. In: Deutsches Ärzteblatt. Jahrg. 103. Heft 4. Köln: Deutscher Ärzteverlag. S. A 168–A 170.

Orthey, F. M. (2013) Systemisch Führen – Grundlagen, Methoden, Werkzeuge. Stuttgart: Schäffer-Poeschl-Verlag.

Rahn, H.-J. (2010) Erfolgreiche Teamführung. 6. Aufl. Hamburg: Windmühle-Verlag.

Rahn, H.-J. (2008) Personalführung kompakt – Ein systemorientierter Ansatz. München: Oldenbourg-Verlag.

Reiche, F. (2021) Das Ideenmanagement als Geschäftsmodell. Wiesbaden: Springer Gabler/Springer Fachmedien.

Rybnikova, I.; Lang, R. (2021) Aktuelle Führungstheorien und -konzepte: „Alter Wein in neuen Schläuchen?" In: Rybnikova, I.; Lang, R. (Hrsg.) Aktuelle Führungstheorien und -konzepte. 2. Auflg. Wiesbaden: Springer Gabler. S. 1–20.

Schanz, G. (2000) Personalwirtschaftslehre. 3. Aufl. München: Vahlen Verlag.

Schreyögg, G.; Koch, J. (2020) Management – Grundlagen der Unternehmensführung. 8. Aufl. Wiesbaden. Springer Gabler/Springer Fachmedien.

Steyrer, J. (2015) Theorien der Führung. In: Mayrhofer, W.; Furtmüller, G.; Kasper, H. (Hrsg.) Personalmanagement – Führung und Organisation. 5. Aufl. Wien: Linde-Verlag. S. 17–70.

Struhs-Wehr, K. (2017) Betriebliches Gesundheitsmanagement und Führung – Gesundheitsorientierte Führung als Erfolgsfaktor im BGM. Wiesbaden: Springer Fachmedien.

Tannenbaum, R.; Schmidt H. W. (1958) How to choose a leadership pattern. In: Harvard Business Review. 36. Jahrg. Vol. 2. Watertown (USA): Harvard Business Publishing. S. 95–101.

Tausch, A.; Tausch R. (1998) Erziehungspsychologie – Begegnung von Person zu Person. 11. Auflg. Göttingen/Toronto/Zürich: Hogrefe-Verlag.

Uhle, T.; Treier, M. (2019) Betriebliches Gesundheitsmanagement – Gesundheitsförderung in der Arbeitswelt – Mitarbeiter einbinden, Prozesse gestalten, Erfolge messen. 4. Auflg. Wiesbaden: Springer Verlag/Springer Fachmedien.

Universität Leipzig; Universitätsklinikum Leipzig (Hrsg.) Gemeinsame Führungsgrundsätze des Universitätsklinikums Leipzig AöR und der Medizinischen Fakultät der Universität Leipzig. Stand: Juni 2011. Leipzig.

Vakilzadeh, K.; Eberl, P. (2020) Think Positive – Die Bedeutung von Emotionen für die Bewältigung von Krisen. In: Zeitschrift Führung + Organisation – zfo. 89. Jahrg. Heft 6/2020. Stuttgart: Schäffer-Poeschel-Verlag. S. 354–357.

Verordnung zur Ausführung des Pflege- und Wohnqualitätsgesetzes (AVPfleWoqG) vom 27. Juli 2011 (GVBl. S. 346, BayRS 2170-5-1-G), zuletzt durch Verordnung vom 22. Dezember 2020 (GVBl. S. 691) geändert.

Vincent-Höper, S.; Stein, M.; Pohling, U.; Felsberg, R.; Bobbert, P.; Nienhaus, A. (2020) Arbeitsbelastung im Krankenhaus – Gemeinsam gegen die Ökonomie. In: Deutsches Ärzteblatt. Jahrg. 117. Heft 22–23. Köln: Deutscher Ärzteverlag. S. A 1143–A 1147.

Personalbeschaffung

4.1 Personalbedarfsermittlung

Die **Personalbedarfsermittlung** ist für den Gesundheitsbetrieb von hoher, strategischer Relevanz und verfolgt das Ziel, auf Grundlage der Planungsparameter einen Abgleich zwischen Unternehmenszielen und Personalplänen zu schaffen. Der aktuelle Personalbestand wird dabei mit dem prognostizierten Personalbedarf abgeglichen, und die quantitative Betrachtung der Personalzahlen ist hierzu um eine qualitative Betrachtung zu erweitern, da für die Aufgabenbewältigung im Gesundheitsbetrieb unterschiedlichste Mitarbeitende mit verschiedenen Qualifikationen benötigt werden (vgl. Bartscher 2022, S. 1).

Die Personalbedarfsermittlung hat insbesondere qualitative, quantitative und zeitliche Aspekte (vgl. Schulte 2020, S. 28). Zur Ermittlung des quantitativen Personalbedarfs für den Gesundheitsbetrieb ist die Frage zu stellen: Wie viel Personal wird zur Erfüllung der Aufgaben benötigt?

Soweit keine Personalrichtwerte vorgegeben sind, die beispielsweise nach SGB XI bei teil- oder vollstationärer Pflege wenigstens das Verhältnis zwischen der Zahl der Heimbewohner und der Zahl der Pflege- und Betreuungskräfte (in Vollzeitkräfte umgerechnet), unterteilt nach Pflegegrad (Personalanhaltszahlen), sowie im Bereich der Pflege, der Betreuung und der medizinischen Behandlungspflege zusätzlich den Anteil der ausgebildeten Fachkräfte am Pflege- und Betreuungspersonal umfassen (vgl. § 75 SGB XI), sind Berechnungsmethodiken anzuwenden, die die quantitative Seite des Personalbedarfs ausdrücken.

Zur Berechnung der Anzahl der für den Gesundheitsbetrieb benötigten Mitarbeitenden, geht man von unterschiedlichen Personalbedarfsarten aus:

© Springer Fachmedien Wiesbaden GmbH, ein Teil von Springer Nature 2023
A. Frodl, *Personalmanagement im Gesundheitswesen*,
https://doi.org/10.1007/978-3-658-40563-2_4

- Bruttopersonalbedarf: benötigte Leistungsstunden sowie alle anderen Arbeitszeiten, wie vorgeschriebene Pausen, Rüstzeiten für das Vorbereiten von Eingriffen oder die Einrichtung von Behandlungsräumen, Übergabezeiten, Zeiten für Krankenstand und Urlaub;
- Nettopersonalbedarf: benötigte Leistungsstunden;
- Ersatzbedarf: durch ausscheidende Mitarbeitenden verursachter Bedarf;
- Zusatzbedarf: über den derzeitigen Bestand hinausgehender zeitlich befristeter oder unbefristeter Bedarf;
- Reservebedarf: für Notsituationen bereit gehaltenes Stammpersonal.

Ein Ersatzbedarf entsteht durch das Ausscheiden von Mitarbeitenden des Gesundheitsbetriebs infolge von Kündigung, Freistellung, Verrentung, Elternzeit usw. Die ausscheidenden Mitarbeitenden sind als Arbeitskräfte zu ersetzen. Ein Zusatzbedarf kann sich als Folge von Ausweitungen der Behandlungs- oder Pflegekapazitäten ergeben, oder auch aufgrund von Arbeitszeitverkürzungen oder neuen Aufgaben, die durch das vorhandene Personal nicht abgedeckt werden können. Der gesamte quantitative Personalbedarf lässt sich somit vereinfacht folgendermaßen ermitteln:

Aktueller Personalstand − Abgänge + Zugänge + Zusatzbedarf = Personalgesamtbedarf

Mit der Ermittlung des Ersatz- bzw. Zusatzbedarfes ist aber nur ein Teil der Frage „Wie viel Personal wird zur Erfüllung der Aufgaben des Gesundheitsbetriebs benötigt?" beantwortet, denn dabei wird von der Annahme ausgegangen, dass der gegenwärtige bzw. zukünftige Belegschaftsstand stimmt: Die Mitarbeitenden des Gesundheitsbetriebs sind einerseits nicht überlastet und sitzen andererseits aufgrund zu geringen Arbeitsanfalls auch nicht untätig herum. Es muss also zusätzlich der Frage nachgegangen werden „Wie groß ist der optimale Personalbestand, damit arbeitsmäßige Über- und Unterauslastungen vermieden werden?".

Grundlage für die quantitative Bedarfsermittlung ist somit das Arbeitsaufkommen, das sich aus dem gewünschten Serviceniveau des Gesundheitsbetriebs und seinem angestrebten Leistungsvolumen ergibt. Zu berücksichtigen sind dabei Urlaub, Pausen, Krankheitsausfälle, Abwesenheiten wegen Fortbildungsmaßnahmen etc. und die Entwicklung der Personalkosten im Verhältnis zu den betrieblichen Gesamtkosten.

Die eigentliche Bedarfsberechnung erfolgt häufig in **Vollzeitkapazitäten** – VZK (häufig auch Vollzeitäquivalente – VZÄ bzw. Full Time Eqivalents – FTE oder auch Personentage – PT).

Beispiel

Bei einer angenommenen Arbeitszeit einer Vollzeitarbeitskraft von 38 Stunden, einer Teilzeitkraft mit 24 Stunden und einer weiteren Teilzeitkraft mit 14 Stunden ergeben sich $(38 + 24 + 14) \div 38 = 2{,}0$ VZK. ◄

In einem stark vereinfachten Ansatz sind nun zur Errechnung des optimalen Personal-
standes zunächst die unterschiedlichen zu verrichtenden Aufgaben und Tätigkeiten im
Gesundheitsbetrieb zu ermitteln. Die einzelnen Aufgaben sind mengenmäßig zu bewerten,
um die durchschnittliche (∅) Arbeitsmenge zu errechnen. Die durchschnittliche Arbeitsmenge ist anschließend mit der durchschnittlichen Bearbeitungszeit je Aufgabe oder
Tätigkeit zu multiplizieren. Ferner ist ein Ausfallzeitfaktor (Fehlzeiten – FZ) zu berücksichtigen, der sich als Erfahrungswert aus im Arbeitsprozess unregelmäßig anfallenden
Ausfallzeiten, wie Ermüdung, Wartezeiten, Nebenarbeiten usw. zusammensetzt. Zum
Schluss ist durch die durchschnittlichen Arbeitsstunden zu teilen (siehe Tab. 4.1).

Für die Ermittlung des Personalbedarfs in einem Krankenhaus lässt sich eine Ist-
Analyse des Personalbestandes mittels strukturierter Interviews sowie Dokumenten- und
Datenanalysen durchführen. Die Personalbedarfsermittlung erfolgt dann nach einer drei-
stufigen Methode:

- Berechnung des erlösgedeckten Personalbedarfs durch Abgleich der über das DRG-
  System finanzierten Stellenanteile und dem Ist-Personaleinsatz;
- Berechnung des leistungsbezogenen (analytischen) Personalbedarfs durch Gegenüber-
  stellung des anhand des Leistungsportfolios erforderlichen Personalbedarfs und dem
  Ist-Personaleinsatz;
- Berechnung des arbeitsplatzbezogenen Personalbedarfs durch Analyse der aus recht-
  lichen Gründen vorzuhaltenden Arbeitsplätze (vgl. Deutsches Krankenhaus Institut
  2022, S. 1).

Ein Bündnis aus Deutscher Krankenhausgesellschaft (DKG), Deutscher Pflegerat (DPR)
und der Gewerkschaft Verdi versucht mit dem **Pflegepersonalbemessungsinstrument**
(PPBI) den Pflegebedarf in einem Krankenhaus zu messen, an dem sich dann die Zahl der
Pflegekräfte ausrichtet. Das PPBI gilt in allen bettenführenden Abteilungen, sodass ein
krankenhausinternes Verschieben von Pflegekräften von einer Abteilung in die nächste
unnötig würde. Die Initiatoren erhoffen sich mit dem PPBI durch Auflösung der Arbeits-
verdichtung, dass Pflegekräfte, die ihrem Beruf teilweise oder ganz den Rücken gekehrt
haben, motiviert werden, wieder in Vollzeit zu arbeiten beziehungsweise in ihren ehemaligen Beruf zurückzukehren. Eine Grundlage des PPBI ist die Pflegepersonal-Regelung

Tab. 4.1 Vereinfachter Ansatz zur quantitativen Personalbedarfsermittlung in einer Zahnarztpraxis

Aufgabe/Tätigkeit	Behandlungsassistenz
∅ Arbeitsmenge	40 Behandlungsfälle/Tag
∅ Bearbeitungszeit	30 min (= 0,5 Stunden) inklusiv. Vor-/Nachbereitung
FZ	1,18
∅ Arbeitsstunden	8 pro Tag
Formel	(∅ Arbeitsmenge × ∅ Bearbeitungszeit × FZ) ÷ ∅ Arbeitsstunden
Berechnung	(40 × 0,5 × 1,18) ÷ 8 = 2,95
Ergebnis	Für die Aufgabe Behandlungsassistenz werden 3 VZK benötigt.

(PPR), die in den 1990er-Jahren entwickelt wurde, um den Personalbedarf in der Krankenpflege zu messen und auf diese Weise den Personalmangel in der Pflege zu beheben (vgl.
Osterloh 2019, S. A 1526 f.).

Beispiel

Ziel der PPR war, durch eine leistungsorientierte Personalbedarfsermittlung die
Personalsituation in der Krankenpflege zu verbessern. Wichtig war, dass nicht die tatsächlich erbrachte Pflegeleistung gemessen werden sollte, sondern die sich aus dem
Pflegebedarf eines Patienten ergebenden Leistungen im Bereich der „Allgemeinen
Pflege" (A-Bereich) und der „Speziellen Pflege" (S-Bereich). Die Minutenwerte wurden anhand von Tätigkeitsprofilen erarbeitet, Zeitwerte anhand damaliger Studien und
Praxiserfahrung ermittelt. Viele Krankenhäuser in Deutschland verwenden weiterhin
individuell angepasste und abgewandelte Formen der PPR zur Personalbedarfs-
erhebung. Da sich das Aufgabenspektrum der Pflegefachpersonen und somit die in die
Stufenbewertung einbezogenen Tätigkeitsprofile seit Entwicklung der PPR stark verändert haben, kann eine einfache Weiterentwicklung, welche sich auf die alleinige Ergänzung von Tätigkeitsprofilen und Neufestlegung von Minutenwerten beschränken
würde, das komplexe Leistungsgeschehen nicht sachgerecht abbilden. Das PPBI-
Modell nimmt die Kritikpunkte an der PPR auf, ohne ihre positiven Aspekte außer Acht
zu lassen. Es knüpft auch an internationale Entwicklungen von einfachen Rating- oder
Scoringsystemen an und berücksichtigt zentrale Indikatoren für Pflegeaufwand (Pflegebedürftigkeit, Gesundheitszustand). International wird in der akutstationären Behandlung der Pflegebedarf von Patienten häufig auf Basis der Akutheit des Patienten
(„Acuity" oder „Acuity Dependency") ermittelt. Das Acuity Dependency Instrument
teilt die Personalbindung in Abhängigkeit vom Patientenzustand ein wobei die Ein-
stufung anhand von Kriterien erfolgt

- Pflegebedürftigkeit, wie Bewegungsfähigkeit, Kognition;
- Maßnahmen, wie Häufigkeiten bestimmter Interventionen;
- Gesundheitszustand wie Fieber, Isolation, parenterale Ernährung.

Dadurch lassen sich mit einer relativ einfachen Erhebung viele Aspekte erfassen, die
einen Einfluss auf das pflegerische Leistungsgeschehen haben. Als Grundlage zur
Identifikation sowie Quantifizierung von Häufigkeit und Zeitwerten der relevanten
Tätigkeiten dienen Zeitwertstudien. Auch werden bei den einzelnen Bewertungs-
bereiche Studienergebnisse hinsichtlich zentraler pflegerischer Handlungsanlässe berücksichtigt und Zustände wie hohes Fieber, die direkten Pflege- und Beobachtungs-
bedarf ableiten. Durch die Einbindung dieser Faktoren in das Instrument PPBI wird
eine einfache Verbindung zwischen medizinischen Faktoren und dem daraus ab-
geleiteten Aufwand ermöglicht. Während Pflegepersonaluntergrenzen ohne Bezug auf
eine begründbare Personalausstattung und Pflegepersonalbudgets Gefahr laufen, nicht

zu einer Verbesserung der Arbeitsbedingungen in der Pflege beizutragen, wird einer Personalbedarfsermittlung mit am Pflegebedarf ausgerichteten Personalbemessungsinstrumenten eher eine nachhaltige und zukunftsfähige Patientenversorgung zugetraut (vgl. Deutscher Pflegerat 2019, S. 1). ◄

Nach der Pflegepersonaluntergrenzen-Verordnung (PpUGV) werden für pflegesensitive Bereiche in Krankenhäusern **Pflegepersonaluntergrenzen** schichtbezogen als Verhältnis von Patientinnen und Patienten zu einer Pflegekraft festgelegt, die unter Berücksichtigung von Höchstanteilen von Pflegehilfskräften und von Hebammen auf den Stationen oder für die betroffenen intensivmedizinischen Behandlungseinheiten, die einem pflegesensitiven Bereich angehören, stets einzuhalten sind (siehe Tab. 4.2).

Nach einer Empfehlung der Kommission für Krankenhaushygiene und Infektionsprävention (KRINKO) beim Robert-Koch-Institut (RKI) zu den personellen und organisatorischen Voraussetzungen zur Prävention nosokomialer Infektionen reicht beispielsweise für die Personalbedarfsberechnung von Hygienepersonal weder die Anzahl der Aufnahmen noch die Zahl der Betten oder Anzahl der Pflegetage als Grundlage für die Berechnung des Bedarfs an Hygienefachpersonal aus. Der tatsächliche Bedarf ist differenzierter abzustimmen auf das Risikoprofil der Station, die vor allem durch das jeweilige invasiv-diagnostische oder -therapeutische Angebot der dort tätigen medizinischen Fachgebiete bestimmt wird (zum Beispiel intensivmedizinische oder vergleichbare Betreuung mit vielen invasiv-diagnostischen oder -therapeutischen Maßnahmen) und das individuelle Risikoprofil der Patienten/-innen in Bezug auf nosokomiale Infektionen (zum Beispiel Anteil der Patienten mit hochgradiger Immunsuppression, Anteil der Patienten, die aufgrund einer Kolonisation oder Infektion mit einem multiresistenten Infektionserreger isoliert werden müssen, Anteil polytraumatisierter oder schwer brandverletzter Patienten/-innen, Anteil der Patienten/-innen nach Organtransplantationen) (vgl. Exner et al. 2009, S. 958).

Tab. 4.2 Pflegepersonaluntergrenzen als Verhältnis von Patientinnen und Patienten zu einer Pflegekraft bei der Berechnung des Pflegepersonalbedarfs. (Vgl. § 6 PpUGV)

Bereich	Tagschicht	Nachtschicht
Intensivmedizin und pädiatrische Intensivmedizin	2 zu 1	3 zu 1
Geriatrie	10 zu 1	20 zu 1
Allgemeine Chirurgie, Unfallchirurgie und Orthopädie	10 zu 1	20 zu 1
Innere Medizin und Kardiologie	10 zu 1	22 zu 1
Herzchirurgie	7 zu 1	15 zu 1
Neurologie	10 zu 1	20 zu 1
Neurologische Schlaganfalleinheit	3 zu 1	5 zu 1
Allgemeine Pädiatrie	6 zu 1	10 zu 1
Spezielle Pädiatrie	6 zu 1	14 zu 1
neonatologische Pädiatrie	3,5 zu 1	5 zu 1
Gynäkologie und Geburtshilfe	8 zu 1	18 zu 1

Bei der Ermittlung des qualitativen Personalbedarfs im Gesundheitsbetrieb ist zu fragen: Welches Personal wird zur Erfüllung der Aufgaben benötigt bzw. genauer: Über welche Qualifikationen muss es verfügen, damit es die Aufgaben erfüllen kann? Die qualitative Personalbedarfsermittlung hat dazu die Erfassung der Arbeitsanforderungen an die einzelnen Arbeitsplätze im Gesundheitsbetrieb zum Gegenstand, um dadurch das benötigte Qualifikationspotenzial zu ermitteln. Dabei sind fachliche und persönliche Qualifikationsmerkmale gleichermaßen zu berücksichtigen.

Die **Arbeitsanalyse** bildet dabei die Grundlage für die Gewinnung von Informationen über die fachlichen und persönlichen Leistungsanforderungen eines Aufgabenbereichs. Sie umfasst die systematische Untersuchung der Arbeitsplätze und Arbeitsvorgänge im Gesundheitsbetrieb, sowie jener persönlichen Eigenschaften, die die jeweiligen Mitarbeitenden als Stelleninhabende zur Erfüllung der an sie gerichteten Leistungserwartungen besitzen sollten. Die Arbeitsanalyse dient der Ermittlung sowohl der Arten als auch des jeweiligen Ausmaßes der Arbeitsanforderungen, der Ableitung von Anforderungsprofilen, dem Entwurf von Arbeitsplatzbeschreibungen, der Arbeitsablaufgestaltung und der Einarbeitung neuer Mitarbeiterinnen und Mitarbeiter.

Beispiel

Die Stressbezogene Arbeitsanalyse der Berufsgenossenschaft für Gesundheitsdienst und Wohlfahrtspflege (BGW) wurde entwickelt, um die stressrelevanten Arbeitsmerkmale für die Zielgruppe der Klinikärztinnen und -ärzte zu erfassen, um bei Bedarf gezielte Verbesserungsmaßnahmen abzuleiten. Sie basiert als Screeninginstrument auf einer arbeitspsychologischen Erweiterung des Transaktionalen Stressmodells. Dieses Modell unterscheidet zwischen personenbezogenen Merkmalen, die an eine Person und deren Kompetenzen gebunden sind, sowie bedingungsbezogenen Merkmalen, die sich aus der Situation, Arbeitsaufgabe und Organisation ergeben. Bei der Stressbezogenen Arbeitsanalyse der BGW stehen die bedingungsbezogenen Arbeitsmerkmale im Vordergrund und methodisch ist sie an das Instrument zur Stressbezogenen Tätigkeitsanalyse (ISTA) angelehnt. Thematisiert werden Stressoren während der Arbeit wie Zeitdruck und Unsicherheit, Stressoren, die sich aus der Interaktion mit Patientinnen und Patienten ergeben (dazu gehört etwa die emotionale Dissonanz), sowie Ressourcen am Arbeitsplatz und bei der Arbeitstätigkeit, wie Handlungsspielraum, soziale Unterstützung durch Vorgesetzte und das Kollegium (vgl. Berufsgenossenschaft für Gesundheitsdienst und Wohlfahrtspflege 2018, S. 16). ◄

Im Rahmen der Arbeitsanalyse werden Anforderungsarten definiert. Unter **Anforderung** ist zunächst die Beherrschung gewisser Teilarbeitsvorgänge zu verstehen, die aus der Zerlegung der Aufgaben und Tätigkeiten in einzelne Arbeitsschritte gewonnen werden. Zur Ermittlung dieser Anforderungen im Gesundheitsbetrieb stehen zahlreiche ingenieurwissenschaftliche Verfahren (Genfer-Schema, REFA-Schema, Arbeitswissenschaftliche Erhebungsverfahren zur Tätigkeitsanalyse AET etc.) oder psychologische Ver-

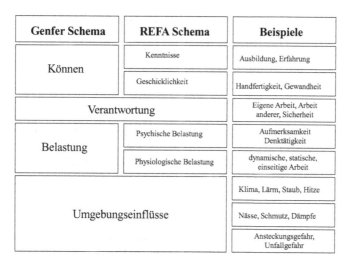

Genfer Schema	REFA Schema	Beispiele
Können	Kenntnisse	Ausbildung, Erfahrung
	Geschicklichkeit	Handfertigkeit, Gewandheit
Verantwortung		Eigene Arbeit, Arbeit anderer, Sicherheit
Belastung	Psychische Belastung	Aufmerksamkeit Denktätigkeit
	Physiologische Belastung	dynamische, statische, einseitige Arbeit
Umgebungseinflüsse		Klima, Lärm, Staub, Hitze
		Nässe, Schmutz, Dämpfe
		Ansteckungsgefahr, Unfallgefahr

Abb. 4.1 Allgemeine Merkmale von Arbeitsplatzanforderungen. (Vgl. Scholz 2013, S. 327 ff.)

fahren (Subjektive Tätigkeitsanalyse STA, Arbeitsbeschreibungsbogen ABB, Tätigkeits-bewertungssystem TBS etc.) zur Verfügung. Die einzelnen Anforderungsarten lassen sich unterschiedlich klassifizieren (siehe Abb. 4.1).

Je nach verwendetem Schema können einzelne Anforderungsarten sein:

- geistige Fähigkeiten (Schulausbildung, Fachkenntnisse, Abstraktionsvermögen, Flexibilität);
- körperliche Fähigkeiten (Kraft, Geschicklichkeit, manuelle Fertigkeiten, Sportlichkeit);
- Verantwortung (Verantwortungsbewusstsein, Sorgfalt, eigenverantwortliches Handeln);
- geistige Arbeitsbelastung (Stressbewältigung, Arbeitsbewältigung, Schwerpunktsetzung);
- körperliche Arbeitsbelastung (Ausdauer, Anstrengungsbereitschaft, Einsatzwille);
- persönliche Eigenschaften (Führungsfähigkeit, Überzeugungsvermögen, Durchsetzungsfähigkeit, soziale Kompetenz (kann zuhören, nimmt sich Zeit für Gespräche, zeigt Verständnis, geht auf andere zu, bringt anderen Vertrauen entgegen, nimmt Rücksicht auf die Gefühle anderer, überschätzt sich selbst nicht), Umgangsformen).

Aus diesen Anforderungsarten lassen sich nun **Anforderungsprofile** für das Personal des Gesundheitsbetriebs entwickeln. Je nach Aufgaben und Tätigkeiten im Gesundheitsbetrieb umfassen die einzelnen Profile unterschiedliche Merkmale. Das typische Anforderungsprofil für Medizinische Fachangestellte (MFA) umfasst beispielsweise allgemeine Merkmale des Arbeits- und Sozialverhaltens, die gleichermaßen für alle Berufe relevant sind, wie Zuverlässigkeit, Pünktlichkeit, Ehrlichkeit, Kritikfähigkeit sowie angemessene Umgangsformen. Zusätzlich werden berufsspezifischen Merkmale benötigt, um diesen Beruf ausüben zu können (siehe Tab. 4.3).

Tab. 4.3 Berufsspezifische Anforderungen für Medizinische Fachangestellte – MFA. (Vgl. Bundesagentur für Arbeit 2022, S. 1)

Merkmal	Beispiel
Leistungs- und Einsatzbereitschaft	bereitwilliges und engagiertes Anbieten von Serviceleistungen wie die Erinnerung von Patienten an Impftermine
Sorgfalt	genaues Durchführen von Abrechnungen; exaktes Dokumentieren von Labor- und Untersuchungsergebnissen
Verantwortungsbewusstsein und -bereitschaft	fachlich korrekter Umgang mit Arzneimitteln, um Leben und Gesundheit der Patienten nicht zu gefährden
Selbstständige Arbeitsweise	eigenständiges Organisieren und Koordinieren der Terminvergabe und des Sprechstundenablaufs
Verschwiegenheit	Stillschweigen über Krankengeschichte und generell über persönliche Daten der Patienten wahren
Psychische Stabilität	zugewandtes Verhalten und gleichzeitige professionelle Distanz beim Umgang mit schwer kranken Patienten
Kontaktbereitschaft	leichte Kontaktaufnahme zu immer neuen Patienten
Einfühlungsvermögen	Eingehen auf die persönliche Situation von Patienten mit schweren Erkrankungen
Freundlich-gewinnendes Wesen	freundliches und angenehmes Auftreten im Umgang mit Patienten
Kunden- und Serviceorientierung	Eingehen auf Rückfragen von Patienten zu Untersuchungen, Rezepten, Laborterminen und Überweisungen

Die richtige Ermittlung des qualitativen Personalbedarfs ist für die reibungslose Arbeit im Gesundheitsbetrieb von großer Bedeutung: Eine fehlerhafte qualitative Personalbedarfsermittlung führt zur Beschaffung des falschen Personals und damit zu unter Umständen dauerhaften, kostenintensiven Problemen.

Neben den quantitativen und qualitativen Aspekten hat der Personalbedarf auch eine zeitliche Komponente: Bei der Ermittlung des zeitlichen Personalbedarfs ist daher danach zu fragen: Wann wird das errechnete Personal mit den ermittelten Qualifikationen benötigt?

Der zeitliche Personalbedarf im Gesundheitsbetrieb ergibt sich im Wesentlichen aus den Veränderungen

- des Personalbestandes und
- des Arbeitsanfalls.

Die Veränderungen des Personalbestandes resultieren, wie bereits dargestellt, aus Zu- und Abgängen der Belegschaft des Gesundheitsbetriebs.

Diese Personalfluktuation, die den Ersatzbedarf verursacht, ist in der Regel zeitlich absehbar, denn Kündigungen (es sei denn, sie sind fristlos), Verrentungen, Elternzeiten treten nicht urplötzlich auf. So können rechtzeitig bei bekannt werden des Ausscheidens von Mitarbeitenden des Gesundheitsbetriebs entweder

- eine Regeneration mit vorhandenen Auszubildenden oder
- Stellenwiederbesetzung durch Neueinstellungen

geplant werden. Bei der Regeneration sind die noch zu absolvierenden Ausbildungszeiten der Auszubildenden, die übernommen werden sollen zu berücksichtigen. Ferner sind die dann freiwerdenden Ausbildungsplätze wieder zu besetzen. Bei Neueinstellungen ist der Zeitraum zwischen der Personalwerbung, -auswahl und dem tatsächlichen Arbeitsbeginn zu berücksichtigen. Die Personalbeschaffung sollte daher unmittelbar nach bekannt werden des Ausscheidens von Mitarbeitenden eingeleitet werden, zumal der jeweilige, regionale Arbeitsmarkt für Heil- und Pflegeberufe nicht immer die sofortige Nachbesetzung einer freiwerdenden Stelle erwarten lässt. Auch ein Zusatzbedarf ist absehbar, denn Planungen zur Erweiterung des Gesundheitsbetriebs oder dessen Leistungsangebots lassen ebenfalls einen höheren Personalbedarf nicht kurzfristig entstehen.

Anders verhält es sich mit unvorhergesehenen Veränderungen des Arbeitsanfalls, die unterschiedliche Ursachen haben können. Handelt es sich dabei nur um vorübergehende Veränderung des Arbeitsanfalls, so sollte sorgfältig geprüft werden, ob tatsächlich mehr Mitarbeitende zur Bewältigung der zusätzlichen Arbeit nötig sind, oder, bei geringerem Arbeitsanfall, ob auf Mitarbeitende verzichtet werden soll. Kurzfristig lässt sich ein höherer Arbeitsanfall durch Mehrarbeit (Überstunden, verkürzte Pausenzeiten, Verkürzung von Leerlaufzeiten, Arbeitsintensivierung, Schwerpunktsetzung usw.) bewältigen. Allerdings ist dabei darauf zu achten, dass dies nicht zum Dauerzustand wird, denn darunter leiden mittel- und langfristig die Motivation der Mitarbeitenden und damit die Qualität der Arbeitsleistungen im Gesundheitsbetrieb.

Eine vorübergehende geringere Arbeitsauslastung bringt in der Regel auch eine Einnahmenverringerung mit sich und führt bei gleichbleibenden Personalkosten zumindest zu einer geringeren Kostendeckung. Es ist jedoch gründlich zu überlegen, ob derartige vorübergehende Entwicklungen direkt zu einer Reduzierung des Personalbestandes führen sollten. Wird voreilig auf hoch qualifiziertes Personal verzichtet, kann es bei einem Anstieg der Arbeitsauslastung in der Regel nicht mehr zurückgewonnen werden. Vorübergehende Veränderungen der Arbeitsauslastung werden daher häufig durch kurzfristig verfügbare Mitarbeitenden, Leiharbeitskräfte oder auch durch zeitlich befristete Arbeitsverhältnisse bewältigt.

Bei dauerhaften Veränderungen des Arbeitsanfalls ist einer erhöhten Arbeitsbelastung aus den bereits genannten Gründen durch zusätzliche Mitarbeitende Rechnung zu tragen. Auf Dauer halten Mitarbeitende Überstunden, Stress und Mehrarbeit nicht durch. Sie werden entweder davon krank oder suchen sich andere Arbeitgebende. Ein alternativ möglicher Produktivitätszuwachs ist in der Regel nur langfristig realisierbar. Ein dauerhaft verringertes Arbeitsaufkommen muss ebenfalls personelle Konsequenzen haben, denn auf Dauer kann kein Gesundheitsbetrieb mit zuviel Personal wirtschaftlich arbeiten. Dies würde zudem die Existenz des Betriebes und damit alle dort vorhandenen Arbeitsplätze gefährden. Im Falle eines dauerhaften Personalüberbestandes, sind Maßnahmen bis hin zur betriebsbedingten Personalfreistellung daher kaum vermeidbar.

4.2   Personalwerbung

Die Personalbeschaffung gehört zu den herausforderndsten Aufgaben des Personalmanagements im Gesundheitsbetrieb. Ein Grund ist die angespannte Arbeitsmarktsituation
für Heil- und Pflegeberufe, die es in zunehmendem Maße schwierig macht, offene Stellen
in Gesundheitsbetrieben zeit- und anforderungsgerecht zu besetzen. Aber auch in Zeiten
geringerer Beschäftigung und hoher Arbeitslosenzahlen ist die Bedeutung der Personalbeschaffung für den Gesundheitsbetrieb keineswegs kleiner. Schließlich stellen die Einstellung und der Einsatz einer jeden Arbeitskraft für den Gesundheitsbetrieb eine möglichst langfristige Investition dar, deren Entscheidung sorgfältig geprüft werden sollte.

Aufgabe der **Personalwerbung** für den Gesundheitsbetrieb ist es, geeignete Arbeitnehmer und Arbeitnehmerinnen zur Bewerbung um einen freien Arbeitsplatz im Gesundheitsbetrieb zu bewegen. Bei der Personalwerbung werden entweder eingehende Blind-
bzw. Initiativbewerbungen herangezogen oder über verschiedene Medien aktiv
Personalbeschaffungsmaßnahmen durchgeführt. Eine Personalwerbung trägt dazu bei,
neue Betriebsangehörige und damit auch neue Ideen und Kreativität in den Gesundheitsbetrieb zu integrieren und quantitative Bedarfsprobleme zu lösen.

Um den zuvor in quantitativer, qualitativer und zeitlicher Hinsicht definierten Personalbedarf im Gesundheitsbetrieb zu decken, ist geeignetes Behandlungs- und Pflegepersonal
zu beschaffen. Die interne Personalwerbung versucht durch betriebsinterne Stellenausschreibungen, Versetzungen oder Personalentwicklungsmaßnahmen Mitarbeitende innerhalb des Gesundheitsbetriebs für eine Stellenbesetzung zu beschaffen. Bei der externen
Personalwerbung werden entweder eingehende Blind- bzw. Initiativbewerbungen herangezogen oder über verschiedene Medien aktiv Personalbeschaffungsmaßnahmen durchgeführt (siehe Abb. 4.2).

Während die interne Personalwerbung im Gesundheitsbetrieb ohne die gleichzeitige
Versetzung von Mitarbeitenden in Bedarf anmeldende Bereiche in der Regel eine ver-
mehrte Arbeitsbelastung für das vorhandene Personal bedeutet, bietet die Versetzung die
Möglichkeit von kurzen Einarbeitungszeiten und Aufstiegschancen, der Vermeidung externer Rekrutierungskosten sowie der Umsetzung von Maßnahmen der Personalplanung
und -entwicklung. Eine extern ausgerichtete Personalwerbung trägt dazu bei, neue Mitarbeitende und damit auch neue Ideen und Kreativität in den Gesundheitsbetrieb zu integrieren, Enttäuschungen bei Nichtberücksichtigungen interner Stellenvergaben zu vermeiden und quantitative Bedarfsprobleme zu lösen.

Die für die Bereitstellung der Mitarbeitenden in Gesundheitsbetrieben notwendigen
Maßnahmen der Personalwerbung setzen sich somit im Wesentlichen aus folgenden
Möglichkeiten zusammen:

- Rekrutierung über Personalmarketingmaßnahmen: Informationsveranstaltungen bei
  Bildungsträgern und beruflichen Fachschulen, Berufskontaktmessen für Gesundheits-
  berufe, Recruiting-Veranstaltungen zur Rekrutierung von Berufsanfängern nach der
  Ausbildung;

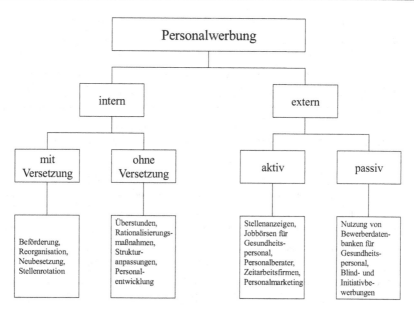

Abb. 4.2 Personalwerbung für den Gesundheitsbetrieb

- Stellenausschreibungen: traditionell über Offene Stellenanzeigen, Chiffre-Anzeigen, Wortanzeigen, gesetzte Anzeigen in Tageszeitungen, Fachzeitschriften, Verbandsorganen mit Angaben zu treffend formulierter Schlagzeile, Informationen zum Gesundheitsbetrieb, Anlass der Personalsuche, gesuchtes Berufsbild Erwartungen, Angebote des Betriebs und Kontaktadresse; digital über Stellenbörsen/E-Recruiting (über die eigene Website des Gesundheitsbetriebs oder eine Job-Börse im Internet).

Beispiele

Zu den Job-Börsen für Gesundheitsbetriebe zählen beispielsweise: www.Jobcenter-Medizin.de, www.medic-online.de, www.medizin.stellenanzeigen.de, www.medizinische-berufe.de, www.medi-jobs.de, www.med-berufe.de, www.kalaydo.de/jobboerse/.../k/medizinische+fachangestellte/, www.mfa-jobnet.de, www.kimeta.de/stellenangebote-medizinischefachangestellte und viele andere mehr. Ausschreibungstexte können folgendermaßen gestaltet sein:

- „Wir suchen nette und engagierte Mitarbeitende (m/w/d) in Vollzeit/ggf. Teilzeit in einer … Facharztpraxis. Tätigkeitsbereich: Anmeldung, Patientenverwaltung, Abrechnung, Vorbereitung der Untersuchungen … Beginn ab sofort oder später möglich. Anforderungen: Ausbildung zur/zum Medizinischen Fachangestellten. Freundlichkeit und Freude am Umgang mit Patienten. Spaß an der Arbeit im Team. Wir arbeiten mit …, Vorkenntnisse wären schön, aber nicht Bedingung.“

- „Wir gehören zu den besten Reha-Kliniken Deutschlands mit einer herausragenden Kompetenz bei Rehabilitation und Teilhabe. Bei der Qualitätsprüfung durch die Deutsche Rentenversicherung waren unsere Fachabteilungen häufig in der Spitzengruppe vertreten. Zum nächstmöglichen Zeitpunkt suchen wir Sie als Assistenzarzt/ Arzt in Weiterbildung (m/w/d) für unsere internistisch-rheumatologische Abteilung in Voll- oder Teilzeit." … „Wir haben Ihr Interesse geweckt? Dann freuen wir uns auf Ihre aussagekräftige Online-Bewerbung unter Angabe Ihrer Gehaltsvorstellung, des Stundenumfangs und Ihres nächstmöglichen Eintrittstermins über unser Jobportal."

- „Wir sind eine exklusive Privatpraxis in …. In einem tollen Ambiente versorgen hier namhafte Zahnärztinnen und Zahnärzte nationale und internationale Patienten. Zur Unterstützung unseres freundlichen Teams suchen wir engagierte, freundliche und kompetente Zahnmedizinische Fachangestellte (m/w/d). Anforderungen: Zu den Aufgaben gehört die Assistenz in der Sprechstunde, administrative Tätigkeiten, die Arbeit am Empfang so wie die optimale Betreuung von Patienten. Sie sind motiviert, und haben Spaß an Ihrem Beruf. Sie Arbeiten gerne im Team und stellen sich neuen Aufgaben. Sie besitzen im Idealfall gute Englischkenntnisse … dann freuen wir uns auf Ihre Bewerbung." ◄

- Vermittlung durch Arbeitsagenturen: stellensuchende Arbeitslose sind hier ebenfalls registriert, wie von Gesundheitsbetrieben gemeldete offene Stellen, sodass neben einer fachgerechten Beratung auch eine positionsbezogene Vorauslese der Stellensuchenden erfolgen kann, wobei für die Vermittlung keine Gebühren erhoben werden;
- Einschaltung von Personalberatungsfirmen, die in der Regel folgende Aufgaben übernehmen: Erarbeiten von Arbeitsplatzanforderungen, Gestaltung und Formulierung von Stellenanzeigen, Führen der notwendigen Korrespondenz mit den Bewerbenden, Sichtung und Bewertung von Bewerbungsunterlagen, Durchführen und Auswerten von Vorstellungsgesprächen, Mitwirkung beim Vorstellungsgespräch, Beratung der Arbeitgebenden bei der Entscheidung, Beratung bei der Erstellung des Arbeitsvertrags;
- Zeitarbeitsfirmen: Gesundheitsbetrieben wird Personal zeitweilig zur Arbeitsleistung gegen Entgelt überlassen, wobei die Arbeitskräfte von der Zeitarbeits- oder Verleihfirma eingestellt und alle Arbeitgebendenpflichten von ihr übernommen werden;
- Abwerbung: Nach einem Urteil des Bundesgerichtshofs (BGH) ist das Abwerben von Mitarbeitenden aus anderen Gesundheitsbetrieben erlaubt, solange dies nicht mit unlauteren Mitteln geschieht (vgl. Bundesgerichtshof 2006).

Das Employer Branding, der Profilierung und Positionierung von Gesundheitsbetrieben auf den relevanten Zielmärkten mit einem unverwechselbaren Vorstellungsbild als attraktive Arbeitgebende, lässt sich als ein mögliches Ziel der Personalwerbung ansehen, den Gesundheitsbetrieb möglichst als eigenständige, wiedererkennbare und unverwechselbare Marke bei den potenziellen Stelleninteressenten zu etablieren. Anhand von Markenzeichen erkennen mögliche Bewerbende den Gesundheitsbetrieb beispielsweise bei Stellenangeboten-Aktionen wieder und assoziieren mit ihm möglichst positive Eigenschaften, sodass sie sich möglichst für ihn entscheiden (vgl. Beck 2014, S. 28 f.).

Ein weitere erfolgreicher Rekrutierungsansatz ist das Peer-to-Peer- Konzept, das darauf abstellt, wer die Informationen im Personalgewinnungsprozess vermittelt. Neben der Informationsübermittlung durch Verwandte, Bekannte oder langjährig Beschäftigte von Gesundheitsbetrieben wird insbesondere bei der Auszubildendensuche das Informationsangebot von in etwa gleichaltrigen, bereits in Ausbildung befindlichen Jugendlichen von Ausbildungssuchenden selbst als besonders glaubwürdig und kompetent eingeschätzt. Dem liegt die Annahme zugrunde, dass eine Beratung und Aufklärung auf Augenhöhe ermöglicht wird, wenn Kommunikationsprozesse unter Vertreterinnen und Vertretern einer Gruppe vergleichbaren Alters stattfinden, die als Repräsentierende ihrer Zielgruppe am besten über das jeweils bestehende Informationsbedürfnis Bescheid wissen und diesem authentisch begegnen können, da sie häufig über ähnliche Orientierungen, Verhaltens- und Sprechweisen verfügen. Bei der Initiierung der Personalwerbung ist somit nicht nur auf die Inhalte zu achten, sondern auch den Informationskanälen eine mindestens ebenso wichtige Bedeutung zuzumessen (vgl. Preuß et al. 2013, S. 9).

In Zeiten einer durch Nachfragesättigung sowie anspruchsvoller, kritischer und besser informierten Stellensuchenden gekennzeichneten Marktsituation wird auch das Active Sourcing zunehmend wichtig. Es handelt sich dabei um einen Teilbereich des Online-Recruitings, bei dem unter aktiver Nutzung auch von XING, LinkedIn etc. versucht wird, geeignete Bewerbende im Web zu finden, die richtigen auszuwählen und zu gewinnen. Neben der aktiven Kandidatenansprache besteht auch die Möglichkeit, sich Empfehlungen aus den sozialen Netzwerken einzuholen. Diese Vorgehensweise der aktiven Auszubildendenakquise bietet durch die gezielte, altersgerechte Ansprache zudem den Vorteil, dass sich die Angesprochenen darüber freuen, wahrgenommen zu werden, interessant und umworben zu sein (vgl. Dannhäuser 2017, S. 5 f.).

Insbesondere im Rahmen der **Auszubildendenwerbung** gibt es zahlreiche Maßnahmenmöglichkeiten:

- Aktionstage: „GirlsDay" oder „JungsTag", um Interesse des jeweils anderen Geschlechts für männer- oder frauendominierte Gesundheitsberufe in Gesundheitsbetrieben zu wecken;
- Ausbildungsmessen: überwiegend regionale Veranstaltungen, auf denen sich Schüler oft auch mit ihren Eltern über Ausbildungsmöglichkeiten informieren;
- Berufsberatende: Ausstattung der Berufsberater der Arbeitsagenturen mit Ausbildungsplänen, Flyer etc. und Meldung freier Ausbildungsplätze;
- Betriebsbesichtigungen: Angebot von Führungen durch den Gesundheitsbetrieb zur Ergänzung der schulischen Lehrpläne (Projektwochen, Ausflüge etc.);
- Blognetzwerke: Schaltung von Artikeln, Ausbildungsvideos etc. auf Ausbildungs- und Karriereblogs mit hoher Zielgruppengenauigkeit und Reichweite;

- Digitaler Chat: beispielsweise Einrichtung einer WhatsApp-Ausbildungsnummer für direkte Fragen zur Ausbildung, Broadcast-Listen für aktuelle Ausbildungsinformationen;
- Elterninformation: spezielle Informationsveranstaltungen für Eltern als wichtige Ausbildungsmultiplikatoren;
- Event-Promotion: Möglichkeit, sich auf Festivals, Musikveranstaltungen etc. in geeigneter Form zu präsentieren;
- Fahrzeugwerbung: Aufmerksamkeit für Ausbildungsangebote auf Fahrzeugen des Gesundheitsbetriebs erzeugen (z. B. Magnetschilder, „Wir bilden aus");
- Ferienjobs: Angebote von Verdienstmöglichkeiten an Schüler, um darüber das Interesse an dem Gesundheitsbetrieb zu wecken;
- Flyer: Printmedium, das in kompakter Form einen Überblick über die Ausbildung bietet und sich für verschiedene Werbezwecke einsetzen lässt;
- Karriere-Webseite: Ausbildungspräsentation des Gesundheitsbetriebs auf der eigenen Homepage mit der Möglichkeit von Online-Bewerbungen;
- Lehrerinformation: Spezielle Informationsveranstaltungen für Lehrer als wichtige Ausbildungsmultiplikatoren;
- Lehrstellenbörsen: Lehrstellenbörsen bei Landesärzte- und Zahnärztekammern nutzen;
- Mundpropaganda: Gezielte Nutzung der Weitergabe von Ausbildungsangeboten durch Patienten, Mitarbeiter etc.;
- ÖPNV-Werbung: Ausbildungswerbung in meist regional verkehrenden Bussen und Bahnen;
- Online-Banner: Schaltung von Bannern auf seriösen Web-Portalen, die jedoch nicht selten mit Adblockern unterdrückt werden;
- Patenschaften: Marketing und Sponsoring bei Schulen oder Klassen innerhalb enger rechtlicher Grenzen;
- Praktika: Angebot von interessanten Schulpraktika und Praktika zur Berufsorientierung;
- Pressemitteilungen: in Pressemitteilungen über Ausbildungserfolge, Absolventen etc. berichten;
- Print-Anzeigen: klassische Bewerbersuche in (Fach-)Zeitungen und -zeitschriften, Stadtmagazinen, Tageszeitungen; Beteiligung an Sonderbeilagen;
- Schriftverkehr: Aufmerksamkeit für Ausbildungsangebote im allgemeinen Schriftverkehr erzeugen („Wir bilden aus");
- Schülerzeitungen: Schülerzeitungen und Schul-Jahrgangsbroschüren geben in Verbindung mit einem Druckkostenzuschuss oft die Möglichkeit zur Anzeigenplatzierung;
- „Schwarzes Brett": an vielen Schulen gibt es Möglichkeiten, per Aushang auf Ausbildungsangebote aufmerksam zu machen;
- Social-Media-Werbung: beispielsweise zielgruppengenau einschränkbare Facebook-Ads über das Facebook-Werbecenter, Video-Ads auf Youtube oder Instagramm-Channel von Auszubildenden;
- Streaming-Videos: Produktion von Ausbildungsvideos, die auf der eigenen Karriere-Webseite eingesetzt und über Streaming-Dienste heruntergeladen werden können;

- Tage der offenen Tür: Möglichkeit, ersten Einblick in den Gesundheitsbetrieb zu geben, sich einen persönlichen Eindruck zu verschaffen, Abläufe kennenzulernen und mit Mitarbeitenden sprechen zu können;
- Verbandsmarketing: zentrale Ausbildungskampagnenarbeit durch einschlägige Berufsverbände (Krankenhausgesellschaften, Ärzteverbände, Ärztekammern, Medizinische Fachgesellschaften, Medizinische Berufsverbände, Pflegeverbände etc.);
- Vereinssponsoring: Unterstützung der Jugendarbeit von Vereinen; Sponsoring für Jugendmannschaften etc. (vgl. Frodl 2020, S. 50 f.).

Zur Ansprache geringer repräsentierter Gruppen wie z. B. **Zuwanderern** dient beispielsweise die Kooperation mit Migrantinnen- und Migrantenorganisationen, mit dem Ziel, Bewerber und Bewerberinnen mit Migrationshintergrund für eine Tätigkeit im Gesundheitsbetrieb zu gewinnen. Bekannte und Verwandte Personen mit Migrationshintergrund stellen im Personalbeschaffungsprozess wichtige Bezugspersonen dar, denen nicht selten eine beratende Funktion zukommt. Dazu lassen sich beispielsweise Informationsveranstaltungen in den Migrantinnen- und Migrantenselbstorganisationen initiieren, die in den dortigen Räumlichkeiten stattfinden und in der jeweiligen Muttersprache der Zielgruppe durchgeführt werden sollten, um Hemmschwellen abzubauen und Vertrauen zu schaffen (vgl. Preuß et al. 2013, S. 23 f.).

Personen mit einem im Ausland erworbenen Berufsabschluss haben einen Anspruch auf Überprüfung der Gleichwertigkeit ihrer im Ausland erworbenen Berufsqualifikationen mit einem deutschen Berufsabschluss. Wird ihnen die volle Gleichwertigkeit ihrer Auslandsqualifikation bescheinigt, haben sie die gleichen Rechte wie Personen mit einem deutschen Prüfungszeugnis, wobei ihnen allerdings kein deutsches Prüfungszeugnis erteilt, sondern ein Gleichwertigkeitsbescheid. Die Bescheinigung der Gleichwertigkeit ist beispielsweise für die Ausübung des Berufs „Medizinische/r Fachangestellte/r" keine zwingende Voraussetzung, macht die im Ausland erworbene Qualifikation jedoch transparent. Der Anspruch auf das Anerkennungsverfahren und das Verfahren selbst regelt das Berufsqualifikationsfeststellungsgesetz (BQFG) (vgl. Ärztekammer Berlin 2022, S. 1).

Beispiel

Zur Bewertung der Gleichwertigkeit sind dem Antrag auf Befugnis zur Aufnahme oder Ausübung des im Inland reglementierten Berufs „Medizinische/r Fachangestellte/r" beispielsweise folgende Unterlagen beizufügen:

- eine tabellarische Aufstellung der absolvierten Ausbildungsgänge und der ausgeübten Erwerbstätigkeiten in deutscher Sprache,
- ein Identitätsnachweis,
- im Ausland erworbene Ausbildungsnachweise,
- Nachweise über einschlägige Berufserfahrungen und sonstige Befähigungsnachweise, sofern diese zur Feststellung der Gleichwertigkeit erforderlich sind,

- eine Bescheinigung über die Berechtigung zur Berufsausübung im Ausbildungs-
  staat und
- eine Erklärung, dass bisher noch kein Antrag auf Feststellung der Gleichwertigkeit
  gestellt wurde.

Die Unterlagen sind der zuständigen Stelle in Form von Kopien vorzulegen oder elektronisch zu übermitteln. Übersetzungen sind von einem öffentlich bestellten oder be-
eidigten Dolmetscher oder Übersetzer erstellen zu lassen (vgl. § 12 BQFG).

Zuständige Stelle im Sinne dieses Kapitels bei einer Berufsbildung, die nach dem
Berufsbildungsgesetz für den Bereich der Gesundheitsdienstberufe geregelt ist, sind
jeweils für ihren Bereich die Ärztekammern (vgl. § 8 BQFG). ◄

4.3   Personalauswahl

Aufgabe der **Personalauswahl** in Gesundheitsbetrieben ist es, einen geeigneten Bewerber
oder eine geeignete Bewerberin der freien Stelle mit Hilfe von eignungsdiagnostisch fundierten Auswahltechniken zuzuweisen. Dazu sind im Rahmen des Auswahlprozesses Erkenntnisse über die Bewerbenden zu gewinnen, aufgrund von

- Analysen vergangenheitsbezogener Merkmale (Erfahrung im relevanten medizinischen
  Berufsbild, Ausbildung, Spezialkenntnisse, Arbeitszeugnisse bisheriger Gesundheits-
  betriebe als Arbeitgeber etc.), um vom früheren Arbeitsverhalten auf das zukünftige
  Verhalten schließen zu können;
- Eigenschaften der Bewerbenden, die aufgrund von psychologischen Verfahren (bspw.
  Ermittlung von Persönlichkeitsmerkmalen, Konzentrationsfähigkeit, persönliche Ein-
  stellungen, Interessen etc.) erfasst werden;
- Simulationen möglichst realitätsnaher, konkreter Situationen des arbeitstypischen Alltags im Gesundheitsbetrieb, um das Verhalten der Bewerbenden und ihre Leistungs-
  fähigkeit bei konkreten beruflichen Herausforderungen zu ermitteln.

Auf der Grundlage von Analysen vergangenheitsbezogener Merkmale, der Eigenschaften
der Bewerbenden sowie den Simulationen möglichst realitätsnaher, konkreter Situationen
des arbeitstypischen Alltags in Gesundheitsbetrieben stehen verschiedene Auswahlverfahren zur Verfügung (siehe Tab. 4.4).

Arbeitszeugnisse informieren über die vorhergehende Beschäftigung in Gesundheitsbetrieben. Zum einen geben sie Aufschluss über die Dauer der bisherigen Be-
schäftigungsverhältnisse, Art und Umfang der bisherigen Tätigkeiten sowie Termine
und Gründe der Beendigung dieser Arbeitsverhältnisse. Ferner gehen aus den Zeugnissen die Leistung sowie die Führung der Bewerbenden hervor. Jedoch erweist sich ihre
Auswertung mitunter schwierig, weil die Aussagen indirekt erfolgen und eher zwischen den Zeilen zu lesen sind (siehe Tab. 4.5). Häufig vorkommende und gebräuch-

Tab. 4.4 Beispiele für Personalauswahlverfahren in Gesundheitsbetrieben

Verfahren	Beschreibung
Analyse von Bewerbungsunterlagen	Für die Auswahl einzelner Bewerbenden in Krankenhäusern, Arztpraxen, Pflegeeinrichtungen geeignet; Durchsicht mit Überprüfung von äußerem Eindruck (Zusammenfügung, Ordnung, Art der Unterlagen etc.), Bewerbungsschreiben (Gestaltung, Inhalt, Sprachstil etc.), Foto (Art, Herstellung, Aktualität des Fotos etc.), Lebenslauf (tabellarische, handschriftlich, Zeitabfolge einzelner aufgeführter Lebensstationen, Tätigkeiten und Positionen etc.), Schulzeugnisse, Arbeitszeugnisse (Dauer der bisherigen Beschäftigungsverhältnisse, Art und Umfang der bisherigen Tätigkeiten, Termine und Gründe der Beendigung, Aussagen zu Leistung und Führung etc.)
Einholen von Referenzen	Aufgrund des Aufwands in erster Linie für die Auswahl von Führungskräften geeignet (leitende Ärzte, Pflegeleitung, Krankenhausmanager etc.); Aussagekraft ist umstritten, da die Auskunftspersonen üblicherweise von den Arbeitssuchenden vorgeschlagen und daher nachteilige Informationen kaum weitergegeben werden
Einholen von Auskünften	Aufgrund des Aufwands in erster Linie für die Auswahl von Führungskräften geeignet (leitende Ärzte, Pflegeleitung, Krankenhausmanager etc.); beim derzeitigen oder früheren Arbeitgeber ist auch ohne Wissen und Zustimmung der Bewerbenden möglich, bei noch bestehenden Arbeitsverhältnissen allerdings erst nach erfolgter Kündigung
Führen von Vorstellungsgesprächen	Für die Auswahl einzelner Bewerbenden in Krankenhäusern, Arztpraxen, Pflegeeinrichtungen etc. nach Vorauswahl anhand der Bewerbungsunterlagen geeignet; freies Vorstellungsgespräch: Gesprächsinhalt und -ablauf sind nicht vorgegeben, der Verlauf ist somit flexibel und situationsabhängig gestaltbar; strukturiertes Vorstellungsgespräch: Der Verlauf oder unbedingt zu klärende Fragen bzw. einzelnen Gesprächsthemen sind vorzugeben
Durchführen von Arbeitsproben	Eignet sich für praktische Tätigkeiten (bspw. Anlegen einer Unterfütterung durch Bewerbende für Zahntechnik im Dentallabor); vermittelt einen unmittelbaren Eindruck in die fachlichen Qualifikationen und praktischen Fähigkeiten der Bewerbenden
Durchführen von Einstellungstests	Aufgrund des Aufwands in erster Linie für die Auswahl von größeren Bewerbendengruppen (bspw. Auszubildende an Pflege-, Hebammen-, Heilpraktikerschulen etc.) geeignet, durch Leistungstests (Messung von Merkmalen wie Konzentrationsfähigkeit, Leistungsfähigkeit, Aufmerksamkeit), Persönlichkeittests (Feststellung von Wesensmerkmalen der Bewerbenden, die weitgehend situationsunabhängig sind), Intelligenztests (Feststellung einzelner Fähigkeiten der Bewerbenden)
Durchführen von Assessment-Center	Komplexes Gruppenauswahl- und Beurteilungsverfahren mit mehreren Aufgabenstellungen, um Probleme wie die Vergleichbarkeit einzelner Vorstellungsgespräche zu verbessern; aufgrund des Aufwands in erster Linie für die Auswahl von größeren Bewerbendengruppen (bspw. Auszubildende an Pflege-, Hebammen-, Heilpraktikerschulen etc.) geeignet

Tab. 4.5 Beispiele für Zeugnisformulierungen

Formulierung	Bedeutung
„… stets vollste Zufriedenheit …“; „… in jeder Hinsicht und in allerbester Weise entsprochen …“	sehr gute Leistungen
„… stets volle Zufriedenheit …“; „… in jeder Hinsicht und in bester Weise entsprochen …“	gute Leistungen
„… volle Zufriedenheit …“; „… in jeder Hinsicht entsprochen …“	befriedigende Leistungen
„… Zufriedenheit …“	ausreichende Leistungen
„… im Großen und Ganzen zur Zufriedenheit …“; „… hat den Erwartungen entsprochen …“	mangelhafte Leistungen
„… hat sich bemüht …“	ungenügende Leistungen

liche Formulierungen werden jedoch nicht immer einheitlich verwendet. Sie sind daher in jedem Fall mit Vorsicht zu lesen und zu bewerten.

Mit dem **Vorstellungsgespräch** sollen persönliche Eindrücke über die Bewerbenden gewonnen, Eignungspotenziale festgestellt, Interessen und Wünsche in Erfahrung gebracht sowie Informationen und ein positiver Gesamteindruck über den Gesundheitsbetrieb und damit den zukünftigen Arbeitsplatz vermittelt werden.

Beispiel

Bei den Vorstellungsgesprächen gilt festzulegen, wer an den Gesprächen teilnimmt. Zweckmäßig erscheint die Teilnahme

- der Vorgesetzten,
- bei entsprechenden Positionen auch eines Mitglieds der Betriebsleitung,
- eines Teilnehmers oder eine Teilnehmerin aus den Mitbestimmungsgremien und
- gegebenenfalls von Angehörigen einer kooperierenden Abteilung.

Möglicherweise ist es auch sinnvoll, Externe hinzuzuziehen, um bei hochkarätigen Besetzungen eine möglichst objektive Auswahl vornehmen zu können und zusätzlich einen Blick von außen zu erhalten. Wenn es um eine leitende Position geht, steigt dadurch die Qualität der Auswahl, zum anderen ist so die Akzeptanz der Stellenbesetzung von vornherein gegeben (vgl. Wawrzyniak 2016, S. 4). Andererseits sollte die Vorstellungsrunde auch nicht zu groß gefasst sein, um insbesondere bei geringer dotierten Positionen auf die Bewerbenden nicht abschreckend zu wirken und Verunsicherung zu erzeugen. ◄

Zur Vorbereitung des Vorstellungsgespräches empfiehlt es sich, noch vorhandene Lücken und Unklarheiten bei den Bewerbungsunterlagen zu erfassen, die Anforderungen an die zu besetzende Stelle zu formulieren sowie Ruhe und ausreichend Zeit einzuräumen. Das Vorstellungsgespräch sollte in einer freundlichen Atmosphäre geführt werden, ohne das Gefühl einer Prüfung zu vermitteln. Wichtig bei dem Führen von Vorstellungs-

gesprächen ist das Zuhören. Folgende, häufig vorkommende Fehler bei Vorstellungsgesprächen gilt es zu vermeiden:

- Gesprächsführende geben Werturteile über die Bewerbenden ab;
- sie stellen Suggestiv-Fragen, die eine bestimmte Antwort erwarten oder nahelegen;
- sie verfallen in einen Prüfungsstil;
- eine bereits feststehende Ablehnung wir gegen Ende des Vorstellungsgesprächs direkt
  ausgesprochen.

Gerade im Gesundheitsbetrieb ist es wichtig, einen Eindruck darüber zu gewinnen, ob die
Bewerbenden sich gut in den Kollegen- und Patientenkreis einfügen könnten. Auch den
Bewerbenden sollte Gelegenheit gegeben werden, ihren möglichen neuen Arbeitsplatz
näher kennenzulernen. Praktische **Arbeitsproben** vermitteln zudem einen unmittelbaren
Eindruck in die fachlichen Qualifikationen und praktischen Fähigkeiten der Bewerbenden.
Dazu bieten sich insbesondere praktische Tätigkeiten bei der Behandlungsassistenz, bei
Laboruntersuchungen, im Verwaltungs- oder im Hygienebereich an. Die Dauer und
Intensität einer Arbeitsprobe sollte darauf beschränkt bleiben, einen vorläufigen Eindruck
zu verschaffen. Längere unentgeltliche Beschäftigungen, die als Arbeitsproben deklariert
werden, sind unzulässig.

Beispiel

Methodische Anforderungen an den Prozess der Personalauswahl sind ferner beispielsweise in der Norm DIN 33430 enthalten, die sich allgemein mit der berufsbezogenen
Eignungsfeststellung befasst. Sie betrifft die Qualifikation der an der Personalauswahl
im Gesundheitsbetrieb beteiligten Personen, die Qualität der dabei verwendeten Auswahlverfahren sowie die Einhaltung geeigneter Auswahlprozesse. Die Personalentscheidung selbst bleibt dabei in der Verantwortung der Betriebsleitung. Die Anwendung
dieser Norm kann dem Gesundheitsbetrieb als Maßstab zur Bewertung externer Be-
werbungen im Rahmen auf die Gesundheitsberufe bezogener Eignungsfeststellungen
dienen, der Betriebsleitung bei der Qualitätssicherung und -optimierung ihrer Personalentscheidungen und schützt die Bewerbenden zugleich vor unsachgemäßer oder miss-
bräuchlicher Anwendung von Verfahren zur Eignungsfeststellung. Die Anwendung der
Norm ist freiwillig, und Gesundheitsbetriebe können sich durch Selbsterklärung zu
ihrer Einhaltung verpflichten (vgl. Deutsches Institut für Normung 2016, S. 2 ff.). ◄

4.4 Personaleinstellung

Bei der Einstellung neuer Mitarbeiter und Mitarbeiterinnen geht der Gesundheitsbetrieb
weitreichende Verpflichtungen ein, die sich kostenmäßig niederschlagen und daher gründlich durchdacht sein sollten.

Zunächst ist der **Arbeitsvertrag** (oder bei Auszubildenden der Berufsausbildungsvertrag) zu formulieren, wobei auf das Vorhandensein der wichtigsten Inhalte zu achten ist:

- Gesundheitsbetrieb und Arbeitnehmer bzw. Arbeitnehmerin mit Vornamen, Name und Anschrift als Vertragsparteien;
- Beginn des Arbeitsvertrages (bei befristeten Arbeitsverhältnissen auch deren Ende);
- Berufs-/Tätigkeitsbezeichnung (MFA, MTA usw.);
- Tätigkeitsbeschreibung mit Aufführung der Tätigkeiten (in allgemein gehaltener Formulierung) und eventuellen Vollmachten;
- Vergütung mit Art, Höhe, Steigerung, Fälligkeit und Auszahlungsweise des Gehaltes;
- zusätzliche Leistungen, wie beispielsweise Gratifikationen, Beiträge zur Vermögensbildung, Unfallversicherung, Verpflegungszuschuss, Arbeitskleidung usw.,
- regelmäßige Arbeitszeit;
- Ort der zu erbringenden Arbeit;
- Überstundenregelung;
- Urlaub;
- besondere Pflichten, wie beispielsweise besondere Schweigepflicht in Bezug auf den Schutz der Patientendaten, ärztliche Schweigepflicht usw.;
- Probezeit mit Dauer und Kündigungsfrist während der Probezeit;
- allgemeine Kündigungsfrist;
- eventuelle Einbeziehung sonstiger Vereinbarungen, bspw. von Tarifverträgen;
- Ort, Datum und Unterschrift von Betriebsleitung und Arbeitnehmer bzw. Arbeitnehmerin.

Bei der Personaleinstellung im Gesundheitsbetrieb müssen die neuen Mitarbeitenden verschiedene Unterlagen vorlegen:

- Sozialversicherungsausweis;
- Bescheinigung über die Mitgliedschaft in einer Krankenkasse;
- Angaben zur Einkommensteuerklasse;
- Urlaubsbescheinigung des letzten Arbeitgebers;
- berufsbedingte Sondernachweise (Nachweise über die spezifischen Berufsexamina etc.), sofern nicht bereits Bestandteil der Bewerbungsunterlagen;
- bei Ausländern, die nicht aus EU-Ländern stammen, die Aufenthalts- und Arbeitserlaubnis.

Der Gesundheitsbetrieb ist verpflichtet, die neuen Mitarbeitenden zur Arbeitslosen-, Kranken-, Pflege- und Rentenversicherung bei der jeweiligen Krankenkasse anzumelden, gegebenenfalls bei der Knappschaft sowie bei der zuständigen Berufsgenossenschaft zur Unfallversicherung. Er hat treuhänderisch für die Mitarbeitenden verschiedene Abgaben an die zuständigen Stellen abzuführen, wie beispielsweise die Einkommensteuer, die Kirchensteuer und den Solidaritätszuschlag an das zuständige Betriebsfinanzamt.

Grundsätzlich hat der Gesundheitsbetrieb die Möglichkeit, die Höhe der Löhne und Gehälter frei mit den neuen Mitarbeitenden zu vereinbaren, in der Regel geschieht dies jedoch nach Maßgabe der jeweils gültigen Tarifverträge.

Beispiel

Der Anwendungsbereich nach § 2 des zwischen der Arbeitsgemeinschaft zur Regelung der Arbeitsbedingungen der Arzthelferinnen/Medizinischen Fachangestellten und dem Verband medizinischer Fachberufe e. V. geschlossenen Gehaltstarifvertrags für Medizinische Fachangestellte/Arzthelferinnen legt fest, dass der Gehaltstarifvertrag unmittelbar und zwingend den Inhalt aller Arbeitsverträge zwischen Mitgliedern der Arbeitsgemeinschaft zur Regelung der Arbeitsbedingungen der Arzthelferinnen/Medizinischen Fachangestellten und Mitgliedern der tarifvertragschließenden Arbeitnehmerorganisation bestimmt. Wenn nicht beide Partner des Arbeitsvertrages Mitglied der Tarifvertragspartner sind, gelten die tariflichen Bestimmungen, wenn im Arbeitsvertrag auf diesen Gehaltstarifvertrag oder auf den Gehaltstarifvertrag in der jeweils gültigen Fassung Bezug genommen wird oder die tariflichen Bestimmungen betriebsüblich Anwendung finden (vgl. Bundesärztekammer 2019, S. A 756). ◄

Die tarifvertraglich vereinbarten Gehälter stellen Mindestsummen dar, von denen nach oben abgewichen werden kann. Auch ist es möglich, im Arbeitsvertrag mit den neuen Mitarbeitenden die Anwendung des in Frage kommenden Tarifvertrages zu vereinbaren.

Neben den vereinbarten Lohn- und Gehaltskosten entstehen dem Gesundheitsbetrieb mit der Personaleinstellung weitere Kosten: Größter Faktor sind hier die Sozialversicherungsbeiträge. Sie gliedern sich auf in Arbeitslosen-, Kranken-, Pflege- und Rentenversicherung. Gesetzliche Personalnebenkosten sind auch die Kosten der Arbeitssicherheit sowie für Entgeltfortzahlungen im Krankheitsfall. Tarifliche Personalnebenkosten sind beispielsweise vermögenswirksame Leistungen sowie Urlaubs- und Weihnachtsgeld. Ferner fallen Fort- und Weiterbildungskosten an.

Zur Personaleinstellung im Gesundheitsbetrieb gehört auch die **Personaleinführung** neuer Betriebsangehöriger in die Tätigkeit und ihren neuen Arbeitsplatz und damit auch die soziale Eingliederung in das Arbeitsumfeld, ihre direkte Arbeitsgruppe und das Sozialsystem des Gesundheitsbetriebs.

Hierzu sollten alle Beschäftigten vorab über die neuen Kolleginnen und Kollegen, den Zeitpunkt ihrer Arbeitsaufnahme und ihre zukünftigen Aufgaben informiert werden. Ferner sollten am ersten Arbeitstag die neuen Betriebsangehörigen begrüßt und allen weiteren Kolleginnen und Kollegen vorgestellt werden. Diese Phase ist im Rahmen der Einführung besonders wichtig, da hier erste emotionale Beziehungen und Einschätzungen entstehen. Die Personaleinführung ist deshalb als Sozialisationsprozess zu sehen, da sich die neuen Mitarbeitenden im Gesundheitsbetrieb mit einer für sie fremden und neuartigen Arbeits- und Sozialumgebung konfrontiert sehen, mit der sie sich auseinandersetzen müssen. Dies bedeutet für die neuen Mitarbeitenden ein hohes Stressaufkommen, und negative Erlebnisse können in dieser Phase die Eingliederung gefährden und zu einer inneren Abwendung vom Gesundheitsbetrieb zu führen. Einerseits haben sie sich an die vorhandenen Normen und Werte des Betriebs anzupassen, andererseits bringen sie aber auch selbst eigene Vorstellungen und neue Ideen mit ein, die die im Gesundheitsbetrieb vorhandenen Mitarbeitenden beeinflussen. Für den Gesundheitsbetrieb besteht bereits während des Auswahlprozesses die erste Möglichkeit aktiv auf die potenziellen neuen Mitarbeitenden einzuwirken und vor Arbeitsbeginn Erwartungen über ihre zukünftigen Tätigkeiten und das zukünftige Arbeitsumfeld zu vermitteln. Für die Zeit zwischen Vertragsabschluss und Arbeitsaufnahme ist eine aktive Betreuung durch den Gesundheitsbetrieb zu empfehlen, beispielsweise durch möglichst viele Informationen über die neue Arbeitsumgebung, Informationsbroschüren, Arbeitsplatzbesichtigungen oder erste Einweisungsgespräche.

Anhand eines **Einarbeitungsplans**, in dem die Reihenfolge der zunächst zu erledigenden Aufgaben (Einweisung in Arbeitszeiterfassung, Zutrittsregelung, Formalitäten etc.), die Zeitabschnitte für ihre Erledigung, die Kriterien für die Beherrschung der eigentlichen Arbeitsaufgaben und auch zusätzlich anzustrebende Qualifikationen enthalten sind, sollte durch eine erfahrene, langjährige Fachkraft eine Einführung in die Ordnung des Betriebs (Arbeitszeiten, Urlaubsplanung, Pausenzeiten usw.), in Arbeitsabläufe und Räumlichkeiten erfolgen. Danach sind die einzelnen Arbeitsaufgaben darzustellen, der Arbeitsbereich aufzuzeigen, abzugrenzen und auf eigenständig zu erledigende Arbeiten hinzuweisen. Das in den ersten Stunden und Tagen erfolgende Anlernen am Arbeitsplatz kann entweder durch Vor- und Nachmachen durchgeführt werden, oder, insbesondere bei berufserfahrenen Kräften, durch Einweisung und selbstständige Einarbeitung erfolgen. Dabei steht der Umgang mit neuen Techniken (Informationssysteme, Behandlungstechniken usw.) ebenso im Vordergrund, wie das Ablegen bisheriger Arbeitsgewohnheiten und -prozeduren. Der Einarbeitungsfortschritt sollte regelmäßig kontrolliert und aufkommende Fragen und Unklarheiten frühzeitig geklärt werden, damit sich nicht gleich zu Beginn Arbeitsfehler einschleichen, die unter Umständen zu schlechten Beurteilungen der Arbeitsqualitäten der neuen Mitarbeitenden führen können.

Die Einarbeitung durch erfahrene Kolleginnen und Kollegen in **Patenfunktion** wird von neuen Mitarbeitenden häufig als positiv empfunden, birgt andererseits die Gefahr, dass sich daraus ein Ersatzvorgesetztenverhältnis entwickelt und sich direkte Vorgesetzte aus der Verantwortung für die Einführung zurückziehen. Sie übernehmen aber eine wichtige Rolle im Einführungsprozess: Sie müssen sich dem Anpassungsprozess bewusst sein, in dem sich neue Mitarbeitende befinden, und individuell auf ihre neuen Aufgaben und ihrem Feedback eingehen. Bei einem **Mentorensystem** übernimmt eine hierarchisch höher gestellte Führungskraft im Gesundheitsbetrieb als Mentor für neue Mitarbeitende eine Beratungs- und Unterstützungsrolle, eine Vorbildfunktion und steht als neutraler Ansprechpartner oder neutrale Ansprechpartnerin bei Problemen mit Vorgesetzten vermittelnd zur Verfügung.

Eine gelungene Integration neuer Mitarbeiter und Mitarbeiterinnen liegt dann vor, wenn diese mit ihrer neuen Situation zufrieden sind und auch die anderen Angehörigen des Gesundheitsbetriebs ihre Einstellungen und Arbeitsleistungen als positiv empfinden.

> **Beispiel**
>
> Der häufig auch als Onboarding bezeichneten Einarbeitungs- und Integrationsprozess ist deshalb so wichtig, da während der Einarbeitung die Weichen für eine erfolgreiche Integration der Mitarbeitenden gestellt wird. Schließlich werden wertvolle Ressourcen vergeudet, wenn das Arbeitsverhältnis nach kurzer Zeit wieder beendet wird. Weitere negative Konsequenzen sind, dass die neuerliche Suche und Einarbeitung mit einem entsprechenden Aufwand verbunden sind, die nicht erfolgreiche Rekrutierung und möglicherweise bereits häufiger vorgekommene Fehlbesetzung einen Imageschaden verursacht und die neuerlichen Suchprozesse bzw. vakanten Positionen kontraproduktiv sind (vgl. Brenner 2020, S. 4 f.) ◀

Zusammenfassung Kap. 4

Die Personalbedarfsermittlung ist für den Gesundheitsbetrieb von hoher, strategischer Relevanz und verfolgt das Ziel, auf Grundlage der Planungsparameter einen Abgleich zwischen Unternehmenszielen und Personalplänen zu schaffen. Die Einstellung und der Einsatz einer jeden Arbeitskraft stellt für den Gesundheitsbetrieb eine möglichst langfristige Investition dar, deren Entscheidung sorgfältig geprüft werden sollte. Bei der Einstellung neuer Mitarbeiter und Mitarbeiterinnen geht der Gesundheitsbetrieb weitreichende Verpflichtungen ein, die sich kostenmäßig niederschlagen und daher gründlich durchdacht sein sollten. Eine gelungene Integration neuer Mitarbeiter und Mitarbeiterinnen liegt dann vor, wenn diese mit ihrer neuen Situation zufrieden sind und auch die anderen Angehörigen des Gesundheitsbetriebs ihre Einstellungen und Arbeitsleistungen als positiv empfinden.

Literatur

Ärztekammer Berlin (Hrsg.) (2022) Feststellung der Gleichwertigkeit von Berufsabschlüssen nach dem Berufsqualifikationsfeststellungsgesetz (BQFG). https://www.aerztekammer-berlin.de/20mfa/91_Feststellung_Gleichwertigkeit/index.html. Berlin. Zugegriffen: 06.03.2022.

Bartscher, T. (2022) Personalbedarfsermittlung. In: Gabler Wirtschaftslexikon https://wirtschaftslexikon.gabler.de/definition/personalbedarfsermittlung-46363/version-269645. Wiesbaden: Springer Fachmedien.

Beck, C. (2014) Ausbildungsmarketing 2.0: Unterschätzte Teildisziplin des Personalmarketings mit viel Potenzial. In: Beck, C.; Dietl, S. (Hrsg.) (2014) Ausbildungsmarketing 2.0. Köln: Luchterhand/Wolters Kluwer. S. 13–70.

Berufsgenossenschaft für Gesundheitsdienst und Wohlfahrtspflege – BGW (Hrsg.) (2018) Stressbezogene Arbeitsanalyse BGW – Personalbefragung für Klinikärztinnen und -ärzte. Informationsbroschüre. Stand: April 2018. Hamburg.

Berufsqualifikationsfeststellungsgesetz (BQFG) vom 6. Dezember 2011 (BGBl. I S. 2515), zuletzt durch Artikel 1 des Gesetzes vom 3. Dezember 2020 (BGBl. I S. 2702) geändert.

Brenner, D. (2020) Onboarding – Als Führungskraft neue Mitarbeiter erfolgreich einarbeiten und integrieren. 2. Auflg. Wiesbaden: Springer Gabler/Springer Fachmedien.

Bundesärztekammer (Hrsg.) (2019) Bekanntmachung - Gehaltstarifvertrag für Medizinische Fachangestellte/Arzthelferinnen. In: Deutsches Ärzteblatt, Jahrg. 116, Heft 15, S. A 756 - A 759. Köln: Deutscher Ärzteverlag.

Bundesagentur für Arbeit (Hrsg.) (2022) Medizinische/r Fachangestellte/r – Arbeits- und Sozialverhalten. berufenet.arbeitsagentur.de/berufenet/faces/index?path=null/kurzbeschreibung/arbeitssozialverhalten&dkz=33212. Nürnberg. Zugegriffen: 20.02.2022.

Bundesgerichtshof (2006) Urteil des I. Zivilsenats „Telefonische Direktansprache am Arbeitsplatz zu Abwerbungszwecken auch auf dienstlichen Mobiltelefonen" vom 09.02.2006. Az I ZR 73/02. Karlsruhe.

Dannhäuser, R. (2017) Trends im Recruiting. In: Dannhäuser, R. (Hrsg.) Praxishandbuch Social Media Recruiting – Experten Know-how/Praxistipps/Rechtshinweise. 3. Auflg. Wiesbaden: Springer/Gabler. S. 1–40.

Deutsches Institut für Normung -DIN e. V. (Hrsg.) (2016) DIN 33430:2016-07 Anforderungen an berufsbezogene Eignungsdiagnostik. Berlin: Beuth-Verlag.

Deutscher Pflegerat – DPR (Hrsg.) (2019) Pflegepersonalstärkung durch ein Instrument zur Pflegepersonalbemessung. https://deutscher-pflegerat.de/2019/03/31/pflegepersonalstaerkung-durch-ein-instrument-zur-pflegepersonalbemessung/. Berlin. Zugegriffen: 20.02.2022.

Deutsches Krankenhaus Institut – DKI (Hrsg.) (2022) Personalbedarfsanalysen. https://www.dki.de/loesungen/krankenhausmanagement/personalbedarfsanalysen. Düsseldorf. Zugegriffen: 20.02.2022.

Exner, M.; Gastmeier, P.; Just, H.-M.; Kirchhoff, I.; Kramer, A.; Mielke, M.; Nassauer, A.; Reinhardt, A.; Simon, A.; Voggesberger, E.; Wischnewski, N. (2009) Personelle und organisatorische Voraussetzungen zur Prävention nosokomialer Infektionen – Empfehlung der Kommission für Krankenhaushygiene und Infektionsprävention. In: Bundesgesundheitsblatt – Gesundheitsforschung – Gesundheitsschutz 9/2009. Heidelberg: Springer-Verlag. S. 951–962.

Frodl, A. (2020) Professionelle Ausbildung in Gesundheitsberufen – Gewinnung, Schulung und Betreuung von Auszubildenden. Wiesbaden: Springer/Gabler/Springer Fachmedien.

Osterloh, F. (2019) Pflegekräfte – Den Personalbedarf messen. In: Deutsches Ärzteblatt. Jahrg. 116. Heft 35-36. Köln: Deutscher Ärzteverlag. S. A 1526–A 1530.

Pflegepersonaluntergrenzen-Verordnung (PpUGV) vom 9. November 2020 (BGBl. I S. 2357), durch Artikel 1 der Verordnung vom 8. November 2021 (BGBl. I S. 4792) geändert.

Preuß, M.; Wächter, M.; Warga, V. (2013) Ausbildungsmarketing in der Altenpflege. Landesvereinigung für Gesundheit und Akademie für Sozialmedizin Niedersachsen (Hrsg.). Informationsbroschüre. Hannover.

Scholz, C. (2013) Personalmanagement – Informationsorientierte und verhaltenstheoretische Grundlagen. 6. Auflg. München: Vahlen-Verlag.

Schulte, C. (2020) Personal-Controlling mit Kennzahlen – Instrumente für eine aktive Steuerung im Personalwesen. 4. Auflg. München: Verlag Franz Vahlen.

Sozialgesetzbuch Elftes Buch (SGB XI) – Soziale Pflegeversicherung (Artikel 1 des Gesetzes vom 26. Mai 1994, BGBl. I S. 1014, 1015), zuletzt durch Artikel 1a des Gesetzes vom 23. März 2022 (BGBl. I S. 482) geändert.

Wawrzyniak, K. (2016) Personalauswahl – Der Weg zum richtigen Mitarbeiter. In: Deutsches Ärzteblatt. Jahrg. 113. Heft 37. Köln: Deutscher Ärzteverlag. S. 2–4.

Personaleinsatz

5.1 Personalorganisation und Arbeitsstrukturierung

Eine wichtige Grundlage des Personaleinsatzes ist die zeitliche, räumliche, qualitative und quantitative Zuordnung der Mitarbeiter im Gesundheitsbetrieb zu den einzelnen Stellen und den damit verbundenen Arbeitsaufgaben: Wer macht im Gesundheitsbetrieb was, wieviel, wann und wo? Der Personaleinsatz bezweckt somit die Mitarbeitenden des Gesundheitsbetriebs zu organisieren, anforderungsgerecht und ihren Fähigkeiten entsprechend einzusetzen, die Arbeit zeitlich zu gestalten und die Arbeitsplätze und -räume anspruchsgerecht auszustatten.

Dazu ist zunächst ist zu klären, wie die personelle Organisationsstruktur im Gesundheitsbetrieb aussieht, wer beispielsweise wem vorgesetzt ist und Anordnungen erteilen darf. Sie richtet sich nach der gesamten Struktur des Gesundheitsbetriebs und gibt zum einen Aufschluss darüber, wie der Betrieb aufgebaut ist, d. h., wieviele Mitarbeiter beispielsweise vorhanden sind und welche Aufgaben sie wahrnehmen. Diesen für die personelle Organisationsstruktur wichtigen Teilbereich der Organisation des Gesundheitsbetriebs nennt man Aufbauorganisation. Andererseits sind die einzelnen Arbeitsprozesse im Gesundheitsbetrieb zu regeln und zu organisieren. Dementsprechend ist von der Ablauforganisation die Rede.

Für den Personaleinsatz klärt die **Aufbauorganisation** beispielsweise die Fragen, wer in der Gesundheitseinrichtung wem was zu sagen hat, wer für was verantwortlich ist oder wer in welchem Vorgesetzten- bzw. Unterstellungsverhältnis zueinandersteht. Ihre Aufgabe ist es, durch sinnvolle arbeitsteilige Gliederung und Ordnung der Prozesse in der Gesundheitseinrichtung festzulegen, welche Aufgaben von welchen Mitarbeitenden und mit welchen Sachmitteln bewältigt werden, wobei sie die Verteilung der Aufgaben in der Regel mit Hilfe eines hierarchischen Gefüges erreicht (vgl. Frodl 2018, S. 13 ff.).

© Springer Fachmedien Wiesbaden GmbH, ein Teil von Springer Nature 2023
A. Frodl, *Personalmanagement im Gesundheitswesen*,
https://doi.org/10.1007/978-3-658-40563-2_5

Zur Strukturierung der Ablauforganisation Aufbauorganisation des Gesundheitsbetriebs ist zunächst eine Stellenbildung vorzunehmen. Hierzu wird in einem ersten Schritt in einer Aufgabenanalyse eine Zerlegung bzw. Aufspaltung der Gesamtaufgabe der Gesundheitseinrichtung in ihre einzelnen Bestandteile anhand von alternativen Gliederungsmerkmalen wie Verrichtung, Objekt, Rang, Phase, Zweckbeziehung durchgeführt.

Beispiel

Eine Analyse nach Verrichtungen gliedert die Aufgaben nach Tätigkeitsarten, wie beispielsweise die Beschaffung von medizinischem Verbrauchsmaterial als Aufgabe in: Angebotsvergleich, Auftragserteilung, Rechnungskontrolle, Bezahlung. Bei der Objektanalyse wird davon ausgegangen, dass jede Verrichtung an einem Objekt vorgenommen werden muss. In unserem Beispiel können das medizinische Kataloge, Auftrag, Rechnung, Überweisungsträger sein. Bei der Analyse des Ranges wird dem Umstand Rechnung getragen, dass bei jeder Ausführungsaufgabe eine Entscheidungsaufgabe vorhergehen muss: Entscheidung über die Materialbeschaffung – Beschaffung des Materials. Die Entscheidungsaufgabe ist der Ausführungsaufgabe vor- und übergeordnet, wobei dies jedoch nicht unbedingt unter zeitlichen, sondern auch unter qualitativen Aspekten zu sehen ist. Bei der Phasenanalyse wird davon ausgegangen, dass eine Aufgabenerledigung üblicherweise in den Phasen Planung, Durchführung und Kontrolle erfolgt: Planung der Materialbeschaffung, Beschaffen des Materials, Kontrolle der Materialbeschaffung. Schließlich kann bei der Zweckbeziehungsanalyse die Gesamtaufgabe in Zweckaufgaben zerlegt werden, die primär und unmittelbar den Zielen des Gesundheitsbetriebs dienen und Verwaltungsaufgaben, die nur sekundär und indirekt den Zielen der Gesundheitseinrichtung nützen: Behandlungsleistung als Zweckaufgabe und Gehaltsabrechnung der Mitarbeiter als Verwaltungsaufgabe (siehe Tab. 5.1). ◄

In der anschließenden Aufgabensynthese werden die in der Aufgabenanalyse ermittelten Einzelaufgaben so zusammengefügt, dass sie von einem Mitarbeiter oder einer Mitarbeiterin mit Normalkapazität und der erforderlichen Eignung bzw. Übung bewältigt werden können. Das Ergebnis dieser Zuordnung wird als Stelle bezeichnet und ist folgendermaßen gekennzeichnet:

- kleinste organisatorische Einheit zur Erfüllung von Aufgaben;
- Eigenschaften: Aufgabe, Aufgabenträger, Dauer, Abgrenzung;
- beinhaltet den Aufgabenbereich überwiegend einer Person;
- bezieht sich auf die Normalkapazität eines Mitarbeiters oder einer Mitarbeiterin mit der erforderlichen Eignung und Übung;
- bezieht sich auf eine gedachte, abstrakte Person, nicht auf bestimmte Mitarbeitende.

Tab. 5.1 Aufgabenanalyse am Beispiel der Beschaffung von medizinischem Verbrauchsmaterial

Gliederungs-merkmal	Beschreibung	Beispiel
Verrichtung	Gliederung der Aufgaben nach Tätigkeitsarten	Angebotsvergleich, Auftragserteilung, Rechnungskontrolle, Bezahlung.
Objekt	Zuordnung der Verrichtung zu Objekten	Medizinische Kataloge, Auftrag, Rechnung, Überweisungsträger
Rang	Bei jeder Ausführungsaufgabe geht eine Entscheidungsaufgabe vorher	Entscheidung über die Materialbeschaffung – Beschaffung des Materials
Phasen	Aufgabenerledigung erfolgt üblicherweise in den Phasen Planung, Durchführung und Kontrolle	Planung der Materialbeschaffung, Beschaffen des Materials, Kontrolle der Materialbeschaffung
Zweckbeziehung	Zerlegung der Gesamtaufgabe in Zweckaufgaben, die primär und unmittelbar den Betriebszielen dienen und Verwaltungsaufgaben, die nur sekundär und indirekt den Zielen nützen	Behandlungsleistung als Zweckaufgabe und Materialbeschaffung als Verwaltungsaufgabe

Im Rahmen der Stellenbildung müssen den einzelnen Stellen im Gesundheitsbetrieb als nächstes immaterielle und materielle Stellenelemente zugeordnet werden (siehe Tab. 5.2).

Zu den immateriellen Stellenelementen zählen: Aufgaben, Befugnisse (Entscheidung, Anordnung, Verpflichtung, Verfügung, Information), Verantwortung. Bei den Aufgaben handelt es sich um die Verpflichtung zur Vornahme bestimmter, der Stelle zugewiesener Verrichtungen, wie beispielsweise die Privat- und Kassenliquidation. Die Entscheidungsbefugnis beinhaltet das Recht, bestimmte Entscheidungen treffen zu können, ohne etwa den Chefarzt oder die Chefärztin rückfragen zu müssen. Die Anordnungsbefugnis begründet das Vorgesetzten-Untergebenen-Verhältnis und somit beispielsweise das Recht einer erfahrenen MFA, Auszubildenden in einer Arztpraxis Weisungen erteilen zu dürfen. Die Verpflichtungsbefugnis umfasst das Recht, den Gesundheitsbetrieb rechtskräftig nach außen vertreten zu können (auch: Unterschriftsvollmacht). Die Verfügungsbefugnis begründet das Recht auf Verfügung über Sachen und Werte des Gesundheitsbetriebs. Die Informationsbefugnis beinhaltet den Anspruch auf den Bezug bestimmter Informationen.

Die materiellen Stellenelemente umfassen die der Stelle jeweils zugeordneten Mitarbeitenden und die Sachmittel. Aufgabentragende einer Stelle sind in einem Gesundheitsbetrieb in der Regel ein Mitarbeiter oder eine Mitarbeiterin allein, es sein denn, mehrere Mitarbeitende sind beispielsweise einer Stelle zugeordnet (beispielsweise zwei Zahntechniker der Stelle „Eigenlabor").

Tab. 5.2 Beispiele für immaterielle und materielle Stellenelemente

Art	Elemente		Beispiele
Immaterielle Stellenelemente	Aufgaben		Verpflichtung zur Vornahme bestimmter, der Stelle zugewiesener Verrichtungen, wie beispielsweise die Privat- und Kassenliquidation
	Befugnisse	Entscheidungsbefugnis	Beinhaltet das Recht, bestimmte Entscheidungen treffen zu können, ohne etwa bei Vorgesetzten rückfragen zu müssen
		Anordnungsbefugnis	Begründet das Vorgesetzten-Unterstellungs-Verhältnis und somit beispielsweise das Recht, einer Auszubildenden Weisungen erteilen zu dürfen
		Verpflichtungsbefugnis	Umfasst das Recht, den Gesundheitsbetrieb rechtskräftig nach außen vertreten zu können (bspw. Unterschriftsvollmacht)
		Verfügungsbefugnis	Begründet das Recht auf Verfügung über Sachen und Werte des Betriebs
		Informationsbefugnis	Beinhaltet den Anspruch auf den Bezug bestimmter Informationen
	Verantwortung		Möglichkeit, für die Folgen eigener oder fremder Handlungen im Gesundheitsbetrieb Rechenschaft ablegen zu müssen
Materielle Stellenelemente	Aufgabenträger		Eine Arbeitskraft allein, es sein denn, mehrere Mitarbeitende sind einer Stelle zugeordnet (beispielsweise OP-Team)
	Stellenbeschreibung		Kenntnisse, Fähigkeiten, Fertigkeiten, Erfahrungen, erforderliche Kapazitäten (bspw. Vollzeit-, Halbtagsstelle etc.)
	Sachmittel	Basissachmittel	Werden üblicherweise zur Aufgabenerledigung benötigt (Raum, Mobiliar etc.).
		Entlastende Sachmittel	Entlasten bei der Aufgabenerledigung, ohne jedoch davon zu befreien (beispielsweise Terminplaner für die Vergabe von Patiententerminen)
		Automatische Sachmittel	Befreien von der Aufgabenerledigung, ohne jedoch deswegen Kontrollfunktionen und Verantwortung abzugeben (beispielsweise Messgerät für Langzeit-EKG)

Zur Erfüllung von Aufgaben der Stelle benötigen die Mitarbeitenden bestimmte Eigenschaften, die in der Stellenbeschreibung dokumentiert sind. Darin sind insbesondere die Kenntnisse, Fähigkeiten und Fertigkeiten, Erfahrungen und erforderlichen Kapazitäten (Vollzeit, Halbtagsstelle etc.) festzuhalten. Stellenbeschreibungen enthalten als Tätigkeitsdarstellung oder Arbeitsplatzbeschreibung eine formularisierte Fixierung aller wesentlichen Stellenmerkmale und dienen neben der aufbauorganisatorischen Dokumentation, der Vorgabe von Leistungserfordernissen und Zielen sowie der Objektivierung der Lohn- und Gehaltsstruktur durch Angabe von Arbeitsplatz-/Stellenbezeichnung, Rang, Unter- und Überstellungsverhältnis, Ziel des Arbeitsplatzes/der Stelle, Stellvertretungsregelung, Einzelaufgaben, sonstige Aufgaben, besondere Befugnisse, besondere Arbeitsplatz-/Stellenanforderungen etc.

Der Einsatz des Personals richtet sich nach den in der Stellenbeschreibung dokumentierten Tätigkeiten. In ihnen werden die Arbeitsplätze und Tätigkeiten des Gesundheitsbetriebs beschrieben, sodass die Mitarbeitenden hinsichtlich ihrer Qualifikationen bestmöglich einer Stelle zugeordnet werden können (siehe Tab. 5.3).

Das Personal des Gesundheitsbetriebs kann dort am effizientesten eingesetzt werden, wo persönliche Eigenschaften, Fähigkeiten und Fertigkeiten der einzelnen Mitarbeitenden am besten mit dem jeweiligen Anforderungsprofil übereinstimmen. Auch ist das Ziel von Stellenbeschreibungen nicht, einmalig erarbeitet und danach abgelegt zu werden. Vielmehr sollten sie als wichtiges Arbeitsmittel von Führungskräften und Personalern in Gesundheitsbetrieben genutzt werden beispielsweise für

- Personalgespräche,
- Auswahlprozesse,
- Personalentwicklungsmaßnahmen oder
- zur Erstellung von Arbeitszeugnissen (vgl. Wilk 2018, S. 27).

Tab. 5.3 Inhalte von Stellenbeschreibungen im Gesundheitsbetrieb

Inhalt	Beispiel Verwaltungsstelle ZA-Praxis
Arbeitsplatz-/Stellenbezeichnung	Praxisverwaltung/-rezeption
Rang	Leitung Praxisverwaltung/-rezeption
Unterstellungsverhältnis	Praxisleitung
Überstellungsverhältnis	Auszubildende
Ziel des Arbeitsplatzes/der Stelle	Erledigung aller Verwaltungsarbeiten in der Zahnarztpraxis
Stellvertretungsregelung	ZMA
Aufgabenbereich im Einzelnen	Kassen und Privatliquidation Patientenverwaltung Patientenempfang Korrespondenz Terminvergabe Telefondienst
Sonstige Aufgaben	Einkauf medizinischen Verbrauchsmaterials
Besondere Befugnisse	Einkaufsberechtigung bis 1000 Euro
Arbeitsplatz-/Stellenanforderungen	Zahnmedizinische Verwaltungsassistentin ZMV

Zu den einer Stelle zuzuordnenden Sachmitteln zählen Basissachmittel, die üblicherweise zur Aufgabenerledigung benötigt werden (beispielsweise Raum, Mobiliar etc.), entlastende Sachmittel, die die Mitarbeitenden bei der Aufgabenerledigung entlasten, ohne sie jedoch davon zu befreien (beispielsweise Terminplaner für die Vergabe von Patiententerminen) sowie automatische Sachmittel, die die Mitarbeitenden von der Aufgabenerledigung befreien, ohne jedoch deswegen Kontrollfunktionen und Verantwortung abzugeben (beispielsweise Krankenhausinformationssysteme (KIS), Praxis-Verwaltungs-Systeme (PVS), Heim-Software etc.).

Bei der Strukturierung der Stellen im Gesundheitsbetrieb ist es wichtig den Aufgabenumfang so zu bemessen, dass er durch eine Arbeitskraft auf dieser Stelle auch kapazitativ bewältigt werden kann. Das gleiche gilt für die Aufgabenkomplexität.

Auch kann man bei der Aufgabensynthese eine Zentralisation anstreben, indem gleichartige Aufgaben in einer Stelle zusammengefasst werden oder eine Dezentralisation, die die Verteilung gleichartiger Aufgaben auf mehrere Stellen vorsieht.

Das Ergebnis der Stellenbildung ist eine bestimmte Anzahl von Stellen im Gesundheitsbetrieb. Diese lassen sich in der Regel in unterschiedliche Stellenarten einteilen und richten sich nach Befugnisumfang, Aufgabenart und Aufgabenumfang.

Beispiel

Zu den Befugnissen zählen beispielsweise Entscheidungsbefugnis und Anordnungsbefugnis. Aufgabenarten sind unter anderem Ausführungsaufgaben oder Leitungsaufgaben. So kommen im Gesundheitsbetrieb häufig Stellen mit Leitungsaufgaben vor, die auch als Instanzen bezeichnet werden (beispielsweise Leitender Oberarzt/Leitende Oberärztin) oder Ausführungsstellen, die keine Leitungsbefugnis besitzen. Der Aufgabenumfang lässt sich z. B. in Haupt- und Nebenaufgaben unterteilen. (siehe Tab. 5.4) ◄

Tab. 5.4 Stellenarten in der Gesundheitseinrichtung

Merkmale	Beschreibung	Stellen-Beispiele
Aufgabenzuordnung	zentral, dezentral	Zusammenfassung gleichartiger Aufgaben in einer Stelle (bspw. werden alle Verwaltungsarbeiten einer Zahnarztpraxis einer ZMV zugeordnet); Verteilung gleichartiger Aufgaben auf mehrere Stellen (bspw. werden die Hygieneaufgaben auf mehrere Mitarbeiter verteilt)
Befugnisumfang	Anordnungsbefugnis, Vertretungsbefugnis	Pflegeleitung mit Anordnungsbefugnis, Prokurist in der Krankenhausverwaltung mit Unterschriftsvollmacht
Aufgabenart	Ausführungsaufgaben, Leitungsaufgaben	Chefärztin mit Leitungsaufgaben, Pflegekraft mit Ausführungsaufgaben
Aufgabenumfang	Hauptaufgabe, Nebenaufgabe	Facility Manager eines Krankenhauses als Hauptaufgabe, gleichzeitig Brandschutzbeauftragter als Nebenaufgabe

Die für den Personaleinsatz und die Aufgabenwahrnehmung bedeutsame **Ablauf-organisation** strukturiert die Arbeitsprozesse im Gesundheitsbetrieb und beantwortet somit die Frage, wer was, wann, wie und wo macht. Um die komplexen Handlungen im Gesundheitsbetrieb zu beherrschen, berücksichtigt sie Zeit, Raum, Sachmittel und Mit-arbeitende und verfolgt häufig durch Standardisierung von Abläufen Ziele, wie beispiels-weise einer optimalen Kapazitätsauslastung, Qualitätssteigerung, Durchlauf- und Warte-zeitenverringerung, Kostenreduzierung sowie einer Verbesserung der Arbeitsergonomie und Termintreue.

Zur Strukturierung der Ablauforganisation im Gesundheitsbetrieb sind zunächst die einzelnen Vorgänge zu ermitteln. Hierzu ist festzustellen, aus welchen Vorgängen sich der Arbeitsprozess zusammensetzt und welche Arbeitsschritte jeder Vorgang einschließt.

Am Beispiel „Beschaffung von medizinischem Verbrauchsmaterial" könnten das die groben Arbeitsschritte Auftragserteilung, Angebotsvergleich, Bezahlung, Rechnungs-kontrolle sein. Die Arbeitsschritte und Vorgänge werden üblicherweise in einer bestimmten Reihenfolge durchgeführt. Diese Reihenfolge ist festzustellen: Erst Angebotsvergleich, dann Auftragserteilung, danach Rechnungskontrolle und zum Schluss die Bezahlung.

Die Vorgänge werden an einem oder mehreren Arbeitsplätzen ausgeführt. Für jeden Vorgang sind daher die zugehörigen Arbeitsplätze und deren aufbauorganisatorische Ein-ordnung zu ermitteln. In unserem Beispiel könnte das der Arbeitsplatz der Zahn-medizinischen Verwaltungsassistentin (ZMV) in einer Zahnarztpraxis sein.

Da jeder Vorgang in der Regel durch eine bestimmte Informationseingabe, durch das Eintreffen einer Bedingung oder durch Formulare, Belege ausgelöst wird, sind diese not-wendigen Eingaben/Input festzuhalten. So würde beispielsweise der Vorgang „Be-schaffung von medizinischem Verbrauchsmaterial" durch die Information, dass der Lager-platz des jeweiligen Verbrauchmaterials aufgefüllt werden muss, ausgelöst.

Jeder Vorgang beinhaltet einen bestimmten Arbeitsauftrag. Diese Verarbeitung muss nach bestimmten, zu beschreibenden Arbeitsregeln oder Entscheidungsregeln für die Durchführung der Vorgänge erfolgen. In unserem Beispiel müsste definiert werden, welche Kataloge zu durchforsten sind, in welcher Weise der Auftrag erteilt wird und wie die Materialeingangskontrolle durchgeführt wird.

Schließlich sind die Informationen/Ergebnissen/Belege als Ausgabe/Output zu definie-ren, die aus dem Vorgang hervorgehen sollen: Überweisungsdaten, Rechnung zur Buch-haltung und Information an die Praxisleitung und die Kolleginnen bzw. Kollegen, dass das benötigte Material eingetroffen ist (siehe Tab. 5.5).

Um den Ablauf auch quantitativ richtig zu gestalten, ist es wichtig die Mengen festzu-halten, die bei dem Ablauf bearbeitet werden. Dabei ist zunächst die Festlegung repräsen-tativer Bezugsgrößen von Bedeutung, um die einzelnen Vorgänge quantifizieren zu kön-nen (z. B. Fallzahlen, Belegungsquoten etc.). Zum einen sind dabei die aktuellen Mengen als die zum Zeitpunkt der Analyse/Gestaltung der Ablauforganisation gegebenen Arbeits-mengen zu ermitteln und andererseits die zukünftigen Mengen, da Ablaufsysteme für einen längeren Zeitraum geplant werden und daher während ihrer Einsatzdauer Ver-änderungen der aktuellen Menge erfolgen können. Hierzu bieten sich die Berücksichtigung

Tab. 5.5 Prozessgestaltung am Beispiel der Beschaffung von medizinischem Verbrauchsmaterial in einer Arztpraxis

Gestaltungsschritt	Beispiel
Vorgangsermittlung	Auftragserteilung, Angebotsvergleich, Bezahlung, Rechnungskontrolle etc.
Reihenfolgefestlegung	Erst Angebotsvergleich, dann Auftragserteilung, danach Rechnungskontrolle und zum Schluss die Bezahlung
Arbeitsplatzzuordnung	MFA
Eingaben-/Input-Definition	Information, dass der Lagerplatz des jeweiligen Verbrauchmaterials aufgefüllt werden muss
Verarbeitungsregelung	Produktsuche im Online-Katalog, schriftliche Bestellung etc.
Ausgaben-/Output-Definition	Überweisungsbeleg, Rechnung zur Buchhaltung und Information, dass das benötigte Material eingetroffen ist

von Mittelwerten, gleitenden Mittelwerten, der exponentiellen Glättung oder auch der Regressionsanalyse an.

Die Ermittlung der Zeiten bei einem Arbeitsablauf schließt mehrere Aufgaben ein. Zum einen ist die Arbeitszeit je Vorgang (auch: Auftragszeit) zu definieren. Sie umfasst nach REFA die Zeitspanne vom Beginn bis zum Ende eines Vorganges ohne Liege- und Transportzeiten. Am Beispiel von Laboruntersuchungen wäre das die reine Untersuchungszeit ohne etwa die Zeitanteile für den Transport der Probe ins Labor oder die „Liegezeit", bis die Probe untersucht wird. Die Summe der Arbeitszeiten aller Vorgänge ergibt die Gesamtarbeitszeit.

Weiterhin ist die Durchlaufzeit zu bestimmen. Sie stellt nach REFA die Differenz zwischen End- und Starttermin eines Vorganges dar und ist somit die Summe aus Arbeitszeit, Liege- und Transportzeit je Vorgang.

Auch der Zeitpunkt, zu dem Arbeiten vorgenommen werden, ist von Bedeutung. Zum einen gibt es die kontinuierliche/ständige Arbeitsdurchführung, die eine andauernde Arbeitsdurchführung während der ganzen Arbeitszeit bedeutet. Das wäre etwa bei langwierigen, mehrstündigen operativen Eingriffen die Folge. Die diskontinuierliche/unterbrochene Arbeitsdurchführung hingegen beinhaltet eine immer wieder aufgenommene Bearbeitung. Man spricht hierbei auch von einer Stapelbearbeitung, bei der eine Bearbeitung nur dann erfolgt, wenn ein Bearbeitungsstapel gegeben ist, wie etwa bei der Bearbeitung mehrerer Proben hintereinander im Labor.

Schließlich ergibt sich bei einer regelmäßig diskontinuierlichen Arbeitsdurchführung aus den Durchführungszeitpunkten ihre Häufigkeit oder Frequenz: täglich, wöchentlich, monatlich, vierteljährlich etc., wie beispielsweise die tägliche Grundreinigung der OP-Räume. Wird dagegen eine unregelmäßige, diskontinuierliche Arbeitsdurchführung vorgenommen, so kann nur deren durchschnittliche Frequenz oder der Mittelwert der Häufigkeit ermittelt werden.

Die Strukturierung eines Ablaufes schließt auch die Feststellung der in diesem Arbeitsablauf eingesetzten Sachmittel ein. Aus Praktikabilitätsgründen ist dabei auf die Zuordnung allgemein üblicher Sachmittel zu verzichten und nur die ablaufspezifischen sind zu er-

Tab. 5.6 Beispiel für eine Sachmittelzuordnung bei der Prozessgestaltung

Merkmal	Beispiel
Sachmittelart	Röntgengerät
Menge	1
Einsatzart	Dauereinsatz
Kapazität	10 Röntgenaufnahmen/Stunde
Mehrfacheinsatz	Mitbenutzung des Gerätes durch andere Stationen

fassen. Die Zuordnung kann anhand der Merkmale Sachmittelart, Menge, Einsatzart, verfügbare und benutzte Kapazität und Mehrfacheinsatz bei anderen Arbeitsabläufen erfolgen (siehe Tab. 5.6).

Im Rahmen der Kapazitäten sind nun noch die Personalkapazitäten zu ermitteln. Dies umfasst die verfügbare Personalkapazität und die benötigte Personalkapazität. Beide müssen grundsätzlich für jeden Arbeitsgang ermittelt werden. Zweckmäßigerweise ist dabei eine Maßeinheit wie „Stunden je Arbeitstag", „Wochenstunden" oder „Personentage je Monat" zu wählen.

Bei der Planung der Personalkapazität werden die Kapazitätsbedarfe aus der vorliegenden Behandlungsplanung (beispielsweise anhand von Behandlungspfaden) berücksichtigt. Die Kapazitätsbelastung durch geplante Behandlungsmaßnahmen wird dem Kapazitätsangebot an medizinischem Personal gegenübergestellt. Anhand der aktuellen Auslastung der Personalkapazitäten werden geeignete Instrumente zum Kapazitätsabgleich eingesetzt, um einerseits eine möglichst gleichmäßig hohe Auslastung der Personalkapazität zu erreichen und andererseits für möglichst viele Behandlungsmaßnahmen die vereinbarten oder erforderlichen Termine einzuhalten.

Das Angebot an Personalkapazitäten gibt beispielsweise an, welche Leistung an einem Behandlungsplatz in einem bestimmten Zeitraum erbracht werden kann und wird bestimmt durch:

- Anzahl der Einzelkapazitäten (Beschäftigtenzahl mit benötigten Qualifikationen),
- Arbeitsbeginn,
- Arbeitsende,
- Pausendauer,
- Nutzungsgrad der Personalkapazitäten (beispielsweise 80 % der theoretisch nutzbaren Zeit, 20 % entfallen auf Verteilzeiten wie Umkleiden, persönliche Hygiene etc.).

Der Bedarf an Personalkapazitäten gibt an, welche personelle Leistung die einzelnen Behandlungsmaßnahmen an einem Behandlungsplatz benötigen.

Um beurteilen zu können, inwieweit die Personalkapazitäten ausgelastet sind, ist eine Verdichtung der Kapazitätsangebote und Kapazitätsbedarfe auf einer Stufe notwendig (siehe Tab. 5.7).

Tab. 5.7 Beispiel für die Kapazitätsbelastung einer MTRA an einem Behandlungsplatz

Kapazitätsart: MTRA					Behandlungsplatz: CT I		
Kalenderwoche	Kap.-Einheit	Bedarf	Kap.-Angebot brutto	Nutzungsgrad in %	Kap.-Angebot netto	Belastungsgrad in %	Freie Kapazität
38.	Std.	50,25	38,00	80,00	30,40	165,30	−19,85
39.	Std.	48,30	34,00	80,00	27,20	177,57	−21,10
40.	Std.	32,15	38,00	80,00	30,40	105,76	−1,75
41.	Std.	40,10	38,00	70,00	26,60	150,75	−13,50
42.	Std.	23,30	38,00	80,00	30,40	76,64	7,10
43.	Std.	35,40	36,00	80,00	28,80	122,92	−6,60
44.	Std.	48,20	38,00	50,00	19,00	253,68	−29,20
45.	Std.	21,35	38,00	80,00	30,40	70,23	9,50
46.	Std.	46,15	34,00	80,00	27,20	170,67	−18,95
47.	Std.	28,45	38,00	80,00	30,40	27,80	1,95
Gesamt	Std.	373,65	370,00	76,00	280,80	132,13	−92,40

Um die unterschiedlichen Auslastungsgrade anzupassen, ist ein Kapazitätsabgleich erforderlich. Dazu stehen für die Erhöhung bzw. Senkung des Angebots an Personalkapazitäten beispielsweise folgende Möglichkeiten zur Verfügung:

- Änderungen der Behandlungsmenge
- Einsatz von Leihpersonal,
- Kurzarbeit,
- Überstunden,
- Reduzierung der Schichtzahl.
- Verschiebung von Behandlungstermine,
- zusätzliche Schichten.

Beispiel

Für eine optimale, transparente Kapazitätsplanung gibt es Dienstplanprogramme, die einen monatlichen Dienstplan übersichtlich und nachvollziehbar nach Vorgaben und bestimmten Aufgaben erstellen. Darin lassen sich über Soll-Ist-Abgleiche der zu leistenden und der geleisteten Monatsstundenzahl Überstunden oder deren Abbau gut steuern und die Jahresurlaubsplanungen hinterlegen, sodass die Planenden jederzeit eine Übersicht haben, wer wann abwesend ist. Zudem vermeiden Schnittstellen zum Entgeltabrechnungsprogramm für den Lohnartenexport eine doppelte Datenpflege (vgl. Wawrzyniak 2018, S. 2). ◄

Neben dieser quantitativen Ermittlung der Personalkapazität sind weiterhin das Vorhandensein und die Erfordernis von Merkmalen wie Qualifikation, Spezialkenntnisse, Befugnisse etc. festzustellen und auch diese auf den einzelnen Arbeitsvorgang zu beziehen.

5.2 Gestaltung der Arbeitsbedingungen und -umgebungen in Gesundheitsbetrieben

Für den zeitlichen Einsatz des Personals von Gesundheitsbetrieben eignen sich unterschiedliche **Arbeitszeitmodelle**, die je nach Bedarf zur Anwendung gelangen können. In ihnen werden die Dauer der täglichen Arbeitszeit und die gleichmäßige oder ungleichmäßige Verteilung auf die Wochentage festgelegt. Den Rahmen für den Gesundheitsbetrieb bilden hierzu der jeweilige Tarifvertrag (beispielsweise Tarifvertrag für den öffentlichen Dienst der Länder TV-L) sowie die Regelungen des Arbeitszeitgesetzes (ArbZG):

- Vollzeit: Vollzeitarbeitskraft mit 100 %igem Beschäftigungsgrad (Mitarbeitende, die vertraglich zu 7,5 Stunden Tagesarbeitszeit verpflichtet sind, erbringen demnach in einer 5-Tage-Woche 37,5 Stunden etc.);
- Teilzeit: nach dem Teilzeit- und Befristungsgesetz (TzBfG) sind Arbeitnehmer dann teilzeitbeschäftigt, wenn ihre regelmäßige Wochenarbeitszeit kürzer ist als die regelmäßige Wochenarbeitszeit vergleichbarer vollzeitbeschäftigter Arbeitnehmer des Gesundheitsbetriebes (Halbtagsarbeit, Teilzeitschichten, Blockteilzeit, Bandbreitenmodell, Jahresteilzeit, Qualifizierte Teilzeitarbeit, Altersteilzeit etc.);

Beispiel

Arbeitgebende haben Arbeitnehmenden, auch in leitenden Positionen, Teilzeitarbeit nach Maßgabe des TzBfG zu ermöglichen (vgl. § 6 TzBfG). Arbeitnehmende, deren Arbeitsverhältnis länger als sechs Monate bestanden hat, können verlangen, dass ihre vertraglich vereinbarte Arbeitszeit verringert wird (vgl. § 8 TzBfG). Teilzeitbeschäftigte Arbeitnehmende dürfen wegen der Teilzeitarbeit nicht schlechter behandelt werden als vergleichbare vollzeitbeschäftigte Arbeitnehmende, es sei denn, dass sachliche Gründe eine unterschiedliche Behandlung rechtfertigen. Ihnen ist Arbeitsentgelt oder eine andere teilbare geldwerte Leistung mindestens in dem Umfang zu gewähren, der dem Anteil ihrer Arbeitszeit an der Arbeitszeit vergleichbarer vollzeitbeschäftigter Arbeitnehmenden entspricht (vgl. § 4 TzBfG). Arbeitgebende haben Sorge zu tragen, dass auch teilzeitbeschäftigte Arbeitnehmende an Aus- und Weiterbildungsmaßnahmen zur Förderung der beruflichen Entwicklung und Mobilität teilnehmen können, es sei denn, dass dringende betriebliche Gründe oder Aus- und Weiterbildungswünsche anderer teilzeit- oder vollzeitbeschäftigter Arbeitnehmender entgegenstehen (vgl. § 10 TzBfG). Die Kündigung eines Arbeitsverhältnisses wegen der Weigerung eines Arbeitnehmers, von einem Vollzeit- in ein Teilzeitarbeitsverhältnis oder umgekehrt zu wechseln, ist unwirksam (vgl. § 11 TzBfG). ◄

- Gleitende Arbeitszeit: die Lage von Arbeitsbeginn und -ende innerhalb einer Zeitspanne ist individuell wählbar;
- Schichtarbeit: liegt vor, wenn mindestens zwei Arbeitnehmende ein und dieselbe Arbeitsaufgabe erfüllen, indem sie sich regelmäßig nach einem feststehenden für sie überschaubaren Plan ablösen, sodass beispielsweise der eine Arbeitnehmer arbeitet, während die andere Arbeitnehmerin arbeitsfreie Zeit hat (Permanente Schichtsysteme, Wechselschichten: Zwei- oder Mehr-Schichtsysteme);
- Mehrfachbesetzungs-Modell: Variante der Schichtarbeit, bei der mehr Mitarbeitende beschäftigt werden, als Arbeitsplätze vorhanden sind.
- Versetzte oder Staffelarbeitszeiten: mehrere aufeinander folgende, gleichlang andauernde Arbeitszeiten stehen zur Auswahl (Versetze Arbeitszeit: Anwesenheitspflicht für eine Gruppe von Mitarbeitenden zu einem vorgeschlagenen Zeitpunkt, gestaffelte Arbeitszeit: Mitarbeitende können Zeitpunkt selbst wählen);
- „Freie Tage" – Modell (häufig in Kombination mit Schichtmodellen): die Differenz von täglicher Arbeits- und Betriebszeit wird durch freie Tage bzw. Freischichten ausgeglichen (Varianten: Mitarbeitende wählen freie Tage selbst, Gesundheitsbetrieb bestimmt die freien Tage, Betriebsferien etc.);
- Job-Sharing: mehrere Arbeitskräfte teilen sich eine bestimmte Anzahl von Arbeitsplätzen (Job- Splitting: eine Vollzeitstelle teilt sich in zwei selbstständige Teilzeitstellen, Job- Pairing: Arbeitnehmende erledigen die Arbeit zusammen);
- Jahresarbeitszeitmodell: variabler Bestandteil eines normalen Arbeitsvertrages, der die einem Jahr zu erbringende Stundenzahl an Arbeitszeit festlegt; ermöglicht eine ungleichmäßige Verteilung der Arbeitszeit;
- Kapazitätsorientierte variable Arbeitszeit (KapovAz): Abrufarbeit, bei der der Gesundheitsbetrieb die Arbeitsleistung der Mitarbeitenden auf der Grundlage eines Einzelvertrages und eines vorgegebenen Arbeitszeitkontingentes entsprechend dem gegebenen betrieblichen Arbeitsanfall anpasst;
- Zeitautonome Modelle: Gesundheitsbetrieb gibt Mindestbesetzung und Betriebszeit vor und eine Mitarbeitendengruppe erhält das Recht, über Planung und Anordnung ihrer eigenen Arbeitszeiten zu entscheiden, wobei persönliche und betriebliche Interessen verbunden und berücksichtigt werden sollen;
- Gleitender Übergang in den Ruhestand: Mitarbeitende leisten pro Woche oder Jahr eine verkürzte Arbeitszeit, Interessant bei Schichtarbeit, Potenziale werden länger genutzt;
- Vorruhestand: Anfang der 80er-Jahre entstandenes Modell zur Verkürzung der Lebensarbeitszeit (variabel nach Zeitpunkt, Verträge, Finanzierungsform etc.).

Beispiel

Während Schichtarbeit häufig im Krankenhausbereich, bei Notfallaufnahmen, intensivmedizinischer Betreuung oder Pflegediensten anzutreffen ist, eignet sich Job-Sharing beispielsweise bei der Patientenaufnahme an einer Rezeption und das Jahresarbeitszeitmodell möglicherweise zur Anpassung an den Kapazitätsbedarf einer orthopädischen Praxis oder Klinik zur Versorgung von Ski-Unfällen in den Wintermonaten. ◄

Schichtsysteme sind in Gesundheitsbetrieben zur jederzeitigen Patientenversorgung nicht nur notwendig, sie haben auch Vorteil, dass sie die Kapazitätsauslastung und auch das Leistungsangebot steigern. Durch eine verbesserte Kapazitätsauslastung sinken in der Regel die Fixkosten und damit die Kosten je Behandlungsfall. Bei der Einführung eines Schichtsystems sollten folgenden Schritte berücksichtigt werden:

- Klärung der Rahmenbedingungen für das beabsichtigte Schichtsystem: ausreichende Mitarbeitendenanzahl für ein Schichtsystem, Akzeptanz bei den Mitarbeitenden, erforderliche Ausdehnung der Gesamtarbeitszeit etc.;
- Bestimmung der neuen Gesamtarbeitszeit: Wochentage, Gesamtarbeitszeit pro Tag, Pausen etc.;
- Festlegung der Anzahl und Zeiten der einzelnen Schichten: Früh- und Spätschicht, Zeitdauer der einzelnen Schichten, Überlappungszeiten für die einzelnen Schichten etc.;
- Festlegung der einzelnen Schichtstärken: Leitungsfunktionen, Anzahl, Qualifikationen pro Schicht etc.;
- Entwicklung von Schichtplänen: regelmäßige Wechsel, Berücksichtigung persönlicher Freizeitinteressen, Urlaubszeiten und Feiertage etc.

Beispiel

Die Bundesanstalt für Arbeitsschutz und Arbeitsmedizin (baua) hat folgendes Beispiel arbeitswissenschaftlich günstiger Arbeitszeitgestaltung eines kontinuierlichen 3-Schichtsystems mit unterschiedlichem Personalbedarf im Bereich der Kranken- und Altenpflege entwickelt: Um von den Dauernachtdiensten wegzukommen, wurde in einer Altenpflegeeinrichtung mit insgesamt 85 Beschäftigten nach einer Möglichkeit gesucht, diese Regelung durch eine Integration der Nachtdienste in die Tagdienste abzubauen. Dabei mussten insbesondere die über die Tage und die Woche unterschiedlichen Bedarfe an Personal berücksichtigt werden:

- 1. Schritt: Erfassung der jeweils benötigten Anzahl von Pflegekräften zu bestimmten Zeiten eines Tages und für jeden Tag der Woche (von Montag bis Freitag wird zwischen 0:00 und 6:00 eine Pflegekraft benötigt, von 6:00 bis 12:45 drei und von 12:45 bis 14:15 fünf Pflegekräfte. Am Wochenende hingegen ist tagsüber weniger Personal – und zwar von 6:00 bis 12:45 zwei und von 12:45 bis 14:15 vier Pflegekräfte – eingeplant).
- 2. Schritt: Berechnung der Schichten: Ermittlung der entsprechenden Schichten mit Anfangs- und Endzeit sowie den jeweiligen Personalbedarf in den Schichten (die Frühschichten von Montag bis Freitag sind stärker besetzt als die Spätschichten, an den Wochenenden ist die Besetzung jedoch gleich. Die Nachtschicht ist an allen Tagen nur einmal besetzt).

- 3. Schritt: Erstellen eines Schichtplans: Für die angestrebte durchschnittliche Wochenarbeitszeit von 38,5 Std. wird ein Dienstplan mit einem 9-wöchigen Zyklus erstellt (der Ausgleich zwischen der Wochenarbeitszeit des 9-Wochensystems von 37,83 Std. und der vereinbarten Wochenarbeitszeit von 38,5 Std. wird über gelegentliche Vertretung im Krankheits- und Urlaubsfall erreicht).

Tab. 5.8 zeigt eine starke Massierung von Arbeitstagen, was aus arbeitswissenschaftlicher Sicht nicht empfehlenswert ist. Für die Pflegekräfte war dies jedoch gerade aus diesem Grunde akzeptabel, da der Dienstwechsel bisher auch im 7-Tage-Rhythmus stattfand. Weitere Vorteile waren maximal 4 Nachtdienste in Folge, maximal 4 Spätdienste in Folge, mindestens 4 freie Tage nach Nachtdiensten sowie 4 komplett freie Wochenenden in 9 Wochen, relativ regelmäßig verteilt (vgl. Bundesanstalt für Arbeitsschutz und Arbeitsmedizin 2008, S. 44 ff.). ◄

Die Gestaltung der Arbeitszeiten in Gesundheitsbetrieben wird ferner durch die rechtlichen Rahmenbedingungen des **Arbeitszeitgesetzes** (ArbZG) reglementiert. So darf die werktägliche Arbeitszeit der Arbeitnehmenden acht Stunden nicht überschreiten. Sie kann auf bis zu zehn Stunden nur verlängert werden, wenn innerhalb von sechs Kalendermonaten oder innerhalb von 24 Wochen im Durchschnitt acht Stunden werktäglich nicht überschritten werden (vgl. § 3 ArbZG). Die Arbeit ist durch im Voraus feststehende Ruhepausen von mindestens 30 Minuten bei einer Arbeitszeit von mehr als sechs bis zu neun Stunden und 45 Minuten bei einer Arbeitszeit von mehr als neun Stunden insgesamt zu unterbrechen. Die Ruhepausen können in Zeitabschnitte von jeweils mindestens 15 Minuten aufgeteilt werden. Länger als sechs Stunden hintereinander dürfen Arbeitnehmende nicht ohne Ruhepause beschäftigt werden (vgl. § 4 ArbZG). Die Arbeitnehmenden müssen nach Beendigung der täglichen Arbeitszeit eine ununterbrochene Ruhezeit von mindestens elf Stunden haben Die Dauer der Ruhezeit des kann in Krankenhäusern und anderen

Tab. 5.8 Beispiel arbeitswissenschaftlich günstiger Arbeitszeitgestaltung eines kontinuierlichen 3-Schichtsystems für eine Altenpflegeeinrichtung. (Vgl. Bundesanstalt für Arbeitsschutz und Arbeitsmedizin 2008, S. 47)

Wochentage Wochen	Mo	Di	Mi	Do	Fr	Sa	So
1	F	F	F	F	F		
2		S	S	S	N	N	N
3	N					F	F
4	F	F	F	F	F	F	
5					S	S	S
6	S	N	N	N			
7			F	F	F	S	S
8	S	S				F	F
9	F	F	S	S	S		

F = Frühschicht, S = Spätschicht, N = Nachtschicht

Einrichtungen zur Behandlung, Pflege und Betreuung von Personen um bis zu eine Stunde verkürzt werden, wenn jede Verkürzung der Ruhezeit innerhalb eines Kalendermonats oder innerhalb von vier Wochen durch Verlängerung einer anderen Ruhezeit auf mindestens zwölf Stunden ausgeglichen wird. Auch können in Krankenhäusern und anderen Einrichtungen zur Behandlung, Pflege und Betreuung von Personen Kürzungen der Ruhezeit durch Inanspruchnahmen während der Rufbereitschaft, die nicht mehr als die Hälfte der Ruhezeit betragen, zu anderen Zeiten ausgeglichen werden (vgl. § 5 ArbZG). Sofern die Arbeiten nicht an Werktagen vorgenommen werden können, dürfen Arbeitnehmende in Krankenhäusern und anderen Einrichtungen zur Behandlung, Pflege und Betreuung von Personen an Sonn- und Feiertagen beschäftigt werden (vgl. § 10 ArbZG).

Die Bedeutung der nach § 16 ArbZG vorgesehenen **Arbeitszeiterfassung** liegt nicht so sehr im Umgang mit Streitfällen, etwa dann, wenn im Gesundheitsbetrieb häufig Überstunden anfallen oder es einzelne Mitarbeitende mit der Pünktlichkeit nicht so genau nehmen. Sie stellt zwar ein wirksames Mittel dar, um derartige Auseinandersetzungen oder Ungerechtigkeiten bezüglich der tatsächlichen Arbeitszeit zu vermeiden, ist aber in erster Linie für die Ermittlung der Personalkosten unverzichtbar. Im Gesundheitsbetrieb sind häufig folgende Systeme im Einsatz:

- Selbstaufschreibung mit anschließender manueller Auswertung: oft verwendetes Zeiterfassungssystem, das ein großes Maß an Vertrauen voraussetzt;
- Elektronische Zeiterfassung mit Hilfe von Ident-Karten: hierbei übernehmen Erfassungsterminals und multifunktionale Ident-Karten für Zugang, Zeiterfassung, Zahlungen in der Kantine etc. im Scheckkartenformat die Aufgaben frühere Stempelkarten; ihnen sind die Arbeitszeitmodelle der einzelnen Mitarbeitenden hinterlegt;
- Zeiterfassung durch das Krankenhaus- oder Praxisinformationssystem: Arbeitszeiterfassungsprogramme als integrierte Standardsoftware; die Arbeitszeiten werden dabei durch tägliches persönliches An- und Abmelden am System erfasst und zu direkt abrufbaren Arbeitszeitprotokollen ausgewertet.

Durch alle Systeme lassen sich Arbeitsbeginn und -ende sowie die Pausen exakt erfassen und die tatsächlich geleisteten Arbeitzeiten genau berechnen. Voraussetzung für die Einführung einer elektronischen Zeiterfassung in Gesundheitsbetrieben mit Betriebsrat ist jedoch der Abschluss einer entsprechenden Betriebsvereinbarung.

Weitere rechtliche Rahmenbedingungen für den zeitlichen Einsatz der Mitarbeitenden im Gesundheitsbetrieb ergeben sich nach dem **Bundesurlaubsgesetz** (BUrlG). Danach haben jeder Arbeitnehmer und jede Arbeitnehmerin hat in jedem Kalenderjahr Anspruch auf bezahlten Erholungsurlaub (vgl. § 1 BurlG), der jährlich mindestens 24 Werktage beträgt, wobei als Werktage alle Kalendertage gelten, die nicht Sonn- oder gesetzliche Feiertage sind (vgl. § 3 BurlG). Bei der zeitlichen Festlegung des Urlaubs sind die Urlaubswünsche der Arbeitnehmenden zu berücksichtigen, es sei denn, dass ihrer Berücksichtigung dringende betriebliche Belange oder Urlaubswünsche anderer Arbeitnehmender, die unter sozialen Gesichtspunkten den Vorrang verdienen, entgegenstehen. Der Urlaub ist auch zusammenhängend zu gewähren, es sei denn, dass dringende betriebliche oder in der Person der Arbeitnehmenden liegende Gründe eine Teilung des Urlaubs erforderlich machen. Kann der Urlaub aus diesen Gründen nicht zusammenhängend gewährt werden, und haben die Arbeitnehmenden Anspruch auf Urlaub von mehr als zwölf Werktagen, so muss einer der Urlaubsteile mindestens zwölf aufeinanderfolgende Werktage umfassen. Auch muss der Urlaub im laufenden Kalenderjahr gewährt und genommen werden, und eine Übertragung des Urlaubs auf das nächste Kalenderjahr ist nur statthaft, wenn dringende betriebliche oder in der Person der Arbeitnehmenden liegende Gründe dies rechtfertigen (vgl. § 7 BurlG).

Die **Arbeitsergonomie** im Gesundheitsbetrieb befasst sich mit der Schaffung geeigneter Arbeitsbedingungen und menschgerechter Gestaltung der Arbeitsplätze. Damit sollen möglichst eine effiziente und fehlerfreie Arbeitsausführung sichergestellt und die Mitarbeitenden im Gesundheitsbetrieb vor gesundheitlichen Schäden auch bei langfristiger Ausübung ihrer Tätigkeit geschützt werden.

In den letzten Jahrzehnten haben sich die Arbeitsbedingungen für die Mitarbeitenden in Gesundheitsbetrieben erheblich verbessert. Die ergonomische Gestaltung von Arbeits- und Behandlungseinrichtungen, d. h. die bestmögliche Anpassung der Arbeitsbedingungen an den Menschen als Arzt oder Ärztin, Beschäftigte in der Pflege oder Patienten, hat einen wesentlichen Teil dazu beigetragen. Moderne medizintechnische Geräte, Behandlungsplätze, Praxiseinrichtungen oder Laborausstattungen berücksichtigen die Forderung, die fachliche Methodik und ihre medizinischen, medizintechnischen und hygienischen Gesichtspunkte mit optimalen physiologischen Arbeitsbedingungen weitestgehend in Einklang zu bringen. Sie erfüllen in der Regel alle **DIN-Vorgaben** der 33400er Reihe, die beispielsweise Anforderungen an Arbeitsplätze und -mittel enthalten:

- Höhenverstellbarkeit der Arbeitsflächen-, Sitz- oder Standhöhe;
- Anpassung von Sitzgelegenheiten an die anatomischen und physikalischen Gegebenheiten des Menschen;
- Ausreichender Bewegungsraum für Arme, Beine und Füße;
- Berücksichtigung individueller und genereller Abmessungen;
- Vermeidung unnötig hoher Belastungen von Muskeln, Gelenken, Bändern, Herz- und Kreislaufsystemen;
- Ermöglichen eines häufigen Wechsels zwischen Sitzen und Stehen;
- Weitestgehende Vermeidung von Zwangshaltungen durch Wechsel mit entlastenden Körperhaltungen und -bewegungen;
- Vermeidung statischer Muskelarbeit;
- Angleichung von Krafteinsatz und Bewegungsmaß;
- Anpassung der Bewegungsanforderungen an die natürlichen Bewegungen (vgl. Blab et al. 2018, S. 6 ff.).

Insbesondere für das Arbeiten in der Pflege oder das Bewegen schwerer Lasten in der Logistik von Krankenhäusern macht die **Lastenhandhabungsverordnung** (LasthandhabV) Vorgaben für die manuelle Handhabung von Lasten, die aufgrund ihrer Merkmale oder ungünstiger ergonomischer Bedingungen für die Beschäftigten eine Gefährdung für Sicherheit und Gesundheit, insbesondere der Lendenwirbelsäule, mit sich bringt (vgl. § 1 LasthandhabV). Danach haben Gesundheitsbetriebe als Arbeitgebende geeignete organisatorische Maßnahmen zu treffen oder geeignete Arbeitsmittel, insbesondere mechanische Ausrüstungen, einzusetzen, um manuelle Handhabungen von Lasten, die für die Beschäftigten eine Gefährdung für Sicherheit und Gesundheit, insbesondere der Lendenwirbelsäule mit sich bringen, zu vermeiden. Können diese manuellen Handhabungen von Lasten nicht vermieden werden, sind bei der Beurteilung der Arbeitsbedingungen nach dem Arbeitsschutzgesetz (ArbSchG) die Arbeitsbedingungen insbesondere unter Zugrundelegung von Gefährdungsmerkmalen zu beurteilen (siehe Tab. 5.9). Aufgrund der Beurteilung sind geeignete Maßnahmen zu treffen, damit eine Gefährdung von Sicherheit und Gesundheit der Beschäftigten möglichst geringgehalten wird (vgl. § 2 LasthandhabV).

Auch die **Arbeitsstättenverordnung** (ArbStättV) beinhaltet umfangreiche Anforderungen für die Gestaltung gesundheitsbetrieblicher Arbeitsstätten, dazu zählen beispielsweise:

- Allgemeine Anforderungen: Anforderungen an Konstruktion und Festigkeit von Gebäuden; Abmessungen von Räumen, Luftraum; Sicherheits- und Gesundheitsschutzkennzeichnung; Energieverteilungsanlagen; Fußböden, Wände, Decken, Dächer; Fenster, Oberlichter; Türen, Tore; Verkehrswege; Fahrtreppen, Fahrsteige; Laderampen; Steigleitern, Steigeisengänge;

Tab. 5.9 Merkmale, aus denen sich eine Gefährdung von Sicherheit und Gesundheit, insbesondere der Lendenwirbelsäule, der Beschäftigten ergeben kann. (Vgl. Anhang LasthandhabV)

Merkmalsorientierung	Merkmale
handzuhabende Last	ihr Gewicht, ihre Form und Größe; die Lage der Zugriffsstellen; die Schwerpunktlage; die Möglichkeit einer unvorhergesehenen Bewegung
von den Beschäftigten zu erfüllende Arbeitsaufgabe	die erforderliche Körperhaltung oder Körperbewegung, insbesondere Drehbewegung; die Entfernung der Last vom Körper; die durch das Heben, Senken oder Tragen der Last zu überbrückende Entfernung; das Ausmaß, die Häufigkeit und die Dauer des erforderlichen Kraftaufwandes; die erforderliche persönliche Schutzausrüstung; das Arbeitstempo infolge eines nicht durch die Beschäftigten zu ändernden Arbeitsablaufs; die zur Verfügung stehende Erholungs- oder Ruhezeit
Beschaffenheit des Arbeitsplatzes und der Arbeitsumgebung	der in vertikaler Richtung zur Verfügung stehende Platz und Raum; der Höhenunterschied über verschiedene Ebenen; die Temperatur, Luftfeuchtigkeit und Luftgeschwindigkeit; die Beleuchtung; die Ebenheit, Rutschfestigkeit oder Stabilität der Standfläche; die Bekleidung, insbesondere das Schuhwerk

- Maßnahmen zum Schutz vor besonderen Gefahren: Schutz vor Absturz und herabfallenden Gegenständen, Betreten von Gefahrenbereichen; Maßnahmen gegen Brände; Fluchtwege und Notausgänge;
- Arbeitsbedingungen: Bewegungsfläche; Anordnung der Arbeitsplätze; Ausstattung; Beleuchtung und Sichtverbindung; Raumtemperatur; Lüftung; Lärm;
- Sanitär-, Pausen- und Bereitschaftsräume, Kantinen, Erste-Hilfe-Räume und Unterkünfte: Sanitärräume; Pausen- und Bereitschaftsräume; Erste-Hilfe-Räume; Unterkünfte;
- Ergänzende Anforderungen und Maßnahmen für besondere Arbeitsstätten und Arbeitsplätze: Arbeitsplätze in nicht allseits umschlossenen Arbeitsstätten und Arbeitsplätze im Freien; Baustellen;
- Maßnahmen zur Gestaltung von Bildschirmarbeitsplätzen: Allgemeine Anforderungen an Bildschirmarbeitsplätze; Allgemeine Anforderungen an Bildschirme und Bildschirmgeräte; Anforderungen an Bildschirmgeräte und Arbeitsmittel für die ortsgebundene Verwendung an Arbeitsplätzen; Anforderungen an tragbare Bildschirmgeräte für die ortsveränderliche Verwendung an Arbeitsplätzen; Anforderungen an die Benutzerfreundlichkeit von Bildschirmarbeitsplätzen (vgl. Anhang ArbStättV).

Die Empfehlungen der **Berufsgenossenschaft für Gesundheitsdienst und Wohlfahrtspflege** (BGW) zeigen ebenfalls Maßnahmen auf, um das Arbeitsumfeld und den Arbeitsalltag in Gesundheitsbetrieben ergonomisch zu gestalten und beispielsweise Belastungen des Rückens zu reduzieren. Dazu zählen Arbeiten mit geeigneten Hilfsmitteln, günstige Körperhaltungen, verbesserte Arbeitsorganisation und bewusster Einsatz der eigenen Kräfte. Auch sollte bei belastenden Tätigkeiten zunächst geprüft werden, ob technische Lösungen die Belastung verringern. So sollte für die häufige Bewegung immobiler Patienten und Patientinnen vom Bett in den Rollstuhl ein Lifter vorhanden sein. Wenn sich mit technischen Maßnahmen die Situation nicht vollständig verbessern lässt, empfiehlt es sich, Lösungen auf organisatorischer Ebene zu suchen und beispielsweise anstrengende Tätigkeiten gleichmäßig auf alle Beschäftigten zu verteilen. Weitere präventive Maßnahmen setzen auf der persönlichen Ebene an, auf der die Beschäftigten selbst etwa durch rückengerechte Arbeitsweise Einfluss nehmen können (vgl. Berufsgenossenschaft für Gesundheitsdienst und Wohlfahrtspflege 2017, S. 6 ff.).

Beispiel

Die Deutsche Arbeitsschutzausstellung (DASA) der Bundesanstalt für Arbeitsschutz und Arbeitsmedizin (baua) bietet in Dortmund den Ausstellungsbereich Heilen und Pflegen an, der den besonderen physischen Belastungen der Heil- und Pflegeberufe, wie langes Stehen, häufiges Bücken, das Heben und Tragen schwerer Lasten, Schichtdienst, unregelmäßige Arbeitszeiten, aber auch den psychischen Belastungen im täglichen Umgang mit kranken, zu pflegenden, sterbenden Menschen Rechnung trägt (vgl. Bundesanstalt für Arbeitsschutz und Arbeitsmedizin 2021, S. 1). ◄

Auch das **Betriebliche Gesundheitsmanagement** (BGM) befasst sich mit Angeboten und Maßnahmen für eine positive Arbeitsumgebung in Gesundheitsbetrieben und damit für die Beschäftigten, um ihre Gesundheit, ihr Wohlbefinden und damit ihre Leistungsfähigkeit zu erhalten bzw. zu fördern (siehe hierzu auch Abschn. 3.7). Für kranke und gefährdete Mitarbeitende gilt es Arbeitsbelastungen und gesundheitliche Beschwerden zu reduzieren. Hierzu sind Regelungen aufstellen, die dazu dienen, die Gesundheit zu fördern, und gleichzeitig die Beschäftigten dazu zu bewegen, sich hilfreiche Kompetenzen anzueignen und Verhaltenspathogene zu vermeiden (vgl. Uhle und Treier 2015, S. 8). So sollten Maßgaben vorhanden sein, die vor allen Dingen Informationen über dauerhaft eingerichtete Maßnahmen enthalten. Dazu zählen beispielsweise Themen wie:

- Betriebsarzt (Angebot von gesundheitsfördernden Maßnahmen, Arbeitsplatzbegehungen, Beratung zur Arbeitssicherheit und Gesundheitsförderung, Gefährdungsanalysen, Grippeschutzimpfungen, Vorsorgeuntersuchungen etc.);
- Bildschirmarbeitsbrillen (spezielle Sehhilfen für die Arbeit am PC, Kostenerstattung, Bestätigung durch den Betriebsarzt etc.);
- gesunde Ernährung (grundsätzliche Empfehlungen, abgestimmtes Kantinenangebot etc.);
- Grippeschutzimpfungen (Anmeldung, Organisation der Impfungen, Impfbuch etc.);
- Beschäftigtengesundheitstage (Durchführungsintervalle, Themenfindung, Teilnahme innerhalb der Arbeitszeit etc.);
- mobiler Massageservice, (Nutzung, Anrechnung auf Arbeitszeit, Kostenerstattung etc.);
- Unterstützung (Beratung in schwierigen Lebenssituationen, bei Suchtproblemen, Burnout, etc.).

Im Falle gesundheitlicher Beschwerden der Beschäftigten, sind wesentliche Grundlagen für ein **Betriebliches Eingliederungsmanagement** (BEM) im Neunten Sozialgesetzbuch (SGB IX) und damit auch für eine Verbesserung der Arbeitssituation enthalten. Danach sind im Gesundheitsbetrieb ein Eingliederungsmanagement einzurichten und Regelungen zu treffen für Beschäftigte, die innerhalb eines Jahres länger als sechs Wochen ununterbrochen oder wiederholt arbeitsunfähig sind. Hier sind unter anderem mit der zuständigen Interessenvertretung und mit Zustimmung und Beteiligung der betroffenen Person die Möglichkeiten zu klären, wie die Arbeitsunfähigkeit möglichst überwunden werden und mit welchen Leistungen oder Hilfen erneuter Arbeitsunfähigkeit vorgebeugt und der Arbeitsplatz erhalten werden kann. Soweit erforderlich, sind der Betriebsarzt hinzuzuziehen und die betroffene Person oder ihr gesetzlicher Vertreter zuvor auf die Ziele des BEM sowie auf Art und Umfang der hierfür erhobenen und verwendeten Daten hinzuweisen. Kommen Leistungen zur Teilhabe oder begleitende Hilfen im Arbeitsleben in Betracht, sind von der Gesundheitseinrichtung als Arbeitgeber die Rehabilitationsträger oder bei schwerbehinderten Beschäftigten das Integrationsamt hinzuziehen (vgl. § 167 SGB IX).

Für die weitere Umsetzung der Anforderungen sind unter anderem zu regeln:

- Auswertung der Zeitdauer von Erkrankungen,
- schriftliche Kontaktaufnahme mit betroffenen Beschäftigten,
- Erläuterung des BEM,
- Einholung der Einverständniserklärung der betroffenen Beschäftigten,
- Vereinbarung von Maßnahmen zur Arbeitserleichterung und Verbesserung der Arbeitssituation,
- Erfolgskontrolle der vereinbarten Maßnahmen.

Zur betrieblichen Gesundheitsförderung zählen auch der **Betriebssport**, in dem sich die Beschäftigte des Gesundheitsbetriebs sportlich engagieren und aktiv werden können. Es sollte daher zumindest geregelt sein, welche Sportgruppen es im Gesundheitsbetrieb gibt und wie die Informationen darüber einheitlich strukturiert werden:

- Anmeldung,
- Ansprechpartner,
- Kosten,
- Sportart,
- sportliche Ziele,
- Teilnehmer,
- Trainingsort und -uhrzeit,
- Voraussetzungen.

5.3   Digitale Arbeitswelten

Die Grundlage für digitale Arbeitswelten in Gesundheitsbetrieben bilden in der Regel integrierende Informationssysteme, wie

- Krankenhausinformationssysteme (KIS): sie umfassen alle informationsverarbeitenden Prozesse zur Bearbeitung medizinischer und administrativer Daten in einem Krankenhaus; dazu zählen beispielsweise die Erfassung der erbrachten medizinischen Leistungen nach DRG-Fallpauschalen, die Erfassung der Krankheitsdaten nach dem ICD-Schlüssel, die Verwaltung der Patientenstammdaten, die Abrechnung gegenüber Krankenkassen, Krankenversicherungen und Selbstzahlern, Pflegedokumentation und Pflegeplanung, Personalverwaltung und Logistik und vieles andere mehr;
- Praxis-Verwaltungs-Systeme (PVS): sie bewerkstelligen die dokumentierenden, informationsverarbeitenden Prozesse in Arzt- oder Zahnarztpraxen und beinhalten dazu in der Regel Patientendatenmanagementsysteme für Verwaltung und Verarbeitung von Patienten- und Behandlungsfalldaten, Arbeitsplatzsysteme für den/die Ärzte zur Falldokumentation, Anamnese, Berichtsdokumentation, Erstellung von Arztbriefen, Ver-

ordnungen, Überweisungen etc., Privat- und Kassenliquidation, Buchführung, Personalverwaltung, sowie der Integration von medizinischen Wissensdatenbanken oder bildgebenden Verfahren;

- Heim-Software: sie sorgen in Pflegeheimen für die zentralen Verwaltung und Verarbeitung von administrativen Daten (Bewohnerdaten Aufnahme, Basisdokumentation, Erfassen und Fakturieren von abrechnungsorientierten Daten, Generieren von Listen und Statistiken, Taschengeldverwaltung, Kommunikation mit den Kostenträgern) sowie von pflegerelevanten Daten (Material- und Medikamentenerfassung, Pflegedokumentation, Essensanforderung, Stationsorganisation, Dienstplanung etc.).

Mit dem verstärkten Einsatz von Informations- und Kommunikationstechnologien verändern sich auch im Gesundheitsbetrieb die Formen der Leistungserstellung, der Arbeitsteilung und des Austauschs von Leistungen. Die Verfügbarkeit der menschlichen Arbeitskraft wird beispielsweise durch Telemanagement, Telekooperationen und Telearbeit auf eine neue Basis gestellt. Im Vordergrund steht dabei der Gedanke der verstärkten räumlichen und zeitlichen Verteilung menschlicher Arbeitskraft mit den Zielen größerer Flexibilität, ökonomischer Effizienz und Patientennähe.

Beispiel

Bei den Krankenhäusern haben digitale Technologien flächendeckend Einzug gehalten, sodass verschiedene Technologien mittlerweile weit verbreitet sind und zum Arbeitsalltag der Beschäftigten gehören. Es ist zukünftig von einer weiteren Durchdringung der Krankenhäuser mit digitaler Technik auszugehen und die Beschäftigten sind sich dabei bewusst, dass diese Entwicklung die eigene Arbeit künftig stark beeinflussen und verändern wird. So deutet sich an, dass die bereits erfolgte und sich mit großer Sicherheit weiter vertiefende Digitalisierung der Krankenhäuser perspektivisch mit fundamentalen Veränderungen der dortigen Arbeitswelt verbunden sein wird. Es ist zu erwarten, dass die Digitalisierung tiefgehende Auswirkungen auf das Denken und Handeln, die Selbstverständnisse und Berufsbilder sowie auf die Arbeitsprozesse insbesondere auch der professionellen Gesundheitsberufe in Pflege, Medizin und Therapie haben wird (vgl. Bräutigam et al. 2017, S. 8 f.). ◀

In der Folge dieser Entwicklung ist der Begriff Arbeitsplatz neu zu definieren. Der Arbeitsplatz in dem oben genannten Sinne ist nicht mehr nur ortsgebunden, sondern auch virtuell möglich und damit überall dort ansiedelbar, von wo aus eine Verbindung zu Netzwerken, Rechnern im Gesundheitsbetrieb, Computern von Leistungserbringern etc. besteht, beispielsweise bei den Arbeitnehmenden zuhause im sogenannten **Home-Office**. Unter Nutzung entsprechender Informations- und Kommunikationstechnologie ist dabei eine größtmögliche Ortsungebundenheit realisierbar. Das suggeriert, dass mit der Einrichtung virtueller und damit standortunabhängiger Arbeitsplätze die entsprechenden ortsgebundenen Arbeitsplätze beispielsweise in der Verwaltung von Arzt- und Zahnarztpraxen,

Pflegeheimen oder Krankenhäusern ersatzlos entfallen können. Dies trifft jedoch nur zum
Teil zu. Während der herkömmliche, personengebundene Büroarbeitsplatz mehr und mehr
überflüssig wird, sind personenungebundene Arbeitsplätze nötig, an denen im Gesundheitsbetrieb bedarfsweise mehrere Mitarbeitende arbeiten können. So tritt beispielsweise
an die Stelle des persönlichen Schreibtisches ein gemeinsam genutzter Arbeitstisch (Sha-
red Desk), der mit entsprechenden Docking-Stationen für mobile Rechner, Peripherie-
geräte, Büromaterial, sowie digitale Kommunikationseinrichtungen ausgestattet ist. Dieser Arbeitsplatz kann alternierend beispielsweise von mehreren Teilzeit-Mitarbeitenden in
der medizinischen Dokumentation, der Leistungsabrechnung oder der allgemeinen Verwaltung etc. des Gesundheitsbetriebs genutzt werden, die im Bedarfsfalle physisch im
Gesundheitsbetrieb anwesend sein und von dort aus tätig werden müssen. Die dadurch
mögliche Reduzierung von festen, personengebundenen Büroarbeitsplätzen führt zu
einem Kostenvorteil aufgrund der Einsparung von Arbeits- und Büroflächen.

Unter **Telearbeit** ist in diesem Zusammenhang eine rechnergestützte Arbeitsleistung
zu verstehen, die mit Hilfe elektronischer Hilfsmittel an einem vom Gesundheitsbetrieb
räumlich getrennten Arbeitsplatz verrichtet wird. Der Arbeitsort wird dadurch variabel.
Sie erscheint insbesondere dann geeignet, wenn organisatorisch keine physische Präsenz
der Mitarbeitenden im Gesundheitsbetrieb erforderlich ist, die durchzuführenden Tätigkeiten eine ergebnisorientierte Führung erlauben und die Verantwortlichkeiten eindeutig
geregelt sind.

Der Begriff des **eHealth** im Gesundheitsbetrieb fasst eine Vielzahl von Anwendungen,
Entwicklungen, Vernetzungen sowie den Daten- und Informationsaustausch hauptsächlich
auf der Basis des Internet in der Gesundheitsversorgung zusammen, die Zum Teil auch
durch Begriffe wie Cybermedizin, E-Gesundheit oder Online-Medizin in der Vergangenheit gekennzeichnet worden sind. Die Bezeichnung eHealth steht dabei für „electronic
Health" und stellt zum einen die elektronische Unterstützung bzw. Digitalisierung von
Prozessen im Bereich von Medizin- und Pflege dar, zum anderen beinhaltet eHealth aber
auch neue Leistungen und Problemlösungen, die erst aufgrund der dahinterstehenden in-
formations- und kommunikationstechnologischen Entwicklung möglich werden.

Lange Zeit stand für derartige Entwicklungen weitestgehend der Begriff der **Telemedizin**, die ausgehend von der in den 70er-Jahren begründeten Telematik, die Überwindung räumlicher und zeitlicher Unterschiede mit Hilfe der Telekommunikation und
Informatik zu Diagnose- und Therapiezwecken zum Ziel hat.

Beispiel

Nach einer Definition der Deutschen Gesellschaft für Telemedizin (DGTelemed) ist
Telemedizin ein vergleichsweise neues Tätigkeitsfeld im Gesundheitswesen, worunter
die die Erbringung konkreter medizinischer Dienstleistungen in Überwindung räumlicher Entfernungen durch Zuhilfenahme moderner Informations- und Kommunikationstechnologien zu verstehen ist. Als ein Teilgebiet der Telematik fällt der mittlerweile
etablierte Begriff Telemedizin unter den weiten Oberbegriff eHealth, der heute viele

Aktivitäten wie den Einsatz elektronischer Medien im Gesundheitswesen allgemein (Stichwort: elektronische Gesundheitskarte, elektronische Patientenakte, elektronische Fallakte, elektronischer Arztbrief oder eRezept u. a.), Telemedizin, Telematik und anderes mehr umfasst. Beispielsweise wird Telematik im Gesundheitswesen als ein Sammelbegriff für gesundheitsbezogene Aktivitäten, Dienste und Systeme definiert, die über räumliche Entfernung mit Mitteln der Informations- und Kommunikationstechnologie ausgeführt werden. Insgesamt wird telemedizinische Anwendungen ein großes Potenzial für eine Qualitätsverbesserung und -sicherung in der medizinischen Versorgung in fast allen medizinischen Disziplinen zugeschrieben. Durch die Nutzung moderner Informations- und Kommunikationstechnologien werden die diagnostische und therapeutische Praxis vereinfacht, die Qualität der medizinischen Versorgung gesteigert und die Verfügbarkeit umfassenderen medizinischen Wissens auch in ländlichen Regionen und dünnbesiedelten Gebieten verbessert (vgl. Deutsche Gesellschaft für Telemedizin 2021, S. 1). ◄

Als Bestandteil des Interoperabilitätsverzeichnisses hat die Gesellschaft für Telematik (gematik) ein barrierefreies Informationsportal zu pflegen und zu betreiben, in das auf Antrag von Projektträgern oder von Anbietern elektronischer Anwendungen insbesondere Informationen über den Inhalt, den Verwendungszweck und die Finanzierung von elektronischen Anwendungen im Gesundheitswesen, insbesondere von telemedizinischen Anwendungen, sowie von elektronischen Anwendungen in der Pflege aufgenommen werden (vgl. § 392 SGB V). Hierzu ist das Informationsportal von vesta ein digitales Verzeichnis für bundesweite Telemedizin-Projekte und elektronische Anwendungen in der eHealth-Branche, wie zum Beispiel Apps, Software-Lösungen, Wearables und medizintechnische Geräte oder Kommunikations- und Datenaustauschplattformen. Es ermöglicht Anbietern, ihre telemedizinische Anwendung oder ihr eHealth-Projekt auf dieser unabhängigen Plattform des deutschen Gesundheitswesens zu platzieren (siehe Tab. 5.10).

Beispiel

Im Bereich der Zahnmedizin lässt sich im Rahmen der Telediagnostik beispielsweise die Begutachtung zahnmedizinischer Bilder von mehreren, voneinander entfernten Teilnehmenden zur Ermittlung eines Befundes durchführen (z. B. bildgestützte Telediagnostiksysteme). Die Telekonsultation eignet sich, um live erfolgende oder auch zeitlich versetzt Diskussionen von schwierigen, seltenen und ungewöhnlichen Fällen auch über eine große Distanz mit Kollegen oder Spezialisten vorzunehmen, um eine zweite Meinung einzuholen und zur Bestätigung, Verfeinerung oder auch Korrektur des Befunds (z. B. Kommunikation für die präoperative Planungsphase bei Patienten mit Form- und Lageanomalien der Kiefer). Das Telemonitoring eignet sich beispielsweise zur computergestützten 3D-Planung und -simulation komplexer mund-kiefer-gesichts-chirurgischer Operationen im virtuellen Raum unter Nutzung exakt erstellter dreidimensionaler Planungen von skelettverlagernden Operationen direkt für eine intraoperative Navigation. ◄

Tab. 5.10 Beispiele für telemedizinische Anwendungen aus dem vesta-Informationsportal. (Vgl. gematik GmbH 2022, S. 1)

Anwendung	Erläuterungen/Beispiele
Telebetes	Ziel des Programms ist die Steigerung der Eigenverantwortung der Patienten; das gesamte soziale Umfeld der Patienten wird mit integriert; es wird davon ausgegangen, dass über diese Behandlungsform die Qualität und Anwendbarkeit diabetologischer Programme gesteigert werden kann; zudem entlastet diese Dienstleistung niedergelassene Ärzte und Ärztinnen für die Routinetherapie und sichert den sehr schnellen und transparenten Datenaustausch sowie die Therapieanpassung, sodass vor Ort mit diesen erhobenen Werten weiterbehandelt werden kann
Telekonsultation Chronische Wunde	Die Telekonsultation kann viele aufwändige persönliche Arztbesuche in der häuslichen Betreuungssituation, deren einziger Anlass oft die Beurteilung solcher Wunden ist, vermeiden; die Meinung eines Wundspezialisten kann mittels Bildübertragung schneller und somit effizienter eingeholt werden; die Bild-Konsultationen sind notwendig, da die telefonische Beschreibung der Befunde durch das Pflegepersonal oder einen Hausarzt bzw. eine Hausärztin in der Regel für eine Ferndiagnose zu ungenau sind; zudem setzen sie eine ständige Erreichbarkeit der zu konsultierenden Ärztinnen und Ärzte voraus
Telemedizin Glaukom-Management	Ziel ist es, verschiedene ärztliche Maßnahmen zur Überwachung und Behandlung des Glaukoms noch besser und vor allem für den Glaukompatienten einfacher aufeinander abzustimmen
Telemedizinische Anbindung von niedergelassenen Ärzten an Alten- und Pflegeheime	Zielsetzung von DocConnect ist die Verbesserung der Versorgung von Patienten in Alten- und Pflegeheimen durch schnellere Informationsweitergabe
Telemedizinische Betreuung von akut und chronisch Herzkranken	Verbesserung der Versorgung von akut und chronisch Herzkranken; Reduzierung von unnötigen stationären Krankenhausbehandlungen/Rettungsfahrten; Reduzierung von Krankheitskosten
Telemedizinische Betreuung von Patienten mit chronischer Herzinsuffizienz	HeiTel dient zur Unterstützung und Schulung von herzinsuffizienten Patienten nach akutem kardialem Ereignis; Verbesserung der Lebensqualität; Reduktion der Krankenhausaufenthalte
Telemedizinische Unterstützung bei Bluthochdruck	Unterstützung des Selbstmanagements bei chronisch Erkrankten mit dem Ziel, durch Erlernen einer effektiven Selbstmessung im häuslichen Umfeld nachhaltig eine aktivere Rolle im Krankheitsgeschehen einzunehmen
Telemedizinischer Thromboseservice	Überwachung der Blutgerinnung um Komplikationen wie verstärkte Blutungen aufgrund zu hoch dosierten Marcumars oder verstärkte Thrombenbildung (Blutgerinsel) aufgrund zu niedrig dosierten Marcumars zu verringern; durch die telemedizinische Kontrolle ergibt sich für chronisch Kranke und Hochrisikopatienten ein hohes Maß an Sicherheit und Lebensqualität; gefährliche Gerinnungsschwankungen lassen sich frühzeitig erkennen und ermöglichen somit ein schnelles Eingreifen durch den Arzt oder die Ärztin

Insofern erscheint eHealth als eine Fortführung und Erweiterung der Telemedizin unter Nutzung jeweils aktueller informations- und kommunikationstechnischer Entwicklungen. Aktuelle Nutzungs- und Entwicklungslinien des eHealth sind insbesondere:

- Vernetzungsbestrebungen im Gesundheitssystem;
- Anwendungen der Telemedizin, die sich auf die Infrastruktur oder Technologie des Internet stützen;
- Bereitstellung von Gesundheitsinformationen und Dienstleistungen über das Internet;
- direkte Interaktionen zwischen Patienten und Computer bzw. Internetanwendungen;
- Infrastrukturinitiativen auf informations- und kommunikationstechnologischer Basis im Gesundheitswesen.

Der Gesundheitsbetrieb ist zugleich Nutzer von eHealth-Anwendungen, als auch Bestandteil von eHealth-Netzwerken und Prozessen. Für den Gesundheitsbetrieb kann eHealth somit im Einzelfall lediglich das Bereitstellen von Informationen für Patienten, das eigene Personal oder andere Leistungserbringer über Informationsportale bedeuten. Ebenfalls mögliche Zielsetzungen im Rahmen des eHealth sind die lebenslange Aufzeichnung aller Daten eines Patienten über dessen Gesundheitszustand und die Zusammenführung aller Daten aus medizinischen und paramedizinischen Bereichen und Ergänzung der Informationen durch Angaben und Einträge des Patienten selbst. Es kann aber beispielsweise auch den elektronischen Austausch von Informationen zwischen Patienten und Gesundheitsbetrieb oder Gesundheitsbetrieb und anderen Leistungserbringern ohne direkte und zeitnahe Reaktion des Kommunikationspartners – oder aber unmittelbare Reaktion des Kommunikationspartners – bedeuten, auch über räumliche Distanzen hinweg. Auch ist ein gezielter Datenaustausch zwischen verschiedenen Partnern des Gesundheitswesens möglich, um die medizinische Leistungserstellung vollständig elektronisch abbilden und erbringen zu können.

Da gerade in der Medizin von einer regelrechten Wissensexplosion gesprochen werden muss und Schätzungen davon ausgehen, dass sich das medizinische Wissen etwa alle zwei Jahre verdoppelt, ist die Informationsflut so überwältigend und verliert auch derartig immer schneller an Aktualität, dass sie für den Alltag im Gesundheitsbetrieb kaum mehr zu bewältigen ist. Anwendungen im Rahmen des eHealth, wie Datenbanken, Online-Literaturdienste, Expertensysteme, elektronische Zeitschriften etc. ermöglichen die Digitalisierung medizinischen Wissens und dessen Verbreitung. Allein für den Bereich der Medizin existieren weltweit hunderte von Literaturdatenbanken von verschiedenen Anbietern (beispielsweise für die Allgemeinmedizin Medline, PubMed, Embase, Biosis Preview IPA (International Pharmaceutical Abstracts), Derwent Drug File etc.). Daneben unterstützt eine Vielzahl von weiteren Datenbanken den Gesundheitsbetrieb im Rahmen des eHealth. So bietet etwa das Bundesinstitut für Arzneimittel und Medizinprodukte (BfArM) auch umfangreiche Recherchemöglichkeiten im Arzneimittel-Informationssystem (AMIce) mit Informationen zu Arzneimitteln wie beispielsweise Darreichungsform, Angaben zur Verkehrsfähigkeit und Packungsbeilagen. Die ABDA-Datenbank des

ABDATA Pharma-Daten-Service beinhaltet umfassende Daten und Fakten zu Fertigarzneimitteln, Wirkstoffdossiers, Interaktionen und Stoffen. Sie steht Ärzten sowie medizinischen Fachkreisen zur Verfügung (vgl. Bundesinstitut für Arzneimittel und Medizinprodukte 2022, S. 1). Das Internetangebot PharmNet.Bund stellt darüber hinaus beispielsweise Arzneimittel-Informationen der deutschen Arzneimittelzulassungsbehörden zur Verfügung. Dazu gehören unter anderem administrativen Daten wie Name, Darreichungsform oder Zulassungsnummer von Arzneimitteln, inklusive Fach- und Gebrauchsinformationen, Klinische Prüfungen etc. Das BfArM bietet beispielsweise auch Datenbanken zur systematischen Bewertung gesundheitsrelevanter Prozesse und Verfahren der Deutschen Agentur für Health Technology Assessment (DAHTA), zur Sicherung der Qualität und Wirtschaftlichkeit im deutschen Gesundheitswesen.

Ein weiterer Bereich des eHealth ist die **Medizinische Informationsvermittlung**. Hier sind für den Gesundheitsbetrieb insbesondere über krankheitsbezogene Portale die Möglichkeiten der Informationsvermittlung an Patienten gegeben, wenn beispielsweise ein Arzt oder eine Ärztin als Praxisinhaber gleichzeitig für derartige Portale medizinisches Fachwissen aufbereiten. Es gibt zahlreiche Beispiele von Portalen zur medizinischen Informationsvermittlung, die von Leistungserbringern betrieben werden und/oder kommerzieller Natur sind und meistens auch über die krankheitsbezogene Ausrichtung hinaus weitergehende Informationen rund um das Gesundheitswesen anbieten (www.kbv.de, www.baek.de, www.onmeda.de, www.netdoktor.de, www.apotheken-umschau.de, www.gesundheit.de, www.vitanet.de, www.kinderaerzte-im-netz.de, www.aerztezeitung.de etc.).

Auch für den zahnmedizinischen Bereich gibt zahlreiche Beispiele von Portalen zur Informationsvermittlung, die dentale Informationen anbieten (www.kzbv.de, www.bzaek.de, www.zahnarztportal.org, www.portal-der-zahnmedizin.de, www.2te-zahnarztmeinung.de, www.zahnarzt-hilfe.de, www.apotheken-umschau.de, www.gesundheit.de, www.vitanet.de, etc.).

Schließlich bietet die telematikgestützte Ausbildung von Personal im Bereich Medizin und Pflege Nutzungspotenziale für den Gesundheitsbetrieb. Ein Beispiel dazu ist das **eLearning**, der Einsatz von elektronischen, digitalen Medien für die Anwendung von Lernmaterialien in der medizinischen Ausbildung. Ärzte und Ärztinnen im Praxisbetrieb können beispielsweise über webbasierte multimediale Lernsysteme das systematisch erworbene Wissen am virtuellen Patienten durchspielen, um die Entscheidungsfähigkeit zu trainieren und eine Differenzialdiagnose zu erstellen. Die Unterstützung von Diagnose- und Therapieentscheidungen kann auch anhand aus einer Datenbank abzurufenden Falldaten erfolgen und auch in einem simulierten Arztzimmer erfolgen, in dem ein virtueller Patient von der Anamnese über die körperliche Untersuchung, die Erhebung einer Verdachtsdiagnose bis zur Dokumentation in der Patientenakte und zur endgültigen Diagnose betreut und dabei sämtliche Stationen der ärztlichen Behandlung in Form einer Diagnostik- und Therapieschleife durchläuft.

Ein weiterer wichtiger Einsatzbereich virtueller Arbeitsformen für den Gesundheitsbetrieb ist die **Interaktion** zwischen den Leistungserbringern und den Patienten. Hierbei geht es insbesondere um den intersektoralen Austausch von Nachrichten und strukturierten Dokumenten im medizinischen Kontext, mit dem Ziel, den Austausch von Daten und Prozessinformationen sowie deren Weiterverarbeitung zwischen dem ambulanten und dem stationären Sektor im Sinne einer integrierten Versorgung zu ermöglichen.

Der (**eArztbrief**) (elektronischer Arztbrief) unterstützt die Arztbriefkommunikation, indem die wichtigsten Inhalte wie Fragestellung, Anamnese, Befunde, Diagnosen, Therapien bzw. Behandlungsmaßnahmen in digitaler Form an den Adressaten übermittelt werden. Geregelt wird der digitale Austausch beispielsweise in der Richtlinie über die Übermittlung elektronischer Briefe in der vertragsärztlichen Versorgung gemäß § 383 SGB V (Richtline elektronischer Brief). Danach müssen der Vertragsarzt oder die Vertragsärztin für die Übermittlung elektronischer Briefe nach dieser Richtlinie spezielle Dienste nach SGB V nutzen. Zur Übermittlung ist ausschließlich ein dafür zertifiziertes System (Kommunikation im Medizinwesen – KIM, beispielsweise kv-dox als KIM-Dienst der KBV) zu verwenden, und der elektronische Brief muss vor dem Versand durch einen elektronischen Heilberufsausweis (eHBA) mit einer qualifizierten elektronischen Signatur (QES) versehen werden (vgl. Richtline elektronischer Brief 2021, S. 3). Die Briefe können in der Regel direkt aus dem Krankenhausinformationssystem (KIS) oder dem Praxisverwaltungssystem (PVS) heraus versendet und empfangen werden.

Sonderformen des eArztbriefes sind beispielsweise der elektronische Reha-Kurzbrief, der die nachbetreuenden Ärzte über wesentliche Inhalte und Ergebnisse der medizinischen Leistungen zur Rehabilitation informiert und dazu wichtige Daten zur Nachsorge, Informationen über den Verlauf der Rehabilitation, Rehabilitationsdiagnosen, die empfohlene Medikation und über die weitergehenden Nachsorgemaßnahmen sowie die sozialmedizinische Beurteilung in Kurzform enthält, sowie der elektronische Reha-Entlassungsbericht, der als einheitlicher Entlassungsbericht in der medizinischen Rehabilitation der gesetzlichen Rentenversicherung die relevanten Elemente des Arztbriefes übernimmt, weiterverarbeitet und zwischen Rehabilitationsbereich, ambulantem und stationärem Sektor ausgetauscht wird.

Mit der elektronischen Arbeitsunfähigkeitsbescheinigung (eAU) müssen die Versicherten nicht mehr selbst ihre Krankenkasse und ihre Arbeitgebenden über eine Arbeitsunfähigkeit informieren. Die AU-Daten werden von den Ärztinnen und Ärzte an die Krankenkassen übermittelt, die für die Arbeitgebenden bestimmte Daten an diese weiterleiten.

Für den Austausch von Ärzten untereinander und mit den Kassenärztlichen Vereinigungen steht mit **KV Connect** ein Übertragungsstandard zur Verfügung, der die vertrauliche medizinische Datenübertragung sicherstellen soll. Auf seiner Basis werden neben der Übertragung des eArztbriefes beispielsweise auch die Online-KV-Abrechnung, der Datenaustausch mit Leistungserbringern in der gesetzlichen Unfallversicherung (DALE-UV) oder der Labordatentransfer (LDT) ermöglicht (siehe Tab. 5.11).

KV-Connect ist eine Kommunikationsplattform in der Nachfolge von D2D (Doctor-to-Doctor), die von der Telematik Arbeitsgemeinschaft der bundesdeutschen Kassenärztlichen Vereinigungen in Kooperation mit dem Fraunhofer-Institut für Biomedizinische

Tab. 5.11 Virtuelle Arbeitsunterstützung im Gesundheitsbetrieb am Beispiel der KV-Connect-Anwendungen. (Vgl. kv.digital GmbH 2022, S. 1)

Anwendung	Erläuterungen
1ClickAbrechnung	Mit der 1ClickAbrechnung können niedergelassene Ärzte und Psychotherapeuten ihre Online-Quartalsabrechnungen digital an ihre Kassenärztliche Vereinigung (KV) senden, direkt aus dem Praxisverwaltungssystem (PVS) heraus
eArztbrief	Mit dem elektronischen Arztbrief (eArztbrief) können Ärzte und Ärztinnen medizinische Informationen über einen sicheren Kommunikationsdienst austauschen; die Informationen werden standardisiert und strukturiert übertragen; als Übertragungsstandard wird MIME mit angehängten XML-, PDF- und weiteren Dateiformaten verwendet; mit dem eArztbrief können außerdem diverse Dateiformate als Anhang verschickt werden, wie beispielsweise: BMP-Dateien (Bundeseinheitlicher Medikationsplan) oder LDT-Dateien (Laborbefunde)
eDMP	Die Anwendung eDMP bietet eine elektronische Unterstützung von Disease-Management-Programmen (DMP) auf Basis zugelassener Übertragungsverfahren, um eine Behandlung chronisch kranker Patienten nach einheitlichen Standards sicherstellen und dokumentieren
Labordatenkommunikation	Bei der Labordatenkommunikation zwischen Fachärzten für Laboratoriumsmedizin, Mikrobiologie, Transfusionsserologie, Zytologie oder Pathologie und den an sie überweisenden Ärzten bzw. Ärztinnen, der mit Abstand der Bereich in der vertragsärztlichen Kommunikation mit den meisten Kommunikationsvorgängen ist, enthält der Auftrag für eine laboratoriumsmedizinische Untersuchung notwendige Informationen, die es den Fachärzten und -ärztinnen im Labor ermöglichen, qualitativ hochwertige Befunde unter Berücksichtigung aller relevanten Patienteninformationen zu erstellen; der Befund (das Ergebnis der Arbeit im Labor) kann technisch so erstellt werden, dass das Softwaresystem des anfordernden Arztes den Befund weitgehend automatisiert in die Patientenakte einpflegen kann; hierzu haben der Qualitätsring Medizinische Software e. V. (QMS) und die Kassenärztliche Bundesvereinigung (KBV) gemeinsam die Datensatzbeschreibung LDT 3 entwickelt; damit auch die abrechnungsbegründenden Unterlagen elektronisch übertragen werden können, wurden digitale Muster durch die KBV entwickelt und in den Bundesmantelvertrag-Ärzte (BMV-Ä) aufgenommen (z. B. Muster 10: Überweisungsschein für laboratoriumsmedizinische Untersuchungen; Muster 10A: Anforderungsschein von Laboruntersuchungen bei Laborgemeinschaften)

(Fortsetzung)

Tab. 5.11 (Fortsetzung)

Anwendung	Erläuterungen
eNachricht	eNachricht ermöglicht, Inhalte direkt aus ihren Primärsystemen (z. B. KIS) über einen sicheren Kommunikationsdienst zu senden und zu empfangen; wie bei einem „normalen" E-Mail-Programm können kurze Nachrichten, aber auch umfangreichere Dateien als Anlage versendet werden
DALE-UV	DALE-UV steht für Datenaustausch für Leistungserbringer der Gesetzlichen Unfallversicherungen; Ärzte und Ärztinnen, die von der DGUV für die Behandlung von Arbeitsunfällen und Berufskrankheiten zugelassen sind, senden über das DALE-UV-Verfahren Behandlungsberichte sowie ihre Abrechnungen an die Berufsgenossenschaften; die Dokumentationen und Rechnungen werden in standardisierter Form erstellt (technische Dokumentation der DGUV) und einzeln an die Daten-Annahme-und-Verteilstelle der DGUV übermittelt; diese übernimmt die Weiterleitung an die jeweils zuständige Berufsgenossenschaft
eHKS	Das Hauptanliegen der elektronischen Dokumentation Hautkrebsscreening ist, Hautkrebserkrankungen frühzeitig zu erkennen, zu behandeln und damit die Mortalität und Morbidität zu senken; auf Grundlage der Früherkennungsrichtlinie des Gemeinsamen Bundesausschusses ist die Dokumentation ausschließlich in elektronischer Form möglich
eDokumentation	Der Begriff steht für das elektronische Dokumentieren in der Qualitätssicherung. eDoku-Portal steht ergänzend zum Angebot der Softwarehersteller als ein bundesweit verfügbares Online-Portal für Ärzte, Ärztinnen und Psychotherapeuten; das eDoku-Portal bietet eine Schnittstelle zu KV-Connect an, um die geforderten Angaben aus der Praxisverwaltungssoftware zu übertragen; auch ist die direkte Übertragung der Dokumentation aus dem Praxisverwaltungssystem über einen Kommunikationsdienst an die Datenannahmestelle möglich
ePVS	ePVS ermöglicht die Übertragung von Abrechnungsdaten der Privatliquidation aus der Anwendung heraus an einen Abrechnungsdienstleister über einen sicheren Kommunikationsdienst
QSPB	Mit der Anwendung QSPB können Leistungserbringer (niedergelassene Ärzte, Ärztinnen und Psychotherapeuten) ihre QS-Daten und Programmbeurteilungen an die jeweils zuständige Datenannahmestelle senden
eTerminservice	Die Anwendungen im Kontext des eTerminservice unterstützen die Vermittlung von Facharztterminen über die Terminservicestellen der Kassenärztlichen Vereinigungen (KVen); eTerminservice-Vermittlungscode versetzt Nutzer in die Lage, den Terminservicestellen weitergehende Informationen zu einem Vermittlungscode zu übertragen und auf elektronischem Weg einen Vermittlungscode zu erhalten; mit eTerminservice-TSS-Abrechnungsinformation sind die abrechnungsrelevanten Informationen zu durchgeführten Terminen, welche über den eTerminservice der KVen vermittelt wurden, abrufbar

Technik (IBMT) als spezielle Telematik-Plattform für das deutsche Gesundheitswesen entwickelt wurde, um für eine sichere und zukunftsfähige Telematik der ärztlichen Selbstverwaltung zu sorgen. Es wird in Gesundheitsbetrieben beispielsweise in PVS integriert und übernimmt die Sicherung der Daten während des Transports zwischen den medizinischen Leistungserbringern, indem alle Daten grundsätzlich als signierte Dokumente übermittelt, während der Übertragung und während der Speicherung auf dem Server verschlüsselt und durch zusätzliche Transport-Signaturen hinsichtlich Unversehrtheit und Authentizität abgesichert werden. Ärzte, Krankenhäuser und Labore können ihre Dokumente und Befunde mit KV-Connect direkt aus ihrem jeweiligen IT-System Ende-zu-Ende-verschlüsselt versenden und empfangen. Dabei sind die Daten geschützt durch eine Nachrichten-Signatur gegen Manipulation und durch asymmetrische Verschlüsselung gegen unbefugte Kenntnisnahme.

Für den Zugriff auf diverse Anwendungen der Telematikinfrastruktur und Daten der elektronischen Gesundheitskarte (eGK) ist ein elektronischer Heilberufsausweis (HBA) notwendig, da so sichergestellt wird, dass nur Berechtigte Zugriff auf die sensiblen Daten erhalten. Der elektronische Arztausweis (**eArztausweis**) verfügt hierbei über die umfassendsten Zugriffsrechte, ist eine personenbezogene Chipkarte im Scheckkarten-Format, stellt in seiner klassischen Funktion einen Sichtausweis dar und beinhaltet weitere Grundfunktionen:

- Erstellen von elektronischen Unterschriften (Qualifizierte elektronische Signatur – QES), beispielsweise für Arztbriefe, Abrechnungsunterlagen für die Kassenärztliche Vereinigung, Notfalldaten auf der elektronischen Gesundheitskarte, elektronische Rezepte oder elektronische Arbeitsunfähigkeitsbescheinigungen;
- Authentifizierung mit virtueller Identität und Eigenschaft als Arzt bzw. Ärztin, beispielsweise an Portalen von Kammern oder Arztnetzen oder in der Telematikinfrastruktur;
- Vertrauliche Ver- und Entschlüsselung personenbezogener medizinischer Daten oder anderweitiger vertraulicher Informationen;
- Zugriff auf medizinische Daten, die auf der eGK der Patienten abgespeichert sind, wie beispielsweise Notfalldaten und elektronischer Medikationsplan (vgl. Bundesärztekammer 2022, S. 1).

Bei der Interaktion zwischen Patienten und Arztpraxen ist das **Telemonitoring** als Fernuntersuchung, -diagnose und -überwachung von Patienten und deren Ausstattung mit speziell ausgerüsteten Mobiltelefonen, Personal Digital Assistant (PDA) oder Geräten zur Messung von Vitaldaten (beispielsweise im Rahmen der Diabetologie, Pulmologie, Kardiologie zur Übertragung von Gewichts-, Blutdruck-, Herzfrequenzdaten an die Arztpraxis, Informationen und Rückmeldungen der Praxis, Erinnerungen an Medikamenteneinnahme, durchzuführende Messungen etc.) zu nennen. Auch zählt die **Telekardiologie** mit der Übertragung wichtiger kardiologischer, telemetrischer Daten über Mobilfunknetz oder Festleitung zur Information über den Gesundheitszustand des Patienten beispielsweise bei Herzschrittmachern, implantiertem Cardioverter-Defibrillator (ICD) oder bei einem Herzinsuffizienz-Therapiesystem für die Cardiale Resynchronisations-Therapie (CRT) dazu.

Bei der **Televisite** handelt es sich um die ambulante, postoperative telemedizinische Nachsorge, die Patient und Arztpraxis mit Hilfe von Computer, Mikrofon und Digitalkamera nach der Entlassung aus ambulanter Behandlung durchführen. Dazu überträgt der Patient beispielsweise selbst erstellte Wundfotografien und Angaben über erhöhte Körpertemperatur, Wundschmerzen regelmäßig an die Arztpraxis oder das ihn behandelnde ambulante Operationszentrum, die die Daten überwachen, reagieren und/oder Fragen beantworten. Als wesentliche Vorteile der Televisite werden eine größere Zahl betreubarer Patienten, eine bessere Praxisauslastung und die positive Wirkung der gewohnten, häuslichen Umgebung auf die Patienten gesehen.

Die **Elektronische Patientenakte** (ePA) stellt eine digitalisierte Dokumentation aller Patientendaten dar, die seinen Krankheits- und Behandlungsverlauf wiedergeben. Um ein ganzheitliches Bild der Patientenversorgung zu vermitteln, ist die ePA keine problemorientierte, das papierbasierte Karteisystem ersetzendes elektronisches Pendant, sondern gleicht eher einer prozessorientierten Dokumentation mit den notwendigen Befunddaten, zugehöriger Korrespondenz, Diagnosen, Behandlungsverläufen und -ergebnissen, unter weitestgehender Nutzung und Integration verschiedener Medien, wie digitale Fotografien, Bilder, Grafiken. Dazu enthält nicht nur die Daten des aktuellen Falles, sondern auch alle verfügbaren Informationen früherer Krankheiten und Behandlungen, was eine Digitalisierung bestehender Papierakten erforderlich macht.

Die ePA ist umfassend im SGB V geregelt. Danach ist sie eine versichertengeführte elektronische Akte, die den Versicherten von den Krankenkassen auf Antrag zur Verfügung gestellt wird, wobei die Nutzung für die Versicherten freiwillig ist. Mit ihr sollen den Versicherten auf Verlangen Informationen, insbesondere zu Befunden, Diagnosen, durchgeführten und geplanten Therapiemaßnahmen sowie zu Behandlungsberichten, für eine einrichtungs-, fach- und sektorenübergreifende Nutzung für Zwecke der Gesundheitsversorgung, insbesondere zur gezielten Unterstützung von Anamnese und Befunderhebung, barrierefrei elektronisch bereitgestellt werden (vgl. § 341 SGB V).

Versicherte haben gegenüber Ärztinnen und Ärzten, die an der vertragsärztlichen Versorgung teilnehmen oder in Einrichtungen, die an der vertragsärztlichen Versorgung teilnehmen oder in zugelassenen Krankenhäusern oder in einer Vorsorgeeinrichtung oder Vorsorgeeinrichtungen und Rehabilitationseinrichtungen tätig und in deren Behandlung eingebunden sind, einen Anspruch

- auf die Erstellung von elektronischen Notfalldaten und die Speicherung dieser Daten auf ihrer elektronischen Gesundheitskarte oder auf die Erstellung der elektronischen Patientenkurzakte sowie
- auf die Aktualisierung von elektronischen Notfalldaten und die Speicherung dieser Daten auf ihrer elektronischen Gesundheitskarte oder auf die Aktualisierung und Speicherung dieser Daten in der elektronischen Patientenkurzakte.

Entsprechende Regelungen gibt es für den elektronischen Medikamentationsplan (vgl. § 358 SGB V).

Mit virtuellen Pausenräumen, intelligenten Pflegebetten, digitalen Dienstplangestaltungen oder Desinfektionsrobotern wird der Einsatz neuer Technologien auch in der Pflege erkundet. Mit ihrem richtigen Einsatz wird erhofft, beispielsweise durch eine intelligente Pflegedokumentation oder den digitalen Datenaustausch mit Kolleginnen und Kollegen den Arbeitsalltag zu erleichtern und dafür zu sorgen, dass mehr Zeit für die zwischenmenschliche Zuwendung zu den Klienten bleibt. Als Voraussetzung zur Erfüllung daran anknüpfender Erwartungen müssen sich die Auswahl, Entwicklung und Implementierung der Technologien an den Bedarfen der Pflegenden und Einrichtungen orientieren (Demand Pull) und nicht an ökonomischen Interessen und/oder dem Machbaren (Technology Push). 30 dieser Projekte zur Digitalisierung pflegerischer Arbeitsprozesse und deren Anwendungsgebiete wurden im baua-Forschungsprojekt F 2503 analysiert (vgl. Bundesanstalt für Arbeitsschutz und Arbeitsmedizin 2022, S. 1).

Zusammenfassung Kap. 5

Eine wichtige Grundlage des Personaleinsatzes ist die zeitliche, räumliche, qualitative und quantitative Zuordnung der Mitarbeitenden im Gesundheitsbetrieb zu den einzelnen Stellen und den damit verbundenen Arbeitsaufgaben. Für den zeitlichen Einsatz des Personals von Gesundheitsbetrieben eignen sich unterschiedliche Arbeitszeitmodelle, die je nach Bedarf zur Anwendung gelangen können. Die Arbeitsergonomie im Gesundheitsbetrieb befasst sich mit der Schaffung geeigneter Arbeitsbedingungen und menschgerechter Gestaltung der Arbeitsplätze. Mit dem verstärkten Einsatz von Informations- und Kommunikationstechnologien verändern sich auch im Gesundheitsbetrieb die Formen der Leistungserstellung, der Arbeitsteilung und des Austauschs von Leistungen. Im Vordergrund steht dabei der Gedanke der verstärkten räumlichen und zeitlichen Verteilung menschlicher Arbeitskraft mit den Zielen größerer Flexibilität, ökonomischer Effizienz und Patientennähe.

Literatur

Arbeitsstättenverordnung (ArbStättV) vom 12. August 2004 (BGBl. I S. 2179), zuletzt durch Artikel 4 des Gesetzes vom 22. Dezember 2020 (BGBl. I S. 3334) geändert.
Arbeitszeitgesetz (ArbZG) vom 6. Juni 1994 (BGBl. I S. 1170, 1171), zuletzt durch Artikel 6 des Gesetzes vom 22. Dezember 2020 (BGBl. I S. 3334) geändert.
Berufsgenossenschaft für Gesundheitsdienst und Wohlfahrtspflege – BGW (Hrsg.) (2017) Starker Rücken – Ganzheitlich vorbeugen, gesund bleiben in Pflegeberufen. Informationsbroschüre. Stand: April 2017. Hamburg.

Bräutigam, C.; Enste, P.; Evans, M.; Hilbert, J.; Merkel, S.; Öz, F. (2017) Digitalisierung im Krankenhaus – Mehr Technik, bessere Arbeit? In: Hans-Böckler-Stiftung (Hrsg.) Study Nr. 364/ Dezember 2017. Düsseldorf.

Bundesärztekammer (Hrsg.) (2022) Elektronischer Arztausweis. https://www.bundesaerztekammer. de/aerzte/telematiktelemedizin/earztausweis/. Berlin. Zugegriffen: 20.03.2022.

Bundesanstalt für Arbeitsschutz und Arbeitsmedizin -baua (Hrsg.) (2022) Aktuelle Forschung zu Pflege und Digitalisierung – Ein Überblick über Forschungsprojekte zur Digitalisierung in der Pflege. https://www.baua.de/DE/Aufgaben/Forschung/Schwerpunkt-Digitale-Arbeit/Taetigkeiten-im-digitalen-Wandel/Personenbezogene-Taetigkeiten/Forschung-Pflege-Digitalisierung.html. Dortmund. Zugegriffen: 20.03.2022.

Bundesanstalt für Arbeitsschutz und Arbeitsmedizin -baua (Hrsg.) (2021) Deutsche Arbeitsschutz-ausstellung (DASA) – Arbeitswelt Gesundheit/Heilen und Pflegen. https://www.baua.de/DE/An-gebote/Aktuelles/Meldungen/2021/2021-06-09-DASA-Ausstellung-Pflege-Heilen.html. Stand: Juni 2021. Dortmund. Zugegriffen: 19.03.2022.

Bundesanstalt für Arbeitsschutz und Arbeitsmedizin – baua (Hrsg.) (2008) Positive Gestaltungsbei-spiele der softwaregestützten Arbeitszeitgestaltung. Informationsbroschüre. Dortmund.

Bundesinstitut für Arzneimittel und Medizinprodukte – BfArM (Hrsg.) (2022) Arzneimittel recher-chieren. https://www.dimdi.de/dynamic/de/arzneimittel/arzneimittel-recherchieren/. Zugegriffen: 20.03.2022.

Bundesurlaubsgesetz (BurlG) in der im Bundesgesetzblatt Teil III, Gliederungsnummer 800-4, ver-öffentlichten bereinigten Fassung, zuletzt durch Artikel 3 Absatz 3 des Gesetzes vom 20. April 2013 (BGBl. I S. 868) geändert.

Blab, F.; Daub, U.; Gawlick, S. (2018) Ergonomische Arbeitsplatzgestaltung – Prinzipien aus Trai-nings-, Sport- und Arbeitswissenschaft zur Entlastung des Bewegungsapparates. Fraunhofer-Institut für Produktionstechnik und Automatisierung – IPA (Hrsg.) Informationsbroschüre. Stuttgart.

Deutsche Gesellschaft für Telemedizin – DGTelemed (Hrsg.) (2021) Was ist Telemedizin? http://www.dgtelemed.de/de/telemedizin/. Berlin. Zugegriffen: 20.03.2022.

Frodl, A. (2018) Gesundheitsberufe im Einsatz. Wiesbaden: Springer Gabler/Springer Fachmedien.

gematik GmbH (Hrsg.) (2022) vesta-Informationsportal – Übersicht über alle Projekte und An-wendungen. https://www.informationsportal.vesta-gematik.de/projekte-anwendungen/. Berlin. Zugegriffen: 20.03.2022.

kv.digital GmbH (Hrsg.) (2022) Anwendungen. https://www.kv.digital/medizinische-kommunikation/anwendungen.html. Berlin. Zugegriffen: 20.03.2022.

Richtline elektronischer Brief (2021) Richtlinie der Kassenärztlichen Bundesvereinigung (KBV) über die Übermittlung elektronischer Briefe in der vertragsärztlichen Versorgung gemäß § 383 SGB V. Stand: April 2021. Berlin.

Sozialgesetzbuch (SGB) V – Gesetzliche Krankenversicherung – (Artikel 1 des Gesetzes vom 20. Dezember 1988, BGBl. I S. 2477, 2482), zuletzt durch Artikel 14 des Gesetzes vom 10. Dezem-ber 2021 (BGBl. I S. 5162) geändert.

Sozialgesetzbuch (SGB) IX – Rehabilitation und Teilhabe von Menschen mit Behinderungen -vom 23. Dezember 2016 (BGBl. I S. 3234), zuletzt durch Artikel 2 des Gesetzes vom 23. Mai 2022 (BGBl. I S. 760) geändert.

Teilzeit- und Befristungsgesetz (TzBfG) vom 21. Dezember 2000 (BGBl. I S. 1966), zuletzt durch Artikel 10 des Gesetzes vom 22. November 2019 (BGBl. I S. 1746) geändert.

Uhle, T.; Treier, M. (2015) Betriebliches Gesundheitsmanagement – Gesundheitsförderung in der Arbeitswelt. 3. Auflg. Berlin/Heidelberg: Springer-Verlag.

Wawrzyniak, K. (2018) Arbeitszeitmanagement – Wie Kliniken Dienstpläne effizient steuern. In: Deutsches Ärzteblatt. Jahrg. 115. Heft 14. Köln: Deutscher Ärzteverlag. S. 2–4.

Wilk, G. (2018) Stellenbeschreibungen und Anforderungsprofile – Kompetente Unterstützung der erfolgreichen Personalarbeit. 2. Auflg. Freiburg/München/Stuttgart: Haufe Group/Haufe-Lexware.

Personalentwicklung

6.1 Personalentwicklungsmaßnahmen im Gesundheitsbetrieb

Die **Personalentwicklung** im Gesundheitsbetrieb stellt ein umfassendes Konzept der Einwirkung auf die Mitarbeitenden mit dem Ziel dar, die Qualifikationen aufzubauen und weiterzuentwickeln, die sie für die Erfüllung ihrer beruflichen Aufgaben im Gesundheitsbetrieb benötigen. Personalentwicklung ist damit die systematisch vorbereitete, durchgeführte und kontrollierte Förderung der Anlagen und Fähigkeiten der Mitarbeitenden in Abstimmung mit ihren Erwartungen und den Veränderungen der Arbeitsplätze und Tätigkeiten im Gesundheitsbetrieb.

> **Beispiel**
>
> Für Angehörige der Gesundheitsberufe hat die Personalentwicklung aufgrund ihrer sehr ausgeprägten fachlichen Orientierung bereits eine gut entwickelte Tradition: Es gehört zum beruflichen Selbstverständnis, sich in der eigenen Fachdisziplin informiert zu halten. So durchläuft beispielsweise die Berufsgruppe der Ärztinnen und Ärzte bekanntermaßen eine lange akademische Ausbildung mit anschließender Fachweiterbildung und auch für die Berufsgruppe der Pflegekräfte folgt auf eine anspruchsvolle Ausbildung vielfach eine fachliche Weiterbildung, zumindest aber der regelmäßige Besuch von Fortbildungsveranstaltungen zu pflegefachlichen Themen. Die fachliche Weiterbildung der Health Care Professionals stellt somit eine weit verbreitete Selbstverständlichkeit dar (vgl. Gießler et al. 2013, S. 12). ◄

Aufgabenorientierte Lernprozesse der klassischen Aus- und Weiterbildung sind wichtig. Darüber hinaus müssen jedoch auch eine ganze Reihe von personenorientierten Entwicklungs- und Veränderungsprozessen unterstützt werden, die das Potenzial der Mitarbeitenden weiterentwickeln. Patientenorientiertes Denken und Handeln des Behand-

© Springer Fachmedien Wiesbaden GmbH, ein Teil von Springer Nature 2023
A. Frodl, *Personalmanagement im Gesundheitswesen*,
https://doi.org/10.1007/978-3-658-40563-2_6

lungs- und Pflegepersonals in einem Gesundheitsbetrieb kann nicht befohlen und an- geordnet werden. Die Personalentwicklung in einem Gesundheitsbetrieb muss daher längerfristige Entwicklungsprozesse auslösen, die es den Mitarbeitenden erlauben, sich mit der Zielsetzung des Gesundheitsbetriebs auseinanderzusetzen und aus der eigenen Überzeugung heraus Verhaltensweisen zu entwickeln, die die Umsetzung der Ziele im eigenen Aufgabengebiet möglich machen.

Die Patientenorientierung im Gesundheitsbetrieb erfordert engagierte und eigenver- antwortliche Mitarbeitende. Sie selbst sind mitverantwortlich für die eigene Entwicklung und dadurch gewissermaßen verpflichtet zu eigenverantwortlichem, permanenten Lernen für den Gesundheitsbetrieb (siehe Abb. 6.1).

Verstärkte Marktorientierung, die Anwendung neuer Behandlungs- und Informations- technologien und das sehr dynamische gesundheitspolitische Umfeld verändern die Auf- gaben und Arbeitsabläufe im Gesundheitsbetrieb. Die Fähigkeiten der Mitarbeitenden werden in vielen Bereichen des Gesundheitsbetriebs immer weniger von Routinetätig- keiten und immer stärker von komplexen Aufgabenstellungen beansprucht. Die Routine- aufgaben stellen heutzutage mehr und mehr die eigentlichen Basisfunktionen dar, die die Mitarbeitenden ohnehin beherrschen müssen. Das Anforderungsprofil insgesamt ist für alle umfangreicher und anspruchsvoller geworden. Die Mitarbeitenden im Gesundheits- betrieb müssen sich auf ein fachübergreifendes, profund angelegtes Wissen auf dem je- weils aktuellen Kenntnisstand stützen. Was angesichts einer immer stärkeren Patienten- orientierung neben solidem Wissen erwartet wird, sind Eigenschaften, die unter den Begriffen methodische und soziale Kompetenzen diskutiert werden. Zur sozialen Kompe- tenz gehören gegenüber den Patienten Kommunikationsfähigkeit, Einfühlungsvermögen und Flexibilität, um den individuellen Bedürfnissen der Patienten gerecht werden zu kön-

Abb. 6.1 Rollenverteilung in der Personalentwicklung des Gesundheitsbetriebs

nen. Gegenüber den Kolleginnen und Kollegen äußert sich soziale Kompetenz vor allem durch Kooperationsbereitschaft und Teamfähigkeit.

Die Personalentwicklung im Gesundheitsbetrieb kann in unterschiedlichen Kategorien ablaufen. Je nach Konzeption und eigenem Einsatz bietet sie unterschiedliche Möglichkeiten und Potenziale (siehe Abb. 6.2).

Die Inhalte der Personalentwicklung im Gesundheitsbetrieb umfassen:

- Ziele und -grundsätze: Situation des Gesundheitsbetriebs, Veränderung/Situation der Umfeldbedingungen, Leitbild des Gesundheitsbetriebs, Ziele der Personalentwicklung, Stellenwert der Personalentwicklung;
- Planungsgrundlagen und Handlungsfelder: Entwicklungsbedarf, Mitarbeitendenbeurteilung, Handlungsfelder;
- Lernziele und Inhalte: Grundsätze der Erwachsenenbildung, Verhältnis Fach-/Verhaltensqualifikation, Lernziele und -methoden;
- Maßnahmeangebot: Zusammenstellung, Zeit, Ort, Durchführung;
- Rolle der Beteiligten: Grundsatz der Beteiligung Aller, Aufgabenverteilung;
- Organisatorische Rahmenbedingungen: Zeitliche Restriktionen, Kosten/Budget, konkrete Planung, Ablauf.

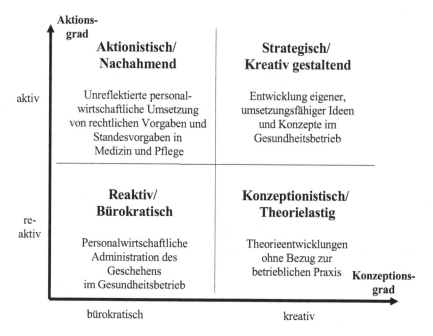

Abb. 6.2 Kategorien der Personalentwicklung im Gesundheitsbetrieb. (Vgl. Becker 2013, S. 188 ff.)

Sofern es sich nicht um eine rein fachliche Qualifikationsmaßnahme wie einen Ab-
rechnungskurs oder ähnliches handelt, findet die Personalentwicklung nicht mehr vor-
wiegend „off-the-job" in Seminaren, sondern möglichst „near-the-job" statt. Man unterscheidet bei einzelnen Personalentwicklungsmaßnahmen

- Into the job: Hinführung zu einer neuen Tätigkeit im Gesundheitsbetrieb;
- On the job: direkte Maßnahme am Arbeitsplatz im Gesundheitsbetrieb (planmäßiger
  Arbeitsplatzwechsel, Urlaubs-/Krankheitsvertretung, Sonderaufgaben);
- Near the job: regelmäßige Abwechslung von externer Schulung und praktischer Um-
  setzung am Arbeitsplatz im Gesundheitsbetrieb (bspw. duales Ausbildungssystem);
- Off the job: externe Weiterbildung (Seminare, Lehrgänge, Tagungen außerhalb des
  Gesundheitsbetriebs).

Gerade die Förderung wichtiger Schlüsselqualifikationen wie patientenorientiertes Den-
ken und Handeln oder Kommunikationsfähigkeit kann nur gelingen, wenn das Lernen am
Grundsatz des Erlebens und Erfahrens orientiert ist. Die Fähigkeit von Mitarbeitenden,
Probleme selbstständig lösen zu können, setzt voraus, dass sie an ihrem Arbeitsplatz mit
Situationen konfrontiert werden, die Problemlösungsverhalten erfordern. Wenn von einer
MFA oder ZFA in einer Arzt- oder Zahnarztpraxis erwartet wird, ein kleines Team zu
führen, dann muss sie auch im Rahmen der Vorbereitung auf diese Führungsaufgabe die
Gelegenheit haben, sich Kenntnisse in der Personalführung anzueignen und ihre Führungs-
fähigkeiten zu trainieren.

Als weitere Erfolgsfaktoren für eine erfolgreiche Personalentwicklung in Gesundheitsbetrieben können angesehen werden:

- bei allen strategischen Überlegungen im Gesundheitsbetrieb sind Aspekte der Personalentwicklung miteinzubeziehen;
- die persönliche und fachliche Weiterqualifizierung bzw. Entwicklung der Mitarbeitenden muss Teil des Führungsverhaltens und der Führungskultur im Gesundheitsbetrieb werden;
- die Priorisierung des Einsatzes ist eng mit den Führungskräften des Gesundheitsbetriebs abzustimmen;
- Personalentwicklung muss organisiert werden, um Instrumente und Methoden bereitzustellen, die den Führungskräften ihre diesbezüglichen Aufgaben ermöglichen;
- Personalentwicklung ist fester Bestandteil der gesundheitsbetrieblichen Personalarbeit;
- die Generierung von Instrumenten und Methoden der Personalentwicklung sollte gemeinsam mit den Führungskräften realisiert werden (vgl. Stockinger 2014, S. 6).

Im Mittelpunkt moderner Personalentwicklung steht somit nicht mehr das Faktenlernen,
sondern das Verhaltenlernen. Nicht die Stoffvermittlung durch Unterricht, sondern Hilfe-
stellung und Anwendungsberatung vor Ort sowie die Organisation und Moderation selbst-
ständiger Lernprozesse sind die Aufgaben des Gesundheitsbetriebs. Die Betriebsleitung

muss die Mitarbeitenden anregen, sich Kenntnisse und Fähigkeiten selbstständig zu erarbeiten. Die Führungskräfte im Gesundheitsbetrieb als moderne Ausbildende sind daher als Entwicklungspartner ihrer Mitarbeitenden zu sehen.

> **Beispiel**
>
> Die komplexe vernetzte und dynamische Umwelt von Gesundheitsbetrieben erfordert ein rationales Denken und Handeln von allen Beteiligten, um mit immer wieder neuen Herausforderungen positiv und ergebnisorientiert umgehen zu können. Konkrete Voraussetzung ist dabei, dass die Beschäftigten in Gesundheitsbetrieben ein hohes Maß an eigenständiger Weiterbildungsbereitschaft mitbringen und dass das gesundheitsbetriebliche Umfeld arbeitsnahe Möglichkeiten für selbstgesteuertes Lernen bereitstellt- Die Personalentwicklung in Gesundheitsbetrieben muss dazu an die aktuellen Herausforderungen kontinuierlich angepasst werden, um dem erhöhten Weiterbildungsbedarf durch die veränderten Anforderungen und knapperen Ressourcen gerecht zu werden. Indem Lernprozesse in den täglichen Arbeitsprozess integriert werden, lässt sich der Aufwand an organisierter Weiterbildung minimieren, und durch die Erweiterung ihrer Aufgaben und ihres Verantwortungsbereichs können den Mitarbeitenden zusätzliche Lernmöglichkeiten im Alltag eröffnet werden (vgl. Wegerich 2015, S. 2 f.). ◄

6.2 Personalbeurteilung

Um die Personalentwicklung zielgerichtet und effizient durchführen zu können, ist die Einschätzung der Fähigkeiten und des Leistungsvermögens der Mitarbeitenden des Gesundheitsbetriebs erforderlich. Diese Einschätzung wird im Rahmen der **Personalbeurteilung** ermöglicht. Sie dient somit als innerbetriebliches Mittel zur Qualitätssicherung und -verbesserung und befasst sich dazu mit der Wahrnehmung und Bewertung der Mitarbeitenden. Sie ist integraler Bestandteil der personalwirtschaftlichen Prozesslandschaft, gehört zu den wesentlichen Inhalten strategischer Personalarbeit und hat als Element der direkten und indirekten Personalführung maßgeblichen Einfluss auf die Personalentwicklung und Vergütung der Beschäftigten im Gesundheitsbetrieb (vgl. Lau 2015, S. 11).

Im Hinblick auf die Wertschätzung gegenüber den Mitarbeitenden ist es ist wichtig, sich immer wieder bewusst zu machen, dass Personalbeurteilungen nichts anderes als Werturteile von Menschen (Beurteilenden) über andere Menschen (Beurteilte) sind, weswegen ihnen unausweichlich ein Moment der Subjektivität anhaftet. Es handelt sich eben nicht um naturwissenschaftliche Messvorgänge, sondern bestenfalls um einen durch Wahrnehmung gestützten Eindruck einer Person über die Leistungen und/oder das Verhalten einer anderen Person. Ihre Ergebnisse entstehen unweigerlich durch die Sichtweise der bzw. des Beurteilenden und sind dementsprechend geprägt und eingefärbt. Sie sollen

trotz des subjektiven Entstehungszusammenhangs möglichst wirklichkeitsgetreu in einer
Skala abgebildet und damit betrieblich verwertbar werden, damit personelle Entscheidungen sachgerecht und möglichst richtig sind, Partikularinteressen und Günstlings-
wirtschaft zurückgedrängt werden. Daher ist die Gestaltung von betrieblichen Beurteilungsverfahren seit jeher maßgeblich dadurch geprägt, mittels methodischer Elemente
(vergleichbare Beurteilungskriterien, vorgegebene Skalierungen, mathematisierte Ermittlung eines Gesamturteils etc.) das Werturteil der Führungskraft in klare Zahlen, Folge-
rungen und Aussagen zu überführen. Allerdings lehrt uns die Wahrnehmungspsychologie,
dass es zumindest in Bezug auf betriebliche Leistungen und/oder Verhaltensweisen keine
objektive Wirklichkeit gibt, denn Wahrnehmungen von Menschen sind zwangsläufig aus-
schnitthaft, selektiv und durch vielfältige subjektive Muster eingefärbt. Daher sollten die
Führungskräfte den Beschäftigten ihre Wahrnehmungen und ihre Sicht auf die Dinge zwar
mitteilen. Allerdings sollte im Gesprächsverlauf auch weniger die Wahrheitsfindung als
vielmehr der Dialog im Vordergrund stehen, sodass die Beteiligten ihre Sichtweisen aus-
tauschen und Positionen, Erwartungen sowie Forderungen klären. Somit kommt es nicht
so sehr darauf an, dass die Beurteilung methodisch besonders ausgeklügelt ist. Vielmehr
muss sie gewährleisten, dass fruchtbare kommunikative Austauschprozesse in Gang kommen (vgl. Breisig 2012, S. 20 ff.).

Beispiel

Trotz aller Unzulänglichkeiten des Einschätzens der Persönlichkeitsmerkmale von Mitarbeitenden und der Bewertung ihrer Leistungen und Arbeitsweisen ist man sich weitgehend einig, dass auf Beurteilungen nicht verzichtet werden kann. Fehlentscheidungen
bei Personalauswahl und -einsatz sind zu teuer und wirken sich zu gravierend aus, als
dass man sich dabei ausschließlich auf sein Glück verlässt. Beurteilungen signalisieren
den Mitarbeitenden auch, dass sie ihren Vorgesetzten nicht gleichgültig sind, bieten die
Chance für motivierende Erfolgserlebnisse und liefern die Voraussetzungen für eine
gerechte Arbeitsverteilung und Entlohnung. Es kommt somit nicht darauf an ob beurteilt wird, sondern wie (vgl. Laufer 2008, S. 172). ◄

Für eine zielgerichtete Personalentwicklung ist die Personalbeurteilung regelmäßig
beispielsweise in Form eines jährlichen Mitarbeitendengesprächs durchzuführen. Daneben kann sie zum Abschluss eines Arbeitsverhältnisses in Form eines Arbeitszeugnisses
erfolgen, oder auch bei Wechsel von Vorgesetzten bzw. internen Versetzungen.
Mögliche **Beurteilungskriterien** zur Erfassung aller betrieblich relevanter Persönlichkeitselemente können dabei sein:

- Fachkönnen: Fachkenntnisse, Fertigkeiten;
- Geistige Fähigkeiten: Auffassungsgabe, Ausdrucksvermögen, Dispositionsvermögen,
  Improvisationsvermögen, Kreativität, Organisationsvermögen, Selbstständigkeit, Ver-
  handlungsgeschick;

- Arbeitsstil: Arbeitsqualität, Arbeitsplanung, Arbeitstempo, Aufmerksamkeit, Verhalten gegenüber Patienten, Ausdauer, Belastbarkeit, Einsatzbereitschaft, Genauigkeit, Initiative, Kostenbewusstsein, Materialbehandlung, Ordentlichkeit, Pünktlichkeit;
- Zusammenarbeit: Verhalten gegenüber Kollegen und Kolleginnen, Auftreten, Einweisen neuer Mitarbeitender, Gruppeneinordnung, Informationsintensität, Kontaktvermögen, Umgangsformen, Verhalten gegenüber Vorgesetzten;
- Führungsqualitäten: Delegationsvermögen, Durchsetzungsvermögen, Entscheidungsfähigkeit, Förderung und Entwicklung von Unterstellten, Gerechtigkeitssinn, Motivationsfähigkeit, persönliche Integrität, Repräsentation, Selbstbeherrschung, Verantwortungsbewusstsein, Vertrauenswürdigkeit, Zielsetzung (vgl. Stopp und Kirschten 2012, S. 241 ff.).

Das Festlegen von **Beurteilungsstufen** dient dazu, die Beurteilung graduell einzuordnen. Anhand der vorher ausgewählten Kriterien erfolgt an dieser Stelle somit eine Bewertung des Erreichungsgrades des jeweiligen Kriteriums:

- 1. Stufe: Leistung und Befähigung übertreffen beträchtlich die Anforderungen; der Mitarbeiter/die Mitarbeiterin ist über sein/ihr Aufgabengebiet weit hinausgewachsen;
- 2. Stufe: Leistung und Befähigung reichen über die Anforderungen hinaus; der Mitarbeiter/die Mitarbeiterin überragt sein/ihr Aufgabengebiet;
- 3. Stufe: Leistung und Befähigung entsprechen den Anforderungen; der Mitarbeiter/die Mitarbeiterin beherrscht sein/ihr Aufgabengebiet;
- 4. Stufe: Leistung und Befähigung müssen teilweise den Anforderungen noch angepasst werden; der Mitarbeiter/die Mitarbeiterin beherrscht sein/ihr Aufgabengebiet überwiegend;
- 5. Stufe: Leistung und Befähigung entsprechen noch nicht/nicht den Anforderungen; der Mitarbeiter/die Mitarbeiterin ist seinen/ihren Aufgaben nicht gewachsen.

Beispiel

Am Beispiel Arbeitsqualität lassen sich exemplarisch somit folgende Beurteilungsaussagen treffen:

- „arbeitet in jeder Hinsicht fehlerfrei" (bedeutet Stufe 1);
- „arbeitet selbstständig, sorgfältig und termingerecht" (bedeutet Stufe 2);
- „arbeitet meist selbstständig, sorgfältig und termingerecht" (bedeutet Stufe 3);
- „arbeitet manchmal flüchtig und dadurch fehlerhaft; ist hin und wieder nicht selbstständig genug; muss gelegentlich an Termine erinnert werden" (bedeutet Stufe 4);
- „arbeitet fehlerhaft; arbeitet unselbstständig; hält Termine nicht ein" (bedeutet Stufe 5). ◄

Bei der Personalbeurteilung besteht die Gefahr, dass sich bestimmte positive oder negative Ereignisse im Gesundheitsbetrieb zu Unrecht auf das Gesamtbild des zu beurteilenden Mitarbeiters auswirken. Häufig vorkommende Beurteilungsfehler sind daher zu vermeiden:

- Wahrnehmungsverzerrungen:
  - Halo-Effekt: ein Beurteilungsmerkmal strahlt auf mehrere andere aus;
  - Recency-Effekt: Beurteilende stellen auf Ereignisse ab, die erst kürzlich stattgefunden haben;
  - Primacy-Effekt: Beurteilende stellen auf Ereignisse ab, die vor langer Zeit stattgefunden haben;
  - Kleber-Effekt: längere Zeit schlecht beurteilte Mitarbeitende werden unterschätzt;
  - Hierarchie-Effekt: je höher die Position im Gesundheitsbetrieb, desto besser fällt die Beurteilung aus;
- Maßstabsanwendung:
  - Tendenz zur Mitte: Bevorzugung mittlerer Urteilswerte bei Einstufungsverfahren;
  - Tendenz zur Strenge/Milde: zu hohes/zu niedriges Anspruchsniveau;
  - Sympathie/Antipathie: sympathische/unsympathische Mitarbeitende werden besser/schlechter beurteilt;
- bewusste Verfälschung (vgl. Berthel und Becker 2022, S. 318 ff.).

Die Personalbeurteilung dient zugleich als Standortbestimmung für den Gesundheitsbetrieb und die Mitarbeitenden gleichermaßen. Ein regelmäßiges, etwa jährliches **Beurteilungsgespräch** gewinnt daher eine besondere Bedeutung im Hinblick auf die Personalentwicklung und -führung. Oftmals wird es jedoch nur als Alibi- bzw. Pflichtübung empfunden oder wird erst gar nicht geführt, weil zu viel Konfliktstoff bzw. heikle Themen vorhanden sind, deren Ansprache man scheut (vgl. de Micheli 2017, S. 8). Ein Beurteilungsgespräch bietet hingegen die Chance, persönliche Wertschätzung zu vermitteln und dient auch einer Einschätzung sowie qualifizierten Rückmeldung der Leistungen und wird mit den Mitarbeitenden geführt, um eine konkrete Rückmeldung über die Einschätzung ihrer Arbeitsqualität zu geben. Eine weitere Aufgabe des Beurteilungsgesprächs ist die vorbereitende Entwicklung gemeinsamer Wege zur Zielerreichung und optimalen Aufgabenerfüllung. Ziele eines Beurteilungsgespräches sollten daher sein:

- vertrauensvolles, persönliches Gespräch unter vier Augen;
- Einblick in den Leistungsstand vermitteln;
- Möglichkeit, Anerkennung auszusprechen und Wertschätzung zu vermitteln;
- Fähigkeiten aufzeigen;
- eigene Leistungseinschätzung der Mitarbeitenden kennen lernen;
- Vorgesetzten-Mitarbeitenden-Verhältnis verbessern;

Tab. 6.1 Beurteilungsgespräch im Gesundheitsbetrieb

Phase	Bezeichnung	Inhalt
1	Einleitung und Einstimmung	Offene und vertrauensvolle Gesprächsatmosphäre schaffen; bisherige gute Zusammenarbeit betonen; auf gute Arbeitsergebnisse hinweisen; Gesamtbewertung vorab mitteilen
2	Schwerpunkte und Diskussion	Stärken und Schwächen der Mitarbeitenden offen darlegen und begründen; Gelegenheit geben, dazu Stellung zu nehmen
3	Übereinstimmung	Einigung über Leistungsstand, Leistungsentwicklung im Beurteilungszeitraum und realistische Entwicklungsmöglichkeiten
4	Folgerungen und Zielsetzungen	Ziele für eventuell notwendige Qualifizierung formulieren und fixieren; konkrete Entwicklungsmaßnahmen vereinbaren
5	Zusammenfassung	Zentrale Inhalte des Gesprächs kurz zusammenfassen; Gespräch positiv ausklingen lassen

- Leistungsziele und Maßnahmen zur Leistungsverbesserung festhalten (Personalentwicklungsmaßnahmen);
- positive Grundhaltung zum Gesundheitsbetrieb fördern (siehe Tab. 6.1).

Die Basis für ein Beurteilungsgespräch sollte eine offene, wertschätzende Gesprächskultur sein, die von Vertrauen, Verantwortung und Fairness geprägt ist, da es in erster Linie um die Weiterentwicklung der Mitarbeitenden geht und um mögliche Verbesserungen von Arbeitsprozessen und von Arbeitsergebnissen.

Zielvereinbarungsgespräche hingegen dienen der aktiven Beteiligung und Übertragung von Verantwortung an die Mitarbeitenden. In ihnen geht es um die gemeinsame Festlegung von Arbeitszielen und Ergebnissen zwischen Führungskräften und Mitarbeitenden im Gesundheitsbetrieb. Dazu müssen die Ziele eindeutig und konkret formuliert sein, dürfen keine Unter- oder Überforderung für die Mitarbeitenden darstellen, müssen dokumentiert und vereinbart und nach Ablauf einer gewissen Zeit in einem Gespräch hinsichtlich ihrer Erreichung überprüft werden.

Oft ist die Zielvereinbarung Bestandteil jährlicher Mitarbeitendengespräche, was die Gefahr einer einseitigen Ausrichtung der Gesprächsführung und -inhalte birgt, zumal wenn sie durch zu verwendende Vordrucke in diese Richtung beeinflusst werden. Die Führungskräfte sollten sich in diesem Fall die Freiheit nehmen, die Gespräche so zu führen, dass auch die Mitarbeitendeninteressen hinreichend zur Geltung kommen. Wenn beispielsweise von Personalabteilungen vorgegebene Formulare nur die Zielorientierung, Leistungsbeurteilung und Weiterbildungsmaßnahmen beinhalten, entsteht sehr schnell der Eindruck, dass das Gespräch ausschließlich der Produktivitätssteigerung dient. Die Mitarbeitenden merken, wenn nur vorgeschobenes oder gar kein Interesse an ihrer Person besteht. Um Vertrauen zu entwickeln, zu festigen und glaubwürdig zu sein muss auch die Führungskraft in der Lage sein, sich selbst ein Stück weit gegenüber dem ihr anvertrauten Personal zu öffnen.

Potenzialentwicklungsgespräche orientieren sich an der zukünftigen Entwicklung des Gesundheitsbetriebs, an den derzeitigen und zukünftigen Aufgaben der Mitarbeitenden, ihren persönlichen Vorstellungen und Erwartungen über die berufliche Weiterentwicklung im Gesundheitsbetrieb, um letztendlich ein möglichst genaues Bildes von ihren genutzten bzw. ungenutzten Qualifikationen und sozialen Kompetenzen zu erhalten und sie ihren Fähigkeiten entsprechend, mit dem Ziele einer höheren Arbeitszufriedenheit und verbesserter Arbeitsziele einzusetzen.

6.3   Aus-, Fort- und Weiterbildung von Behandlungs- und Pflegepersonal

Die berufliche Bildung ist ein wesentliches Instrument der Personalentwicklung in Gesundheitsbetrieben. Die dort Beschäftigten sind durch die gesellschaftlichen und gesundheitspolitischen Entwicklungen der vergangenen Jahre massiv gestiegenen Anforderungen ausgesetzt, was Veränderungen in den Qualifikationsanforderungen, der Arbeitsorganisation und den Arbeitsbedingungen gleichermaßen betrifft. Damit auch künftig eine qualitativ hochwertige und umfassende Gesundheitsversorgung der Bevölkerung gewährleistet werden kann, gewinnen Fragen nach geeigneten Konzepten beruflicher Bildung zur Verbesserung der beruflichen Handlungsfähigkeit des Personals und zur Attraktivitätssteigerung des Gesundheitssektors zusätzliches Gewicht. Insbesondere für die Weiterentwicklung der Qualität der beruflichen Bildung in Gesundheitsbetrieben spielen moderne Bildungskonzepte, innovative Qualifizierungsstrategien, eine gezielte Kompetenzentwicklung sowie die Professionalisierung des Bildungspersonals eine ganz entscheidende Rolle. Die dynamische Entwicklung im Gesundheitswesen stellt die veränderte Ausbildung in den Gesundheitsberufen und damit die Gesundheitsbetriebe, Hochschulen, Schulen und Schüler/-innen immer wieder vor neue Herausforderungen, die Aus- und Weiterbildungsbildungsqualität in den Gesundheitsberufen zu verbessern (vgl. Kremer 2011, S. 5).

Die Vielfalt der Ausbildungsmöglichkeiten im Gesundheitswesen ist im Vergleich zu den meisten anderen Dienstleistungsbereichen besonders groß. Neben den Schulen für das Gesundheitswesen wird die **Ausbildung** zu den Gesundheitsfachberufen aufgrund des unterschiedlich strukturierten föderalen Schulsystems auch an Berufsfachschulen und Fachschulen durchgeführt (vgl. Frodl 2020, S. 3 ff.). Tab. 6.2 gibt die Verteilung der Schülerzahlen auf die einzelnen Ausbildungsberufe wieder.

In der Ausbildung zur Pflegefachfrau und zum Pflegefachmann wurden mit dem Pflegeberufereformgesetz (PflBRefG) die bis dahin getrennten Ausbildungen in den Berufen Gesundheits- und Krankenpfleger/-in, Gesundheits- und Kinderkrankenpfleger/-in sowie Altenpfleger/-in zum Berufsbild Pflegefachfrau/-mann zusammengeführt. Ende 2021 waren nach vorläufigen Zahlen insgesamt 105.006 Personen in der Ausbildung zu diesem Beruf. Im gleichen Jahr haben 61.458 Auszubildende eine Ausbildung zu diesem Beruf begonnen und damit 7 % mehr als 2020. Es zeigt sich, dass die neue Ausbildung zur Pflegefachfrau und zum Pflegefachmann, ebenso wie die Vorläuferausbildungen, vor

Tab. 6.2 Schülerzahlen im ersten Ausbildungsjahr im Gesundheitswesen. (Vgl. Bundesministerium für Bildung und Forschung 2020, S. 48)

Ausbildungsberufe	2017/2018	2018/2019	Veränderung
Altenpflegerin/Altenpfleger	24.310	24.849	+2,2 %
Berufe in der Pflegeassistenz (Gesundheits- und Krankenpflegehelferinnen/Gesundheits- und Krankenpflegehelfer; Altenpflegehelferin/Altenpflegehelfer; Pflegeassistenz)	13.872	14.865	+7,2 %
Diätassistentin/Diätassistent	612	501	−18,1 %
Ergotherapeutin/Ergotherapeut	3645	3537	−3,0 %
Gesundheits- und Krankenpflegerin/Gesundheits- und Krankenpfleger	23.467	24.108	+2,7 %
Gesundheits- und Kinderkrankenpflegerin/Gesundheits- und Kinderkrankenpfleger	2717	2922	+7,5 %
Hebamme/Entbindungspfleger	1010	1065	+5,4 %
Logopädin/Logopäde	1249	1173	−6,1 %
Masseurin/Masseur und medizinische Bademeisterin/ medizinischer Bademeister	727	630	−13,3 %
Medizinisch-technische Assistentin/Medizinisch-technischer Assistent für Funktionsdiagnostik	179	144	−19,6 %
Medizinisch-technische Laboratoriumsassistentin/ Medizinisch-technischer Laboratoriumsassistent	1340	1383	+3,2 %
Medizinisch-technische Radiologieassistentin/ Medizinisch-technischer Radiologieassistent	1132	1104	−2,5 %
Notfallsanitäterin/Notfallsanitäter	2263	2634	+16,4 %
Orthoptistin/Orthoptist	54	42	−22,2 %
Pharmazeutisch-technische Assistentin/Pharmazeutisch-technischer Assistent	3856	3705	−3,9 %
Physiotherapeutin/Physiotherapeut	7970	7836	−1,7 %
Podologin/Podologe	468	486	+3,8 %
Gesamt	88.871	90.984	+2,4 %

allem für Frauen interessant ist, denn fast drei Viertel der Auszubildenden, die 2021 eine Ausbildung angetreten haben, sind weiblich (74 % beziehungsweise 45.750) (vgl. Statistisches Bundesamt 2022, S. 1).

Die berufliche Ausbildung im Gesundheitsbetrieb erfolgt in der Regel in einem dualen System, d. h. die praktische Ausbildung im Betrieb wird durch einen ausbildungsbegleitenden Schulbesuch ergänzt. Die Ausbildungsinhalte richten sich nach den jeweiligen Verordnungen über die Berufsausbildung, die allerdings nur den betrieblichen Teil der Ausbildung regelt. Der schulische Teil fällt in die Zuständigkeit der einzelnen Bundesländer und richtet sich nach dem jeweiligen Lehrplan für die einzelnen Schularten. Lerninhalte der Ausbildung sind in der betrieblichen Praxis und in den Schulen im Hinblick auf den Zeitpunkt ihrer Vermittlung aufeinander abgestimmt.

Medizinische Fachangestellte (MFA) zählen zu den bundesrechtlich geregelten, nichtärzt-lichen Gesundheitsfachberufen. Sie sind häufig die erste wichtige Kontaktperson zu den Patienten, sie bilden die Schnittstelle zwischen Arzt/Ärztin und Patient/in bzw. Medizin-technik und Mensch und arbeiten als fester Bestandteil des Praxisteams interdisziplinär mit anderen Berufsgruppen zusammen (vgl. Verband Medizinischer Fachberufe 2019, S. 2). Wesentliche Grundlage für die staatlich anerkannte Ausbildung zum/zur Medizinischen Fachangestellten (MFA) ist die Verordnung über die Berufsausbildung zum Medizinischen Fachangestellten/zur Medizinischen Fachangestellten (MedFAngAusbV). Danach beträgt die Ausbildungsdauer beträgt drei Jahre (vgl. § 2 MedFAngAusbV). Die Ausbildungs-inhalte beinhalten mindestens die folgenden Fertigkeiten, Kenntnisse und Fähigkeiten:

- Ausbildungsbetrieb: Berufsbildung, Arbeits- und Tarifrecht; Stellung des Aus-bildungsbetriebes im Gesundheitswesen; Anforderungen an den Beruf; Organisa-tion und Rechtsform des Ausbildungsbetriebes; Gesetzliche und vertragliche Be-stimmungen der medizinischen Versorgung; Umweltschutz;
- Gesundheitsschutz und Hygiene: Sicherheit und Gesundheitsschutz bei der Arbeit; Maßnahmen der Arbeits- und Praxishygiene; Schutz vor Infektionskrankheiten;
- Kommunikation: Kommunikationsformen und -methoden; Verhalten in Konflikt-situationen;
- Patientenbetreuung und -beratung: Betreuen von Patienten und Patientinnen; Be-raten von Patienten und Patientinnen;
- Betriebsorganisation und Qualitätsmanagement: Betriebs- und Arbeitsabläufe; Qualitätsmanagement; Zeitmanagement; Arbeiten im Team; Marketing.
- Verwaltung und Abrechnung: Verwaltungsarbeiten; Materialbeschaffung und -ver-waltung; Abrechnungswesen;
- Information und Dokumentation: Informations- und Kommunikationssysteme; Do-kumentation; Datenschutz und Datensicherheit;
- Durchführen von Maßnahmen bei Diagnostik und Therapie unter Anleitung und Aufsicht des Arztes oder der Ärztin: Assistenz bei ärztlicher Diagnostik; Assistenz bei ärztlicher Therapie; Umgang mit Arzneimitteln, Sera und Impfstoffen sowie Heil- und Hilfsmitteln;
- Grundlagen der Prävention und Rehabilitation;
- Handeln bei Not- und Zwischenfällen (vgl. § 4 MedFAngAusbV).

Eine Zwischenprüfung ist zur Ermittlung des Ausbildungsstandes durchzuführen und soll vor dem Ende des zweiten Ausbildungsjahres stattfinden (vgl. § 8 MedFAn-gAusbV). Die Abschlussprüfung besteht zunächst aus einem praktischen Teil, in dem eine komplexe Prüfungsaufgabe bearbeitet sowie hierüber ein Fachgespräch geführt werden soll. Der schriftliche Teil der Abschlussprüfung umfasst die Prüfungsbereiche Behandlungsassistenz, Betriebsorganisation und -verwaltung sowie Wirtschafts- und Sozialkunde (vgl. § 9 MedFAngAusbV). ◀

Die während der Ausbildungszeit zu vermittelnden Fertigkeiten und Kenntnisse sind verbindlich für alle Ausbildungsstätten festgelegt. Es handelt sich dabei um Mindestqualifikationen, die zur Erlangung des Berufsausbildungsabschlusses notwendig sind, und zwar unabhängig davon, um welchen Gesundheitsbetrieb es sich handelt. Es ist Aufgabe des Betriebes, auf der Grundlage des Ausbildungsrahmenplanes einen sachlich und zeitlich gegliederten Ausbildungsplan zu erstellen; darin sind die betrieblichen Besonderheiten festzuhalten. Die Verkürzung der festgelegten Ausbildungsdauer ist in der Regel möglich, wenn zu erwarten ist, dass die/der Auszubildende das Ausbildungsziel in kürzerer Zeit erreicht. Auch ist die Zulassung zur Abschlussprüfung vor Ablauf der Ausbildungszeit möglich. Näheres regeln die jeweiligen Prüfungsordnungen für die Durchführung der Abschlussprüfung.

Auch wichtige Teile der Ärztlichen Ausbildung finden in Gesundheitsbetrieben statt. Nach der Bundes-Ärzteordnung (BÄO) ist für die Ausübung des Ärzteberufs die Approbation als Arzt/Ärztin oder eine entsprechende Erlaubnis erforderlich (vgl. § 2 BÄO). Die ärztliche Ausbildung richtet sich im Wesentlichen nach der Approbationsordnung für Ärzte (ÄApprO) und umfasst

- ein Studium der Medizin von 5500 Stunden und einer Dauer von sechs Jahren an einer Universität oder gleichgestellten Hochschule (Universität);
- eine zusammenhängende praktische Ausbildung (Praktisches Jahr) von 48 Wochen im letzten Jahr des Studiums;
- eine Ausbildung in erster Hilfe;
- einen Krankenpflegedienst von drei Monaten;
- eine Famulatur von vier Monaten und
- die Ärztliche Prüfung, die in drei Abschnitten abzulegen ist (vgl. § 1 ÄApprO).

Mit den Praktischen Übungen ist den Studierenden ausreichend Gelegenheit zu geben, unter Anleitung, Aufsicht und Verantwortung des ausbildenden Arztes/der ausbildenden Ärztin am Patienten tätig zu werden, soweit dies zum Erwerb von Fähigkeiten und Fertigkeiten erforderlich ist. Die Übungen werden daher in der Regel in Gesundheitsbetrieben durchgeführt und umfassen die eigenständige Bearbeitung von praktischen Aufgaben durch die Studierenden unter Anleitung, Aufsicht und Verantwortung der ausbildenden Lehrkraft.

Das Praktische Jahr findet nach Bestehen des Zweiten Abschnitts der Ärztlichen Prüfung statt, gliedert sich in Ausbildungsabschnitte von je 16 Wochen und wird in den Universitätskrankenhäusern oder in anderen Krankenhäusern durchgeführt, mit denen die Universität eine Vereinbarung hierüber getroffen hat (Lehrkrankenhäuser). Die Universitäten können geeignete ärztliche Praxen (Lehrpraxen) und andere geeignete Einrichtungen der ambulanten ärztlichen Krankenversorgung im Einvernehmen mit der zuständigen Gesundheitsbehörde in die Ausbildung einbeziehen. Die jeweilige Lehrpraxis oder Einrichtung muss gewährleisten, das Logbuch der Universität einzuhalten. Die Ausbildung in einer Lehrpraxis oder in einer anderen geeigneten Einrichtung der ambulanten ärztlichen Krankenversorgung dauert in der Regel höchstens acht Wochen je Ausbildungsabschnitt. Im Wahlfach Allgemeinmedizin wird die Ausbildung während des gesamten Ausbildungsabschnitts in einer allgemeinmedizinischen Lehrpraxis absolviert (vgl. § 3 ÄApprO).

Der dreimonatige Krankenpflegedienst ist vor Beginn des Studiums oder während der unterrichtsfreien Zeiten des Studiums vor der Meldung zum Ersten Abschnitt der Ärztlichen Prüfung in einem Krankenhaus oder einer Rehabilitationseinrichtung mit einem vergleichbaren Pflegeaufwand abzuleisten und hat den Zweck, in Betrieb und Organisation eines Krankenhauses einzuführen und mit den üblichen Verrichtungen der Krankenpflege vertraut zu machen (vgl. § 6 ÄApprO).

Die Famulatur hat den Zweck, mit der ärztlichen Patientenversorgung in Einrichtungen der ambulanten und stationären Krankenversorgung vertraut zu machen. Sie wird abgeleistet

- für die Dauer eines Monats in einer Einrichtung der ambulanten Krankenversorgung, die ärztlich geleitet wird, oder einer geeigneten ärztlichen Praxis,
- für die Dauer von zwei Monaten in einem Krankenhaus oder in einer stationären Rehabilitationseinrichtung und
- für die Dauer eines Monats in einer Einrichtung der hausärztlichen Versorgung (vgl. § 7 ÄApprO).

Der schriftliche Teil des Ersten Abschnitts der Ärztlichen Prüfung betrifft die Stoffgebiete

- Physik für Mediziner und Physiologie,
- Chemie für Mediziner und Biochemie/Molekularbiologie,
- Biologie für Mediziner und Anatomie,
- Grundlagen der medizinischen Psychologie und der medizinischen Soziologie.

Im mündlich-praktischen Teil wird in den Fächern Anatomie, Biochemie/Molekularbiologie und Physiologie geprüft (vgl. § 22 ÄApprO). Für die Zulassung zum Zweiten Abschnitt der Ärztlichen Prüfung sind Leistungs- und Praktikumsnachweise in Verschiedenen Fächern und Querschnittsbereichen zu erbringen. Die schriftliche Prüfung erstreckt sich auf die Kenntnisse und Fähigkeiten der Studierenden, derer ein Arzt oder eine Ärztin zur eigenverantwortlichen und selbstständigen Tätigkeit bedarf (vgl. § 28 ÄApprO). Bei der mündlich-praktischen Prüfung im dritten Abschnitt der Ärztlichen Prüfung erfolgt die praktische Prüfung mit Patientenvorstellung, praktischen Aufgaben aus den klinisch-praktischen Fächern, klinisch-theoretischen und fächerübergreifenden Fragestellungen sowie Fragestellungen aus Querschnittsbereichen aus der Inneren Medizin, der Chirurgie und dem Gebiet, in dem die zu Prüfenden ihre praktische Ausbildung erfahren haben (vgl. § 30 ÄApprO).

Die Zahnärztliche Ausbildung richtet sich im Wesentlichen nach der Approbationsordnung für Zahnärzte und Zahnärztinnen (ZApprO). Die Regelstudienzeit beträgt einschließlich der Prüfungszeit für die zahnärztliche Prüfung fünf Jahre und sechs Monate (vgl. § 2 ZApprO). In Gesundheitsbetrieben sind im Rahmen der zahnärztlichen Ausbildung beispielsweise abzuleisten der Pflegedienst in einem Krankenhaus oder in einer Rehabilitationseinrichtung mit einem Pflegeaufwand abzuleisten, der dem eines Krankenhauses vergleichbar ist (vgl. § 14 ZApprO), sowie die Famulatur üblicherweise in einer Zahnarztpraxis (vgl. § 15 ZApprO).

Die Fort- und Weiterbildung aller Beschäftigten stellt eine Investition zur Schaffung qualitativen Personalpotenzials dar, das dazu dient, zukünftige Anforderungen an den Gesundheitsbetrieb besser zu bewältigen. Aus Kostengründen auf notwendige Bildungsmaßnahmen zu verzichten wäre der falsche Weg. Die berufliche **Weiterbildung** der Mitarbeiterinnen und Mitarbeiter schult die Anwendung neuer Behandlungsmethoden, Technologien, den Umgang mit Patienten oder Abrechnungsarbeiten. Sie dient der besseren Qualifikation und sorgt dafür, dass die Beschäftigten auf dem „Stand der Zeit" bleiben. Investitionen in das Humankapital des Gesundheitsbetriebs sind mindestens ebenso wichtig, wie Investitionen in Sachanlagen. Die zunehmend komplexer werdenden Aufgabenstellungen im Gesundheitsbetrieb erfordern entsprechend qualifizierte Mitarbeiterinnen und Mitarbeiter. Die sich immer schneller ändernden Umweltbedingungen (neue Behandlungsmethoden, neue Materialien, veränderter rechtlicher Rahmen, verschärfte Konkurrenzsituation) lassen ein einmaliges Lernen für Leben und Beruf in Zukunft nicht mehr zu. Schließlich zeigen Fort- und Weiterbildungsmaßnahmen den Beschäftigten die Bedeutung, die sie für den Gesundheitsbetrieb haben, und erhöhen so ihre Motivation.

Da wesentliche Entwicklungen in Medizin und Pflege oftmals erst mehrere Jahre nach ihrer Einsatzreife umfassend publiziert werden, können sich die Mitarbeitenden den aktuellen Wissenstand nicht nur aus der Fachliteratur aneignen. Aktuelles und zukunftsweisendes Wissen und Können wird vornehmlich durch Kongresse, Lehrgänge, Seminare und Vorträge vermittelt, die beispielsweise die Landesärzte- und -zahnärztekammern anbieten, zahlreiche Fachschulen, private Anbieter sowie die kassenärztlichen und kassenzahnärztlichen Vereinigungen:

- Erhaltungsweiterbildung: Sie zielt dabei auf den Ausgleich von Kenntnis- und Fertigkeitsverlusten ab, welche durch fehlende Berufsausübung oder von Teilen des Berufs entstanden sind. Die Auffrischung der Kenntnisse einer Arzthelferin, welche aufgrund einer Elternzeit mehrere Jahre nicht berufstätig war, ist ein Beispiel hierfür.
- Erweiterungsweiterbildung: Sie dient dem Erwerb von zusätzlichen Berufsfähigkeiten, wie etwa die Erlangung der Röntgenerlaubnis oder die Weiterbildung und Spezialisierung zur Zahnmedizinischen Verwaltungsassistentin (ZMV).
- Anpassungsweiterbildung: Sie dient dem Angleich an veränderte Anforderungen am Arbeitsplatz im Gesundheitsbetrieb. Wird ein Krankenhausinformationssystem (KIS) oder dessen neue Version eingeführt, so müssen alle betroffenen Mitarbeitenden in der Anwendung der installierten Software geschult werden.

Die ärztliche Weiterbildung umfasst zum einen die Anerkennung als Facharzt, die sich nach den Kammer- bzw. Heilberufsgesetzen der einzelnen Bundesländer und den Weiterbildungsordnungen der jeweiligen Landesärztekammern richtet, in denen Dauer und Inhalt der Weiterbildung für die einzelnen Fachgebiete vorgeschrieben sind. Nach erfolgreich bestandener Prüfung wird von der zuständigen Ärztekammer die Anerkennung ausgesprochen, die zum Führen der Facharztbezeichnung berechtigt. Für die allgemeine ärztliche Weiterbildung sind ebenfalls die Landesärztekammern zuständig.

Darüber hinaus gibt es von der Bundesärztekammer methodische Empfehlungen, Lehr- und Lerninhalte sowie Lernziele für Kurse im Rahmen der Zusatz-Weiterbildung.

Nach der (Muster-)Berufsordnung für die in Deutschland tätigen Ärztinnen und Ärzte (MBO-Ä) sind Ärztinnen und Ärzte, die ihren Beruf ausüben, verpflichtet, sich in dem Umfange beruflich fortzubilden, wie es zur Erhaltung und Entwicklung der zu ihrer Berufsausübung erforderlichen Fachkenntnisse notwendig ist. Sie müssen auf Verlangen ihre Fortbildung gegenüber der Ärztekammer durch ein Fortbildungszertifikat einer Ärztekammer (siehe Tab. 6.3) nachweisen (vgl. § 4 MBO-Ä).

Bei allen Maßnahmen der Fort- und Weiterbildung sind **Rechtsgrundlagen** zu beachten, die beispielsweise das Sponsoring ärztliche Fortbildungsveranstaltungen betreffen.

Tab. 6.3 Beispiele für Fortbildungskategorien der Bayerischen Landesärztekammer. (Vgl. Bayerischen Landesärztekammer 2020, S. 2)

Kategorie	Fortbildungsarten
A	Vortrag und Diskussion
B	Ein-/Mehrtägige Kongresse im In- und Ausland, welche nicht von anderen Kategorien erfasst werden
C	Fortbildung mit konzeptionell vorgesehener Beteiligung jedes einzelnen Teilnehmers (zum Beispiel Workshop, Arbeitsgruppen, Qualitätszirkel, Peer Review, Balintgruppen, Kleingruppenarbeit, Supervision, Fallkonferenzen, Literaturkonferenzen, praktische Übungen)
D	Fortbildungsbeiträge in Printmedien oder als elektronisch verfügbare Version mit nachgewiesener Qualifizierung durch eine Lernerfolgskontrolle in digitaler bzw. schriftlicher Form
E	Selbststudium durch Fachliteratur und -bücher sowie Lehrmittel
F	Wissenschaftliche Veröffentlichungen und Vorträge Autorentätigkeit
G	Hospitationen
H	Curricular vermittelte Inhalte, zum Beispiel in Form von curricularen Fortbildungsmaßnahmen, Inhalte von Weiterbildungskursen, die nach der Weiterbildungsordnung für eine Weiterbildungsbezeichnung vorgeschrieben sind, Inhalte von Zusatzstudiengängen
I	Tutoriell unterstützte Online-Fortbildungsmaßnahme mit nachgewiesener Qualifizierung durch eine Lernerfolgskontrolle in digitaler bzw. schriftlicher Form
K	Blended-Learning-Fortbildungsmaßnahme in Form einer inhaltlich und didaktisch miteinander verzahnten Kombination aus tutoriell unterstützten Online-Lernmodulen und Präsenzveranstaltungen in Bayern

---

Beispiel

Nach der (Muster-)Berufsordnung für die in Deutschland tätigen Ärztinnen und Ärzte (MBO-Ä) ist die Annahme von geldwerten Vorteilen in angemessener Höhe nicht berufswidrig, sofern diese ausschließlich für berufsbezogene Fortbildung verwendet werden. Allerdings ist der für die Teilnahme an einer wissenschaftlichen Fortbildungsveranstaltung gewährte Vorteil unangemessen, wenn er über die notwendigen Reisekosten und Tagungsgebühren hinausgeht. Auch ist die Annahme von Beiträgen Dritter im Rahmen eines Sponsorings zur Durchführung von Veranstaltungen ausschließlich für die Finanzierung des wissenschaftlichen Programms ärztlicher Fortbildungsveranstaltungen und nur in angemessenem Umfang erlaubt. Dabei ist das Sponsoring, dessen Bedingungen und Umfang bei der Ankündigung und Durchführung der Veranstaltung offen zu legen (vgl. § 32 MBO-Ä). ◀

Für die Aus-, Fort- und Weiterbildung von Behandlungs- und Pflegepersonal ist das Berufsbildungsgesetz (BBiG) eine wesentliche rechtliche Grundlage der Ausbildung in Gesundheitsbetrieben, soweit die Ausbildung nicht in berufsbildenden Schulen durchgeführt wird, die den Schulgesetzen der Länder unterstehen, sie in berufsqualifizierenden oder vergleichbaren Studiengängen an Hochschulen auf der Grundlage des Hochschulrahmengesetzes und der Hochschulgesetze der Länder oder in einem öffentlich-rechtlichen Dienstverhältnis durchgeführt wird (vgl. § 3 BBiG). Auch wenn das BBiG in seiner allgemeingültigen Anwendung somit eingeschränkt ist, kann es eine wichtige Orientierungshilfe für die notwendigen Grundlagen und Voraussetzungen der beruflichen Bildung in Gesundheitsbetrieben bieten, die letztendlich der Bildungsqualität zugutekommen kann.

Beispielsweise dürfen nach dem BBiG Auszubildende nur eingestellt und ausgebildet werden, wenn die Ausbildungsstätte nach Art und Einrichtung für die Berufsausbildung geeignet ist und die Zahl der Auszubildenden in einem angemessenen Verhältnis zur Zahl der Ausbildungsplätze oder zur Zahl der beschäftigten Fachkräfte steht, es sei denn, dass anderenfalls die Berufsausbildung nicht gefährdet wird. Eine Ausbildungsstätte, in der die erforderlichen beruflichen Fertigkeiten, Kenntnisse und Fähigkeiten nicht im vollen Umfang vermittelt werden können, gilt als geeignet, wenn diese durch Ausbildungsmaßnahmen außerhalb der Ausbildungsstätte vermittelt werden (vgl. § 27 BBiG).

Auch ist das BBiG eine wichtige Regelungsgrundlage der Ausbildereignung. Danach darf Auszubildende nur einstellen, wer persönlich geeignet ist und Auszubildende darf nur ausbilden, wer persönlich und fachlich geeignet ist. Wer fachlich nicht geeignet ist oder wer nicht selbst ausbildet, darf Auszubildende nur dann einstellen, wenn er persönlich und fachlich geeignete Ausbilder oder Ausbilderinnen bestellt, die die Ausbildungsinhalte in der Ausbildungsstätte unmittelbar, verantwortlich und in wesentlichem Umfang vermitteln. Unter der Verantwortung des Ausbilders oder der Ausbilderin kann bei der Berufsausbildung mitwirken, wer selbst nicht Ausbilder oder Ausbilderin ist, aber die für die Vermittlung von Ausbildungsinhalten erforderlichen beruflichen Fertigkeiten, Kenntnisse und Fähigkeiten besitzt und persönlich geeignet ist (vgl. § 28 BBiG).

Nach den Empfehlungen des Hauptausschusses des Bundesinstituts für Berufsbildung gelten für die Qualifikation von Ausbildenden eine Reihe von Kriterien:

- Hauptberuflich Ausbildende (z. B. nach § 30 BBiG): Nachweis der Eignung durch Prüfung nach der Ausbilder-Eignungsverordnung und berufsfachliche Eignung; optional z. B. geprüfte Aus- und Weiterbildungspädagogen und -pädagoginnen, geprüfte Berufspädagogen und -pädagoginnen, zielgruppenspezifische Weiterbildungsangebote;
- Nebenberuflich Ausbildende (z. B. nach § 30 BBiG): Nachweis der Eignung durch Prüfung nach der Ausbilder-Eignungsverordnung und berufsfachliche Eignung; optional z. B. geprüfte Aus- und Weiterbildungspädagogen und -pädagoginnen, zielgruppenspezifische Weiterbildungsangebote;
- Ausbildende Fachkräfte (z. B. nach § 28 BBiG): z. B. Ausbildenden-Lehrgang, Vorbereitungslehrgang für die Ausbilder-Eignungsverordnung-Prüfung, zielgruppenspezifische Weiterbildungsangebote (vgl. Bundesinstitut für Berufsbildung 2015, S. 2 f.).

Obwohl die Ausbildung im Bereich der Angehörigen der freien Berufe wie beispielsweise Ärzte oder Zahnärzte davon ausgenommen ist, bietet die Ausbilder-Eignungsverordnung (AusbEignV) eine wichtige Orientierungshilfe für die notwendigen Fertigkeiten und Fähigkeiten von Ausbildenden, die letztendlich auch in Gesundheitsbetrieben dazu beiträgt, die Bildungsqualität zu verbessern (vgl. § 1 AusbEignV). Die berufs- und pädagogische Eignung nach dem Berufsförderungsgesetz (BBiG) und der Ausbildereignungs-Verordnung (AusbEignV) kann durch die AdA-Prüfung (Ausbildung der Ausbilder – AdA) auf der Grundlage der AusbEignV erbracht werden. In der Praxisanleitung tätige Ausbildende arbeiten beispielsweise als geeignete Fachkräfte in der praktischen Pflege-Ausbildung. Ihre Aufgabe ist es, die Schülerinnen und Schüler schrittweise an die eigenständige Wahrnehmung der beruflichen Aufgaben heranzuführen und die Verbindung mit der Schule zu gewährleisten.

Grundlage für die konkrete gesundheitsbetriebliche **Bildungsorganisation** und insbesondere die Ausbildungsplanung sind der jeweilige Ausbildungsrahmenplan, aber auch z. B. die Orientierung am jeweiligen Lehrplan der begleitenden berufsschulischen Ausbildung, um die Ausbildungsinhalte im dualen System und damit in Gesundheitsbetrieb und Schule möglichst gut aufeinander abstimmen zu können.

In der Organisation, Methodik und Didaktik der beruflichen Bildung im Gesundheitsbetrieb sind die Lehr- und Lernprozesse so zu gestalten und zu strukturieren, dass sich neben der fachlichen Qualifizierung auch eine Weiterentwicklung der beruflichen Mündigkeit stattfinden kann, die im Berufsleben nicht nur in die Lage versetzt, den Leistungsansprüchen gerecht zu werden, sondern auch deren Zustandekommen im Sinne einer Patientenorientierung kritisch zu hinterfragen, sich an der Anwendung und Gestaltung medizinischer und pflegerischer Technik zu beteiligen, die eigene berufliche Situation zu reflektieren sowie rational denken und handeln zu können (vgl. Arnold und Münk 2006, S. 15).

In den Gesundheitsbetrieben kommen in der Regel unterschiedliche Bildungsmethoden zum Einsatz. Dabei ist seit vielen Jahren insbesondere das Konzept der Handlungsorientierung und darauf bezogene Ideen, Empfehlungen und Maßnahmen in der Kultusverwaltung, in der beruflichen Bildung und in der Fachliteratur weit verbreitet (vgl. Czycholl und Ebner 2006, S. 44). Sie lässt sich allgemein als konzeptionelle Grundausrichtung des Unterrichts beschreiben, bei der unter Berücksichtigung verschiedener Planungs-, Gestaltungs- und Zieldimensionen unterschiedlichste Methoden bzw. methodische Teilkomponenten einfließen können, neben fachbezogenen Qualifikationen auch überfachliche, so genannte Schlüsselqualifikationen erwerbbar sind und bei dem im Zentrum eines berufskompetenten Handelns ein sich selbst bestimmendes Individuum steht, das reflektiert, eigenverantwortlich und gemeinschaftsorientiert handelt und bereit ist, sich weiterzuentwickeln (vgl. Riedl 2011, S. 185). Die Fallorientierung ist insbesondere in der Pflegeausbildung nicht neu. Neben dem Einsatz von Fallbeispielen zur Illustration und Veranschaulichung in einem möglichst praxisnahen Unterricht werden zunehmend auch von professionstheoretischer Seite der Fallbezug als konstitutives Merkmal eines professionellen Pflegehandelns gefordert. Während Fallbeispiele zur Veranschaulichung von abstrakten Regeln, Gesetzmäßigkeiten und Prinzipien beitragen und mit ihrer Hilfe von der Vorstellungs- zur Anschauungsebene gewechselt wird, erfordern Praxisfälle eine systematische Bearbeitung und möglichst zufriedenstellende Antworten auf konkrete Problemsituationen. Teilnehmende schildern dabei z. B. Situationen, die sie besonders nachhaltig beeindruckt oder beschäftigt haben und erwarten gegebenenfalls Antworten auf Fragen, ob sie sich oder andere Beteiligte richtig verhalten haben und das Handeln korrekt war. Dies ist situativ oft schwierig und macht entsprechende Erfahrung, Konzepte und Kompetenzen erforderlich (vgl. Hundenborn 2007, S. 4).

Für die berufliche Bildung gewinnen unter den digitalen Formaten vor allem web- und computerbasierte Lernprogramme an Bedeutung, sowie Informationsangebote im Internet, fachspezifische Lernsoftware und Lernplattformen. Obwohl den Beschäftigten mittlerweile ein hohes Maß an meist nicht klar definierter Medienkompetenz zugeschrieben werden kann, bringen sie jedoch oft keine ausreichenden Kompetenzen in den Bereichen mit, die für den Umgang mit digitalen Geräten und Medien im gesundheitsbetrieblichen Alltag erforderlich sind. Der informationstechnische Bildungsbedarf erstreckt sich somit auch auf den Einsatz digitaler Medien im gesundheitsbetrieblichen Alltag, wie beispielsweise auf das umfangreiche Portfolio an unterschiedlichen digitalen Medienformaten oder auch auf fach- und branchenspezifische IT-Anwendungen im Gesundheitswesen (vgl. Gensicke et al. 2016, S. 9).

Zu den für die digitalen Arbeitswelten in Gesundheitsbetrieben erforderlichen Kompetenzen gehören insbesondere

- Bereitschaft zum lebenslangen Lernen,
- Fähigkeit zum interdisziplinären Denken und Handeln,
- IT-Affinität,
- Problemlösungs- und Optimierungskompetenz,
- soziale, kommunikative Fähigkeiten.

Im Hinblick auf ihre Vermittlung und Förderung hat das Personalmanagement individuelle Bedarfe zu identifizieren und modulare Weiterbildungsangebote in diversen Formaten zur Verfügung zu stellen. Dabei sind allgemeine Trends für die Weiterbildung der Zukunft wie Bedarfsorientierung, Selbstwirksamkeit der Lernenden, Kombination aus analogen und digitalen Formaten, Gamifikation (digital-spielerisches Lernen) und Individualisierung der Angebote zu berücksichtigen. Digitale Plattformen bieten die Möglichkeit die unterschiedlichen Instrumente zu bündeln (vgl. Franken und Wattenberg 2021, S. 13).

Zusammenfassung Kap. 6

Die Personalentwicklung im Gesundheitsbetrieb stellt ein umfassendes Konzept der Einwirkung auf die Mitarbeitenden mit dem Ziel dar, die Qualifikationen aufzubauen und weiterzuentwickeln, die sie für die Erfüllung ihrer beruflichen Aufgaben im Gesundheitsbetrieb benötigen. Um die Personalentwicklung zielgerichtet und effizient durchführen zu können, ist die Personalbeurteilung zur Einschätzung der Fähigkeiten und des Leistungsvermögens der Mitarbeitenden des Gesundheitsbetriebs erforderlich. Insbesondere für die Weiterentwicklung der Qualität der beruflichen Bildung in Gesundheitsbetrieben spielen moderne Bildungskonzepte, innovative Qualifizierungsstrategien, eine gezielte Kompetenzentwicklung sowie die Professionalisierung des Bildungspersonals eine ganz entscheidende Rolle.

Literatur

Approbationsordnung für Ärzte (ÄApprO) vom 27. Juni 2002 (BGBl. I S. 2405), zuletzt durch Artikel 2 der Verordnung vom 22. September 2021 (BGBl. I S. 4335) geändert.

Approbationsordnung für Zahnärzte und Zahnärztinnen (ZApprO) vom 8. Juli 2019 (BGBl. I S. 933), durch Artikel 1 der Verordnung vom 22. September 2021 (BGBl. I S. 4335) geändert.

Arnold, R.; Münk, D. (2006) Berufspädagogische Kategorien didaktischen Handelns. In: Arnold, R.; Lipsmeier, A. (Hrsg.) Handbuch der Berufsbildung. 2. Auflg. Wiesbaden: VS Verlag für Sozialwissenschaften – Springer Fachmedien. S. 13–32.

Ausbilder-Eignungsverordnung (AusbEignV) vom 21. Januar 2009 (BGBl. I S. 88).

Bayerische Landesärztekammer (Hrsg.) (2020) Fortbildungsordnung der Bayerischen Landesärztekammer vom 13. Oktober 2013, i. d. F. der Änderungsbeschlüsse vom 10. Oktober 2020 (Bayerisches Ärzteblatt 12/2020, S. 608). München.

Becker, M. (2013) Personalentwicklung – Bildung, Förderung und Organisationsentwicklung in Theorie und Praxis. 6. Auflg. Stuttgart: Schäffer-Poeschel Verlag.

Berthel, J.; Becker, F. G. (2022) Personal-Management – Grundzüge für Konzeptionen betrieblicher Personalarbeit. 12. Auflg. Stuttgart: Schäffer-Poeschel Verlag.

Berufsbildungsgesetz (BBiG) in der Fassung der Bekanntmachung vom 4. Mai 2020 (BGBl. I S. 920), durch Artikel 16 des Gesetzes vom 28. März 2021 (BGBl. I S. 591) geändert.

Breisig, T. (2012) Grundsätze und Verfahren der Personalbeurteilung – Analyse und Handlungsempfehlungen. In: Hans-Böckler-Stiftung (Hrsg.) Betriebs- und Dienstvereinbarungen – Analyse und Handlungsempfehlungen. Schriftenreihe der Hans-Böckler-Stiftung. Frankfurt am Main: Bund-Verlag.

Bundesärzteordnung (BÄO) in der Fassung der Bekanntmachung vom 16. April 1987 (BGBl. I S. 1218), zuletzt durch Artikel 4 des Gesetzes vom 15. August 2019 (BGBl. I S. 1307) geändert.

Bundesinstitut für Berufsbildung – BIBB (Hrsg) (2015) Empfehlung des Hauptausschusses des Bundesinstituts für Berufsbildung vom 16. Dezember 2015 zur Eignung der Ausbildungsstätten. BAnz AT 25.01.2016, S. 2.

Bundesministerium für Bildung und Forschung – BMBF (Hrsg.) (2020) Berufsbildungsbericht 2020. Stand: April 2020. Bonn.

Czycholl, R.; Ebner, H. G. (2006) Handlungsorientierung in der Berufsbildung. In: Arnold, R.; Lipsmeier, A. (Hrsg) Handbuch der Berufsbildung. 2. Auflg. Wiesbaden: VS Verlag für Sozialwissenschaften – Springer Fachmedien. S. 44–54.

de Micheli, M. (2017) Leitfaden für erfolgreiche Mitarbeitergespräche und Mitarbeiterbeurteilungen. 6. Auflg. Zürich: Praxium-Verlag.

Franken, S.; Wattenberg, M. (2021) Digitale Arbeitswelt – neue Aufgaben, neue Kompetenzanforderungen. In: Tirrel, H.; Winnen, L.; Lanwehr, R. (Hrsg.) Digitales Human Resource Management – Aktuelle Forschungserkenntnisse, Trends und Anwendungsbeispiele. Wiesbaden: Springer Gabler. S. 1–16.

Frodl, A. (2020) Professionelle Ausbildung in Gesundheitsberufen – Gewinnung, Schulung und Betreuung von Auszubildenden. Wiesbaden: Springer Gabler/Springer Fachmedien.

Gensicke, M.; Bechmann, S.; Härtel, M;. Schubert, T.; Garcia-Wülfing, I., Güntürk-Kuhl, B. (2016) Digitale Medien in Betrieben – heute und morgen: Eine repräsentative Bestandsanalyse. In: Bundesinstitut für Berufsbildung (Hrsg.) Wissenschaftliche Diskussionspapiere. Heft-Nr. 177. Bonn.

Gießler, W.; Scharfenorth, K.; Winschuh, T. (2013) Aktive Personalentwicklung im Krankenhaus – Grundlagen und Praxis der aufgabenbezogenen Qualifizierungsbedarfsanalyse. Stuttgart: Verlag W. Kohlhammer.

Hundenborn, G. (2007) Fallorientierte Didaktik in der Pflege – Grundlagen und Beispiele für Ausbildung und Prüfung. München: Urban & Fischer/Elsevier.

Kremer, M. (2011) Geleitwort. In: Bonse-Rohmann, M.; Burchert, H. (Hrsg.) Neue Bildungskonzepte für das Gesundheitswesen. Schriftenreihe des Bundesinstituts für Berufsbildung (BIBB) – Berichte zur beruflichen Bildung. Bielefeld: Bertelsmann Verlag.

Lau, V. (2015) Die Mitarbeiterbeurteilung – Leistungen bewerten, Kompetenzen einschätzen, Potenziale identifizieren. Stuttgart: Steinbeis-Edition.

Laufer, H. (2008) Personalbeurteilung im Unternehmen – Von der Bewerberauswahl bis zum Arbeitszeugnis. Offenbach: Gabal-Verlag.

(Muster-)Berufsordnung für die in Deutschland tätigen Ärztinnen und Ärzte – MBO-Ä 1997 – in der Fassung des Beschlusses des 124. Deutschen Ärztetages vom 5. Mai 2021 in Berlin. Berlin: Bundesärztekammer.

Riedl, A. (2011) Didaktik der beruflichen Bildung. 2. Auflg. Stuttgart: Franz Steiner Verlag.

Statistisches Bundesamt – Destatis (Hrsg.) (2022) 105 000 Auszubildende waren 2021 in einer Ausbildung zur Pflegefachfrau oder zum Pflegefachmann – Zahl der Auszubildenden legt trotz Corona leicht zu. Pressemitteilung Nr. 135 vom 29. März 2022. Wiesbaden.

Stockinger, A. (2014) Personalentwicklung im Fokus von Pflege- und Gesundheitseinrichtungen. In: Stockinger, A.; Tewes, R. (Hrsg.) Personalentwicklung in Pflege- und Gesundheitseinrichtungen – Erfolgreiche Konzepte und Praxisbeispiele aus dem In- und Ausland. Berlin/Heidelberg: Springer Medizin/Springer Verlag. S. 3–13.

Stopp, U.; Kirschten, U. (2012) Betriebliche Personalwirtschaft – Aktuelle Herausforderungen, praxisorientierte Grundlagen und Beispiele. 28. Auflg. Renningen: Expert-Verlag.

Verband Medizinischer Fachberufe (Hrsg.) (2019) Berufsordnung für Medizinische Fachangestellte. Informationsflyer. Bochum.

Verordnung über die Berufsausbildung zum Medizinischen Fachangestellten/zur Medizinischen Fachangestellten (MedFAngAusbV) vom 26. April 2006 (BGBl. I S. 1097).

Wegerich, C. (2015) Strategische Personalentwicklung in der Praxis – Instrumente, Erfolgsmodelle, Checklisten, Praxisbeispiele. 3. Aufl. Berlin/Heidelberg: Springer Gabler/Springer Verlag.

Personaladministration

7.1 Allgemeine administrative Aufgaben

Die Abwicklung der personalverwaltenden, routinemäßigen Aufgaben innerhalb des Personalmanagements eines Gesundheitsbetriebs wird als Personaladministration bezeichnet. Sie stellt eine unerlässliche Tätigkeit dar, weil gesetzliche Bestimmungen und organisatorische Sachzwänge die Wahrnehmung von Personalverwaltungsaufgaben erforderlich machen:

- Kenntnis und Anwendung der Regelungen des allgemeinen Rechts und speziell des Arbeits- und Sozialrechts;
- Erledigung aller Formalitäten und Einzelaufgaben von der Personaleinstellung bis zur Personalfreisetzung, bzw. Verrentung;
- Klärung persönlicher Sachverhalte zur Entscheidungsvorbereitung bspw. von Nebentätigkeiten etc.;
- Einrichtung und Führung von Personalakten/Personaldaten mit Bewerbungsunterlagen, Arbeitsvertrag, Zeugnissen, Verwarnungen oder besonderen Vorkommnissen;
- Abwicklung des Entgeltwesens (Lohn- und Gehaltsabrechnung);
- Aufgaben im Rahmen der Personalbetreuung mit Bearbeitung von Arbeits-, Urlaubs- und Fehlzeiten, vermögenswirksamen Leistungen, Gestellung/Reinigung von Berufsbekleidung usw.;
- betriebsexterne Meldeaufgaben, wie Lohnsteuermeldungen beim Finanzamt, Entgeltnachweis an die Sozialversicherungen usw.;
- betriebsinterne Meldeaufgaben, wie Ablauf der Probezeit, Geburtstage, Jubiläen, Personalstatistik;
- Überwachungsaufgaben, wie Krankenstand, Überstundenanfall, Urlaubsinanspruchnahme, Arbeitszeiterfassung.

© Springer Fachmedien Wiesbaden GmbH, ein Teil von Springer Nature 2023
A. Frodl, *Personalmanagement im Gesundheitswesen*,
https://doi.org/10.1007/978-3-658-40563-2_7

Die Aufgaben der Personaladministration sind somit vielfältig und erstrecken sich von A wie Altersvorsorge bis Z wie Zusatzversorgung. In allen Bereichen sind Abläufe zu definieren und gegenüber den Beschäftigten des Gesundheitsbetriebs Leistungen zu erbringen (vgl. Frodl 2019, S. 38 ff.).

So sind im Rahmen des **Arbeitsverhältnisses** bezüglich der Arbeitszeit für die Umsetzung einer üblicherweise zwischen Einrichtungsleitung und Betriebs- bzw. Personalrat getroffenen Betriebsvereinbarung auf der Grundlage unter anderem des Arbeitszeitgesetzes (ArbZG) beispielsweise zu organisieren:

- Anwendung der tariflichen Arbeitszeit (z. B. 38,5 Std./Woche);
- Arbeitszeiterfassung, -korrekturen und -übersichten;
- Art und Weise der Genehmigungen von Arbeitszeiten außerhalb der Rahmenarbeitszeit;
- besondere Regelungen für Arbeitsbefreiungen, Arztbesuche, Geschäfts-/Dienstreisen, Teilzeitbeschäftigte, Weiterbildungsveranstaltungen etc.;
- Sicherstellung der Erreichbarkeit und Funktionsfähigkeit bei Rahmen- und Präsenzarbeitszeit;
- Überstundenregelungen;
- Zeitdefizit und Zeitguthaben: Festlegen der maximalen Höhe, des Ausgleichs und des dafür vorgesehenen Zeitraums.

Im Rahmen der gesundheitsberuflichen Ausbildung sind durch entsprechende Umsetzungen und Regelungen die Anforderungen nach dem Berufsbildungsgesetz (BBiG) zu erfüllen. So muss beispielsweise sichergestellt sein, dass

- die Berufsausbildung in einer durch ihren Zweck gebotenen Form planmäßig, zeitlich und sachlich gegliedert so durchgeführt wird (z. B. durch einen von der Gesundheitseinrichtung zu erstellenden Ausbildungsplan), dass das Ausbildungsziel in der vorgesehenen Ausbildungszeit erreicht werden kann;
- Auszubildenden kostenlos die Ausbildungsmittel zur Verfügung gestellt werden, die zur Berufsausbildung und zum Ablegen von Zwischen- und Abschlussprüfungen erforderlich sind;
- Auszubildende zum Besuch der Berufsschule angehalten werden;
- Auszubildende zum Führen der Ausbildungsnachweise angehalten und diese regelmäßig durchgesehen werden;
- Auszubildende für die Teilnahme am Berufsschulunterricht und an Prüfungen freigestellt werden;
- den Auszubildenden bei Beendigung des Berufsausbildungsverhältnisses ein schriftliches Zeugnis mit Angaben über Art, Dauer und Ziel der Berufsausbildung sowie über die erworbenen beruflichen Fertigkeiten, Kenntnisse und Fähigkeiten der Auszubildenden ausgestellt wird;

- den Auszubildenden eine angemessene Vergütung gewährt wird, die nach dem Lebensalter der Auszubildenden so bemessen ist, dass sie mit fortschreitender Berufsausbildung, mindestens jährlich, ansteigt (vgl. § 14 ff. BBiG).

Für die in Gesundheitseinrichtungen häufig vorkommenden Arbeitsverhältnisse in Teilzeit sind unter anderem die Vorgaben des Teilzeit- und Befristungsgesetz (TzBfG) umzusetzen. Danach sind etwa Arbeitnehmende, die den Wunsch nach einer Veränderung von Dauer und Lage ihrer vertraglich vereinbarten Arbeitszeit angezeigt haben, über entsprechende Arbeitsplätze zu informieren, die im Gesundheitsbetrieb besetzt werden sollen (vgl. § 7 TzBfG).

Für das gegenseitige Kennenlernen von Arbeitnehmenden und Arbeitgebenden in Gesundheitseinrichtungen in der üblicherweise vereinbarten Probezeit sollten erfolgen die

- Festlegung von Erwartungen zu Beginn der Probezeit, die am Ende der Probezeit bei der Prüfung der Übernahme abgeglichen werden;
- Planung der Einarbeitung mit Festlegung der personellen Zuständigkeiten für die Einarbeitung (z. B. Mentor) und die Erstellung eines Einarbeitungsplans;
- Durchführung von Zwischenüberprüfungen mit regelmäßigen Feedbackgesprächen, Orientierungsgesprächen mit den neuen Mitarbeitenden zu vordefinierten Zeitpunkten;
- Ergebnisbeurteilung der Probezeit mit Rückblick auf beobachtete Schwierigkeiten während der Einarbeitungszeit und Anforderungserfüllung durch die neuen Mitarbeitenden und Entscheidung über eine Fortführung des Arbeitsverhältnisses nach dem Ende der Probezeit.

Wird im Gesundheitsbetrieb z. B. in der Verwaltung, Abrechnung, Controlling etc. die Möglichkeit zum Home-Office bzw. zur Telearbeit angeboten, so sind unter anderem festzulegen und zu organisieren:

- Form der Arbeit im Home-Office (dauernd, alternierend, zuhause, unterwegs etc.);
- Definition der Aufgaben, die für das Home-Office geeignet sind;
- Prüfung der betrieblichen Zweckmäßigkeit, der Eignung der Aufgabe und der Eignung der Mitarbeitenden für das vorgesehene Home-Office;
- Aufteilung der Arbeitszeit auf die betriebliche und häusliche Arbeitsstätte;
- Umfang der Einrichtung einer außerbetrieblichen Arbeitsstätte und ggf. Zutrittsmöglichkeit der Arbeitgebenden;
- Abschluss einer Vereinbarung zwischen Mitarbeitenden und Gesundheitsbetrieb über die Ausgestaltung des Arbeitens im Home-Office (z. B. Erreichbarkeit, Präsenzzeit, Teilnahme an der Zeiterfassung etc.);
- Einhaltung der allgemeinen Arbeitsplatzanforderungen am häuslichen Home-Office Arbeitsplatz;
- Ausstattung mit Betriebsmitteln (PC, Netzwerkverbindung, ergonomischer Bürostuhl, Störungsbehebung, anteilige Strom-/Heizkosten etc.);

- Gewährleistung des Schutzes von sensiblen (Patienten-)Daten und Informationen, des Arztgeheimnisses, der datenschutzgerechten Entsorgung von zu vernichtenden Dokumenten oder Datenträgern.

Für die in Gesundheitsbetrieben vorkommende Schichtarbeit sind bei der Umsetzung Gestaltungsempfehlungen zu berücksichtigen, die nach dem Arbeitszeitgesetz (ArbZG) auf gesicherten arbeitswissenschaftlichen Erkenntnissen über die menschengerechte Gestaltung der Arbeit beruhen und beispielsweise folgendes beinhalten (vgl. § 6 ArbZG):

- Anzahl der aufeinander folgenden Nachtdienste reduzieren (maximal vier Nachtdienste in Folge);
- auf starre Anfangszeiten zugunsten individueller Präferenzen verzichten;
- Dienstpläne vorhersagbar und überschaubar gestalten;
- für eine möglichst lange Ruhephase nach einer Nachtschichtphase sorgen (mindestens 24 Std.);
- Frühdienst nicht zu früh beginnen lassen;
- für Verbindlichkeit der Dienstpläne sorgen;
- geblockte Wochenendfreizeiten statt einzelner freier Tage am Wochenende organisieren;
- individuelle Wünsche bei der Dienstplanung berücksichtigen;
- Massierung von Arbeitstagen oder Arbeitszeiten auf einen Tag begrenzen;
- Mehrbelastung durch Arbeit in der Nacht durch Freizeit ausgleichen;
- mehr freie Tage im Jahr für Schichtarbeiter/-innen als Tagarbeiter festlegen;
- Nachtdienst möglichst früh enden lassen;
- ungünstige Schichtfolgen vermeiden (vorwärts rotieren: Früh-Spät-Nacht) (vgl. Sczesny 2007, S. 17).

Im Aufgabenbereich **Soziale Leistungen** ist die Vereinbarkeit von Beruf und Familie im Sinne einer familienorientierten Personalpolitik im Gesundheitsbetrieb umzusetzen, die dem Wunsch der Mitarbeiterinnen und Mitarbeiter nach einer ausgewogenen Balance zwischen Beruf und Privatleben entgegenkommt. Dazu sind Standards anzuwenden, die versuchen, die Erfüllung betrieblicher Aufgaben mit einer verbesserten Wahrnehmung der Verantwortung für die Familie in Einklang zu bringen. Dabei geht es um Themen wie

- Anpassung der Arbeitszeiten an die Öffnungszeiten von Betreuungseinrichtungen;
- Antritt des Jahresurlaubes bis zum 30.04. des Folgejahres und im Ausnahmefall auch noch darüber hinaus;
- Ausgleich von Zeitguthaben durch die Gewährung von freien Tagen;
- Berücksichtigung besonderer Belange von Teilzeitkräften bei der Organisation von Weiterbildungsveranstaltungen;

- besondere Berücksichtigung der Belange von Eltern schulpflichtiger Kinder bei der Aufstellung der Urlaubspläne (Familienurlaub in den Ferien, Sicherstellung der Betreuung der Kinder in den Ferien);
- Gewährung von unbezahltem Sonderurlaub zur Pflege von Angehörigen oder zur Betreuung von Kindern;
- in Abhängigkeit von den Arbeitsaufgaben Möglichkeit zur Arbeit im Home-Office;
- Verlagerung von Arbeitszeiten überwiegend auf Schulzeiten, in denen Kinder betreut sind.

Der Mutterschutz ist unter anderem nach den besonderen Vorgaben des Mutterschutzgesetzes (MuSchG) umzusetzen. Dazu gehört beispielsweise wie

- das Ergebnis der Gefährdungsbeurteilung,
- der Bedarf an Schutzmaßnahmen,
- die Festlegung der erforderlichen Schutzmaßnahmen,
- das Ergebnis ihrer Überprüfung und
- das Angebot eines Gesprächs mit der Frau über weitere Anpassungen ihrer Arbeitsbedingungen

dokumentiert (vgl. § 14 MuSchG) und die Mitteilungspflichten an die Aufsichtsbehörden (vgl. § 27 MuSchG) wahrgenommen werden. Im Personalbereich sollten Ansprechpersonen benannt werden, die Schwangere beraten und Gespräche zur Abwesenheits- und Rückkehrplanung, zu den rechtlichen und tariflichen Rahmenbedingungen, Elternzeit etc. führen.

Zur Umsetzung des Anspruches auf Elternzeit bzw. Verringerung der Arbeitszeit richtet sich nach den Bestimmungen des Bundeselterngeld- und Elternzeitgesetz (BEEG) sind unter anderem

- die Anspruchsprüfung durchzuführen (vgl. § 15 BEEG);
- die Kontaktpflege zu Mitarbeiterinnen und Mitarbeiter in der Familienpause zu gewährleisten, um die Bindung an die Gesundheitseinrichtung aufrecht zu erhalten;
- auf die Möglichkeit zu einer Teilzeitbeschäftigung während der Elternzeit hinzuweisen, damit auf qualifizierte Mitarbeitende für die Dauer der Familienpause nur teilweise oder möglichst kurz verzichtet werden muss;
- die Rückkehr nach der Elternzeit zu regeln, wobei frühzeitig, mehrere Monate vor dem Rückkehrzeitpunkt der Wiedereinstieg vorbereitet, der zeitliche Umfang der Arbeitsaufnahme und die Aufgaben festgelegt werden sollten.

Die Umsetzung des Anspruches auf Pflegezeit für unterstützungsbedürftige Angehörige von Mitarbeiterinnen und Mitarbeitern richtet sich nach den Bestimmungen des Pflegezeitgesetzes (PflegeZG) und des Familienpflegezeitgesetzes (FPfZG). Danach haben Beschäftigte unter anderem das Recht, bis zu zehn Arbeitstage der Arbeit fernzubleiben, wenn dies erforderlich ist, um für einen pflegebedürftigen nahen Angehörigen in einer akut aufgetretenen Pflegesituation eine bedarfsgerechte Pflege zu organisieren oder eine pflegerische Versorgung in dieser Zeit sicherzustellen (vgl. § 2 PflegeZG). Gesundheitsbetriebe mit mehr als 15 Beschäftigten haben diese von der Arbeitsleistung vollständig oder teilweise freizustellen, wenn sie einen pflegebedürftigen nahen Angehörigen in häuslicher Umgebung pflegen. Wenn nur teilweise Freistellung in Anspruch genommen wird, ist zu regeln, dass Arbeitgeber und Beschäftigte über die Verringerung und die Verteilung der Arbeitszeit eine schriftliche Vereinbarung zu treffen. Hierbei hat der Arbeitgeber den Wünschen der Beschäftigten zu entsprechen, es sei denn, dass dringende betriebliche Gründe entgegenstehen (vgl. § 3 PflegeZG). Nach den Bestimmungen des Familienpflegezeitgesetzes (FPfZG) sind in Gesundheitsbetrieben mit mehr als 25 Beschäftigten unter anderem Beschäftigte von der Arbeitsleistung für längstens 24 Monate teilweise freizustellen, wenn sie einen pflegebedürftigen nahen Angehörigen in häuslicher Umgebung pflegen Während der Familienpflegezeit muss die verringerte Arbeitszeit wöchentlich mindestens 15 Stunden betragen. Bei unterschiedlichen wöchentlichen Arbeitszeiten oder einer unterschiedlichen Verteilung der wöchentlichen Arbeitszeit darf die wöchentliche Arbeitszeit im Durchschnitt eines Zeitraums von bis zu einem Jahr 15 Stunden nicht unterschreiten (vgl. § 2 FPfZG). Darüber hinaus ist beispielsweise auch die Mitwirkungspflicht des Gesundheitsbetriebs bei der Förderung der pflegebedingten Freistellung von der Arbeitsleistung zu regeln, nach der der Arbeitgeber dem Bundesamt für Familie und zivilgesellschaftliche Aufgaben für bei ihm Beschäftigte den Arbeitsumfang sowie das Arbeitsentgelt vor der Freistellung zu bescheinigen hat, soweit dies zum Nachweis des Einkommens aus Erwerbstätigkeit oder der wöchentlichen Arbeitszeit der die Förderung beantragenden Beschäftigten erforderlich ist (vgl. § 4 FPfZG).

In größeren Gesundheitseinrichtungen mit Mitarbeiterverpflegung sind organisatorische Vorkehrungen zu treffen, die beispielsweise die Öffnungszeiten der Verpflegungseinrichtungen, Mitnahme von Geschirr, betriebliche Veranstaltungen, Preisgestaltung, Veröffentlichung von Speiseplänen, Bewirtung von Gästen, Zahlungsweisen, Arbeitszeiterfassung während des Kantinenaufenthalts und anderes mehr umfassen.

Zur beruflichen **Mobilität** in Gesundheitsbetrieben zählen beispielsweise Dienstreisen bzw. Geschäftsreisen zur Erledigung von Dienstgeschäften außerhalb des Standorts des Betriebs, für die eine einheitliche Umsetzung vorhandener rechtlicher und tariflicher Vorschriften sowie die Erstattung der Reisekosten durchzuführen ist. Sie orientiert sich für öffentliche Gesundheitsbetriebe beispielsweise nach gesetzlichen Regelungen wie dem Bayerischen Reisekostengesetz (BayRKG), das beispielsweise zum Anspruch auf Reisekostenvergütung, zur Art der Reisekostenvergütung, zur Fahrtkostenerstattung, zur Wegstrecken- und Mitnahmeentschädigung, zur Dauer der Dienstreise, zum Tagegeld, zum Übernachtungsgeld, zur Erstattung der Auslagen bei längerem Aufenthalt am Geschäftsort, zur Erstattung der Nebenkosten, zur Verbindung von Dienstreisen mit privaten Reisen oder zur Erstattung der Auslagen für Reisevorbereitungen und bei vorzeitiger Beendigung des Dienstgeschäfts Vorgaben macht (vgl. Art 3 ff. BayRKG). Gegebenenfalls sind auf der

Grundlage derartiger Regelungen für den Gesundheitsbetrieb somit unter anderem zu definieren und festzulegen:

- Auslagen: Erstattung von weiteren Fahrtkosten, Parkgebühren, Eintrittsgeldern gegen Beleg etc.;
- Reiseart: Dienstreisen, Dienstgänge, Reisen im Zusammenhang mit der Teilnahme an medizinischen Konferenzen, Kongressen, Medizinproduktschulungen, Seminaren, Tagungen, Weiterbildungsveranstaltungen, Workshops, etc.;
- Reisedurchführung: Reiseantrag und -genehmigung, Planung der Reise, Buchung von Hotel, Bahnkarten oder Flugtickets (z. B. Reisebüro, Internet), Reisekostenvorschuss und -erstattung; Einhaltung von Abrechnungsfristen etc.;
- Übernachtung: Beachtung von Grundsätzen der Sparsamkeit bei Buchung, Festlegung von Übernachtungshöchstpreisen bzw. Hotelkategorien, Gewährung von Übernachtungspauschalen oder Kostenerstattung für Übernachtung und Frühstück, Verauslagung von Hotelkosten etc.;
- Verkehrsmittel: Bevorzugung von Öffentlichen Verkehrsmitteln aus Umweltschutz- und Kostengründen, genehmigte Wagenklasse bei Bahnreisen, Economy-Class bei Flugzeugbenutzung unter wesentlicher Kosten- und oder Zeitersparnis, Verwendung von aus Bonusprogrammen angesammelte Flugmeilen grundsätzlich wieder für Dienstreisen, Taxifahrten und Reisen mit dem eigenen Fahrzeug nur in zwingenden und zu begründenden Ausnahmefällen etc.;
- Verpflegung: Vergütung von Verpflegungsmehraufwendungen mit pauschalen Tagessätzen für Frühstück, Mittag- und Abendessen, Kürzung bei unentgeltlicher Verpflegung etc.

Für den täglichen Weg zur Arbeitsstätte unterstützen Gesundheitsbetriebe ihre Beschäftigten häufig mit Beiträgen zu einer umweltfreundlichen Mobilität, wie z. B. Job-Tickets. Sie können ihr Umwelt-Engagement durch die Förderung der ÖPNV-Nutzung ihrer Mitarbeitenden zum Ausdruck bringen. Hierzu ist beispielsweise zu organisieren, wie die Zeitkarten für die Belegschaft bestellt, verteilt und abgerechnet werden. Diese Aufgaben sind häufig zu übernehmen, um einen Firmenrabatt von 5–10 Prozent im Vergleich zum normalen Zeitkarten-Abonnement in Anspruch nehmen zu können.

Während die Nutzung eines persönlich zugeordneten Dienstwagens üblicherweise im jeweiligen Arbeitsvertrag zu regeln ist, sind für den allgemein zur Verfügung stehenden Fuhrpark eigene organisatorische Vorkehrungen zu treffen:

- frühzeitige Anmeldung der Fahrten (Fahrzeugreservierung);
- Führung eines Fahrtenbuchs (Eintragung von Fahrer, Fahrtziel, Fahrtzweck, gefahrene Kilometer, Tankungen unmittelbar nach Beendigung einer Fahrt);
- Genehmigung der Fahrzeugnutzung (Kopie des genehmigten Reiseantrags);
- Meldung von Auffälligkeiten, die die Verkehrstüchtigkeit der Fahrzeuge betreffen;

- Nachweis der gültigen Fahrerlaubnis durch Vorlage des Führerscheins vor Fahrtantritt, (wegen Fahrzeughalterpflicht der Gesundheitseinrichtung und versicherungstechnischen Anforderungen);
- Reaktion auf polizeiliche Anzeigen und gebührenpflichtige Verwarnungen;
- Regelung der Mitnahme eines Fahrzeugs übers Wochenende oder in den Urlaub;
- Regelung von Privatfahrten;
- sichere Abstellung des Fahrzeugs, wenn die Geschäfts-/Dienstreise am Wohnort beginnt/endet oder das Fahrzeug mehrere Tage benötigt wird;
- sofortige Meldung von Beschädigungen oder Unfällen, spätestens jedoch bei der Fahrzeugrückgabe (Hinzuziehung von Polizei bei nicht eindeutig geklärten Schuldfragen oder Personenunfällen, Haftung bei vorsätzlich oder grob fahrlässig verursachten Unfällen, Erstellen von Unfallberichten).

Neben der Nutzung von Geschäfts- bzw. Dienstwagen des Gesundheitsbetriebs sollte auch die Einteilung, Wartung und Pflege der Fahrzeuge, die Nutzung von Dienstfahrrädern oder die Parkplatzbewirtschaftung (Patienten-, Besucher-, Mitarbeiterparkplätze) organisiert sein.

Die Umsetzung des Anspruches auf **Mitwirkung und Mitbestimmung** der Beschäftigten in Gesundheitsbetrieben basiert für Einrichtungen in privater Rechtsform unter anderem auf dem Betriebsverfassungsgesetz (BetrVG) und für Einrichtungen in öffentlicher Rechtsform auf landesspezifischen Personalvertretungsgesetzen (PersVG). So ist beispielsweise in Gesundheitseinrichtungen mit mehr als einhundert ständig beschäftigten Arbeitnehmern ein Wirtschaftsausschuss zu bilden, der die Aufgabe hat, wirtschaftliche Angelegenheiten mit dem Unternehmer zu beraten und den Betriebsrat zu unterrichten (vgl. § 106 BetrVG). In Gesundheitsbetrieben mit mehr als zwanzig wahlberechtigten Arbeitnehmern sind der Betriebsrat über geplante Betriebsänderungen, die wesentliche Nachteile für die Belegschaft oder erhebliche Teile der Belegschaft zur Folge haben können, rechtzeitig und umfassend zu unterrichten und die geplanten Betriebsänderungen mit dem Betriebsrat zu beraten (vgl. § 111 BetrVG). Auch ist z. B. zu regeln, wie das Mitbestimmungsrecht des Betriebsrats umgesetzt wird. Soweit eine gesetzliche oder tarifliche Regelung nicht besteht, erstreckt es sich beispielsweise auf Beginn und Ende der täglichen Arbeitszeit, Aufstellung allgemeiner Urlaubsgrundsätze, Form und Ausgestaltung sowie Verwaltung von Sozialeinrichtungen, Fragen der betrieblichen Lohngestaltung, Fragen der Ordnung des Betriebs und des Verhaltens der Arbeitnehmenden, Grundsätze über das betriebliche Vorschlagswesen, Zeit und Ort sowie Art der Auszahlung der Arbeitsentgelte und anderes mehr (vgl. § 87 BetrVG). Nach dem Landespersonalvertretungsgesetz in Rheinland-Pfalz (LPersVG) erstreckt sich das umzusetzende Mitbestimmungsrecht des Personalrats beispielsweise auf Erstellung von Beurteilungsrichtlinien, Aufstellung von Grundsätzen über die Durchführung von Stellenausschreibungen, Durchführung der Berufsbildung, Erlass von Richtlinien über die personelle Auswahl bei Einstellungen, Versetzungen, Übertragungen von anderen Tätigkeiten, Kündigungen sowie Übertragung von Funktionen, die einen Anspruch auf Zahlung einer Zulage auslösen (vgl. § 78 LPersVG).

Eine wichtige Aufgabe im Rahmen der Personalarbeit zur Umsetzung der Mitbestimmung und Mitwirkung ist das Schließen von Betriebsvereinbarungen, die Vereinbarungen zwischen Gesundheitsbetrieb und Betriebsrat über eine betriebliche Angelegenheit, die betriebsverfassungsrechtlich zu regeln ist, darstellen. In Gesundheitseinrichtungen mit öffentlich-rechtlicher Trägerschaft tritt an die Stelle der Betriebsvereinbarung die Dienstvereinbarung.

Die Anwendung von Beschäftigtenumfragen sind ein wichtiges Personal- und Organisationsentwicklungsinstrument. Werden sie zum Anstoßen von Veränderungsprozessen in Gesundheitsbetrieben eingesetzt, so sollte ihr grundsätzlicher Ablauf organisiert sein, damit wiederholte Umfragen möglichst gleichartig ablaufen und so in einem längeren Beobachtungszeitraum für vergleichbare Ergebnisse sorgen. Hierzu sind beispielsweise Anonymität, Art und Umfang der Fragen, Auswertung, Befragungsform (Online, Fragebogen etc.), Befragungsintervalle (Zeitabstände, Häufigkeit der Umfragen etc.), Datenschutz, Ergebnisberichte (Art der Zusammenfassungen, Adressaten etc.), Information der Beschäftigten, Umgang mit den Ergebnissen, Zeitdauer der Befragungen zu klären.

Das betriebliche Vorschlagswesen ist ebenfalls eine in Gesundheitsbetrieben genutzte Möglichkeit, die Beschäftigten stärker in die Gestaltung des betrieblichen Geschehens miteinzubeziehen, Optimierungspotenziale zu identifizieren und ihre Verbundenheit mit dem Gesundheitsbetrieb zu erhöhen, ist. Um Erfahrung und Wissen der Beschäftigten systematisch nutzen zu können, sind im Sinne eines Ideenmanagements Festlegungen zu treffen, wie beispielsweise

- welcher Personenkreis Verbesserungsvorschläge einreichen darf,
- was ein Verbesserungsvorschlag beinhalten muss (Lösungsorientierung),
- wie die Beschäftigten bei der Erarbeitung von Verbesserungsvorschlägen unterstützt werden,
- wie die Ideen eingereicht werden können,
- wer die eingereichten Vorschläge prüft,
- wie die eingereichten Vorschläge begutachtet werden (Durchführbarkeit, Aufwand, Nutzen etc.),
- wie die Vorschläge bewertet und prämiert werden,
- wie mit abgelehnten Ideen umgegangen wird (Information an den Einreicher, Begründung der Ablehnung etc.).

Die betriebliche **Gesundheitsförderung** in Form des Betrieblichen Gesundheitsmanagements (BGM) befasst sich mit Angeboten und Maßnahmen für die Beschäftigten in Gesundheitsbetrieben, ihre Gesundheit, ihr Wohlbefinden und damit ihre Leistungsfähigkeit zu erhalten bzw. zu fördern. Für kranke und gefährdete Mitarbeiter gilt es Arbeitsbelastungen und gesundheitliche Beschwerden zu reduzieren. Hierzu muss die Gesundheitseinrichtung organisatorische Maßnahmen treffen, die dazu dienen, die Gesundheit zu fördern, und gleichzeitig die Beschäftigten dazu bewegt, sich hilfreiche Kompetenzen anzueignen und Verhaltenspathogene zu vermeiden (vgl. Uhle und Treier

2015, S. 8). Dauerhaft eingerichtete Maßnahmen, die es zu administrieren gilt, sind in diesem Zusammenhang beispielsweise

- Betriebsarzt (Angebot von gesundheitsfördernden Maßnahmen, Arbeitsplatzbegehungen, Beratung zur Arbeitssicherheit und Gesundheitsförderung, Gefährdungsanalysen, Grippeschutzimpfungen, Vorsorgeuntersuchungen etc.);
- Bildschirmarbeitsbrillen (spezielle Sehhilfen für die Arbeit am PC, Kostenerstattung, Bestätigung durch den Betriebsarzt etc.);
- gesunde Ernährung (grundsätzliche Empfehlungen, abgestimmtes Kantinenangebot etc.);
- Grippeschutzimpfungen (Anmeldung, Organisation der Impfungen, Impfbuch etc.);
- Mitarbeitergesundheitstage (Durchführungsintervalle, Themenfindung, Teilnahme innerhalb der Arbeitszeit etc.);
- mobiler Massageservice, (Nutzung, Anrechnung auf Arbeitszeit, Kostenerstattung etc.);
- Unterstützung (Beratung in schwierigen Lebenssituationen, bei Suchtproblemen, Burnout, etc.).

Wesentliche Grundlagen für das Betriebliche Eingliederungsmanagement (BEM) sind im Neunten Sozialgesetzbuch (SGB IX) enthalten. Danach sind im Gesundheitsbetrieb ein Eingliederungsmanagement einzurichten und Regelungen zu treffen für Beschäftigte, die innerhalb eines Jahres länger als sechs Wochen ununterbrochen oder wiederholt arbeitsunfähig sind. Hier sind unter anderem mit der zuständigen Interessenvertretung und mit Zustimmung und Beteiligung der betroffenen Person die Möglichkeiten zu klären, wie die Arbeitsunfähigkeit möglichst überwunden werden und mit welchen Leistungen oder Hilfen erneuter Arbeitsunfähigkeit vorgebeugt und der Arbeitsplatz erhalten werden kann. Soweit erforderlich, sind der Betriebsarzt hinzuzuziehen und die betroffene Person oder ihr gesetzlicher Vertreter zuvor auf die Ziele des BEM sowie auf Art und Umfang der hierfür erhobenen und verwendeten Daten hinzuweisen. Kommen Leistungen zur Teilhabe oder begleitende Hilfen im Arbeitsleben in Betracht, sind von der Gesundheitseinrichtung als Arbeitgeber die Rehabilitationsträger oder bei schwerbehinderten Beschäftigten das Integrationsamt hinzuziehen (vgl. § 167 SGB IX). Zu den Aufgaben in Zusammenhang mit dem BEM zählen ferner die Auswertung der Zeitdauer von Erkrankungen, schriftliche Kontaktaufnahme mit betroffenen Beschäftigten, Erläuterung des BEM, Einholung der Einverständniserklärung der betroffenen Beschäftigten, Vereinbarung von Maßnahmen zur Arbeitserleichterung und Verbesserung der Arbeitssituation sowie Erfolgskontrolle der vereinbarten Maßnahmen.

Die Betriebliche Gesundheitsförderung umfasst auch den Betriebssport, in dem sich Beschäftigte sportlich engagieren und aktiv werden können. Es ist zu organisieren, welche Sportgruppen es im Gesundheitsbetrieb gibt und wie die Informationen darüber (Anmeldung, Ansprechpartner, Kosten, Sportart, sportliche Ziele, Teilnehmer, Trainingsort und -uhrzeit, Voraussetzungen) einheitlich strukturiert werden.

Ein wichtiges Instrument zur Gesundheitsförderung für die Beschäftigten in einem Gesundheitsbetrieb ist die Arbeitsergonomie, da sie sich mit der Schaffung geeigneter Arbeitsbedingungen und menschgerechter Gestaltung der Arbeitsplätze befasst, um eine möglichst effiziente und fehlerfreie Arbeitsausführung sicherzustellen und die Beschäftigten vor gesundheitlichen Schäden auch bei langfristiger Ausübung ihrer Tätigkeit zu schützen. Eine wesentliche Grundlage hierzu ist das Arbeitsschutzgesetz (ArbSchG), nach dem die Gesundheitseinrichtung als Arbeitgeberin von allgemeinen Grundsätzen der Arbeitsgestaltung auszugehen hat (vgl. § 4 ArbSchG). Bei der Ausstattung mit medizintechnischen Geräten, Behandlungsplätzen, Praxiseinrichtungen oder Laborausstattungen sind beispielsweise die Vorgaben der DIN EN ISO 6385:2016 als grundlegendes ergonomisches Rahmenwerk zur Gestaltung von Arbeitssystemen auch im Gesundheitswesen zu berücksichtigen, aus dem sich arbeitswissenschaftliche Anforderungen ableiten lassen, die den besonderen physischen Belastungen der Heil- und Pflegeberufe, wie langes Stehen, häufiges Bücken, das Heben und Tragen schwerer Lasten, Schichtdienst, unregelmäßige Arbeitszeiten, aber auch den psychischen Belastungen im täglichen Umgang mit kranken, zu pflegenden, sterbenden Menschen Rechnung trägt. Eine weitere wichtige Grundlage für entsprechende Regelungen ist beispielsweise die Lastenhandhabungsverordnung (LasthandhabV), nach der die Gesundheitseinrichtung als Arbeitgeberin geeignete organisatorische Maßnahmen zu treffen oder geeignete Arbeitsmittel, insbesondere mechanische Ausrüstungen, einzusetzen hat, um manuelle Handhabungen von Lasten, die für die Beschäftigten eine Gefährdung für Sicherheit und Gesundheit, insbesondere der Lendenwirbelsäule mit sich bringen, zu vermeiden (vgl. § 2 ff. LasthandhabV).

Eine wesentliche Grundlage für den umzusetzenden Nichtraucherschutz in Gesundheitsbetrieben sind die Arbeitsstättenverordnung (ArbStättV) und die jeweiligen Landesgesetze, die Vorgaben für zu treffende Regelungen machen. So sieht beispielsweise die ArbStättV vor, dass die Gesundheitseinrichtung die erforderlichen Maßnahmen zu treffen hat, damit die nicht rauchenden Beschäftigten in Arbeitsstätten wirksam vor den Gesundheitsgefahren durch Tabakrauch geschützt sind (vgl. § 5 ArbStättV).

Zur **Personalentwicklung** gehören ebenfalls zahlreiche administrativen Aufgaben, wozu zunächst der gesamte Bereich der Weiterbildung zählt und damit die systematisch vorbereitete, durchgeführte und kontrollierte Förderung der Anlagen und Fähigkeiten der Beschäftigten in Abstimmung mit ihren Erwartungen und den Veränderungen von Arbeitsplätzen und Tätigkeiten in der Gesundheitseinrichtung. Hierzu sind Maßnahmen vorzunehmen, wie beispielsweise zu den Themen

- Anrechnung der Weiterbildungsmaßnahmen auf die Arbeitszeit;
- Auswahl und Beauftragung von Referenten für interne Weiterbildungsmaßnahmen;
- Beantragung von Weiterbildungsmaßnahmen;
- Höhe von Förderungen, Rückzahlungen bei außerhalb der Gesundheitseinrichtung nutzbarer beruflicher Fortbildung;
- gegebenenfalls Festlegung von freiwilliger oder verpflichtender Teilnahme;
- Qualitätssicherung und Controlling der Weiterbildungsmaßnahmen;

- Regelungen bei Absagen und Stornierungen;
- Regelungen für Mitarbeiter in Probezeit;
- Reservierungen und Anmeldungen bei externen Veranstaltern;
- Übernahme der Weiterbildungskosten;
- Weiterleitung von Anmeldungen, Veranstaltungsunterlagen, Hotelinformationen etc. an Teilnehmer;
- Zuständigkeit für die Planung von Weiterbildungsaktivitäten.

Für die nach SGB V vorgeschriebene Fortbildung sind die Fortbildungsnachweise zu führen (vgl. § 95d SGB V).

Eine wesentliche Grundlage für die Weiterbildung mit der Zielsetzung, die Qualifikationen aufzubauen und weiterzuentwickeln, die die Beschäftigten für die Erfüllung ihrer beruflichen Aufgaben benötigen, sind üblicherweise die Mitarbeitendengespräche. Die regelmäßige Durchführung dieser Gespräche ist zu organisieren, damit im Gesundheitsbetrieb eine möglichst einheitliche Anwendung dieses Personalentwicklungs- und -führungsinstruments erfolgt. Dies betrifft insbesondere den Ablauf der Gespräche, die Ableitung von Weiterbildungsmaßnahmen, Unterstützung am Arbeitsplatz etc., die Gesprächsteilnehmer (Mitarbeiter/in und Führungskraft), die Gesprächsdokumentation und Umgang mit den Ergebnissen (Vertraulichkeit), die Häufigkeit der Mitarbeitergespräche (z. B. jährlich im IV. Quartal), die mögliche Verknüpfung mit Potenzialentwicklung, Leistungsbewertungen, Zielvereinbarungen etc.

Die Führungskräfteentwicklung ist ein wichtiges Teilgebiet der Personalentwicklung, da die erfolgreiche Besetzung von Führungsposition mit qualifizierten Führungskräften und eine einheitliche Führungskultur entscheidende Voraussetzungen für die Zufriedenheit der Beschäftigten und den langfristigen Erfolg eines Gesundheitsbetriebs sind. Dazu werden üblicherweise in einem strukturierten Auswahlverfahren Beschäftigte identifiziert, die zur Führungskraft geeignet sind und deren Führungspotenzial durch geeignete Entwicklungsmaßnahmen gefördert wird. Administrative Aufgaben sind in diesem Zusammenhang unter anderem:

- Art und Dauer des Auswahlverfahrens (Test, Assessment-Center, Auswahlgremium etc.);
- Festlegung der zu vergebenden Führungspositionen (mittelfristige, rollierende Planung);
- Größe des Teilnehmerkreises (pro Jahr);
- Initiative durch Bewerbung für das Führungskräfteauswahlverfahren oder auf Vorschlag durch Vorgesetzte;
- Pflichtthemen, fakultative Themen und Dauer der Maßnahmen zur weiteren Entwicklung der Führungskompetenzen;
- Umgang mit den Ergebnissen des Auswahlverfahrens.

Im Rahmen der Personalentwicklung dienen Hospitationen für die Beschäftigten in Gesundheitsbetrieben dazu, Einblick in die Tätigkeiten der verschiedenen Bereiche und

ein besseres Verständnis für interdisziplinäre Prozesse zu gewinnen. Hierzu sind betriebs-
übergreifend Dauer, Ablauf und Inhalt von Hospitationen zu strukturieren. Insbesondere
obligatorische Hospitationen (z. B. im Hygienemanagement) sind zu organisieren, wenn
sie im Rahmen von Einarbeitungsprozessen von neuen Mitarbeitern und Mitarbeiterinnen
nicht ohnehin vorgesehen sind.

Die Entwicklung und regelmäßige Fortschreibung eines Demografiekonzepts gewinnt
gerade in Gesundheitsbetrieben im Hinblick auf die Beschäftigtenstruktur und die allgemeine gesellschaftliche Entwicklung an Bedeutung. Der demografische Wandel mit sinkender Bevölkerungszahl im erwerbsfähigen Alter und einer gleichzeitig steigende Zahl
an älteren Bevölkerungsgruppen erfasst auch sie, und es erscheint zweckmäßig, hierzu
Maßnahmen für die langfristige Sicherstellung der notwendigen personellen Ressourcen
zu treffen (z. B. Analyse der Altersstruktur der Beschäftigten, Prognose zur Entwicklung
der Altersstruktur, Arbeitsergonomie und BGM, Maßnahmen im Rahmen der Personalbeschaffung, Maßnahmen im Rahmen der Personalentwicklung etc.).

Die **Personalplanung** ist in Gesundheitsbetrieben üblicherweise Aufgabe der jeweiligen Personalabteilung. Dennoch beinhaltet sie Themen und Aspekte, die oft die Mitwirkung auch anderer oder gar aller Organisationseinheiten erfordert. Zudem gilt es die
Entscheidungswege zu strukturieren und damit auch die Personalentscheidungen zu ob-
jektivieren. Insbesondere ist zu organisieren, wer für die (jährliche) Personalplanung der
gesamten Gesundheitseinrichtung zuständig ist und wie sie abläuft (z. B. Berücksichtigung
von Veränderungen bei Aufgaben, Arbeitsmengen, Zuordnungen, Abläufen, Personalstand). Auch sollte festgelegt sein, wie der Bearbeitungs- und Genehmigungsweg für
Personalanforderungen bei Ersatz- oder Zusatzbedarf verläuft.

Zum Zwecke der **Gleichbehandlung** und zur Vermeidung von Benachteiligungen aus
Gründen der Rasse oder wegen der ethnischen Herkunft, des Geschlechts, der Religion
oder Weltanschauung, einer Behinderung, des Alters oder der sexuellen Identität unter
anderem bei Beschäftigungs- und Arbeitsbedingungen einschließlich Arbeitsentgelt und
Entlassungsbedingungen, insbesondere in individual- und kollektivrechtlichen Vereinbarungen und Maßnahmen bei der Durchführung und Beendigung eines Beschäftigungsverhältnisses sowie beim beruflichen Aufstieg in einer Gesundheitseinrichtung, sind
insbesondere die Vorgaben des Allgemeinen Gleichbehandlungsgesetzes (AGG) in betriebliche Maßnahmen umzusetzen (vgl. § 2 AGG).

So ist beispielsweise im Rahmen der Organisationspflichten dafür zu sorgen, dass erforderliche Maßnahmen zum Schutz vor Benachteiligungen getroffen werden, was auch
vorbeugende Maßnahmen beinhaltet. Auch soll in geeigneter Art und Weise, insbesondere
im Rahmen der beruflichen Aus- und Fortbildung, auf die Unzulässigkeit solcher Benachteiligungen hingewiesen und darauf hingewirkt werden, dass diese unterbleiben. Hat
der Gesundheitsbetrieb seine Beschäftigten in geeigneter Weise zum Zwecke der Verhinderung von Benachteiligung geschult, gilt dies als Erfüllung seiner Pflichten. Verstoßen
Beschäftigte gegen das Benachteiligungsverbot, so hat der Gesundheitsbetrieb die im
Einzelfall geeigneten, erforderlichen und angemessenen Maßnahmen zur Unterbindung
der Benachteiligung wie Abmahnung, Umsetzung, Versetzung oder Kündigung zu er-

greifen. Werden Beschäftigte bei der Ausübung ihrer Tätigkeit durch Dritte benachteiligt, so hat der Gesundheitsbetrieb die im Einzelfall geeigneten, erforderlichen und angemessenen Maßnahmen zum Schutz der Beschäftigten zu ergreifen. Das AGG, entsprechende Regelungen des Arbeitsgerichtsgesetzes (ArbGG) sowie Informationen über die für die Behandlung von Beschwerden zuständigen Stellen sind im Gesundheitsbetrieb bekannt zu machen. Die Bekanntmachung kann durch Aushang oder Auslegung an geeigneter Stelle oder den Einsatz der im Betrieb üblichen Informations- und Kommunikationstechnik erfolgen (vgl. § 12 AGG).

Wesentliche Vorgaben für die Gleichstellung von Frauen und Männern in öffentlichen Gesundheitseinrichtungen, unter anderem um die Erhöhung der Anteile der Frauen in Bereichen, in denen sie in erheblich geringerer Zahl beschäftigt sind als Männer zu erzielen, eine ausgewogene Beteiligung von Frauen zu erreichen, die Chancengleichheit von Frauen und Männern zu sichern und auf eine bessere Vereinbarkeit von Familie und Erwerbstätigkeit für Frauen und Männer hinzuwirken, sind in Landesgesetzen zur Gleichstellung von Frauen und Männern wie z. B. dem Bayerischen Gleichstellungsgesetz (BayGlG) gegeben (vgl. Art. 2 BayGlG).

Danach ist unter bestimmten Voraussetzungen ein Gleichstellungskonzept zu entwickeln, das unter anderem folgendes beinhaltet (vgl. Art. 4 BayGlG):

- Beschreibung der Situation der weiblichen Beschäftigten im Vergleich zu den männlichen Beschäftigten; hierfür sind jeweils zum Stichtag 30. Juni des Berichtsjahres die bisherigen Gleichstellungsmaßnahmen und gleichstellungsrelevante Daten auszuwerten;
- Darstellung und Erläuterung vorhandener Unterschiede im Vergleich der Anteile von Frauen und Männern, insbesondere bei Voll- und Teilzeittätigkeit, Beurlaubung, Einstellung, Bewerbung, Fortbildung, Beförderung, Höhergruppierung und Leistungsbesoldung;
- Entwicklung von Maßnahmen zur Durchsetzung personeller und organisatorischer Verbesserungen anhand von auch zeitbezogenen Zielvorgaben zur Erhöhung des Frauenanteils in Bereichen, in denen sie in erheblich geringerer Zahl beschäftigt sind als Männer;
- Entwicklung und Darstellung von Initiativen und struktureller Maßnahmen zur Sicherung der Chancengleichheit von Frauen und Männern und der Vereinbarkeit von Familie und Erwerbstätigkeit;
- Darstellung der kostenmäßigen Auswirkungen (vgl. Art. 5 BayGlG).

Auch ist die Bestellung von Gleichstellungsbeauftragten bzw. von Ansprechpartnerinnen und Ansprechpartnern für die Beschäftigten zu regeln (vgl. Art 15 BayGlG), denen als Aufgaben unter anderem zuzuweisen sind die Förderung und Überwachung des Vollzugs des Gleichstellungsgesetzes und des Gleichstellungskonzepts, die Förderung mit eigenen Initiativen der Durchführung dieses Gesetzes und die Verbesserung der Situation von Frauen sowie die Vereinbarkeit von Familie und Erwerbstätigkeit für Frauen und Männer,

die Mitwirkung im Rahmen ihrer Zuständigkeit an allen Angelegenheiten des Geschäfts-
bereichs, die grundsätzliche Bedeutung für die Gleichstellung von Frauen und Männern,
die Vereinbarkeit von Familie und Erwerbstätigkeit und die Sicherung der Chancengleichheit haben können, sowie die Beratung zu Gleichstellungsfragen und Unterstützung der
Beschäftigten in Einzelfällen (vgl. Art 17 BayGlG).

Für den Einsatz von Leiharbeits- bzw. Zeitarbeitskräften im Rahmen einer **Arbeitnehmerüberlassung** gibt es wesentliche rechtliche Vorgaben, die in Gesundheitseinrichtungen umzusetzen sind. So darf nach dem Arbeitnehmerüberlassungsgesetz (AÜG)
der entleihende Gesundheitsbetrieb denselben Leiharbeitnehmer nicht länger als 18 aufeinander folgende Monate tätig werden lassen. Der Zeitraum vorheriger Überlassungen
durch denselben oder einen anderen Verleiher an denselben Entleiher ist vollständig anzu-
rechnen, wenn zwischen den Einsätzen jeweils nicht mehr als drei Monate liegen. In einem
Tarifvertrag von Tarifvertragsparteien der Einsatzbranche kann eine abweichende Über-
lassungshöchstdauer festgelegt werden (vgl. § 1 AÜG).

Nach dem Gleichstellungsgrundsatz sind dem Leiharbeitnehmer für die Zeit der Überlassung an den Entleiher die im Betrieb des Entleihers für einen vergleichbaren Arbeitnehmer des Entleihers geltenden wesentlichen Arbeitsbedingungen einschließlich des
Arbeitsentgelts (Equal Pay) zu gewähren (vgl. § 8 AÜG). Vergleichbare Arbeitnehmende
sind die mit gleicher Tätigkeit oder ähnlicher Tätigkeit beim Gesundheitsbetrieb als Entleiher beschäftigte oder fiktiv zu beschäftigende Stammarbeitnehmende (vgl. Bundesagentur für Arbeit 2019, S. 80).

Der Vertrag zwischen dem Verleiher und der Gesundheitseinrichtung bedarf der Schriftform. Wenn der Vertrag und seine tatsächliche Durchführung einander widersprechen, ist
für die rechtliche Einordnung des Vertrages die tatsächliche Durchführung maßgebend. In
der Urkunde hat der Verleiher zu erklären, ob er die Erlaubnis besitzt. Der Gesundheitsbetrieb hat in der Urkunde anzugeben, welche besonderen Merkmale die für den Leiharbeitnehmer vorgesehene Tätigkeit hat und welche berufliche Qualifikation dafür erforderlich ist sowie welche im Betrieb des Entleihers für einen vergleichbaren Arbeitnehmer
des Entleihers wesentlichen Arbeitsbedingungen einschließlich des Arbeitsentgelts gelten
(vgl. § 12 AÜG).

Der Leiharbeitnehmer kann im Falle der Überlassung vom Gesundheitsbetrieb Auskunft über die in der Gesundheitseinrichtung für einen vergleichbaren Arbeitnehmer des
Entleihers geltenden wesentlichen Arbeitsbedingungen einschließlich des Arbeitsentgelts
verlangen (vgl. § 13 AÜG). Der Gesundheitsbetrieb hat den Leiharbeitnehmer über
Arbeitsplätze der Einrichtung, die besetzt werden sollen, zu informieren (vgl. § 13a AÜG).
Der Gesundheitsbetrieb hat dem Leiharbeitnehmer Zugang zu den Gemeinschaftsein-
richtungen oder -diensten unter den gleichen Bedingungen zu gewähren wie vergleichbaren Arbeitnehmern in dem Betrieb, in dem der Leiharbeitnehmer seine Arbeitsleistung
erbringt, es sei denn, eine unterschiedliche Behandlung ist aus sachlichen Gründen ge-
rechtfertigt (vgl. § 13b AÜG). Wer als Entleiher einen ihm überlassenen Ausländer, der
einen erforderlichen Aufenthaltstitel nach dem Aufenthaltsgesetz, eine Aufenthalts-
gestattung oder eine Duldung, die zur Ausübung der Beschäftigung berechtigen, oder eine

Genehmigung nach dem SGB nicht besitzt, zu Arbeitsbedingungen des Leiharbeitsverhältnisses tätig werden lässt, die in einem auffälligen Missverhältnis zu den Arbeitsbedingungen deutscher Leiharbeitnehmer stehen, die die gleiche oder eine vergleichbare Tätigkeit ausüben, wird mit Freiheitsstrafe bis zu drei Jahren oder mit Geldstrafe bestraft (vgl. § 15a AÜG).

Bei einer Arbeitnehmerüberlassung trifft die Pflicht zur Unterweisung nach dem ArbSchG die Gesundheitseinrichtung als Entleiher. Sie hat die Unterweisung unter Berücksichtigung der Qualifikation und der Erfahrung der Personen, die ihr zur Arbeitsleistung überlassen werden, vorzunehmen (vgl. § 12 ArbSchG).

Von praktischer Bedeutung für Gesundheitseinrichtungen ist üblicherweise das Tätigwerden von Erfüllungsgehilfen insbesondere im Rahmen von Werk-, Dienst-, Dienstverschaffungs- und Geschäftsbesorgungsverträgen, die von der Arbeitnehmerüberlassung abzugrenzen sind. Grundsätzlich ist der Geschäftsinhalt der vereinbarten Verträge entscheidend. Der Geschäftsinhalt kann sich sowohl aus den schriftlichen Vereinbarungen als auch aus der praktischen Durchführung der Verträge ergeben. Widersprechen sich allerdings schriftliche Vereinbarungen und tatsächliche Durchführung des Vertrages, ist die tatsächliche Durchführung maßgebend (vgl. Bundesagentur für Arbeit 2019, S. 15).

7.2 Personaldaten und deren Schutz

Die Personaladministration in einem Gesundheitsbetrieb verlangt besondere Sorgfalt, denn Fehler in diesem Bereich können schwerwiegende Auswirkungen haben. Insbesondere gilt besonderes Augenmerk der zu führenden **Personalakte** und dem Schutz der darin befindlichen personenbezogenen Daten. Weder die Form noch der exakte Inhalt von Personalakten sind gesetzlich geregelt, zumal sich aufgrund fortschreitender Digitalisierung immer seltener umfangreiche Papierunterlagen darin befinden. Welche Dokumente und Einträge darin aufgenommen werden, bestimmt der Gesundheitsbetrieb daher weitgehend selbstständig. (siehe Tab. 7.1).

Der Gesundheitsbetrieb hat das Persönlichkeitsrecht des Mitarbeiters zu wahren und für den Datenschutz seiner personenbezogenen Daten zu sorgen. Er ist verpflichtet, die Personalakte sorgfältig zu verwahren und ihren Inhalt vertraulich zu behandeln. Die Mitarbeiterdaten sind mit geeigneten Mitteln gegen unbefugte Einsichtnahme zu sichern und nur den unmittelbar mit der Bearbeitung dieser Unterlagen beauftragten Personen ist der Zugang zu ermöglichen. Die Personalakte enthält Unterlagen über wahre Tatsachen, nachweisbar falsche oder ehrverletzende Fakten sind zu entfernen. Die Entfernung von Abmahnungen nach einer bestimmten Zeitspanne untadeligen Verhaltens, richtet sich nach der Situation im Einzelfall, sodass es für die Wohlverhaltensphase keine Regelfrist gibt. Die Mitarbeiter haben das Recht zur uneingeschränkten Einsicht in ihre Akten.

Tab. 7.1 Beispiele für Personalakteninhalte

Objekt	Inhalte
Person	Familienname, Vorname, Geburtstag, Geburtsort, Staatsangehörigkeit, Konfession, Geschlecht, Familienstand, Kinderzahl, Anschrift (Straße, Postleitzahl, Wohnort, Telefonnummer), persönliche Veränderungen (Heirat, Scheidung, Geburt von Kindern)
Schulausbildung	Schulart, Abschluss, Zeitpunkt
Beruf	erlernter Beruf, Ausbildungsabschluss, Titel, Berufspraxis
Weiterbildung	besuchte Kurse/Seminare, Dauer, Abschluss
Eintritt in den Gesundheitsbetrieb	Eintrittsdatum, Bewerbungsanschreiben, Schul- und Arbeitszeugnisse, Lebenslauf und Passbild
Vertragliche Vereinbarungen	Arbeitsvertrag, zusätzliche Vereinbarungen, Einverständniserklärungen, amtliches Führungszeugnis, Aufenthaltserlaubnis und Arbeitserlaubnis (soweit erforderlich), Erklärung zu Nebenbeschäftigungen
Bezüge und Abgaben	Gehalt, Zulagen, Kreditinstitut, Bankleitzahl, Kontonummer Nachweis zur Anlage vermögenswirksamer Leistungen, Pfändungs- und Überweisungsbeschlüsse, Antrag auf Orts-, Sozial- oder Familienzuschlag, Eingruppierungsnachweise, Höhergruppierungen, Sonderleistungsprämien
Steuern	Steuerklasse, Finanzamt, persönliche Identifikationsnummer, elektronische Transfer-Identifikations-Nummer (eTIN), Kinderfreibetrag, Einkommenssteuerfreibetrag, Jahreshinzurechnungsbetrag, Kirchensteuermerkmale, Lohn- und Gehaltsbescheinigungen
Sozialversicherung	Sozialversicherungsausweis/Ausweis zur Versicherungsnummer, Arbeitslosenversicherung, Rentenversicherungsträger, Pflegeversicherung, Anmeldung zur Krankenkasse, Krankenkassenschlüssel, Entgeltnachweis Sozialversicherungen, Beitragsnachweise für Krankenkassen, Unterlagen zu Zusatzversorgungskassen
Abwesenheiten	Urlaub, Krankheit, Arbeitsunfähigkeitsbescheinigungen
Ausländische Mitarbeiter	Aufenthaltserlaubnis und Arbeitserlaubnis (soweit erforderlich)
Kopien amtlicher Urkunden	Schwerbehindertenausweis, Kopie der Fahrerlaubnis (Führerschein), Heiratsurkunde, Geburtsurkunden für Kinder, Impfnachweise
Disziplinarangelegenheiten	Beurteilungen und Bewertungen, Beförderungsurkunden, Belobigungen, Ermahnungen, Rügen (Missbilligungen) und Abmahnungen
Arbeitsschutz	Teilnahmebestätigung an Arbeitsschutzunterweisungen, Gefährdungsbeurteilung des Arbeitsplatzes
Betriebliches Gesundheitsmanagement	ggf. Nachweise über Inanspruchnahme betrieblicher Gesundheitsangebote, Eingliederungsmanagement

Beispiel

Nach dem Betriebsverfassungsgesetz (BetrVG) haben die Arbeitnehmenden das Recht, in die über sie geführten Personalakten Einsicht zu nehmen. Sie können hierzu ein Mitglied des Betriebsrats hinzuziehen. Das Mitglied des Betriebsrats hat über den Inhalt der Personalakte Stillschweigen zu bewahren, soweit es von den Arbeitnehmenden im Einzelfall nicht von dieser Verpflichtung entbunden werden. Erklärungen der Arbeitnehmenden zum Inhalt der Personalakte sind dieser auf ihr Verlangen beizufügen (vgl. § 83 BetrVG). ◄

Der **Personaldatenschutz** hat insbesondere nach den Vorgaben des Bundesdatenschutzgesetzes (BDSG) zu erfolgen, dass unter Datenschutz in Bezug auf die Personaladministration im Gesundheitsbetrieb alle Maßnahmen zum Schutz vor dem Missbrauch personenbezogener Daten versteht. Ziele dabei sind, die Sicherung der Privatsphäre der Mitarbeitenden, der Vertraulichkeit ihrer persönlichen Daten sowie das Verhüten des Missbrauchs dieser Daten.

Die personenbezogene Daten von Beschäftigten dürfen für Zwecke des Beschäftigungsverhältnisses in Gesundheitsbetrieben verarbeitet werden, wenn dies für die Entscheidung über die Begründung eines Beschäftigungsverhältnisses oder nach Begründung des Beschäftigungsverhältnisses für dessen Durchführung oder Beendigung oder zur Ausübung oder Erfüllung der sich aus einem Gesetz oder einem Tarifvertrag, einer Betriebs- oder Dienstvereinbarung (Kollektivvereinbarung) ergebenden Rechte und Pflichten der Interessenvertretung der Beschäftigten erforderlich ist. Erfolgt die Verarbeitung personenbezogener Daten von Beschäftigten auf der Grundlage einer Einwilligung, so sind für die Beurteilung der Freiwilligkeit der Einwilligung insbesondere die im Beschäftigungsverhältnis bestehende Abhängigkeit der beschäftigten Person sowie die Umstände, unter denen die Einwilligung erteilt worden ist, zu berücksichtigen. Freiwilligkeit kann insbesondere vorliegen, wenn für die beschäftigte Person ein rechtlicher oder wirtschaftlicher Vorteil erreicht wird oder Arbeitgeber und beschäftigte Person gleichgelagerte Interessen verfolgen. Die Einwilligung hat schriftlich oder elektronisch zu erfolgen, soweit nicht wegen besonderer Umstände eine andere Form angemessen ist. Die Arbeitgebenden haben die beschäftigten Personen über den Zweck der Datenverarbeitung und über ihr Widerrufsrecht in Textform aufzuklären.

Die Verarbeitung besonderer Kategorien personenbezogener Daten für Zwecke des Beschäftigungsverhältnisses in Gesundheitsbetrieben ist zulässig, wenn sie zur Ausübung von Rechten oder zur Erfüllung rechtlicher Pflichten aus dem Arbeitsrecht, dem Recht der sozialen Sicherheit und des Sozialschutzes erforderlich ist und kein Grund zu der Annahme besteht, dass das schutzwürdige Interesse der betroffenen Person an dem Ausschluss der Verarbeitung überwiegt. Die Verarbeitung personenbezogener Daten, einschließlich besonderer Kategorien personenbezogener Daten von Beschäftigten für Zwecke des Beschäftigungsverhältnisses, ist auf der Grundlage von Kollektivvereinbarungen zulässig. Die Vorschriften sind auch anzuwenden, wenn personenbezogene

Daten, einschließlich besonderer Kategorien personenbezogener Daten, von Beschäftigten verarbeitet werden, ohne dass sie in einem Dateisystem gespeichert sind oder gespeichert werden sollen (vgl. § 26 BDSG).

Im Gesundheitsbetrieb sind geeignete Maßnahmen zu ergreifen, um sicherzustellen, dass insbesondere die der Datenschutz-Grundverordnung (DSGVO) dargelegten Grundsätze für die Verarbeitung personenbezogener Daten eingehalten werden Danach müssen personenbezogene Daten

- auf rechtmäßige Weise, nach Treu und Glauben und in einer für die betroffene Person nachvollziehbaren Weise verarbeitet werden („Rechtmäßigkeit, Verarbeitung nach Treu und Glauben, Transparenz");
- für festgelegte, eindeutige und legitime Zwecke erhoben werden und dürfen nicht in einer mit diesen Zwecken nicht zu vereinbarenden Weise weiterverarbeitet werden;
- dem Zweck angemessen und erheblich sowie auf das für die Zwecke der Verarbeitung notwendige Maß beschränkt sein („Datenminimierung");
- sachlich richtig und erforderlichenfalls auf dem neuesten Stand sein; es sind alle angemessenen Maßnahmen zu treffen, damit personenbezogene Daten, die im Hinblick auf die Zwecke ihrer Verarbeitung unrichtig sind, unverzüglich gelöscht oder berichtigt werden („Richtigkeit");
- in einer Form gespeichert werden, die die Identifizierung der betroffenen Personen nur so lange ermöglicht, wie es für die Zwecke, für die sie verarbeitet werden, erforderlich ist („Speicherbegrenzung");
- in einer Weise verarbeitet werden, die eine angemessene Sicherheit der personenbezogenen Daten gewährleistet, einschließlich Schutz vor unbefugter oder unrechtmäßiger Verarbeitung und vor unbeabsichtigtem Verlust, unbeabsichtigter Zerstörung oder unbeabsichtigter Schädigung durch geeignete technische und organisatorische Maßnahmen („Integrität und Vertraulichkeit") (vgl. Artikel 5 DSGVO).

Betroffene Mitarbeitende haben das Recht, unverzüglich die Berichtigung sie betreffender unrichtiger Personaldaten zu verlangen. Insbesondere im Fall von Aussagen oder Beurteilungen betrifft die Frage der Richtigkeit nicht den Inhalt der Aussage oder Beurteilung. Wenn die Richtigkeit oder Unrichtigkeit der Daten nicht festgestellt werden kann, tritt an die Stelle der Berichtigung eine Einschränkung der Verarbeitung. In diesem Fall sind die betroffenen Mitarbeitenden zu unterrichten, bevor die Einschränkung wieder aufgehoben wird. Auch kann die Vervollständigung unvollständiger personenbezogener Daten verlangt werden, wenn dies unter Berücksichtigung der Verarbeitungszwecke angemessen ist. Ebenfalls haben die betroffenen Mitarbeitenden das Recht, unverzüglich die Löschung sie betreffender Daten zu verlangen, wenn deren Verarbeitung unzulässig ist, deren Kenntnis für die Aufgabenerfüllung nicht mehr erforderlich ist oder diese zur Erfüllung einer rechtlichen Verpflichtung gelöscht werden müssen (vgl. § 58 BDSG).

Essenziell für die Freiheitsrechte des Einzelnen sind die aus dem Datenschutzrecht bekannten Grundsätze wie Transparenz, Richtigkeit und Zweckbindung, wobei es in der betrieblichen Praxis hilft, sich immer wieder diese Grundsätze zu vergegenwärtigen. Dadurch wird klar, dass es sich beim Datenschutzrecht nicht um Kontrollrechte im Sinne eines erweiterten Eigentumsrechts geht, sondern den Schutz der Freiheit des Einzelnen durch informelle Selbstbestimmung (vgl. von Walter 2018, S. 17) ◄

7.3   Personalbetreuung und Entgeltabrechnung

In allen Phasen des Berufslebens im Gesundheitsbetrieb sind für die Mitarbeitenden auch administrativ-betreuende Aufgaben zu erledigen.

Bei der Einstellung sind zunächst unterschiedliche Unterlagen auszutauschen. Der Gesundheitsbetrieb benötigt von der neu eingestellten Arbeitskraft beispielsweise

- Arbeitserlaubnis: bei ausländischen Arbeitnehmern aus Nicht-EU-Staaten;
- Krankenversicherung: Angaben zur versichernden Krankenkasse;
- Schwerbehinderte: Schwerbehindertennachweis;
- Sozialversicherung: Ausweiskopie oder zugeteilte Sozialversicherungsnummer mit Bestätigung des Rentenversicherungsträgers;
- Steuerangaben: Haupt- oder Nebenarbeitsverhältnis, Angaben für Lohnsteuerabzug (Abruf der elektronischen Lohnsteuerabzugsmerkmale ELStAM, Steuer-Identifikationsnummer etc.);
- Urlaubsbescheinigung: Anspruch und Abgeltung im laufenden Kalenderjahr bei früheren Arbeitgebenden;
- Vermögenswirksame Leistungen: Angaben zu anspruchsberechtigten Anlageverträgen;
- Gesundheitsbescheinigung: Impfnachweise, Bescheinigung über Untersuchungen nach JArbSchg.

Jugendliche, die in das Berufsleben eintreten, dürfen nach dem Jugendarbeitsschutzgesetz (JArbSchG) nur beschäftigt werden, wenn sie innerhalb der letzten vierzehn Monate von einem Arzt untersucht worden sind (Erstuntersuchung) und den Arbeitgebenden eine von diesem Arzt ausgestellte Bescheinigung vorliegt (vgl. § 32 JArbSchG).

Ein Jahr nach Aufnahme der ersten Beschäftigung haben sich Arbeitgebende die Bescheinigung eines Arztes darüber vorlegen zu lassen, dass die Jugendlichen nachuntersucht worden sind (erste Nachuntersuchung). Die Nachuntersuchung darf nicht länger als drei Monate zurückliegen. Die Arbeitgebenden sollen die Jugendlichen neun

Monate nach Aufnahme der ersten Beschäftigung nachdrücklich auf den Zeitpunkt, bis zu dem sie ihnen die ärztliche Bescheinigung vorzulegen haben, hinweisen und sie auffordern, die Nachuntersuchung bis dahin durchführen zu lassen. Legen sie die Bescheinigung nicht nach Ablauf eines Jahres vor, sind sie innerhalb eines Monats unter Hinweis auf das Beschäftigungsverbot schriftlich aufzufordern, die Bescheinigung vorzulegen. Je eine Durchschrift des Aufforderungsschreibens haben die Arbeitgebenden dem Personensorgeberechtigten und dem Betriebs- oder Personalrat zuzusenden. Jugendliche dürfen nach Ablauf von 14 Monaten nach Aufnahme der ersten Beschäftigung nicht weiterbeschäftigt werden, solange die Bescheinigung nicht vorliegt (vgl. § 33 JArbSchG).

Wechseln Jugendliche den Arbeitgeber oder die Arbeitgeberin, so dürfen sie neue Arbeitgebende erst beschäftigen, wenn ihnen die Bescheinigung über die Erstuntersuchung und, falls seit der Aufnahme der Beschäftigung ein Jahr vergangen ist, die Bescheinigung über die erste Nachuntersuchung vorliegen (vgl. § 36 JArbSchG). ◀

Die neue Arbeitskraft erhält im Gegenzug Zugangskarten, Schlüssel, Zuweisung von Garderobenfächern oder Kleiderspind, Berufskleidung, Namensschilder und vieles andere mehr.

Während der Zugehörigkeit zum Gesundheitsbetrieb sind unter Umständen Gehaltsvorschüsse zu gewähren oder Mithilfe bei der Wohnungssuche anzubieten. Zahlreiche Termine, wie Geburtstage, Zugehörigkeitsjubiläen, Probezeitablauf sind zu beachten. Namensänderungen, Anschriftenänderungen oder Veränderungen bei Familienangehörigen müssen bei den Personaldaten berücksichtigt werden. Die Urlaubsinanspruchnahme, Überstundenhäufung und Fehlzeitenentwicklung sind für die einzelnen Mitarbeitenden zu überwachen.

Bei Beendigung ihres Arbeitsverhältnisses haben Arbeitnehmende nach der Gewerbeordnung (GewO) Anspruch auf ein einfaches oder auf Verlangen auch qualifiziertes schriftliches Arbeitszeugnis:

* Einfaches Zeugnis: Zeugnis mit Mindestangaben zu Art und Dauer der Tätigkeit;
* Qualifiziertes Zeugnis: über die Mindestangaben hinaus auch Angaben über Leistung und Verhalten im Arbeitsverhältnis.

Das Zeugnis muss klar und verständlich formuliert sein. Es darf keine Merkmale oder Formulierungen enthalten, die den Zweck haben, eine andere als aus der äußeren Form oder aus dem Wortlaut ersichtliche Aussage über den Arbeitnehmer zu treffen. Die Erteilung des Zeugnisses in elektronischer Form ist ausgeschlossen (vgl. § 109 GewO).

Nach dem Sozialgesetzbuch (SGB) haben Arbeitgebende auf Verlangen der Arbeitnehmerin oder des Arbeitnehmers oder auf Verlangen der Bundesagentur alle Tatsachen zu bescheinigen, die für die Entscheidung über den Anspruch auf Arbeitslosengeld oder Übergangsgeld erheblich sein können. Für die Arbeitsbescheinigung sind der von der Bundesagentur hierfür vorgesehene Vordruck zu benutzen und insbesondere anzugeben

- die Art der Tätigkeit der Arbeitnehmerin oder des Arbeitnehmers,
- Beginn, Ende, Unterbrechung und Grund für die Beendigung des Beschäftigungsverhältnisses und
- das Arbeitsentgelt und die sonstigen Geldleistungen, die die Arbeitnehmerin oder der Arbeitnehmer erhalten oder zu beanspruchen hat.

Die Arbeitsbescheinigung ist der Arbeitnehmerin oder dem Arbeitnehmer auszuhändigen (vgl. § 312 SGB III).

Nach dem Einkommenssteuergesetz (EstG) sind bei Beendigung eines Dienstverhältnisses oder am Ende des Kalenderjahres die Lohnkonten der Arbeitnehmenden abzuschließen. Auf Grund der Aufzeichnungen im Lohnkonto haben Arbeitgebende nach Abschluss des Lohnkontos für jeden Arbeitnehmer und jede Arbeitnehmerin der für deren Besteuerung nach dem Einkommen zuständigen Finanzbehörde nach Maßgabe der in der Abgabenordnung genannten Daten unter anderem folgende Angaben zu übermitteln (elektronische Lohnsteuerbescheinigung):

- die abgerufenen elektronischen Lohnsteuerabzugsmerkmale oder die auf der entsprechenden Bescheinigung für den Lohnsteuerabzug eingetragenen Lohnsteuerabzugsmerkmale sowie die Bezeichnung und die Nummer des Finanzamts, an das die Lohnsteuer abgeführt worden ist;
- die Dauer des Dienstverhältnisses während des Kalenderjahres;
- die Art und Höhe des gezahlten Arbeitslohns;
- die einbehaltene Lohnsteuer, den Solidaritätszuschlag und die Kirchensteuer;
- das Kurzarbeitergeld, den Zuschuss zum Mutterschaftsgeld nach dem Mutterschutzgesetz, die Entschädigungen für Verdienstausfall nach dem Infektionsschutzgesetz, die steuerfreien Aufstockungsbeträge oder Zuschläge sowie die steuerfreien Zuschüsse;
- die auf die Entfernungspauschale anzurechnenden steuerfreien oder pauschal besteuerten Arbeitgeberleistungen;
- Angaben für zur Verfügung gestellten Mahlzeiten, steuerfreie Sammelbeförderung, steuerfrei gezahlte Verpflegungszuschüsse und Vergütungen bei doppelter Haushaltsführung;
- Beiträge zu den gesetzlichen Rentenversicherungen und an berufsständische Versorgungseinrichtungen, getrennt nach Arbeitgeber- und Arbeitnehmeranteil;
- Zuschüsse zur Kranken- und Pflegeversicherung;
- Beiträge der Arbeitnehmenden zur gesetzlichen Krankenversicherung, zur sozialen Pflegeversicherung zur Arbeitslosenversicherung;
- berücksichtigte Teilbeträge der Vorsorgepauschale.

Den Arbeitnehmenden sind die elektronische Lohnsteuerbescheinigung nach amtlich vorgeschriebenem Muster binnen angemessener Frist als Ausdruck auszuhändigen oder elektronisch bereitzustellen (vgl. § 41d EStG).

Nach dem Bundesurlaubsgesetz sind Arbeitgebende verpflichtet, bei Beendigung der Arbeitsverhältnisse den Arbeitnehmenden eine Bescheinigung über den im laufenden Kalenderjahr gewährten oder abgegoltenen Urlaub auszuhändigen (vgl. § 6 BUrlG). Neben der Urlaubsbescheinigung sind Unterlagen über die Betriebliche Altersversorgung und gegebenenfalls weitere Dokumente auszuhändigen. Die ausscheidenden Mitarbeitenden müssen im Gegenzug alle dem Gesundheitsbetrieb gehörenden und ihnen während ihres Arbeitsverhältnisses anvertrauten Gegenstände, wie Berufskleidung usw. zurückgeben, es sei denn, sie wurden ihnen dauerhaft überlassen.

Während unter Lohn nach der Lohnsteuer-Durchführungsverordnung (LStDV) alle Einnahmen zu verstehen sind, die den Arbeitnehmenden aus dem Dienstverhältnis zufließen, wobei unerheblich ist, unter welcher Bezeichnung oder in welcher Form die Einnahmen gewährt werden (vgl. § 2 LStDV), ist das Arbeitsentgelt nach SGB IV definiert als alle laufenden oder einmaligen Einnahmen aus einer Beschäftigung, gleichgültig, ob ein Rechtsanspruch auf die Einnahmen besteht, unter welcher Bezeichnung oder in welcher Form sie geleistet werden und ob sie unmittelbar aus der Beschäftigung oder im Zusammenhang mit ihr erzielt werden (vgl. § 14 SGB IV). Ein Gehalt wird üblicherweise als monatlicher Festbetrag unabhängig von Zahl der monatlichen Arbeitstage und der Lage der Wochenenden und Feiertage gewährt, während ein Lohn häufig nach Stunden berechnet und in der Regel nicht als monatlicher Festbetrag bezahlt wird.

Bei der **Entgeltabrechnung** muss das Gehalt für die Mitarbeiter sowie die Ausbildungsvergütung für die Auszubildenden im Gesundheitsbetrieb ermittelt werden. Hierzu ist zunächst das Bruttogehalt zu errechnen. Es setzt sich aus dem arbeitsvertraglich festgelegten Gehalt, das sich in der Regel an den jeweils gültigen Tarifverträgen orientiert, und ebenfalls vertraglich festgelegten oder frei gewährten Zulagen und Zuschlägen zusammen. Die Mitarbeiter sind, mit Ausnahme der kurzfristig Beschäftigten, sozialversicherungspflichtig. Mini-Jobber sind pauschal sozialversicherungspflichtig und ausländische Arbeitnehmer unterliegen grundsätzlich der Sozialversicherungspflicht, sofern sie nach deutschem Recht in einem Beschäftigungsverhältnis stehen. Die Beiträge zu den Sozialversicherungen werden von Arbeitgeber und Arbeitnehmer überwiegend zur Hälfte getragen. Nur die Beiträge zur gesetzlichen Unfallversicherung entrichtet ausschließlich der Gesundheitsbetrieb. Er ist für die Abwicklung der Beitragszahlungen verantwortlich und muss die Versicherungsbeiträge bereits vor der Gehaltsauszahlung abziehen und dann seinen und den Arbeitnehmeranteil zusammen an die Versicherungsträger zahlen.

Nach der Gewerbeordnung (GewO) ist den Arbeitnehmenden im Gesundheitsbetrieb bei Zahlung des Arbeitsentgelts eine Abrechnung in Textform zu erteilen (siehe Tab. 7.2). Die Abrechnung muss mindestens enthalten:

- Angaben über Abrechnungszeitraum,
- Zusammensetzung des Arbeitsentgelts (Art und Höhe der Zuschläge, Zulagen, sonstige Vergütungen, Art und Höhe der Abzüge, Abschlagszahlungen sowie Vorschüsse).

Tab. 7.2 Beispiele für Inhalte einer Entgeltabrechnung

Inhalte	Beispiele
Abrechnungshinweise	wöchentliche Arbeitszeit, Kostenstelle oder Stundenlohn, Informationen über Unterbrechungen bei Krankheit oder Elternzeit
Abzüge Steuer und Sozialversicherung	gesetzliche Abzüge (Lohnsteuer, Kirchensteuer etc.); Abzüge zur Sozialversicherung (Krankenversicherung, Pflegeversicherung, Rentenversicherung, Arbeitslosenversicherung) mit aktuellen Beitragssätzen
Adressen	Adressen der Entgeltempfangenden, Name und Anschrift der Arbeitgebenden, Personalnummern
Arbeits- und Urlaubszeit	Angaben zu Anwesenheits- und Fehlzeiten sowie zu den Urlaubstagen
Bankverbindung	Kontenangaben für die Überweisung des Auszahlungsbetrags
Betriebliche Altersversorgung (BAV)	z. B. Gehaltsumwandlungen, wozu die BAV im Gesamt-Brutto nicht berücksichtigt und besteuert wird; Beitrag wird erst am Ende als Netto-Abzug abgerechnet
Brutto-Bezüge	Angaben, wie sich die monatlichen Bezüge der Lohn- oder Gehaltsabrechnung zusammensetzen; Hinweise zur Steuer- und Sozialversicherungspflicht für einzelne Lohnbestandteile; Sonderzahlungen (Prämien, Urlaubsgeld etc.)
Daten der Arbeitnehmenden	persönliche Angaben wie Geburtsdatum, Steuermerkmale und sozialversicherungsrechtliche Angaben
Netto-Bezüge und Auszahlungsbetrag	Beträge, die den Netto-Verdienst vermindern oder erhöhen diese (ggf. Beiträge für freiwillige oder private Kranken- und Pflegeversicherung, Vorschüsse, Arbeitgeberdarlehen etc.); Nettogehalt ergibt nach allen Abzügen den Auszahlungsbetrag am Ende des aktuellen Monats
Verdienstbescheinigung	Übersicht der aufgelaufenen Brutto-Werte und gesetzlichen Abzüge als Einkommensnachweis
Verweis	Erläuterung verwendeter Abkürzungen; Kennzeichnung, dass die Abrechnung nach GewO erstellt wurde

Die Verpflichtung zur Abrechnung entfällt, wenn sich die Angaben gegenüber der letzten ordnungsgemäßen Abrechnung nicht geändert haben (vgl. § 108 GewO).

Auch Sachbezüge (Job-Ticket, Tank-Card etc.) sind in der Entgeltabrechnung zu berücksichtigen, selbst wenn ihr Wert unter der Sachbezugsfreigrenze liegt und sie damit steuer- und sozialversicherungsfrei sind. Für den Gesundheitsbetrieb gelten für die Entgeltabrechnung mehrjährige Aufbewahrungsfristen, wie beispielsweise eine steuerliche Aufbewahrungsfrist von mindestens sechs Jahren.

Auf der Grundlage der GewO haben nach der Entgeltbescheinigungsverordnung (EBV) die Arbeitnehmerinnen und Arbeitnehmer in einem Gesundheitsbetrieb eine Entgeltbescheinigung in Textform für jeden Abrechnungszeitraum mit der Abrechnung des Entgeltes zu erhalten. Die Verpflichtung entfällt, wenn sich gegenüber dem letzten Abrechnungszeitraum keine Änderungen ergeben oder sich nur der Abrechnungszeitraum selbst ändert. Enthält eine Entgeltbescheinigung gegenüber der letzten Bescheinigung inhaltliche Änderungen, ist gegebenenfalls der Hinweis aufzunehmen, für welche Entgeltabrechnungszeiträume keine Bescheinigung ausgestellt wurde, da keine Veränderungen vorlagen, sodass ein durchgehender Nachweis möglich ist (vgl. § 2 EBV).

Es ist hilfreich, wenn für die Beschäftigten in Gesundheitsbetrieben an zentraler Stelle allgemeine Erläuterungen zu finden sind, was die einzelnen Positionen der Entgeltbescheinigungen nach der EBV enthalten. Erläutert werden sollten beispielsweise neben den vorgegebenen Angaben zum/zur Arbeitgeber(in) und zum/zur Arbeitnehmer(in) insbesondere die dargestellten Entgeltbestandteile:

- Bezeichnung und der Betrag sämtlicher Bezüge und Abzüge, außer den Beiträgen und Arbeitgeberzuschüssen zu einer freiwilligen oder privaten Kranken- und Pflegeversicherung sowie dem Arbeitgeberanteil zu einer berufsständischen Versorgungseinrichtung, einzeln nach Art aufgeführt und jeweils mit der Angabe, ob sie sich auf den steuerpflichtigen Arbeitslohn, das Sozialversicherungsbruttoentgelt und das Gesamtbruttoentgelt auswirken und es sich dabei um laufende oder einmalige Bezüge oder Abzüge handelt;
- Saldo der Bezüge und Abzüge als steuerpflichtiger Arbeitslohn, getrennt nach laufenden und sonstigen Bezügen und Abzügen, Sozialversicherungsbruttoentgelt, gegebenenfalls abweichend je Versicherungszweig und getrennt nach laufenden und einmaligen Bezügen und Abzügen, Gesamtbruttoentgelt ohne Trennung nach laufenden und einmaligen Bezügen und Abzügen;
- gesetzliche Abzüge vom steuerpflichtigen Arbeitslohn und Sozialversicherungsbruttoentgelt, getrennt nach laufendem und einmaligem Bruttoentgelt der Lohnsteuer, der Kirchensteuer und des Solidaritätszuschlages und der Arbeitnehmerbeiträge zur gesetzlichen Kranken-, Renten- und Pflegeversicherung, sowie nach dem Recht der Arbeitsförderung;
- Nettoentgelt als Differenz des Gesamtbruttoentgeltes und den gesetzlichen Abzügen;
- Arbeitgeberzuschuss zu den Beiträgen zu einer freiwilligen oder privaten Kranken- und Pflegeversicherung sowie der Arbeitgeberanteil zu einer berufsständischen Versorgungseinrichtung und die Gesamtbeiträge für die Arbeitnehmerin oder den Arbeitnehmer, für die der Arbeitgeber die Zahlungsvorgänge für die Beiträge freiwillig übernimmt;
- Bezeichnung und Betrag weiterer Bezüge und Abzüge sowie Verrechnungen und Einbehalte, je einzeln nach Art, die sich nicht auf ein Bruttoentgelt auswirken oder aber zum Gesamtbruttoentgelt beitragen, jedoch nicht an die Arbeitnehmerin oder den Arbeitnehmer ausgezahlt werden;
- Auszahlungsbetrag (vgl. § 1 EBV).

Nach dem Einkommensteuergesetz (EStG) hat der Gesundheitsbetrieb spätestens am zehnten Tag nach Ablauf eines jeden Lohnsteuer-Anmeldungszeitraums dem Finanzamt, in dessen Bezirk sich die Betriebsstätte befindet, eine Steuererklärung einzureichen, in der er die Summen der im Lohnsteueranmeldungszeitraum einzubehaltenden und zu übernehmenden Lohnsteuer, getrennt nach den Kalenderjahren in denen der Arbeitslohn bezogen wird oder als bezogen gilt, angibt sowie die im Lohnsteuer-Anmeldungszeitraum insgesamt einbehaltene und übernommene Lohnsteuer an das Betriebsstättenfinanzamt abzuführen. Die Lohnsteuer-Anmeldung ist nach amtlich vorgeschriebenem Datensatz durch Datenfernübertragung zu übermitteln. Lohnsteuer-Anmeldungszeitraum ist grundsätzlich der Kalendermonat (vgl. § 41a EStG).

Während die gesetzliche Rentenversicherung als wesentliche Säule der **Altersversorgung** der Beschäftigten weitestgehend einheitlich geregelt ist, können die Möglichkeiten zu einer betrieblichen oder geförderten privaten Altersversorgung bei einzelnen Gesundheitsbetrieben unterschiedlich ausgestaltet sein. Die betriebliche Altersversorgung erfolgt häufig bei der Versorgungsanstalt des Bundes und der Länder (VBL), bei einer kommunalen oder bei einer kirchlichen Zusatzversorgungseinrichtung. Wenn die Beschäftigten diese Form der Zusatzversorgung erhalten, unterliegt sie in der Regel betriebsübergreifenden, einheitlichen Regelungen.

Für die individuelle Möglichkeit einer Altersversorgung etwa im Rahmen einer Entgeltumwandlung macht beispielsweise das Betriebsrentengesetz (BetrAVG) Vorgaben, die, soweit die Anwendung des BetrAVG für den jeweiligen Gesundheitsbetrieb nach den Sonderregelungen für den öffentlichen Dienst zutreffend ist (vgl. § 18 BetrAVG), in betriebliche Regelungen umzusetzen sind.

> **Beispiel**
>
> Die Arbeitnehmer und Arbeitnehmerinnen können verlangen, dass von ihren künftigen Entgeltansprüchen bis zu 4 vom Hundert der jeweiligen Beitragsbemessungsgrenze in der allgemeinen Rentenversicherung durch Entgeltumwandlung für ihre betriebliche Altersversorgung verwendet werden. Die Durchführung des Anspruchs ist durch eine Vereinbarung zu regeln. Ist der Gesundheitsbetrieb zu einer Durchführung über einen Pensionsfonds oder eine Pensionskasse oder über eine Versorgungseinrichtung nach dem BetrAVG bereit, ist die betriebliche Altersversorgung dort durchzuführen; andernfalls können die Arbeitnehmer und Arbeitnehmerinnen verlangen, dass für sie eine Direktversicherung abgeschlossen wird.
>
> Arbeitgebende müssen 15 Prozent des umgewandelten Entgelts zusätzlich als Arbeitgeberzuschuss an den Pensionsfonds, die Pensionskasse oder die Direktversicherung weiterleiten, soweit sie durch die Entgeltumwandlung Sozialversicherungsbeiträge einsparen (vgl. § 1a BetrAVG). ◄

7.4   Personalcontrolling

Das **Personalcontrolling** im Gesundheitsbetrieb ist eine spezielle Form des allgemeinen Controllings zur Analyse der gegebenen Informationen von und über die Mitarbeitenden, zur Vorbereitung und Kontrolle von personalrelevanten Entscheidungen auf der Grundlage dieser Informationen, sowie zur Steuerung und Koordination der Informationsflüsse im Personalbereich. Es beschäftigt sich hauptsächlich mit

- Kennzahlen des Personalbereichs,
- Chancen und Risiken, die von dem Personal ausgehen, damit Maßnahmen getroffen werden können,
- Soll-Ist-Vergleichen im Personalbereich,
- rechtzeitige Feststellung von Entwicklungstendenzen,
- Entwicklung, Planung, Durchführung, Kontrolle von Personalstrategien.

Das Personalcontrolling muss sich an dem Zielsystem des Gesundheitsbetriebs orientieren. Die Ziele müssen daher operationalisiert und hinsichtlich Zeit (wann?), Erreichungsgrad (wie viel?) und Inhalt (was?) möglichst eindeutig definiert sein. Wann in welchem Umfang was erreicht werden soll, lässt sich bei quantitativen Personalzielen recht einfach beschreiben. Qualitative Zielkriterien müssen hingegen erst in quantifizierbare Größen umgewandelt werden, um sie im erfassen und überwachen zu können. Anhand der Ziele ist es Aufgabe des Personalcontrollings festzustellen, ob und wie die Ziele im Zeitablauf erreicht wurden, wie groß mögliche Abweichungen zwischen Soll- und Ist-Zielwerten sind und welche Ursachen es dafür gibt. Anschließend sind Gegensteuerungsmaßnahmen zu ergreifen, aber auch gegebenenfalls Zielkorrekturen, falls einzelne Personalziele nicht realisierbar erscheinen.

Beispiel

Die Strategien der Personalplanung, -beschaffung, -entwicklung und -bindung müssen messbar sein, damit die Führungskräfte im Gesundheitsbetrieb die quantitativen Dimensionen der Personalfragen ebenso beurteilen können, wie die finanziellen Konsequenzen ihrer strategischen Entscheidungen. Somit setzt die Wahrnehmung von Planungs-, Entscheidungs- und Kontrollaufgaben im Personalwesen die ständige Verfügbarkeit der relevanten Informationen voraus (vgl. Schulte 2020, S. 2). ◄

Eine wesentliche Grundlage des Personalcontrollings bilden daher **Personalkennzahlen**. Es handelt sich dabei um vordefinierte Zahlenrelationen, die regelmäßig ermittelt werden und aus denen sich Aussagen zu personalwirtschaftlichen Sachverhalten des Gesundheitsbetriebs komprimiert und prägnant ableiten lassen. Sie dienen dazu, aus der Fülle personeller Informationen wesentliche Auswertungen herauszufiltern, die betriebliche Situation zutreffend widerzuspiegeln und einen schnellen und komprimierten Überblick über die Personalstrukturen des Gesundheitsbetriebs zu vermitteln. Daneben werden Personalkennzahlen auch dazu verwendet, um bewusst auf eine detaillierte Informationserfassung zu verzichten und nur einen kleinen Ausschnitt des insgesamt im Gesundheitsbetrieb Erfassbaren tatsächlich auch abzubilden (siehe Tab. 7.3).

Tab. 7.3 Personalkennzahlen im Gesundheitsbetrieb

Kennzahl	Beschreibung	Berechnungsbeispiel
Mitarbeitendenanzahl	Anzahl der Mitarbeitenden anhand bestimmter Kriterien: bspw. Gesamtzahl, VZK, Teilzeitbeschäftigte, Beurlaubte, durchschnittliche Mitarbeitendenanzahl einzelner Abteilungen des Gesundheitsbetriebs (Stationen, Kliniken, Pflegebereiche)	Summe aller Mitarbeitenden, VZK, Teilzeitbeschäftigte etc.
Krankenquote	Anteil krankheitsbedingter Ausfälle an der Gesamtmitarbeitendenzahl des Gesundheitsbetriebs	(Anzahl aller Kranken ÷ Summe aller Mitarbeitenden) × 100
Fehlzeitenquote	Fehlstunden im Verhältnis zur Sollarbeitszeit	(Fehlzeiten ÷ Soll-Arbeitszeit) × 100
Abwesenheitsstruktur	Gibt den relativen Anteil der Abwesendenden nach dem Abwesenheitsgrund an	(Abwesende nach Ursachen ÷ Summe aller Mitarbeitenden) × 100
Fluktuationsquote	Verhältniszahl, die sich aus der Anzahl der Kündigungen und der durchschnittlichen Mitarbeitendenanzahl zusammensetzt und als Indikator für die Mitarbeitendenzufriedenheit dienen kann (Kündigungen in bestimmten Betriebsbereichen, Anzahl der Kündigungen, altersbezogene Kündigungsanzahl, Kündigungen nach Geschlecht)	(Anzahl der Personalaustritte ÷ durchschnittl. Zahl der Mitarbeitenden) × 100
Beschäftigungsstruktur	Verhältniszahl, welche für Strukturanalysen im Personalbereich gebildet wird (Altersstruktur, Geschlecht, Qualifikationen etc.)	(z. B. Anzahl ÷ Summe aller Mitarbeitenden) × 100
Beschäftigungsgrad	Verhältnis von Plan- zur Ist-Beschäftigung	(Ist-Beschäftigung ÷ Plan-Beschäftigung) × 100
Mitarbeitendenumsatz	Verhältniszahl, welche die betriebliche Leistung je Mitarbeitenden darstellt und als Indikator für die Mitarbeitendenproduktivität im Gesundheitsbetrieb verwendet werden kann (Personalaufwand, Verwaltungsaufwand je Mitarbeitenden)	(Umsatzerlöse ÷ durchschnittl. Zahl der Mitarbeitenden) × 100

(Fortsetzung)

Tab. 7.3 (Fortsetzung)

Kennzahl	Beschreibung	Berechnungsbeispiel
Mehrarbeitsquote	Liefert einen Wert, welche die Überstunden der Mitarbeitenden darstellt, um die Mehrarbeit für zusätzliche Patienten oder zusätzlichen Personalbedarf darzustellen	(Überstunden ÷ Summe Soll-Arbeitsstunden) × 100
Weiterbildungskosten	Hinweis, über die Intensität der Fort- und Weiterbildung der Mitarbeitenden und wie sehr sich der Gesundheitsbetrieb dafür einsetzt	(Weiterbildungskosten ÷ Summe aller Mitarbeiter) × 100
Gehaltsentwicklung	Durchschnittliche Gehälter je Mitarbeiter und Mitarbeiterin zur Darstellung der Entwicklung von Gehältern und als wichtige Kennzahl für die Planung	(Gehaltssumme ÷ Summe aller Mitarbeitenden) × 100
Krankheitsleistungen	Zeigt an, wie viel für einen Mitarbeiter oder eine Mitarbeiterin aufgebracht werden muss, wenn diese krankheitsbedingt ausfallen (bspw. Krankheitsleistungen ins Verhältnis zu den erkrankten Mitarbeitenden oder zu den Krankheitstagen)	(Krankheitsaufwand ÷ Summe aller erkrankten Mitarbeitenden) × 100
Unfallquote	Verhältnis von Anzahl der Unfälle im Gesundheitsbetrieb zu Anzahl der Mitarbeitenden	(Unfälle ÷ Summe aller Mitarbeitenden) × 100

Durch den **Vergleich** der regelmäßig ermittelten Personalkennzahlen mit Bezugsgrößen, lassen sich Tendenzen erkennen, die gegebenenfalls ein Gegensteuern erforderlich machen. Einzelne Bezugswerte können dabei sein:

- Vergangenheitswerte aus vorhergehenden Perioden,
- Anteilswerte zur Gesamtbelegschaft des Gesundheitsbetriebs,
- Personalkennzahlen anderer Gesundheitsbetriebe,
- Durchschnittswerte nach Angaben von Berufsverbänden oder Standesorganisationen,
- Sollvorgaben des Gesundheitsbetriebs.

Im Rahmen eines Zeitvergleichs lassen sich etwa zweckmäßigerweise Personalkennzahlen eines Quartals mit denen eines anderen Quartals vergleichen. Je höher dabei die Zahl der Vergleichsdaten ist, desto eher lässt sich ein Trend erkennen und bewahrt zugleich den Gesundheitsbetrieb vor übertriebenem Aktionismus. Mit zunehmender Vergleichshäufigkeit und je kürzer die Abstände der Vergleichszeiträume sind, desto genauer lässt sich der Zeitvergleich als Kontrollinstrument einsetzen.

Für einen Betriebsvergleich werden beispielsweise Personaldaten in regelmäßigen Abständen in den Berichten des Statistischen Bundesamtes zum Gesundheitswesen, von Verbänden und Standesorganisationen oder von Institutionen wie der KBV veröffentlicht.

Für das Benchmarking muss zunächst definiert werden, was damit erreicht und welche Bereiche des Betriebes berücksichtigt werden sollen. Es ist wichtig, dass die herangezogenen Betriebe oder relevante Organisationseinheiten aus anderen Branchen mit dem eigenen Betrieb vergleichbar sind. Ferner müssen die zu vergleichenden Personaldaten (= benchmarks) in ausreichendem Maße zur Verfügung stehen und sollten direkt bei dem Vergleichspartner erhoben werden. Anschließend lassen sich die Abweichungen der verglichenen Personaldaten feststellen. Dabei sind Messfehler auszuschließen und anhand der Ergebnisse die Vergleichbarkeit der Personaldaten abschließend zu überprüfen (Feststellung von Plausibilität und Validität der Personaldaten). Zum Schluss erfolgt die Einschätzung, ob sich die Leistungsfähigkeit in den Bereichen mit deutlichen Abweichungen verbessern lässt. Ein Soll-/Ist-Vergleich kann problematisch sein, wenn alte oder unterschiedlich zustande gekommene Soll- und Ist-Personalwerte miteinander verglichen werden, da die Aussagefähigkeit des Vergleichs verloren geht.

Bei im Rahmen der Differenzanalyse auftretenden Abweichungen liegen die Ursachen nicht immer etwa in tatsächlichen Personalkostensteigerungen, oder Veränderungen in der Personalstruktur. Mitunter liegen auch Berechnungsfehler, Ermittlungsfehler, Falschbuchungen oder die fehlerhafte Weitergabe von Personaldaten vor. Toleranzbereiche für die Sollwerte können als relative Bandbreiten definiert werden (beispielsweise +/− 5 %) oder als maximaler bzw. minimaler absoluter Wert.

Insbesondere für die Leistungs- und Führungsbereiche in Gesundheitsbetrieben wird dem Personalcontrolling eine hohe Relevanz zugewiesen, da der größte Anteil der Gesamtkosten eines Betriebs dem Personalbereich zuzuordnen ist (vgl. Schuster et al. 2018, S. 19).

Zusammenfassung Kap. 7

Die Aufgaben der Personaladministration sind vielfältig und erstrecken sich von A wie Altersvorsorge bis Z wie Zusatzversorgung. In allen Bereichen sind Abläufe zu definieren und gegenüber den Beschäftigten des Gesundheitsbetriebs Leistungen zu erbringen. Der Gesundheitsbetrieb hat das Persönlichkeitsrecht des Mitarbeiters zu wahren und für den Datenschutz seiner personenbezogenen Daten zu sorgen. Er ist verpflichtet, die Personalakte sorgfältig zu verwahren und ihren Inhalt vertraulich zu behandeln. Mit der Entgeltabrechnung haben die Arbeitnehmerinnen und Arbeitnehmer eine Bescheinigung in Textform für jeden Abrechnungszeitraum mit der Abrechnung des Entgeltes zu erhalten. Insbesondere für die Leistungs- und Führungsbereiche in Gesundheitsbetrieben wird dem Personalcontrolling eine hohe Relevanz zugewiesen, da der größte Anteil der Gesamtkosten eines Betriebs dem Personalbereich zuzuordnen ist.

Literatur

Allgemeines Gleichbehandlungsgesetz (AGG) vom 14. August 2006 (BGBl. I S. 1897), zuletzt durch Artikel 8 des Gesetzes vom 3. April 2013 (BGBl. I S. 610) geändert.

Arbeitnehmerüberlassungsgesetz (AÜG) in der Fassung der Bekanntmachung vom 3. Februar 1995 (BGBl. I S. 158), zuletzt durch Artikel 1a des Gesetzes vom 18. März 2022 (BGBl. I S. 466) geändert.

Arbeitsschutzgesetz (ArbSchG) vom 7. August 1996 (BGBl. I S. 1246), zuletzt durch Artikel 6 des Gesetzes vom 18. März 2022 (BGBl. I S. 473) geändert.

Arbeitsstättenverordnung (ArbStättV) vom 12. August 2004 (BGBl. I S. 2179), zuletzt durch Artikel 4 des Gesetzes vom 22. Dezember 2020 (BGBl. I S. 3334) geändert.

Arbeitszeitgesetz (ArbZG) vom 6. Juni 1994 (BGBl. I S. 1170, 1171), zuletzt durch Artikel 6 des Gesetzes vom 22. Dezember 2020 (BGBl. I S. 3334) geändert.

Bayerisches Gleichstellungsgesetz (BayGlG) vom 24. Mai 1996 (GVBl. S. 186, BayRS 2039-1-A), zuletzt durch Gesetz vom 23. Mai 2006 (GVBl. S. 292) geändert.

Bayerisches Reisekostengesetz (BayRKG) vom 24. April 2001 (GVBl. S. 133, BayRS 2032-4-1-F), zuletzt durch § 5 des Gesetzes vom 23. Dezember 2019 (GVBl. S. 724) geändert.

Berufsbildungsgesetz (BBiG) in der Fassung der Bekanntmachung vom 4. Mai 2020 (BGBl. I S. 920), durch Artikel 16 des Gesetzes vom 28. März 2021 (BGBl. I S. 591) geändert.

Betriebsrentengesetz (BetrAVG) vom 19. Dezember 1974 (BGBl. I S. 3610), zuletzt durch Artikel 23 des Gesetzes vom 22. Dezember 2020 (BGBl. I S. 3256) geändert.

Betriebsverfassungsgesetz (BetrVG) in der Fassung der Bekanntmachung vom 25. September 2001 (BGBl. I S. 2518), zuletzt durch Artikel 5 des Gesetzes vom 10. Dezember 2021 (BGBl. I S. 5162) geändert.

Bundesagentur für Arbeit (Hrsg.) (2019) Fachliche Weisungen Arbeitnehmerüberlassungsgesetz (AÜG). Stand: 01.08.2019. Nürnberg.

Bundesdatenschutzgesetz (BDSG) vom 30. Juni 2017 (BGBl. I S. 2097), durch Artikel 10 des Gesetzes vom 23. Juni 2021 (BGBl. I S. 1858) geändert.

Bundeselterngeld- und Elternzeitgesetz (BEEG) in der Fassung der Bekanntmachung vom 27. Januar 2015 (BGBl. I S. 33), zuletzt durch Artikel 5 des Gesetzes vom 18. März 2022 (BGBl. I S. 473) geändert.

Bundesurlaubsgesetz (BUrlG) in der im Bundesgesetzblatt Teil III, Gliederungsnummer 800-4, veröffentlichten bereinigten Fassung, zuletzt durch Artikel 3 Absatz 3 des Gesetzes vom 20. April 2013 (BGBl. I S. 868) geändert.

Datenschutz-Grundverordnung (DSGVO) – Verordnung (EU) 2016/679 des Europäischen Parlaments und des Rates vom 27. April 2016 zum Schutz natürlicher Personen bei der Verarbeitung personenbezogener Daten, zum freien Datenverkehr und zur Aufhebung der Richtlinie 95/46/EG in der Fassung vom 04.03.2021 (Amtsblatt der Europäischen Union L 074).

Einkommensteuergesetz (EStG) in der Fassung der Bekanntmachung vom 8. Oktober 2009 (BGBl. I S. 3366, 3862), zuletzt durch Artikel 27 des Gesetzes vom 20. August 2021 (BGBl. I S. 3932) geändert.

Entgeltbescheinigungsverordnung (EBV) vom 19. Dezember 2012 (BGBl. I S. 2712), zuletzt durch Artikel 6 Absatz 6 des Gesetzes vom 28. November 2018 (BGBl. I S. 2016) geändert.

Familienpflegezeitgesetz (FPfZG) vom 6. Dezember 2011 (BGBl. I S. 2564), zuletzt durch Artikel 3 des Gesetzes vom 23. März 2022 (BGBl. I S. 482) geändert.

Frodl, A. (2019) Betriebshandbuch für Gesundheitseinrichtungen – Leitfaden für das Regelwerk von Gesundheitsbetrieben. Wiesbaden: Springer Gabler/Springer Fachmedien.

Gewerbeordnung (GewO) in der Fassung der Bekanntmachung vom 22. Februar 1999 (BGBl. I S. 202), zuletzt durch Artikel 2 des Gesetzes vom 10. August 2021 (BGBl. I S. 3504) geändert.

Jugendarbeitsschutzgesetz (JArbSchG) vom 12. April 1976 (BGBl. I S. 965), zuletzt durch Artikel 2 des Gesetzes vom 16. Juli 2021 (BGBl. I S. 2970) geändert.

Landespersonalvertretungsgesetz – Rheinland-Pfalz (LPersVG) in der Fassung vom 24. November 2000, zuletzt geändert durch Artikel 1 des Gesetzes vom 27.01.2022 (GVBl. S. 22).

Lastenhandhabungsverordnung (LastenhandhabV) vom 4. Dezember 1996 (BGBl. I S. 1841, 1842), zuletzt durch Artikel 294 der Verordnung vom 19. Juni 2020 (BGBl. I S. 1328) geändert.

Lohnsteuer-Durchführungsverordnung (LStDV) in der Fassung der Bekanntmachung vom 10. Oktober 1989 (BGBl. I S. 1848), zuletzt durch Artikel 2 der Verordnung vom 25. Juni 2020 (BGBl. I S. 1495) geändert.

Mutterschutzgesetz (MuSchG) vom 23. Mai 2017 (BGBl. I S. 1228), durch Artikel 57 Absatz 8 des Gesetzes vom 12. Dezember 2019 (BGBl. I S. 2652) geändert.

Pflegezeitgesetz (PflegeZG) vom 28. Mai 2008 (BGBl. I S. 874, 896), zuletzt durch Artikel 2 des Gesetzes vom 23. März 2022 (BGBl. I S. 482) geändert.

Schulte, C. (2020) Personal-Controlling mit Kennzahlen – Instrumente für eine aktive Steuerung im Personalwesen. 4. Auflg. München: Verlag Franz Vahlen.

Schuster, J.; Schmola, G.; Nemmer, T.; Rapp, B. (2018) Personalcontrolling in Krankenhaus und Rehaklinik. Systematischer Überblick und praktische Umsetzung. Stuttgart: Verlag W. Kohlhammer.

Sczesny, C. (2007) Gestaltung der Arbeitszeit im Krankenhaus – Zur Umsetzung neuer Nachtarbeitszeitregelungen unter Berücksichtigung arbeitswissenschaftlicher Erkenntnisse. Bundesanstalt für Arbeitsschutz und Arbeitsmedizin (Hrsg.). Informationsbroschüre. 5. Auflage. Dortmund-Dorstfeld.

Sozialgesetzbuch Drittes Buch (SGB III) – Arbeitsförderung – (Artikel 1 des Gesetzes vom 24. März 1997, BGBl. I S. 594, 595), zuletzt durch Artikel 1 des Gesetzes vom 23. März 2022 (BGBl. I S. 482) geändert.

Sozialgesetzbuch Viertes Buch (SGB IV) – Gemeinsame Vorschriften für die Sozialversicherung – in der Fassung der Bekanntmachung vom 12. November 2009 (BGBl. I S. 3710, 3973; 2011 I S. 363), zuletzt durch Artikel 13 des Gesetzes vom 10. Dezember 2021 (BGBl. I S. 5162) geändert.

Sozialgesetzbuch Fünftes Buch (SGB V) – Gesetzliche Krankenversicherung (Artikel 1 des Gesetzes vom 20. Dezember 1988, BGBl. I S. 2477, 2482), zuletzt durch Artikel 2 des Gesetzes vom 18. März 2022 (BGBl. I S. 473) geändert.

Sozialgesetzbuch Neuntes Buch (SGB IX) – Rehabilitation und Teilhabe von Menschen mit Behinderungen vom 23. Dezember 2016 (BGBl. I S. 3234), zuletzt durch Artikel 7c des Gesetzes vom 27. September 2021 (BGBl. I S. 4530) geändert.

Teilzeit- und Befristungsgesetz (TzBfG) vom 21. Dezember 2000 (BGBl. I S. 1966), zuletzt durch Artikel 10 des Gesetzes vom 22. November 2019 (BGBl. I S. 1746) geändert.

Uhle, T.; Treier, M. (2015) Betriebliches Gesundheitsmanagement – Gesundheitsförderung in der Arbeitswelt. 3. Auflg. Berlin/Heidelberg: Springer-Verlag.

von Walter, A. (Hrsg.) (2018) Datenschutz im Betrieb – Die DS-GVO in der Personalarbeit. Freiburg/München/Stuttgart: Haufe-Group.

Personalfluktuation

8.1 Fluktuationsursachen

Mit **Personalfluktuation** wird der Austausch des Personals von Gesundheitsbetrieben bezeichnet und damit die Eintritts- bzw. Austrittsrate von Mitarbeitern, die den Personalbestand, über einen bestimmten Zeitraum gemessen, verändert (vgl. Rische und Rischke 2021, S. 20). Häufig festgestellte Formen der Personalfluktuation sind beispielsweise in der Altenpflege:

- innerhalb eines Betriebs horizontal von einer Abteilung zur nächsten oder vertikal durch Positionswechsel, Beförderung etc.;
- zwischen Einrichtungen eines Trägers;
- innerhalb des Altenpflegebereichs in eine andere Einrichtung;
- zwischen ambulanten und stationären Einrichtungen;
- aus dem Altenpflegebereich in einen anderen Beruf;
- durch Weiterqualifizierung, Weiterbildung (bspw. Studium);
- durch Unterbrechung der Erwerbstätigkeit (Familienzeit, Bundeswehr, Arbeitslosigkeit etc.);
- Rückkehr/Wiedereinstieg nach einer Erwerbspause;
- Rückkehr/Wiedereinstieg aus einem anderen Beruf zurück in die Altenpflege;
- Vorzeitige Beendigung der Erwerbstätigkeit (vgl. Joost 2007, S. 16 f.).

Die Möglichkeit, den Arbeitsplatz zu wechseln sowie Beruf, Arbeitsplatz und Ausbildungsstätte frei wählen zu können, ist als Grundrecht nach Art. 12 des Grundgesetzes (GG) geschützt. Die Arbeitsmobilität ist einzel- und gesamtwirtschaftlich gesehen ein durchaus förderungswürdiges Verhalten. Auf diese Weise können sich Gesundheitsbetriebe schnell und problemlos an sich wandelnde Anforderungen und Veränderungen

© Springer Fachmedien Wiesbaden GmbH, ein Teil von Springer Nature 2023
A. Frodl, *Personalmanagement im Gesundheitswesen*,
https://doi.org/10.1007/978-3-658-40563-2_8

anpassen. Die Arbeitnehmerinnen und Arbeitnehmer sind ihrerseits in der Lage einen Arbeitsplatz zu suchen, der ihren Vorstellungen und Fähigkeiten entspricht.

Aus der Sicht des personalaufnehmenden Gesundheitsbetriebs, ist ein Personalwechsel auch positiv zu beurteilen, da es zu einer Mischung zwischen von außen kommenden Mitarbeitenden und aus den eigenen Reihen herangebildeten kommt, was vielfach zu neuen Ideen und Ansichten in eingefahrene Betriebsabläufe führt. Der personalabgebende Gesundheitsbetrieb kann dem Personalverlust dann keine positiven Aspekte abgewinnen, wenn die abgewanderten Mitarbeitenden ersetzt werden müssen, was immer mit erheblichen Kosten und einem Abfluss von Erfahrung verbunden ist. Unter diesem Gesichtspunkt wünscht sich der Gesundheitsbetrieb immer eine möglichst geringe Personalfluktuation.

Häufig wird allerdings die Bedeutung der Loyalität der Mitarbeitenden unterschätzt und zu wenig dafür getan, um sie langfristig an den Gesundheitsbetrieb zu binden. Dabei werden zur Verwirklichung der betrieblichen Ziele engagierte Beschäftigte benötigt, die auch in schwierigen Zeiten loyal zu ihrem Gesundheitsbetrieb stehen. Im Vergleich etwa zu medizinischen Geräten, die selbstverständlich regelmäßig gewartet werden, rückt die Beziehung zu den Mitarbeitenden nur selten in den Fokus der Aufmerksamkeit, sodass eine hohe Fluktuation die Betriebsleitung nicht selten überrascht und verwundert (vgl. Kutscher 2009, S. A 1327).

Gezielte Maßnahmen zum Abbau der Fluktuation in einem Gesundheitsbetrieb setzen voraus, dass die Ursachen und Motive bekannt sind. **Fluktuationsursachen** können sein:

- Ursachen außerhalb des Gesundheitsbetriebs:
  - Allgemeine Anziehungskraft des alternativen Standorts (Großstadt, Gemeinde, Region, höherer Freizeitwert, geringere Lebenshaltungskosten usw.);
  - bessere Infrastruktur des alternativen Standorts (Verkehrsanbindung, Wohnverhältnisse, Schulangebot);
  - Anziehungskraft verwandter Berufe (Verkaufsberater/in für Lieferanten von Praxisbedarf, Sachbearbeiter/in für Abrechnung bei Krankenkassen/Abrechnungsgesellschaften, Trainer/in für die Einführung von Krankenhausinformationssystemen oder Heim-Software etc.).
- persönliche Ursachen:
  - Wechsel des Berufs;
  - Rückkehr in den ehemaligen Beruf;
  - dauerhafte Krankheit;
  - veränderte Work/Life-Balance;
  - Wohnungswechsel;
  - Veränderung der Familienverhältnisse (Heirat, Geburt, Trennung).
- Ursachen innerhalb des Gesundheitsbetriebs:
  - unbefriedigende Arbeit (Über-/Unterforderung, schlechte Arbeitsbedingungen);
  - Arbeitszeit (häufige Überstunden, Schichtarbeit);
  - Urlaub (zu geringe Dauer, fehlende zeitl. Flexibilität);

- Gehalt (zu gering, unpünktliche Zahlung, falsche Berechnung, keine Entwicklungsmöglichkeiten, fehlende Leistungsanreize);
- unbefriedigende Zusammenarbeit (mit Verwaltungsleitung, Vorgesetzten, Kollegen und Kolleginnen),
- berufliche Entwicklung (keine Aufstiegsmöglichkeiten, mangelnde Weiterbildungsmöglichkeiten);
- Führung (unklare Kompetenzverteilung, ungerechte Aufgabenverteilung, mangelhafte Information).

Beispiel

In der Pflege erklärt sich ein Teil der Fluktuation der jüngeren Generation aus dem zunehmenden gesellschaftlichen Drang zur Akademisierung, da einige jüngere Pflegekräfte die Ausbildungszeit nutzen, um auf einen Studienplatz der Medizin zu warten. Die Akademisierung in die Pflege zu verlagern, dient nur dann als Lösung, wenn die akademisierte Pflege auch am Bett gehalten werden kann, was mit einer größeren Verantwortungsübernahme verbunden wäre, mit einer Abgabe von Verantwortung aus dem ärztlichen in den pflegerischen Bereich einhergehen würde und somit eine ausgiebige Debatte sowie eines fundamentalen Umdenkens innerhalb der Ärzteschaft als Voraussetzungen hätte. Eine weitere wesentliche Ursache der Fluktuation aus dem Beruf ist die ausgeprägte Unzufriedenheit der Pflegenden durch eine immer höhere Arbeitsbelastung bei zu geringer Entlohnung und fehlender Perspektive (vgl. Karagiannidis et al. 2020, S. A 131). ◄

Mit einem Anstieg krankheitsbedingter Ausfälle in Gesundheitsbetrieben geht oft auch eine erhöhte Fluktuation einher (vgl. Blum et al. 2021, S. 34 f.). So ist beispielsweise in den Krankenhäusern in den letzten Jahren ein Anstieg der krankheitsbedingten Ausfallzeiten im Pflegedienst zu verzeichnen und gleichzeitig ein Anstieg der Fluktuation auf den Allgemeinstationen und im Intensivbereich (siehe Tab. 8.1).

Bei der Bekämpfung der Ursachen für eine hohe Fluktuationsquote im Gesundheitsbetrieb sind Maßnahmen aus nahezu der gesamten Palette des Personalmanagements erforderlich. So sollten nicht immer die Bewerbenden mit den besten Zeugnissen eingestellt werden, sondern die für die jeweilige Tätigkeit am besten geeigneten, um Unter- bzw. Überqualifizierung und damit einhergehende Arbeitsunzufriedenheit möglichst zu

Tab. 8.1 Fluktuationsquoten im Pflegedienst von Krankenhäusern 2020. (Angaben nach Bettengrößenklassen und als Mittelwert in %) (vgl. Blum et al. 2021, S. 35)

Größenklassen Pflegedienstbereiche	100–299 Betten	300–500 Betten	ab 600 Betten
Allgemeinstationen	8,1	9,8	11,3
Intensivstationen	7,1	8,5	9,0

vermeiden. Auf die Einführung neuer Mitarbeiter und Mitarbeiterinnen sollte besondere Sorgfalt gelegt werden, da ansonsten bereits schon in der Probezeit Gründe für einen frühen Wiederaustritt geschaffen werden können. In die gleiche Richtung wirken das fachliche Anlernen und die Einarbeitung neuer Mitarbeitender. Außerdem ist ständig das Lohn- und Gehaltsgefüge des Gesundheitsbetriebs zu überwachen, die Arbeitsanforderungen sowie Aufstiegs- und Weiterbildungsmöglichkeiten. Die Optimierung von Arbeitsbedingungen und -zeiten ist in diesem Zusammenhang ebenso wichtig, wie das Vertrauen in eigenverantwortliches und selbstständiges Handeln der Mitarbeitenden (vgl. Dumont und Schüller 2016, S. 8).

8.2   Beendigung von Arbeitsverhältnissen

Nicht selten gehen personelle Trennungen mit ökonomischen und persönlichen Reputationsschäden für beide Seiten einher, die es zu verhindern gilt. Hingegen wirkt eine soziale, faire und nachhaltige Grundhaltung bei Trennungen auf die Organisationsentwicklung und auf die Außenwirkung des Gesundheitsbetriebs, sodass Leistungsrückgängen bei im Betrieb verbleibenden Mitarbeitenden durch fairen und wertschätzenden Umgang bzw. Kommunikation entgegengewirkt und Fluktuationen verhindert werden können (vgl. Heun-Lechner 2020, S. 2).

Die Beendigung eines Arbeitsverhältnisses im Gesundheitsbetrieb kann unterschiedliche Ursachen haben, wie beispielsweise:

- eine Kündigung,
- den Zeitablauf,
- eine Auflösung in gegenseitigem Einvernehmen.

Die für das Personalmanagement im Gesundheitsbetrieb bedeutsamste Form der Beendigung eines Arbeitsverhältnisses, die zum Personalaustritt bzw. zur Personalfreistellung führt, ist die **Kündigung**. Sie stellt eine einseitige, empfangsbedürftige Willenserklärung dar, durch die das Arbeitsverhältnis im Gesundheitsbetrieb von einem bestimmten Zeitpunkt an aufgehoben wird und sowohl vom Gesundheitsbetrieb als Arbeitgeber als auch von Mitarbeitenden als Arbeitnehmende ausgesprochen werden kann. Sie muss der jeweils anderen Seite zugegangen sein, damit sie rechtswirksam ist. Grundsätzlich sind auch mündliche Kündigungen gültig. Durch besondere Vereinbarungen im Arbeitsvertrag, in einer Betriebsvereinbarung für den Gesundheitsbetrieb oder in dem jeweils gültigen Tarifvertrag kann jedoch die Schriftform vorgeschrieben sein.

Einzelnen Mitarbeitenden des Gesundheitsbetriebs kann nicht aus einem geringfügigen Grund gekündigt werden. Das verbietet der Grundsatz der Verhältnismäßigkeit des Arbeitsrechts. Da eine Kündigung immer das letzte Mittel darstellen soll, mit der der Gesundheitsbetrieb auf eine Verletzung arbeitsvertraglicher Pflichten reagiert, muss den Mitarbeitenden vorher unmissverständlich klargemacht werden, welche Versäumnisse oder welches Fehlverhalten sie begangen haben und was zukünftig von ihnen erwartet wird. Dies geschieht üblicherweise mit einer **Abmahnung**, die eine Rüge des Gesundheitsbetriebs darstellt, mit der er in einer für die Mitarbeitenden deutlich erkennbaren Weise deren Fehlverhalten beanstandet und gleichzeitig androht, im Wiederholungsfall die Fortsetzung des Arbeitsverhältnisses aufzuheben. Sie gilt als unverzichtbare Voraussetzung bei verhaltensbedingten Kündigungen, beispielsweise aufgrund von unentschuldigtem Fernbleiben oder der Beleidigung von Patienten oder Kollegen.

Beispiel

Die Abmahnung ist üblicherweise einsetzbar, wenn zum Beispiel folgende Gründe vorliegen:

- häufige Arbeitsfehler;
- Störung des Betriebsfriedens im Gesundheitsbetrieb;
- Unfreundlichkeit gegenüber Patienten;
- häufige Unpünktlichkeit;
- Alkoholgenuss während der Arbeitszeit (trotz Verbot);
- extrem langsames Arbeiten;
- unzureichende Leistungen.

Auf eine Abmahnung als Vorbereitung einer Kündigung kann unter Umständen verzichtet werden, wenn folgendes vorliegt:

- bereits mehrfach wiederholte Abmahnung;
- schwerer Vertrauensbruch durch Betrug, Diebstahl etc.;
- deutliche Verhaltensmissbilligung: Bestechungsgeldannahme, unerlaubte Nebentätigkeiten, Arbeiten für Konkurrenten etc.;
- schwerwiegende Störungen durch ungenehmigten Urlaub, unzulässige Beeinflussung von Kontrolleinrichtungen etc. (vgl. Schulz und Hofbauer 2019, S. 10). ◄

Obwohl die Abmahnung gesetzlich nicht geregelt ist (vgl. Beckerle 2018, S. 13), wird sie in Gesetzen wie dem Allgemeinen Gleichbehandlungsgesetz (AGG) erwähnt, nach dem im Falle eines Verstoßes von Beschäftigten gegen das Benachteiligungsverbot die Arbeitgebenden die im Einzelfall geeigneten, erforderlichen und angemessenen Maßnahmen zur Unterbindung der Benachteiligung wie Abmahnung, Umsetzung, Versetzung oder Kündigung zu ergreifen hat (vgl. § 12 AGG).

Die Abmahnung sollte einige Grundsätze berücksichtigen (siehe Tab. 8.2). Sie sollte schriftlich und präzise formuliert erfolgen und als Kopie zusammen mit einem Empfangsvermerk in die Personalakte Eingang finden. Eine mündliche Abmahnung ist ebenfalls zulässig, die allerdings aus Beweisgründen in Anwesenheit von Zeugen ausgesprochen werden sollte. In jedem Fall besteht sie zweckmäßigerweise aus folgenden Inhalten:

Tab. 8.2 Grundsätze der Abmahnung. (Vgl. Beckerle 2018, S. 17 f.)

Aspekt	Erläuterung
Zusammenhang	mit verhaltens- und leistungsbedingten Kündigungen gegeben; bei personenbedingten Kündigungen evtl. erwägbar; bei betriebsbedingten Kündigungen nicht relevant
Gegenstand	arbeitsvertragliche Pflichtverletzung
Art der Pflichtverletzung	bei schwerwiegenden Pflichtverletzungen ist eine Abmahnung vor einer Kündigung nicht notwendig
Schriftform	nicht vorgeschrieben, aber im Hinblick auf die Darlegungs- und Beweislast ratsam
Wirksamkeit	wesentliche Bestandteile sind konkrete Darstellung der arbeitsvertraglichen Pflichtverletzung und Androhung der Kündigung bei weiteren Pflichtverletzungen; eine nur teilweise wirksame Abmahnung ist insgesamt unwirksam
Anhörung	Durchführung vor Erteilung der Abmahnung ist keine Wirksamkeitsvoraussetzung
Mitbestimmung	mitbestimmungsfrei im Geltungsbereich des BetrVG und des BPersVG; länderspezifische Regelungen sind zu beachten

- Hinweis: Nennung des konkreten Fehlverhaltens unter Angabe von Ort, Datum und Uhrzeit;
- Beanstandung: Erläuterung der Vertragswidrigkeit des Verhaltens und die Aufforderung, dieses nicht zu wiederholen;
- Warnung: Ankündigung, dass im Wiederholungsfalle mit einer Kündigung zu rechnen ist.

Grundsätzlich dürfen alle Weisungsbefugten des Gesundheitsbetriebs eine Abmahnung aussprechen, was unverzüglich nach dem Fehlverhalten erfolgen sollte. Vor einer Kündigung muss den Abgemahnten ausreichend Zeit zur Bewährung gegeben werden. Auch wenn dies keine Wirksamkeitsvoraussetzung ist, sollte ihnen im Rahmen einer Anhörung vor einer Abmahnung die Gelegenheit zur Stellungnahme gegeben werden.

Der Gesundheitsbetrieb hat nach dem Sozialgesetzbuch bei Beendigung von Arbeitsverhältnissen die Pflicht, die betroffenen Mitarbeitenden vor der Beendigung des Arbeitsverhältnisses frühzeitig über die Notwendigkeit eigener Aktivitäten bei der Suche nach einer anderen Beschäftigung sowie über die Verpflichtung zur Meldung bei der Agentur für Arbeit informieren, sie hierzu freistellen und die Teilnahme an erforderlichen Maßnahmen der beruflichen Weiterbildung ermöglichen (vgl. § 2 SGB III). Zur Wahrung ihrer Ansprüche im Rahmen der Arbeitslosenhilfe sind sie verpflichtet, sich spätestens drei Monate vor dessen Beendigung bei der Agentur für Arbeit unter Angabe der persönlichen Daten und des Beendigungszeitpunktes des Ausbildungs- oder Arbeitsverhältnisses arbeitsuchend zu melden. Wenn zwischen der Kenntnis des Beendigungszeitpunktes und der Beendigung des Ausbildungs- oder Arbeitsverhältnisses weniger als drei Monate liegen, haben sie sich innerhalb von drei Tagen nach Kenntnis des Beendigungszeitpunktes zu melden, wobei die Pflicht zur Meldung auch unabhängig davon besteht, ob der Fortbestand des Ausbildungs- oder Arbeitsverhältnisses gerichtlich geltend gemacht oder vom Arbeitgeber in Aussicht gestellt wird (vgl. § 38 SGB III).

Um Schadensersatzforderungen zu vermeiden, ist es sinnvoll sich quittieren zu lassen, dass die Arbeitnehmenden auf ihre Pflichten hingewiesen wurden. Das Gehaltskonto ist abzuschließen und es ist zu prüfen, ob noch Zahlungen ausstehen. Ferner ist bei Beendigung des Arbeitsverhältnisses den Arbeitnehmern und Arbeitnehmerinnen eine Reihe von Arbeitspapieren auszuhändigen (siehe 7.3 Personalbetreuung und Entgeltabrechnung). Dazu gehören beispielsweise das Arbeitszeugnis, die Lohnsteuerbescheinigung, die Urlaubsbescheinigung, Unterlagen über die betriebliche Altersversorgung oder die Arbeitsbescheinigung. Auch wenn noch Forderungen gegen die Arbeitnehmenden aus ihren Arbeitsverhältnissen bestehen, gibt es keinen Anspruch, die Arbeitspapiere zurückzuhalten.

Mit einem **Outplacement** und einer damit verbunden Beratung können betroffene Mitarbeitende innerhalb der Kündigungsfrist in eine neue berufliche Perspektive begleitet werden. Es ist eine präventive Maßnahme, die einen gleitenden Übergang ermöglichen, Arbeitslosigkeit vermeiden und Hilfe zur Selbsthilfe anbieten soll. Angeboten werden in der Regel Unterstützungsleistungen, um Bewerbungsaktivitäten möglichst optimal und erfolgreich durchzuführen. Outplacement ermöglicht zudem die finanziellen Vorteile für den Gesundheitsbetrieb eines möglichst frühen Ausscheidens von Arbeitnehmer und Arbeitnehmerinnen (Boening 2015, S. 5).

8.3 Kündigungsarten und -ablauf

Für den Gesundheitsbetrieb sind insbesondere folgende **Kündigungsarten** bedeutsam:

- Ordentliche Kündigung,
- außerordentliche Kündigung,
- Änderungskündigung.

Mit einer ordentlichen Kündigung werden in der Regel auf unbestimmte Zeit abgeschlossene Arbeitsverträge unter Einhaltung von **Kündigungsbedingungen** gelöst. Wichtigste Kündigungsbedingungen sind hierbei die Einhaltung der Kündigungsfristen und der Bestimmungen des Kündigungsschutzes. Befristete Verträge können nicht ordentlich gekündigt werden, es sei denn, dies wurde ausdrücklich vertraglich vereinbart.

Beispiel

Nach dem Bürgerlichen Gesetzbuch (BGB) können Arbeitsverhältnisse mit einer Frist von vier Wochen zum Fünfzehnten oder zum Ende eines Kalendermonats gekündigt werden. Für eine Kündigung durch Arbeitgebende beträgt die Kündigungsfrist, wenn das Arbeitsverhältnis im Gesundheitsbetrieb

- zwei Jahre bestanden hat, einen Monat zum Ende eines Kalendermonats,
- fünf Jahre bestanden hat, zwei Monate zum Ende eines Kalendermonats,
- acht Jahre bestanden hat, drei Monate zum Ende eines Kalendermonats,
- zehn Jahre bestanden hat, vier Monate zum Ende eines Kalendermonats,
- zwölf Jahre bestanden hat, fünf Monate zum Ende eines Kalendermonats,
- 15 Jahre bestanden hat, sechs Monate zum Ende eines Kalendermonats,
- 20 Jahre bestanden hat, sieben Monate zum Ende eines Kalendermonats.

Ist eine Probezeit vereinbart, längstens für die Dauer von sechs Monaten, kann das Arbeitsverhältnis mit einer Frist von zwei Wochen gekündigt werden (vgl. § 622 BGB). ◄

Eine verhaltensbedingte, ordentliche Kündigung kann in der Regel nur nach einer vorhergehenden Abmahnung erfolgen, wobei den betreffenden Mitarbeitenden zwischen zwei Abmahnungen oder einer Abmahnung und der Kündigung ausreichend Zeit und Gelegenheit eingeräumt werden muss, das Fehlverhalten zu korrigieren. Auch ist ein eventuell vorhandener Betriebsrat vor jeder Kündigung anzuhören. Wird die Kündigung ohne Anhörung ausgesprochen, ist sie rechtsunwirksam. Der Gesundheitsbetrieb hat den Betriebsrat über die Person des bzw. der zu Kündigenden, über die Art der Kündigung sowie die Kündigungsgründe umfassend zu informieren. Der Betriebsrat kann einer ordentlichen Kündigung widersprechen, wenn der Gesundheitsbetrieb beispielsweise bei der Auswahl der zu kündigenden Mitarbeitenden soziale Gesichtspunkte nicht berücksichtigt hat, sie an einem anderen Arbeitsplatz im Betrieb nicht weiterbeschäftigt werden können oder eine Weiterbeschäftigung nach zumutbaren Weiterbildungsmaßnahmen bzw. unter geänderten Vertragsbedingungen mit Einverständnis der betroffenen Betriebsangehörigen nicht möglich ist. Die ordentliche Kündigung kann trotz Widerspruch ausgesprochen werden, allerdings besteht dann eine Weiterbeschäftigungsverpflichtung, bis der zu erwartende Rechtsstreit vor dem Arbeitsgericht zu einem rechtskräftigen Abschluss gekommen ist. Dies setzt allerdings einen frist- und ordnungsgemäßen Widerspruch sowie eine Klage der betroffenen Praxisangehörigen voraus. Das Arbeitsgericht kann den Gesundheitsbetrieb von der Weiterbeschäftigungspflicht entbinden, wenn die Klage der betroffenen Mitarbeitenden keine Aussicht auf Erfolg bietet, die Weiterbeschäftigung zu einer unzumutbaren wirtschaftlichen Belastung für den Betrieb führt oder der Widerspruch offensichtlich unbegründet ist.

Die außerordentliche Kündigung ist eine fristlose Kündigung. Sie beendet das Arbeitsverhältnis vorzeitig und ohne Beachtung der sonst geltenden Kündigungsfristen. Dafür muss ein wichtiger Grund vorliegen. Das ist jeder Anlass, der dem Gesundheitsbetrieb die Fortsetzung des Arbeitsverhältnisses bis zum nächsten ordentlichen Kündigungstermin unzumutbar macht. Es kann von jedem Vertragsteil aus wichtigem Grund ohne Einhaltung einer Kündigungsfrist gekündigt werden, wenn Tatsachen vorliegen, auf Grund derer dem Kündigenden unter Berücksichtigung aller Umstände des Einzelfalles und unter Abwägung der Interessen beider Vertragsteile die Fortsetzung des Dienstverhältnisses bis zum Ablauf der Kündigungsfrist oder bis zu der vereinbarten Beendigung des Dienstverhältnisses nicht zugemutet werden kann (vgl. § 626 BGB). Die Kündigung muss unverzüglich nach Kenntnis dieses Grundes in schriftlicher Form und unter dessen Angabe ausgesprochen werden, ansonsten ist eine außerordentliche Kündigung ausgeschlossen. Ein Betriebsrat ist auch vor einer außerordentlichen Kündigung zu hören. Äußert er sich nicht, so gilt seine Zustimmung als erteilt. Ein Widerspruch kann bei einer außerordentlichen Kündigung nicht eingelegt werden. Der Gesundheitsbetrieb kann auch bei einer außerordentlichen Kündigung eine gewisse Frist einräumen. Darauf ist allerdings besonders hinzuweisen, um den Eindruck zu vermeiden, es handle sich um eine ordentliche Kündigung.

Wichtige Gründe für außerordentliche Kündigungen können beispielsweise sein:

- Preisgabe von Arzt- oder Patientendaten und -geheimnissen,
- Diebstahl im Gesundheitsbetrieb,
- grobe Fahrlässigkeit beim Umgang mit Behandlungseinrichtungen und -instrumenten,
- unerlaubtes Verlassen des Arbeitsplatzes,
- Tätlichkeiten,
- grobe Beleidigungen,
- Verleitung anderer Betriebsangehöriger zu schlechten Arbeitsleistungen oder Vergehen,
- Unehrlichkeit und Untreue im Arbeitsverhältnis,
- beharrliche Arbeitsverweigerung.

Von Arbeitsgerichten in der Regel nicht anerkannte Gründe für eine außerordentliche Kündigung sind beispielsweise:

- schlechte Arbeitsleistung,
- Streitigkeiten in der Arztpraxis,
- Absinken der Leistungsfähigkeit,
- mangelnde Kenntnisse und fehlende Fertigkeiten.

Sie können allerdings Gründe für eine ordentliche Kündigung darstellen.

Kündigungsschutz besteht beispielsweise nach dem Kündigungsschutzgesetz (KSchG). Danach ist die Kündigung des Arbeitsverhältnisses gegenüber Arbeitnehmenden, deren Arbeitsverhältnisse in demselben Gesundheitsbetrieb ohne Unterbrechung länger als sechs Monate bestanden haben, rechtsunwirksam, wenn sie sozial ungerechtfertigt ist (siehe auch 2.3 Mitarbeitendenschutz). Dies ist der Fall, wenn sie nicht durch Gründe, die in der Person oder in dem Verhalten der Arbeitnehmenden liegen, oder durch dringende betriebliche Erfordernisse, die einer Weiterbeschäftigung in diesem Betrieb entgegenstehen, bedingt ist (vgl. § 1 KSchG).

Eine Änderungskündigung zielt nicht auf die Beendigung eines Arbeitsverhältnisses ab, sondern auf dessen Fortsetzung unter anderen arbeitsvertraglichen Bedingungen. Anders als bei der Kündigung kommt es bei einem **Aufhebungsvertrag** (auch Auflösungsvertrag oder Aufhebungsvereinbarung) darauf an, ob die andere Vertragspartei mit der Beendigung des Arbeitsverhältnisses einverstanden ist. Es handelt sich dabei um eine freiwillige Vereinbarung zwischen Arbeitnehmenden und Arbeitgebenden, um ein Arbeitsverhältnis zu beenden. Für einen Aufhebungsvertrag gilt zwingend die Schriftform (vgl. § 623 BGB). Seine Inhalte sind beispielsweise:

- Beendigung des Arbeitsverhältnisses: Bezugnahme auf den Arbeitsvertrag, einvernehmliche Aufhebung des bestehenden Arbeitsverhältnisses, Ablaufdatum;
- Mitteilungspflicht: Gesundheitsbetrieb weist darauf hin, dass Aktivitäten bei der Suche nach einer anderen Beschäftigung zu entfalten sind und eine Verpflichtung vorliegt, sich unverzüglich bei der Agentur für Arbeit als arbeitssuchend zu melden;
- Abfindung: mögliche Vereinbarung einer Abfindung;
- Fortsetzung des Arbeitsverhältnisses/Freistellung: Widerrufliche Freistellung von der Arbeitsleistungspflicht ab einem bestimmten Zeitpunkt bis zum Ende des Arbeitsverhältnisses, Weiterzahlung der vereinbarten Vergütung bis dahin;
- Urlaub: für die Zeit bis zur Beendigung des Arbeitsverhältnisses noch zustehende Urlaubstage, Festlegung der Gewährung;
- Sonderzahlungen: Auszahlung anteiliger Zahlungen;
- Verschwiegenheitsverpflichtung: Verpflichtung, über sämtliche während der Tätigkeit zur Kenntnis gelangten Geschäfts- und Betriebsgeheimnisse sowie sonstige betriebsinterne Vorgänge auch nach dem Ausscheiden Stillschweigen zu bewahren;
- Arbeitspapiere/Zeugnis: Verpflichtung, spätestens am Tag des Ausscheidens ein wohlwollendes qualifiziertes Zeugnis ausstellen;
- Ausgleichsquittung: Einigung, dass weitere Ansprüche aus dem Arbeitsverhältnis bzw. aus dessen Beendigung nicht mehr bestehen (vgl. Zahnärztekammer Niedersachsen 2008, S. 2 f.).

Beispiel

Besteht Einigung über die Aufhebung des Arbeitsverhältnisses gegen Zahlung einer Abfindung, so können als Orientierungspunkt für ihre Höhe verschiedene Grundsätze herangezogen werden. Dabei sind ein halbes bis ein volles Brutto-Monatsgehalt pro Beschäftigungsjahr üblich, wobei sich die Höhe der Abfindung nach dem Einzelfall bestimmt. Hierbei können das Alter der Arbeitnehmerin bzw. des Arbeitnehmers, die geografische Lage in Deutschland, die wirtschaftliche Situation der Arztpraxis, die Erfolgsaussichten eines Kündigungsrechtsstreites, der Wunsch der Arbeitnehmerin bzw. des Arbeitnehmers zum Arbeitsplatzwechsel oder ihre psychische Verfassung bei Fortsetzung des Arbeitsverhältnisses eine wichtige Rolle spielen (vgl. Vogt 2014, S. 4). ◄

Werden die neuen Bedingungen vom Gesundheitsbetrieb oder von den Betriebsangehörigen nicht akzeptiert, so muss der Weg der ordentlichen Kündigung beschritten werden. Gegen die Wirksamkeit von Änderungskündigungen kann beim Arbeitsgericht geklagt werden.

Eine Kündigung ist nur wirksam, wenn sie in einer **Kündigungserklärung** schriftlich und unterschrieben erfolgt, denn eine mündliche Kündigung hat keine Rechtsfolgen. Die Kündigungserklärung muss deutlich und zweifelsfrei sein, denn Unklarheiten gehen zu Lasten des Gesundheitsbetriebs. Ist der Zeitpunkt, zu dem das Arbeitsverhältnis enden soll, nicht eindeutig angegeben, ist von einer ordentlichen Kündigung zum nächstmöglichen Termin auszugehen. Die Kündigungsfrist läuft ab dem Zeitpunkt des Zugangs der Kündigung, entweder per Übergabe oder Postzustellung in den Einflussbereich der Kündigungsempfangenden. Die Angabe des Kündigungsgrundes ist zwingend erforderlich,

- wenn sich dies aus dem Arbeitsvertrag, der Betriebsvereinbarung oder dem Tarifvertrag ergibt,
- wenn es sich um Auszubildende handelt,
- auf Antrag der Mitarbeitenden bei einer betriebsbedingten Kündigung,
- bei einer fristlosen Kündigung.

Scheiden Betriebsangehörige aus dem Arbeitsverhältnis aus, so haben sie Anspruch auf Erstellung einer Arbeitsbescheinigung oder eines qualifizierten Zeugnisses. Die Übergabe der Arbeitspapiere und eines eventuellen restlichen Gehaltes sollten durch eine Ausgleichsquittung bestätigt werden. In ihr lässt sich der Gesundheitsbetrieb versichern, dass gegenüber ihm keine weiteren Forderungen bestehen, keine Einwände gegen die Kündigung des Arbeitsvertrages vor Gericht erhoben werden und keinerlei Ansprüche aus dem Arbeitsverhältnis mehr bestehen. Allerdings besteht keinerlei Verpflichtung zur Unterschrift einer solchen Ausgleichquittung durch die, den Gesundheitsbetrieb verlassenden Mitarbeitenden.

Zusammenfassung Kap. 8

Die Bedeutung der Loyalität der Mitarbeitenden wird häufig unterschätzt, und es wird zu wenig dafür getan, um sie langfristig an den Gesundheitsbetrieb zu binden. Dabei werden zur Verwirklichung der betrieblichen Ziele engagierte Beschäftigte benötigt, die auch in schwierigen Zeiten loyal zu ihrem Gesundheitsbetrieb stehen. Eine soziale, faire und nachhaltige Grundhaltung bei Trennungen wirkt auf die Organisationsentwicklung und auf die Außenwirkung des Gesundheitsbetriebs, sodass Leistungsrückgängen bei im Betrieb verbleibenden Mitarbeitenden durch fairen und wertschätzenden Umgang bzw. Kommunikation entgegengewirkt und Fluktuationen verhindert werden können. Mit einem Outplacement und einer damit verbundenen Beratung können betroffene Mitarbeitende innerhalb der Kündigungsfrist in eine neue berufliche Perspektive begleitet werden.

Literatur

Allgemeines Gleichbehandlungsgesetz (AGG) vom 14. August 2006 (BGBl. I S. 1897), zuletzt durch Artikel 8 des Gesetzes vom 3. April 2013 (BGBl. I S. 610) geändert.

Beckerle, K. (2018) Die Abmahnung – Wirksam und korrekt umsetzen, über 50 konkrete Fälle. 13. Auflg. Freiburg/München/Stuttgart: Verlag Haufe Group.

Blum, K.; Heber, R.; Levsen, A.; Löffert, S.; Offermanns, M.; Steffen, P. (2021) Fluktuationsquoten und Ausfallzeiten in der Pflege. In: Deutsches Krankenhausinstitut e. V. – DKI (Hrsg.) Krankenhaus-Barometer – Umfrage 2021. Düsseldorf. S. 34–35.

Boening, J. (2015) Outplacementberatung – Ein Instrument der modernen Personalarbeit. Wiesbaden: Springer Gabler/Springer Fachmedien.

Bürgerliches Gesetzbuch (BGB) in der Fassung der Bekanntmachung vom 2. Januar 2002 (BGBl. I S. 42, 2909; 2003 I S. 738), zuletzt durch Artikel 2 des Gesetzes vom 21. Dezember 2021 (BGBl. I S. 5252) geändert.

Dumont, M; Schüller, A. (2016) Die erfolgreiche Arztpraxis – Patientenorientierung-Mitarbeiterführung-Marketing. 5. Auflg. Berlin/Heidelberg: Springer-Verlag.

Heun-Lechner, O. (2020) Kündigung – Faires und wertschätzendes Trennen. Wiesbaden: Springer Gabler/Springer Fachmedien.

Joost, A. (2007) Berufsverbleib und Fluktuation von Altenpflegerinnen und Altenpflegern – Literaturauswertung, angefertigt im Rahmen einer Machbarkeitsstudie zum Berufsverbleib von Altenpflegerinnen und Altenpflegern, die im Auftrag des Bundesministeriums für Familie, Senioren, Frauen und Jugend erstellt wurde. Institut für Wirtschaft, Arbeit und Kultur (IWAK) – Zentrum an der Goethe-Universität (Hrsg.). Frankfurt am Main.

Karagiannidis, C.; Janssens, U.; Krakau, M.; Windisch, W.; Welte, T.; Busse, R. (2020) Pflege – Deutsche Krankenhäuser verlieren ihre Zukunft. In: Deutsches Ärzteblatt. Jahrg. 117. Heft 4. Köln: Deutscher Ärzteverlag. S. A 131–A 133.

Kündigungsschutzgesetz (KSchG) in der Fassung der Bekanntmachung vom 25. August 1969 (BGBl. I S. 1317), zuletzt durch Artikel 2 des Gesetzes vom 14. Juni 2021 (BGBl. I S. 1762) geändert.

Kutscher, P. (2009) Praxisführung – Wie die Loyalität des Teams gesteigert werden kann. In: Deutsches Ärzteblatt. Jg. 106. Heft 25. Köln: Deutscher Ärzte Verlag. S. A 1327–A 1328.

Rische, F.; Rischke, J. (2021) Fluktuationsmanagement – Praxishandbuch für Personaler und Führungskräfte. Stuttgart: Verlag Schäffer-Poeschel.

Schulz, M.; Hofbauer, H. (2019) Arbeitsrecht für Führungskräfte – Abmahnung, Kündigung, Personalgespräch, Weisungsrecht. München: Carl Hanser Verlag.

Sozialgesetzbuch Drittes Buch (SGB III) – Arbeitsförderung (Artikel 1 des Gesetzes vom 24. März 1997, BGBl. I S. 594, 595), zuletzt durch Artikel 1 des Gesetzes vom 23. März 2022 (BGBl. I S. 482) geändert.

Vogt, C. (2014) Die Umstände entscheiden – Welche Faktoren müssen bei der Beendigung eines Arbeitsverhältnisses beachtet werden? In: Deutsches Ärzteblatt. Jg. 111. Heft 25. Köln: Deutscher Ärzte Verlag. S. 2–4.

Zahnärztekammer Niedersachsen – ZKN (Hrsg.) (2008) Aufhebungsvertrag. Stand: 06/2008. https://zkn.de/fileadmin/user_upload/praxis-und-team/praxisfuehrung/arbeitsrecht-mustervertraege/Aufhebungsvertrag.pdf. Hannover. Zugegriffen: 15.05.2022.

Glossar

Abfindung Zahlung an Beschäftigte bei Einigung über die Aufhebung des Arbeitsverhältnisses, wobei als Orientierungspunkt für die Höhe verschiedene Grundsätze herangezogen werden können, wie üblicherweise ein halbes bis ein volles Brutto-Monatsgehalt pro Beschäftigungsjahr.

Ablauforganisation Strukturiert die Arbeitsprozesse im Gesundheitsbetrieb und beantwortet somit die Frage, wer was, wann, wie und wo macht, wobei sie, um die komplexen Handlungen im Gesundheitsbetrieb zu beherrschen, Zeit, Raum, Sachmittel und Mitarbeitende berücksichtigt und häufig durch Standardisierung von Abläufen Ziele verfolgt, wie beispielsweise einer optimalen Kapazitätsauslastung, Qualitätssteigerung, Durchlauf- und Wartezeitenverringerung, Kostenreduzierung sowie einer Verbesserung der Arbeitsergonomie und Termintreue.

Abmahnung Rüge des Gesundheitsbetriebs, mit der er in einer für die Mitarbeitenden deutlich erkennbaren Weise deren Fehlverhalten beanstandet und gleichzeitig ihnen androht, im Wiederholungsfall die Fortsetzung des Arbeitsverhältnisses aufzuheben.

Active Sourcing Teilbereich des Online-Recruitings, bei dem unter aktiver Nutzung auch von XING, LinkedIn etc. versucht wird, geeignete Bewerbende im Web zu finden, die richtigen auszuwählen und zu gewinnen, wobei neben der aktiven Kandidatenansprache auch die Möglichkeit besteht, sich Empfehlungen aus den sozialen Netzwerken einzuholen.

Änderungskündigung Zielt nicht auf die Beendigung eines Arbeitsverhältnisses ab, sondern auf dessen Fortsetzung unter anderen arbeitsvertraglichen Bedingungen.

Anreiz-Beitrags-Theorie Geht davon aus, dass die Mitarbeitenden vom Gesundheitsbetrieb Anreize empfangen, die nicht nur monetärer Natur sein müssen, und dass sie dafür gewisse Beiträge (beispielsweise Arbeitsleistung) erbringen.

Approbation Berechtigt zur Ausübung des ärztlichen Berufs und wird aufgrund des Zeugnisses über die ärztliche Prüfung auf Antrag bei der zuständigen Stelle des jeweiligen Bundeslandeslandes erteilt.

© Springer Fachmedien Wiesbaden GmbH, ein Teil von Springer Nature 2023
A. Frodl, *Personalmanagement im Gesundheitswesen*,
https://doi.org/10.1007/978-3-658-40563-2

Arbeitsanalyse Umfasst die systematische Untersuchung der Arbeitsplätze und Arbeits-vorgänge im Gesundheitsbetrieb, sowie jener persönlichen Eigenschaften, die die je-weiligen Mitarbeitenden als Stelleninhabende zur Erfüllung der an sie gerichteten Leistungserwartungen besitzen sollten und dient der Ermittlung sowohl der Arten als auch des jeweiligen Ausmaßes der Arbeitsanforderungen, der Ableitung von An-forderungsprofilen, dem Entwurf von Arbeitsplatzbeschreibungen, der Arbeitsablauf-gestaltung und der Einarbeitung neuer Mitarbeiterinnen und Mitarbeiter.

Arbeitsentgelt Nach SGB IV definiert als alle laufenden oder einmaligen Einnahmen aus einer Beschäftigung, gleichgültig, ob ein Rechtsanspruch auf die Einnahmen besteht, unter welcher Bezeichnung oder in welcher Form sie geleistet werden und ob sie un-mittelbar aus der Beschäftigung oder im Zusammenhang mit ihr erzielt werden.

Arbeitsergonomie Befasst sich mit der Schaffung geeigneter Arbeitsbedingungen und menschgerechter Gestaltung der Arbeitsplätze, um möglichst eine effiziente und fehler-freie Arbeitsausführung sicherzustellen und die Mitarbeitenden im Gesundheitsbetrieb vor gesundheitlichen Schäden auch bei langfristiger Ausübung ihrer Tätigkeit zu schützen.

Arbeitsklima Bezeichnet die spezielle Situation am jeweiligen Arbeitsplatz und wirkt unmittelbar auf die einzelnen Mitarbeitenden ein, wodurch es für sie dadurch auch leichter veränder- und beeinflussbar ist.

Arbeitsprobe Vermittelt in Zusammenhang mit einem Auswahlverfahren einen unmittel-baren Eindruck in die fachlichen Qualifikationen und praktischen Fähigkeiten der Be-werbenden, wobei sich insbesondere praktische Tätigkeiten bei der Behandlungs-assistenz, bei Laboruntersuchungen, im Verwaltungs- oder im Hygienebereich anbieten und die Dauer und Intensität darauf beschränkt bleiben sollte, einen vorläufigen Ein-druck zu verschaffen, denn längere unentgeltliche Beschäftigungen, die als Arbeits-proben deklariert werden, sind unzulässig.

Arbeitsschutzrecht Erstreckt sich auf allgemeine Vorschriften, die für alle Mit-arbeitenden des Gesundheitsbetriebs gelten, wie beispielsweise das Arbeitszeitrecht, sowie auf Sonderregelungen für einzelne Mitarbeitergruppen: Jugendarbeitsschutz-recht, Mutterschutzrecht, Schwerbehindertenschutzrecht usw.

Arbeitsschutzmaßnahmen Nach dem Arbeitsschutzgesetz (ArbSchG) Maßnahmen zur Verhütung von Unfällen bei der Arbeit und arbeitsbedingten Gesundheitsgefahren ein-schließlich Maßnahmen der menschengerechten Gestaltung der Arbeit.

Arbeitsverhältnis Kann in unterschiedlichen Ausprägungen (beispielsweise Teilzeit-arbeitsverhältnis, Ausbildungsverhältnis etc.) vorliegen und richtet sich nach der jewei-ligen arbeitsvertraglichen Regelung.

Arbeitsvertrag Als schuldrechtlicher Vertrag ein besonderer Fall des Dienstvertrages nach dem Bürgerlichen Gesetzbuch (BGB), durch den sich der Mitarbeiter oder die Mitarbeiterin verpflichtet, im Dienste des Gesundheitsbetriebs nach dessen Weisungen Arbeit zu leisten, wofür der Gesundheitsbetrieb ein Entgelt zu zahlen hat.

Arbeitszeitmodelle In ihnen werden die Dauer der täglichen Arbeitszeit und die gleich-mäßige oder ungleichmäßige Verteilung auf die Wochentage festgelegt.

Arbeitszeugnis Informiert über eine Beschäftigung, gibt üblicherweise Aufschluss über die Dauer des bisherigen Beschäftigungsverhältnisses, Art und Umfang der bisherigen Tätigkeit sowie Termine und Gründe der Beendigung dieses Arbeitsverhältnisses und enthält Aussagen zu Leistung und Führung.

Arbeitszufriedenheit Stellt die emotionale Reaktion der Mitarbeitenden auf ihre Arbeitssituation dar und gibt ihre Einstellung gegenüber ihrer Arbeit im Gesundheitsbetrieb wieder.

Assessment Center Komplexes Gruppenauswahl- und Beurteilungsverfahren mit mehreren Aufgabenstellungen, um Probleme wie die Vergleichbarkeit einzelner Vorstellungsgespräche zu verbessern.

Aufbauorganisation Beantwortet beispielsweise die Fragen, wer im Gesundheitsbetrieb wem was zu sagen hat, wer für was verantwortlich ist oder wer in welchem Vorgesetzten- bzw. Untergebenenverhältnis zueinandersteht, wobei es ihre Aufgabe ist, durch sinnvolle arbeitsteilige Gliederung und Ordnung der Prozesse im Gesundheitsbetrieb festzulegen, welche Aufgaben von welchen Mitarbeitenden und mit welchen Sachmitteln bewältigt werden, was sie durch die Verteilung der Aufgaben in der Regel mit Hilfe eines hierarchischen Gefüges erreicht.

Aufgabenanalyse Dient zur Strukturierung der Aufbauorganisation des Gesundheitsbetriebs im Rahmen der Stellenbildung, wozu in einem ersten Schritt eine Zerlegung bzw. Aufspaltung der Gesamtaufgabe der Gesundheitseinrichtung in ihre einzelnen Bestandteile anhand von alternativen Gliederungsmerkmalen wie Verrichtung, Objekt, Rang, Phase, Zweckbeziehung durchgeführt wird.

Aufgabensynthese Fügt die in der Aufgabenanalyse ermittelten Einzelaufgaben zusammen, sodass sie von einem Mitarbeiter oder einer Mitarbeiterin mit Normalkapazität und der erforderlichen Eignung bzw. Übung bewältigt werden können, wobei das Ergebnis dieser Zuordnung als Stelle bezeichnet wird.

Aufhebungsvertrag Auch Aufhebungsvereinbarung oder Auflösungsvertrag genannt, bei dem es anders als bei der Kündigung darauf ankommt, ob die andere Vertragspartei mit der Beendigung des Arbeitsverhältnisses einverstanden ist, womit es sich um eine freiwillige Vereinbarung zwischen Arbeitnehmenden und Arbeitgebenden handelt, um ein Arbeitsverhältnis zu beenden.

Ausbildungsverhältnis Sonderform eines Arbeitsverhältnisses, das durch den Ausbildungsvertrag zwischen den Ausbildenden und den Auszubildenden begründet wird.

Bedürfnishierarchie Nach dieser Theorie sucht der Mensch zunächst seine Primärbedürfnisse (physiologische Bedürfnisse wie Essen, Trinken, Schlafen etc.) zu befriedigen und wendet sich danach den Sekundärbedürfnissen zu, wobei er in folgender Reihenfolge zunächst Sicherheitsbedürfnisse, auf der nächsten Stufe soziale Bedürfnisse, danach Wertschätzung und schließlich auf der höchsten Stufe seine Selbstverwirklichung zu erreichen versucht.

Benachteiligungsverbot Sieht nach dem Allgemeinen Gleichbehandlungsgesetzes (AGG) bei Verstößen geeignete, erforderliche und angemessene Maßnahmen zur Unterbindung der Benachteiligung wie Abmahnung, Umsetzung, Versetzung oder

Kündigung vor und die Verpflichtung des Gesundheitsbetriebs, bei der Benachteiligung Beschäftigter bei der Ausübung ihrer Tätigkeit durch Dritte geeignete, erforderliche und angemessene Maßnahmen zum Schutz der Beschäftigten zu ergreifen.

Betriebsklima Von den Mitarbeitenden individuell empfundene Qualität der Zusammenarbeit bzw. Art und Weise des Zusammenwirkens im Gesundheitsbetrieb, die für die Motivation von wesentlicher Bedeutung ist und nach der sie bewusst oder unbewusst ihr Arbeits- und Sozialverhalten ausrichten, sich anpassen oder widersetzen.

Betriebskultur Spiegelt den Umgang, das Auftreten und Benehmen der Mitarbeitenden und Führungskräfte des Gesundheitsbetriebs untereinander sowie gegenüber den Patienten wider und wirkt stark auf das Betriebsklima.

Betriebsvereinbarung Enthält mitbestimmungspflichtige Regelungen und stellt Vereinbarung zwischen Gesundheitsbetrieb und Betriebsrat über eine betriebliche Angelegenheit dar, die betriebsverfassungsrechtlich zu regeln ist.

Beurteilungsgespräch Dient einer Einschätzung und qualifizierten Rückmeldung der Leistungen und wird mit den Mitarbeitenden geführt, um eine konkrete Rückmeldung über die Einschätzung ihrer Arbeitsqualität zu geben.

Beurteilungskriterien Dienen als Kriterien der Personalbeurteilung zur Erfassung aller betrieblich relevanten Persönlichkeitselemente eines Mitarbeiters oder einer Mitarbeiterin.

Bruttopersonalbedarf Benötigte Leistungsstunden sowie alle anderen Arbeitszeiten, wie vorgeschriebene Pausen, Rüstzeiten für das Vorbereiten von Eingriffen oder die Einrichtung von Behandlungsräumen, Übergabezeiten, Zeiten für Krankenstand und Urlaub.

Charisma Auf überzeugenden, motivationssteigernden Persönlichkeitseigenschaften basierendes Führungsverhalten.

Compliance Einhaltung gesetzlicher und freiwilliger Regulatorien, Richtlinien und Standards im Gesundheitsbetrieb, wobei es beispielsweise um eine korruptionsfreie Zusammenarbeit und die Fragen geht, was bei wichtigen Themen wie Medizinprodukte, Honorarvereinbarungen, Beraterverträge, Weiterbildungen oder Arbeitsessen erlaubt ist.

Dauerarbeitsverhältnis Wird in einem Gesundheitsbetrieb durch einen Arbeitsvertrag begründet, der nicht auf Probe oder befristet, sondern auf unbestimmte Zeit abgeschlossen ist und damit den gesetzlichen Kündigungsfristen unterliegt.

Debriefing Einsatznachbesprechung nach einem kritischen Ereignis als gegebenenfalls mehrstündiges spezielles Gruppengespräch, wird erst einige Tage nach dem Ereignis unter Leitung einer psychosozialen Fachkraft durchgeführt und dient der Gruppe der Einsatzkräfte als gemeinsamer Abschluss des erlebten belastenden Ereignisses.

Defusing Entschärfung, die direkt im Anschluss (spätestens innerhalb 24 Std.) an ein belastendes Einsatz-Ereignis stattfindet, als Gruppengespräch durchgeführt wird und vor allem der Verringerung der akuten Stresssymptome sowie der Wiederherstellung der Einsatzbereitschaft dient.

Demobilization Wiedereingliederung, die der Entlastung aus dem Einsatz dient, die Einsatzkräfte über das Ereignis und auftretende Symptome, die sich aus der Belastung ergeben können, informiert, und auf weiterführende Hilfsangebote hinweist.

Demografiekonzept Seine Entwicklung und regelmäßige Fortschreibung gewinnt gerade in Gesundheitsbetrieben im Hinblick auf die Beschäftigtenstruktur und die allgemeine gesellschaftliche Entwicklung mit sinkender Bevölkerungszahl im erwerbsfähigen Alter und einer gleichzeitig steigenden Zahl an älteren Bevölkerungsgruppen an Bedeutung, weswegen es zweckmäßig erscheint, hierzu Maßnahmen für die langfristige Sicherstellung der notwendigen personellen Ressourcen zu treffen wie z. B. Analyse der Altersstruktur der Beschäftigten, Prognose zur Entwicklung der Altersstruktur, Arbeitsergonomie und BGM, Maßnahmen im Rahmen der Personalbeschaffung, Maßnahmen im Rahmen der Personalentwicklung etc.

eHealth Fasst eine Vielzahl von Anwendungen, Entwicklungen, Vernetzungen sowie den Daten- und Informationsaustausch hauptsächlich auf der Basis des Internet in der Gesundheitsversorgung zusammen, die Zum Teil auch durch Begriffe wie Cybermedizin, E-Gesundheit oder Online-Medizin in der Vergangenheit gekennzeichnet worden sind, wobei die Bezeichnung eHealth für „electronic Health" steht und zum einen die elektronische Unterstützung bzw. Digitalisierung von Prozessen im Bereich von Medizin- und Pflege darstellt, zum anderen aber auch neue Leistungen und Problemlösungen beinhaltet, die erst aufgrund der dahinterstehenden informations- und kommunikationstechnologischen Entwicklung möglich werden.

Eignungsfeststellung Ist als methodische Anforderung an den Prozess der Personalauswahl in der Norm DIN 33430 beschrieben, die sich allgemein mit der berufsbezogenen Eignungsfeststellung befasst und die die Qualifikation der an der Personalauswahl im Gesundheitsbetrieb beteiligten Personen, die Qualität der dabei verwendeten Auswahlverfahren sowie die Einhaltung geeigneter Auswahlprozesse betrifft.

Einarbeitungsplan Enthält für neue Mitarbeitende die Reihenfolge der zunächst zu erledigenden Aufgaben (Einweisung in Arbeitszeiterfassung, Zutrittsregelung, Formalitäten etc.), die Zeitabschnitte für ihre Erledigung, die Kriterien für die Beherrschung der eigentlichen Arbeitsaufgaben und auch zusätzlich anzustrebende Qualifikationen.

Eingliederungsmanagement Ist nach dem Neunten Sozialgesetzbuch (SGB IX) im Gesundheitsbetrieb einzurichten mit Regelungen für Beschäftigte, die innerhalb eines Jahres länger als sechs Wochen ununterbrochen oder wiederholt arbeitsunfähig sind, wozu unter anderem mit der zuständigen Interessenvertretung und mit Zustimmung und Beteiligung der betroffenen Person die Möglichkeiten zu klären sind, wie die Arbeitsunfähigkeit möglichst überwunden werden und mit welchen Leistungen oder Hilfen erneuter Arbeitsunfähigkeit vorgebeugt und der Arbeitsplatz erhalten werden kann.

Employer Branding Profilierung und Positionierung von Gesundheitsbetrieben auf den relevanten Zielmärkten mit einem unverwechselbaren Vorstellungsbild als attraktive Arbeitgebende, mit dem Ziel, den Gesundheitsbetrieb möglichst als eigenständige, wiedererkennbare und unverwechselbare Marke bei den potenziellen Stelleninteressenten zu etablieren.

Entgeltabrechnung Ist nach der Gewerbeordnung (GewO) und nach der Entgeltbescheinigungsverordnung (EBO) den Arbeitnehmenden im Gesundheitsbetrieb bei Zahlung des Arbeitsentgelts in Textform zu erteilen und muss mindestens enthalten Angaben über Abrechnungszeitraum und die Zusammensetzung des Arbeitsentgelts (Art und Höhe der Zuschläge, Zulagen, sonstige Vergütungen, Art und Höhe der Abzüge, Abschlagszahlungen sowie Vorschüsse), wobei die Verpflichtung zur Abrechnung entfällt, wenn sich die Angaben gegenüber der letzten ordnungsgemäßen Abrechnung nicht geändert haben.

Entgeltfortzahlungspflicht Besagt, dass die in der Regel als Angestellte des Gesundheitsbetriebs beschäftigten Mitarbeitenden den Anspruch auf das Arbeitsentgelt nicht verlieren, wenn sie nur für eine kurze Zeit durch einen in ihrer Person liegenden Grund ohne ihr Verschulden an der Arbeitsleistung verhindert sind.

Entscheidungs- und Verhaltensorientiertes Grundmodell Nach R. Marr (1991) kann das Arbeitsverhalten als das Ergebnis bewusster Entscheidungen der Mitarbeitenden aufgefasst werden, deren Verhaltensweisen sich aus den sozialen Beziehungen innerhalb des Gesundheitsbetriebes erklären lassen und das Ergebnis von Verhandlungs-, Anpassungs-, Beeinflussungs-, Motivierungs- und Problemlösungsprozessen sind.

Equal Pay Beschreibt den nach dem Arbeitnehmerüberlassungsgesetz (AÜG) geltenden Gleichstellungsgrundsatz, nachdem den Leiharbeitnehmenden für die Zeit der Überlassung an die Entleihenden die in deren Betrieben für vergleichbare Arbeitnehmende geltenden wesentlichen Arbeitsbedingungen einschließlich des Arbeitsentgelts zu gewähren sind.

Ethik Befasst sich mit den sittlichen Normen und Werte, die sich Ärzte und Ärztinnen, Patienten, Pflegekräfte, weitere Institutionen und Organisationen des Gesundheitswesens, letztendlich die gesamte Gesellschaft in Gesundheitsfragen setzen, wobei im Zentrum dabei die Unantastbarkeit der Menschenwürde und der Lebensschutz, die Patientenautonomie, das allgemeine Wohlergehen des Menschen, sowie das Verbot, ihm zu schaden, stehen.

Führungsfunktion Ergibt sich, wenn die gezielte Beeinflussung auf die Geführten mit dem Zweck einer Zielerreichung erfolgt und wenn diese auch durch beabsichtigte Verhaltensänderungen die Führungsrolle anerkennen und akzeptieren.

Führungskompetenz Beschreibt eher persönlichen Eigenschaften, die Fähigkeit zu Transfer- und Adaptionsleistungen, um die Führungsqualifikationen richtig anzuwenden.

Führungsqualifikationen Gesamtheit von Fähigkeiten, Fertigkeiten, Kenntnissen und Eigenschaften, die eine Führungskraft aufweisen sollte, um positive Ergebnisse im Rahmen ihrer Führungsaufgaben zu erzielen.

Führungsstil Je nachdem, ob die vorgesetzte Person in einem Gesundheitsbetrieb mehr mit den Mitteln der Autorität, des Drucks und Zwangs oder mehr mit den Mitteln der

Überzeugung, der Kooperation und Partizipation am Führungsprozess vorgeht, wendet sie einen autoritären oder kooperativen Führungsstil an.

Fürsorgepflicht Besteht für den Gesundheitsbetrieb gegenüber seinen Mitarbeitenden und umfasst unter anderem die Ausstattung der Arbeitsplätze nach den Vorgaben der Arbeitsstättenverordnung (ArbStättV), die korrekte Behandlung seiner Mitarbeitenden sowie die Geheimhaltung ihm anvertrauter und bekannt gewordener persönlicher Daten.

Gefährdungsbeurteilung Ist nach dem Arbeitsschutzgesetz (ArbSchG) als eine Beurteilung der für die Beschäftigten mit ihrer Arbeit verbundenen Gefährdung je nach Art der Tätigkeiten vorzunehmen, um zu ermitteln, welche Maßnahmen des Arbeitsschutzes erforderlich sind, wobei sich eine Gefährdung insbesondere ergeben kann durch die Gestaltung und die Einrichtung der Arbeitsstätte und des Arbeitsplatzes, physikalische, chemische und biologische Einwirkungen, die Gestaltung, die Auswahl und den Einsatz von Arbeitsmitteln, insbesondere von Arbeitsstoffen, Maschinen, Geräten und Anlagen sowie den Umgang damit, die Gestaltung von Arbeitsverfahren, Arbeitsabläufen und Arbeitszeit und deren Zusammenwirken, unzureichende Qualifikation und Unterweisung der Beschäftigten sowie psychischen Belastungen bei der Arbeit.

Gehalt Wird üblicherweise als monatlicher Festbetrag unabhängig von Zahl der monatlichen Arbeitstage und der Lage der Wochenenden und Feiertage gewährt.

Gesundheitsbetrieb Lässt sich als in sich geschlossene Leistungseinheit zur Erstellung von Behandlungs- oder Pflegeleistungen an Patienten oder Pflegebedürftigen ansehen, die dazu eine Kombination von Behandlungseinrichtungen, medizinischen Produkten und Arbeitskräften einsetzt; auch können Betriebsmittel, Stoffe und sonstige Ressourcen zum Einsatz gelangen, die nur mittelbar zur Erstellung der Behandlungs- oder Pflegeleistungen beitragen.

Gesundheitsbetriebslehre Ist vergleichbar mit der Industriebetriebslehre, Handelsbetriebslehre oder Bankbetriebslehre: Sie befasst sich mit einer speziellen Betriebsart, den Gesundheitsbetrieben und geht davon aus, dass die Ressourcen für einen Gesundheitsbetrieb begrenzt sind und daher einen ökonomischen Umgang mit den knappen Mitteln erfordern: Medizinisches Personal, Pflegepersonal, finanzielle Ressourcen oder Behandlungseinrichtungen stehen in jeder medizinischen Einrichtung nicht in beliebiger Menge zur Verfügung; es gilt daher sie so einzusetzen, dass sie den größtmöglichen Nutzen stiften.

Gesundheitsmanagement Befasst sich als Betriebliches Gesundheitsmanagement (BGM) mit Angeboten und Maßnahmen für eine positive Arbeitsumgebung in Gesundheitsbetrieben und damit für die Beschäftigten, um ihre Gesundheit, ihr Wohlbefinden und damit ihre Leistungsfähigkeit zu erhalten bzw. zu fördern, wobei es für kranke und gefährdete Mitarbeitende gilt, Arbeitsbelastungen und gesundheitliche Beschwerden zu reduzieren sowie Regelungen aufzustellen, die dazu dienen, die Gesundheit zu fördern, und gleichzeitig die Beschäftigten dazu zu bewegen, sich hilfreiche Kompetenzen anzueignen und Verhaltenspathogene zu vermeiden.

Gleichbehandlung Umsetzung der Vorgaben des Allgemeinen Gleichbehandlungsgesetzes (AGG) in betriebliche Maßnahmen zur Vermeidung von Benachteiligungen aus Gründen der Rasse oder wegen der ethnischen Herkunft, des Geschlechts, der Religion oder Weltanschauung, einer Behinderung, des Alters oder der sexuellen Identität unter anderem bei Beschäftigungs- und Arbeitsbedingungen einschließlich Arbeitsentgelt und Entlassungsbedingungen, insbesondere in individual- und kollektivrechtlichen Vereinbarungen und Maßnahmen bei der Durchführung und Beendigung eines Beschäftigungsverhältnisses sowie beim beruflichen Aufstieg in einer Gesundheitseinrichtung.

Gratifikation Wird als besondere Vergütung neben dem üblichen Arbeitsentgelt aus besonderen Anlässen (Jubiläen, Honorierung besonderer Leistungen usw.) gezahlt und als Anerkennung für geleistete bzw. noch zu leistende Dienste und Treue zum Arbeitgeber gewährt, ist nicht gesetzlich geregelt, sondern beruht in der Regel auf arbeitsvertraglicher Abmachung.

Heim-Software Sorgt in Pflegeheimen für die zentrale Verwaltung und Verarbeitung von administrativen Daten (Bewohnerdaten Aufnahme, Basisdokumentation, Erfassen und Fakturieren von abrechnungsorientierten Daten, Generieren von Listen und Statistiken, Taschengeldverwaltung, Kommunikation mit den Kostenträgern) sowie von pflegerelevanten Daten (Material- und Medikamentenerfassung, Pflegedokumentation, Essensanforderung, Stationsorganisation, Dienstplanung etc.).

Hospitation Dient im Rahmen der Personalentwicklung für die Beschäftigten in Gesundheitsbetrieben dazu, Einblick in die Tätigkeiten der verschiedenen betrieblichen Bereiche und ein besseres Verständnis für interdisziplinäre Prozesse zu gewinnen.

Human-Relations-Bewegung Ergänzt die mechanistische Sichtweise durch das sozialwissenschaftliche Grundmodell (1928), wonach die Menschen in Gesundheitsbetrieben nicht als isolierte Individuen handeln, sondern ihr Verhalten stark von sozialen Beziehungen beeinflusst wird, weshalb sich neben der geplanten Arbeitsgruppenstruktur informelle Gruppengefüge bilden, die eigene Regeln, Erwartungen, Verhaltensnormen aufstellen, die von den betrieblichen abweichen können, die Steigerung der Leistung durch Förderung sozialer Interaktionen und Zufriedenheit der Mitarbeitenden ermöglichen und einen kausaler Zusammenhang zwischen Arbeitszufriedenheit und Arbeitsleistung bestätigen.

Human Resources Management Befasst sich generell mit der menschlichen Arbeit und ihren Rahmenbedingungen im Gesundheitsbetrieb.

Job-Sharing Arbeitsmodell, bei dem sich mehrere Arbeitskräfte eine bestimmte Anzahl von Arbeitsplätzen teilen, wobei beispielsweise eine Vollzeitstelle sich in zwei selbstständige Teilzeitstellen teilen lässt (Job- Splitting) oder Arbeitnehmende die Arbeit zusammen erledigen können (Job- Pairing).

Konflikt Gegensätzliches Verhalten von Mitarbeitenden, das auf mangelnder gegenseitiger Sympathie, unterschiedlichen Interessen, Widerstreit von Motiven oder Konkurrenzdenken beruht.

Krankenhausinformationssysteme Umfassen alle informationsverarbeitenden Prozesse zur Bearbeitung medizinischer und administrativer Daten in einem Krankenhaus, wozu zählen beispielsweise die Erfassung der erbrachten medizinischen Leistungen nach

DRG-Fallpauschalen, die Erfassung der Krankheitsdaten nach dem ICD-Schlüssel, die Verwaltung der Patientenstammdaten, die Abrechnung gegenüber Krankenkassen, Krankenversicherungen und Selbstzahlern, Pflegedokumentation und Pflegeplanung, Personalverwaltung und Logistik und vieles andere mehr zählen.

Kündigung Einseitige, empfangsbedürftige Willenserklärung, durch die das Arbeitsverhältnis im Gesundheitsbetrieb von einem bestimmten Zeitpunkt an aufgehoben wird und sowohl vom Gesundheitsbetrieb als Arbeitgeber, als auch von Mitarbeitenden als Arbeitnehmer und Arbeitnehmerinnen ausgesprochen werden kann.

Leitbild Gibt als dokumentierter Handlungsrahmen Selbstverständnis, Grundprinzipen und gemeinsame Ziele eines Gesundheitsbetriebs wieder, womit es nicht nur eine Außenwirkung hat, die zeigt, für was der betreffende Gesundheitsbetrieb steht und wie er sich und seine Aufgaben in der Gesellschaft sieht, sondern es wirkt vor allen Dingen auch nach innen und bildet die Basis für die Organisationskultur, sowie den Handlungsrahmen für alle medizinischen und pflegenden Aufgaben.

Leitungsfunktion Ergibt sich aus der hierarchischen Position der Führungskraft in der Aufbauorganisation und damit aus dem Vorgesetztenverhältnis, dessen Rechte und Pflichten mit dieser aufbauorganisatorischen Stelle verknüpft sind (typische Leitungsfunktionen sind somit die Stelle einer Chefärztin in einem Krankenhaus oder einer den Auszubildenden vorgesetzten MFA in einer Arztpraxis).

Leistungszulage Wird in Anerkennung besonderer Leistungen einzelner Mitarbeiter oder Mitarbeiterinnen über das tarifliche bzw. vertraglich vereinbarte Entgelt hinaus gezahlt.

Lohn Wird häufig nach Stunden berechnet, in der Regel nicht als monatlicher Festbetrag bezahlt und besteht nach der Lohnsteuer-Durchführungsverordnung (LStDV) aus allen Einnahmen, die den Arbeitnehmenden aus dem Dienstverhältnis zufließen, wobei unerheblich ist, unter welcher Bezeichnung oder in welcher Form die Einnahmen gewährt werden.

Macht Spielt in allen Führungssituationen eine wesentliche Rolle und kommt in unterschiedlichen Ausprägungsformen vor, die sich letztendlich alle in der Beeinflussung des Verhaltens, Denkens und Handelns der Mitarbeitenden niederschlagen.

Mechanistisches Grundmodell Nach F. W. Taylor (1856–1915) lassen sich für den Gesundheitsbetrieb Arbeitsmethoden ableiten, die aufgrund von Zeit- und Bewegungsstudien ein maximales Arbeitsergebnis erwarten lassen, Gehaltssysteme mit Leistungsnormen und Entlohnungsregeln, die Notwendigkeit zur optimalen Gestaltung des Arbeitsplatzes im Hinblick auf physiologische Merkmale der Mitarbeitenden des Gesundheitsbetriebes sowie kausale Zusammenhänge zwischen Entlohnung, Arbeitsgestaltung und Arbeitsleistung.

Mentorensystem Hierbei übernehmen hierarchisch höher gestellte Führungskräfte im Gesundheitsbetrieb als Mentor oder Mentorin für neue Mitarbeitende eine Beratungsund Unterstützungsrolle, eine Vorbildfunktion und stehen als neutrale Ansprechpartner oder Ansprechpartnerinnen bei Problemen mit Vorgesetzten vermittelnd zur Verfügung.

Mindesturlaub Jeder Arbeitnehmer und jede Arbeitnehmerin haben in jedem Kalenderjahr Anspruch auf bezahlten Erholungsurlaub, der nach dem Bundesurlaubsgesetz

(BurlG) jährlich mindestens 24 Werktage beträgt, wobei als Werktage alle Kalendertage gelten, die nicht Sonn- oder gesetzliche Feiertage sind.

Mitarbeitendenschutz Erstreckt sich auf allgemeine Vorschriften, die für alle Mitarbeitenden des Gesundheitsbetriebs gelten, wie beispielsweise das Arbeitsschutzrecht, sowie auf Sonderregelungen für einzelne Mitarbeitergruppen: Jugendarbeitsschutzrecht, Mutterschutzrecht, Schwerbehindertenschutzrecht usw.

Mitarbeitendenmotivation Oberbegriff für jene Vorgänge, die in der Umgangssprache mit Streben, Wollen, Begehren, Drang usw. umschrieben und als Ursache für das Verhalten der Mitarbeitenden in einem Gesundheitsbetrieb angesehen werden können.

Mitbestimmungsrecht Zustimmungsrecht eines gewählten Betriebsrates in einem Gesundheitsbetrieb, ohne dessen Einverständnis eine Maßnahme durch den Gesundheitsbetrieb nicht durchgeführt werden kann.

Nettopersonalbedarf Benötigte Leistungsstunden (= Bruttopersonalbedarf abzüglich aller anderen Arbeitszeiten, wie vorgeschriebene Pausen, Rüstzeiten für das Vorbereiten von Eingriffen oder die Einrichtung von Behandlungsräumen, Übergabezeiten, Zeiten für Krankenstand und Urlaub).

Onboarding Bezeichnet den Einarbeitungs- und Integrationsprozess neuer Mitarbeitender (siehe auch Personaleinführung).

Outplacement Präventive Maßnahme, um von einer Kündigung betroffene Mitarbeitende mit einer Beratung innerhalb der Kündigungsfrist in eine neue berufliche Perspektive zu begleiten, um einen gleitenden Übergang zu ermöglichen, Arbeitslosigkeit zu vermeiden und Hilfe zur Selbsthilfe anzubieten (z. B. Unterstützungsleistungen, um Bewerbungsaktivitäten möglichst optimal und erfolgreich durchzuführen).

Personalauswahl Ihre Aufgabe ist es, geeignete Mitarbeitende den freien Stellen im Gesundheitsbetrieb mit Hilfe von eignungsdiagnostisch fundierten Auswahltechniken zuzuweisen.

Personalbedarfsermittlung Ist für den Gesundheitsbetrieb von hoher, strategischer Relevanz und verfolgt das Ziel, auf Grundlage der Planungsparameter einen Abgleich zwischen Unternehmenszielen und Personalplänen zu schaffen, wobei der aktuelle Personalbestand mit dem prognostizierten Personalbedarf abgeglichen wird und die quantitative Betrachtung der Personalzahlen um eine qualitative Betrachtung zu erweitern ist, da für die Aufgabenbewältigung im Gesundheitsbetrieb unterschiedlichste Mitarbeitende mit verschiedenen Qualifikationen benötigt werden.

Personalbeurteilung Dient als innerbetriebliches Mittel zur Qualitätssicherung und -verbesserung und befasst sich dazu mit der Wahrnehmung und Bewertung der Mitarbeitenden.

Personalcontrolling Spezielle Form des allgemeinen Controllings zur Analyse der gegebenen Informationen von und über die Mitarbeitenden, Vorbereitung und Kontrolle von personalrelevanten Entscheidungen auf der Grundlage dieser Informationen, sowie zur Steuerung und Koordination der Informationsflüsse im Personalbereich.

Personaldatenschutz Hat insbesondere nach den Vorgaben des Bundesdatenschutzgesetzes (BDSG) zu erfolgen, das unter Datenschutz in Bezug auf die Personaladministration im Gesundheitsbetrieb alle Maßnahmen zum Schutz vor dem Missbrauch personenbezogener Daten versteht, mit den Zielen, die Sicherung der Privatsphäre der Mitarbeitenden, der Vertraulichkeit ihrer persönlichen Daten sowie das Verhüten des Missbrauchs dieser Daten.

Personaleinführung Einarbeitung neuer Mitarbeiter und Mitarbeiterinnen in die Tätigkeit und ihren neuen Arbeitsplatz und damit auch die soziale Eingliederung in das Arbeitsumfeld, ihre direkte Arbeitsgruppe und das Sozialsystem des gesamten Gesundheitsbetriebs.

Personaleinsatz Zeitliche, räumliche, qualitative und quantitative Zuordnung der Mitarbeitenden im Gesundheitsbetrieb zu den einzelnen Stellen und den damit verbundenen Arbeitsaufgaben.

Personalentwicklung Umfassendes Konzept der Einwirkung auf die Mitarbeitenden mit dem Ziel, die Qualifikationen aufzubauen und weiterzuentwickeln, die sie für die Erfüllung ihrer beruflichen Aufgaben im Gesundheitsbetrieb benötigen.

Personalfluktuation Bezeichnet den Austausch des Personals von Gesundheitsbetrieben und damit die Eintritts- bzw. Austrittsrate von Mitarbeitenden, die den Personalbestand, über einen bestimmten Zeitraum gemessen, verändert.

Personalführung Beinhaltet einen Prozess der steuernden Einflussnahme auf das Verhalten der Mitarbeitenden im Gesundheitsbetrieb zum Zweck der Erreichung bestimmter Ziele, wozu alle Aktivitäten zählen, die im Umgang mit ihnen verwirklicht werden, um sie im Sinne der Aufgabenerfüllung zu beeinflussen.

Personalmanagement

- Versucht deskriptiv, die personellen Phänomene eines Gesundheitsbetriebs zu systematisieren und zu erklären;
- entwirft präskriptive Aussagensysteme, in dem es durch das Aufzeigen von Problemlösungen untersuchter Betriebsbereiche an einer aktiven Verbesserung und Gestaltung der Arbeits- und Personalsituation in den Gesundheitsbetrieben mitwirkt;
- setzt sich mit der vorfindbaren betrieblichen Personalpraxis von Gesundheitsbetrieben auseinander;
- befasst sich mit den gewünschten bzw. realisierbaren Zuständen;
- orientiert sich an den tatsächlichen Problemen der Gesundheitsbetriebe;
- liefert Gestaltungsvorschläge für die Lösung der Personalprobleme.

Personalrichtwerte Sind beispielsweise nach SGB XI vorgegeben und umfassen bei teil- oder vollstationärer Pflege wenigstens das Verhältnis zwischen der Zahl der Heimbewohner und der Zahl der Pflege- und Betreuungskräfte (in Vollzeitkräfte umgerechnet), unterteilt nach Pflegegrad (Personalanhaltszahlen), sowie im Bereich der Pflege, der Betreuung und der medizinischen Behandlungspflege zusätzlich den Anteil der ausgebildeten Fachkräfte am Pflege- und Betreuungspersonal.

Personalwerbung Hat zur Aufgabe, geeignete Arbeitnehmer und Arbeitnehmerinnen zu einer Bewerbung um einen freien Arbeitsplatz im Gesundheitsbetrieb zu bewegen, wozu entweder eingehende Blind- bzw. Initiativbewerbungen herangezogen oder über verschiedene Medien aktiv Personalbeschaffungsmaßnahmen durchgeführt werden.

Posttraumatische Belastungsstörung Äußert sich als behandlungsbedürftige psychische Störung beispielsweise durch das Wiedererleben (Intrusion) der Situation, die Vermeidung an das belastende Ereignis erinnernde Dinge, die Entfremdung von zuvor als wichtig empfundenen Aktivitäten oder die Übererregung (Hyperarousal) in Form von Konzentrationsschwierigkeiten bzw. Schlafstörungen.

Potenzialentwicklungsgespräch Orientiert sich an der zukünftigen Entwicklung des Gesundheitsbetriebs, an den derzeitigen und zukünftigen Aufgaben der Mitarbeitenden, ihren persönlichen Vorstellungen und Erwartungen über die berufliche Weiterentwicklung im Gesundheitsbetrieb, um letztendlich ein möglichst genaues Bildes von ihren genutzten bzw. ungenutzten Qualifikationen und sozialen Kompetenzen zu erhalten und sie ihren Fähigkeiten entsprechend, mit dem Ziele einer höheren Arbeitszufriedenheit und verbesserter Arbeitsziele einzusetzen.

Prämiensystem Richtet sich beispielsweise nach Ergebnisvorgaben, Patientenzahlen oder dem Arbeitsaufkommen, wobei die vorher in der Höhe festgelegten Prämienzahlungen dann geleistet werden, wenn eine bestimmte, ebenfalls vorher festgelegte Zielgröße erreicht oder übertroffen wird.

Praxis-Verwaltungs-Systeme Bewerkstelligen die dokumentierenden, informationsverarbeitenden Prozesse in Arzt- oder Zahnarztpraxen und beinhalten dazu in der Regel Patientendatenmanagementsysteme für Verwaltung und Verarbeitung von Patienten- und Behandlungsfalldaten, Arbeitsplatzsysteme für den/die Ärzte zur Falldokumentation, Anamnese, Berichtsdokumentation, Erstellung von Arztbriefen, Verordnungen, Überweisungen etc., Privat- und Kassenliquidation, Buchführung, Personalverwaltung, sowie der Integration von medizinischen Wissensdatenbanken oder bildgebenden Verfahren.

Probearbeitsverhältnis Muss vor Arbeitsbeginn eindeutig als solches vereinbart werden, denn, wenn der Vertrag auf unbestimmte Zeit abgeschlossen ist, geht das Probearbeitsverhältnis nach Ablauf der Probezeit in ein Dauerarbeitsverhältnis über, wenn nicht der Gesundheitsbetrieb oder die Mitarbeitenden vor Ablauf fristgerecht gekündigt haben.

Psychosoziale Notfallversorgung für Einsatzkräfte Umfasst nach einer Definition der Deutschen Gesetzlichen Unfallversicherung alle Aktionen und Vorkehrungen, die getroffen werden, um Einsatzkräften im Bereich der psychosozialen Be- und Verarbeitung von belastenden Notfällen bzw. Einsatzsituationen zu helfen und gliedert sich in einsatzvorbereitende, einsatzbegleitende und einsatznachsorgende Maßnahmen.

Resilienz Beschreibt eine stabile psychische Konstitution für Widerstandskraft und Flexibilität gegenüber Belastungen.

Stelle Kleinste organisatorische Einheit zur Erfüllung von Aufgaben, die gekennzeichnet ist durch Aufgabe, Aufgabenträger, Dauer, Abgrenzung, die den Aufgabenbereich einer Person beinhaltet und sich auf die Normalkapazität eines Mitarbeiters oder einer Mitarbeiterin mit der erforderlichen Eignung und Übung bezieht, wobei es sich dabei um eine gedachte, abstrakte Person handelt und nicht um bestimmte Mitarbeitende.

Stellenbeschreibung Enthält als Tätigkeitsdarstellung oder Arbeitsplatzbeschreibung eine formularisierte Fixierung aller wesentlichen Stellenmerkmale und dient neben der aufbauorganisatorischen Dokumentation, der Vorgabe von Leistungserfordernissen und Zielen sowie der Objektivierung der Lohn- und Gehaltsstruktur durch Angabe von Arbeitsplatz-/Stellenbezeichnung, Rang, Unter- und Überstellungsverhältnis, Ziel des Arbeitsplatzes/der Stelle, Stellvertretungsregelung, Einzelaufgaben, sonstige Aufgaben, besondere Befugnisse, besondere Arbeitsplatz-/Stellenanforderungen etc.

Tarifvertragsrecht In ihm regelt das Tarifvertragsgesetz (TVG) die Rechte und Pflichten der Tarifvertragsparteien und enthält Rechtsnormen, die den Inhalt, den Abschluss und die Beendigung von Arbeitsverhältnissen sowie betriebliche und betriebsverfassungsrechtliche Fragen ordnen können, wonach Tarifvertragsparteien im Gesundheitswesen Gewerkschaften, einzelne Arbeitgebende sowie Vereinigungen von Arbeitgebenden sein können und die Mitglieder der Tarifvertragsparteien und die Arbeitgebenden als Partei des Tarifvertrags tarifgebunden sind.

Teamgeist Bedeutet, dass sich alle Mitarbeitende des Gesundheitsbetriebs einer Gruppe angehörig fühlen, in der sie eine bestimmte Rolle wahrnehmen, die von allen anderen Gruppenmitgliedern akzeptiert wird.

Teilzeit Liegt nach dem Teilzeit- und Befristungsgesetz (TzBfG) vor, wenn die regelmäßige Wochenarbeitszeit kürzer ist als die regelmäßige Wochenarbeitszeit vergleichbarer vollzeitbeschäftigter Arbeitnehmer.

Teilzeitarbeitsverhältnis Arbeitsverhältnis mit einer kürzeren als der regelmäßigen betriebsüblichen Arbeitszeit, wobei Teilzeitkräfte gegenüber Vollzeitkräften nicht benachteiligt werden dürfen.

Telearbeit Rechnergestützte Arbeitsleistung, die mit Hilfe elektronischer Hilfsmittel an einem vom Gesundheitsbetrieb räumlich getrennten Arbeitsplatz verrichtet wird.

Überstunden Sind die über die regelmäßige betriebliche Arbeitszeit des Gesundheitsbetriebs hinaus geleisteten Stunden.

Überstundenzuschlag Ist gesetzlich nicht vorgeschrieben und Bedarf einer gesonderten Regelung unter Berücksichtigung des Grundsatzes der Gleichberechtigung, beispielsweise in einem Tarifvertrag.

Unterweisung Erstreckt sich nach der Arbeitsstättenverordnung (ArbStättV) beispielsweise auf Maßnahmen im Gefahrenfall und muss insbesondere die Bedienung von Sicherheits- und Warneinrichtungen, die Erste Hilfe und die dazu vorgehaltenen Mittel und Einrichtungen und den innerbetrieblichen Verkehr umfassen.

Urlaubsbescheinigung Bescheinigung über den im laufenden Kalenderjahr gewährten oder abgegoltenen Urlaub zu deren Aushändigung bei Beendigung des Arbeitsverhältnisses Arbeitgebende nach dem Bundesurlaubsgesetz verpflichtet sind.

Verhaltenskodex Freiwillige Selbstverpflichtung, bestimmte Handlungen zu unterlassen oder gewünschten Verhaltensweisen zu folgen, um Veruntreuung, Betrug oder andere strafbare Handlungen im Gesundheitsbetrieb zu vermeiden.

Vermögenswirksame Leistungen Können durch einzelvertragliche Abmachung im Arbeitsvertrag, in Betriebsvereinbarungen für den gesamten Gesundheitsbetrieb oder in Tarifverträgen vereinbart werden, wobei sie dann allen Mitarbeitenden gewährt werden müssen.

Vorruhestand Anfang der 80er-Jahre entstandenes Modell zur Verkürzung der Lebensarbeitszeit.

Vorschlagswesen Gute Möglichkeit, die Beschäftigten stärker in die Gestaltung des betrieblichen Geschehens miteinzubeziehen, Optimierungspotenziale zu identifizieren und ihre Verbundenheit mit dem Gesundheitsbetrieb zu erhöhen, durch systematische Nutzung von Erfahrung und Wissen der Beschäftigten im Sinne eines Ideenmanagements.

Vorstellungsgespräch Dient dazu, persönliche Eindrücke über die Bewerbenden zu gewinnen, Eignungspotenziale festzustellen, Interessen und Wünsche in Erfahrung zu bringen sowie Informationen und einen positiven Gesamteindruck über den Gesundheitsbetrieb und damit den zukünftigen Arbeitsplatz zu vermitteln.

Weisungsrecht Kann Inhalt, Durchführung, Zeit und Ort der Tätigkeit betreffen, wobei weisungsgebunden ist, wer nicht im Wesentlichen frei seine Tätigkeit gestalten und seine Arbeitszeit bestimmen kann.

Zielvereinbarungsgespräch Dient der aktiven Beteiligung und Übertragung von Verantwortung an Mitarbeitende, mit der gemeinsamen Festlegung von Arbeitszielen und Ergebnissen zwischen Führungskraft und Mitarbeitende im Gesundheitsbetrieb: Dazu müssen die Ziele eindeutig und konkret formuliert sein, dürfen keine Unter- oder Überforderung für die Mitarbeitenden darstellen, müssen dokumentiert und vereinbart und nach Ablauf einer gewissen Zeit in einem Gespräch hinsichtlich ihrer Erreichung überprüft werden.

Zweifaktorentheorie Geht davon aus, dass es einerseits so genannte Motivatoren gibt, wie beispielsweise Leistung, Anerkennung, Verantwortung etc., die sich auf den Arbeitsinhalt beziehen und die Arbeitszufriedenheit erzeugen und andererseits so genannte Hygienefaktoren (Rand- und Folgebedingungen der Arbeit, beispielsweise Entlohnung, Führungsstil, Arbeitsbedingungen etc.), die Unzufriedenheit vermeiden.

Stichwortverzeichnis

© Springer Fachmedien Wiesbaden GmbH, ein Teil von Springer Nature 2023
A. Frodl, *Personalmanagement im Gesundheitswesen*,
https://doi.org/10.1007/978-3-658-40563-2

Printed in the United States
by Baker & Taylor Publisher Services